자기
신뢰

Self Reliance

Ralph
Waldo
Emerson

자기
신뢰

랄프 월도 에머슨
이초희 옮김
김경일 서문

오직 홀로 서는
인간만이 자유롭다

Self
Reliance

윌북

No law can be sacred to me
but that of my nature

내 본성만큼
신성한 법칙은 없다

차례

한국어판 서문 ▶ 9

1부
본성과 운명의 법칙

1 ── 자기 신뢰 ── ▶ 17
SELF-RELIANCE

2 ── 우정 ── ▶ 55
FRIENDSHIP

3 ── 경험 ── ▶ 79
EXPERIENCE

4 ── 개혁가 ── ▶ 117
MAN THE REFORMER

5 ── 운명 ── ▶ 141
FATE

6 ── 힘 ── ▶ 181
POWER

7 ── 부 ── ▶ 207
WEALTH

2부
영혼과 우주의 법칙

8 ─── 자연 ─── ▶245
NATURE

9 ─── 역사 ─── ▶305
HISTORY

10 ─── 초영혼 ─── ▶337
THE OVER-SOUL

11 ─── 순환 ─── ▶363
CIRCLES

12 ─── 시인 ─── ▶383
THE POET

일러두기

1. 이 책은 에머슨의 에세이와 연설 중, 그의 사상을 대표하는 작품만 모아 담은 책입니다. 「자기 신뢰」「우정」「역사」「초영혼」「순환」은 『에세이: 첫 번째 시리즈 Essays: First Series』(1841)에 실린 글입니다.
   「경험」「시인」은 『에세이: 두 번째 시리즈 Essays: Second Series』(1844)에 실린 글입니다.
   「운명」「힘」「부」는 『처세론 The Conduct of Life』(1860)에 실린 글입니다.
   「개혁가 Man the Reformer」는 1841년 기계공 도제들의 도서관 모임에서 진행한 에머슨의 연설을 글로 옮긴 것이며, 『자연 Nature』(1836)은 한 권의 단행본입니다.
2. 괄호 안의 주석은 모두 옮긴이의 것입니다.
3. 이 책은 저작권법에 의하여 한국 내에서 보호를 받는 저작물이므로 무단 전재 및 복제를 금합니다.

한국어판 서문

19세기의 에머슨이 21세기의 인정투쟁적 가치관에 전하는 결정적인 메시지

인지심리학자 김경일

남의 감탄을 나의 감탄으로 바꾸라

아마도 10년 전쯤, 자주 봤던 현대자동차의 TV 광고가 있다. "어떻게 지내냐는 친구의 말에 그랜저로 답했습니다." 꽤 센스 넘치는 광고였다는 사실은 부인할 수 없을 것 같다. 하지만 '나'라는 존재의 이유와 가치에 더 많은 관심을 가지는 현재의 시점으로 보면 다소 씁쓸한 마음을 감추기 어렵다. 내가 어떻게 지내는가를 타인의 시선, 그것도 내 모습이 아닌 내가 구입한 차의 모습으로 평가받는 현실을 보여주니 말이다.

마음을 담아 존경하는 문화심리학자 김정운 박사는 이를 두고 인정투쟁적 삶이라 꼬집는다. 청년 헤겔주의의 핵심 개념인 인정투쟁은 사전적으로는 '자기 자신이나 타인에게 인정을 받기 위한 싸움'을 의미한다. 상대편을 굴복시키려 나의 존재를 확인하려는 투쟁을 말하는 것이 아니라 상대편에게서 자신을 확인하려고 한다는 점에서 일반적인 승부욕과는 구별된다. 명예나 좋은 평판 혹은 부러움 어린 시선이 아닌 정신적인 깨달음을 얻기 위한 치열한 삶의 양식으로 봐야 한다.

물론 타인의 인정을 받는다는 것을 나쁘다고만 말할 수는 없다. 다만 나의 정체성, 즉 존재 이유가 타인의 평가에 전적으로 달려있다면 그건 꽤나 고단하고 허무한 삶이 아닐까.

그렇다면 인정투쟁에서 조금이라도 벗어나려면 어떻게 해야 할까? 김정운 박사가 이 대목에서 우리에게 주는 조언은 그의 돌직구 같은 성격만큼이나 분명하다. 그는 인정투쟁적 삶을 '남의 감탄에 목매는 삶'이라고 말한다. 해결책 역시 간결하면서도 명확하다. '남의 감탄을 나의 감탄으로 바꾸면 된다'는 것, 즉 내가 나에게 감탄할 것을 만들면서 살아가야 한다는 것이다.

스스로에게 감탄하려면 어떻게 해야 할까? 대표적으로는 예술이나 미학적 경험을 꼽을 수도 있고 여행, 독서 같은 취미를 시도하는 방법도 있다. 물론 문화적 삶을 통해서 주체적인 만족감을 얻을 수는 있지만, 그러한 활동 자체가 우리를 더 독립적이고 자주적으로 만든다고 오해하진 말자. 이 책의 저자 랩프 월도 에머슨도 이 점은 분명하게 강조한다.

에머슨이 힘주어 말하는 다른 한 가지는 과거의 자신이 부여한 일관성에 얽매이지 말라는 것이다. 무슨 뜻일까? 사람들은 자신이 과거에 한 말을 철회하거나 바꾸는 것을 두려워한다. 그래서 과거의 틀린 신념과 원칙을 계속해서 고집하며, 변화하는 것을 거부한다. 참으로 안타까운 일이다. 이런 현상은 특히 똑똑하고 잘난 사람들에게 더 많이, 더 고집스럽게 나타난다. 우리는 이런 유형의 사람들이 결국 자기기만에 빠지는 모습을 어렵지 않게 만난다.

그렇다면 이런 못난 모습을 어떻게 버릴 수 있을까? 과거의 나보다 지금의 내가 스스로 보기에 더 괜찮아야 한다. 바로 내가 성장해야 한다는 것이다. 그래야만 자유롭게 생각이 진화하는 것을 허용하는 태도가 가능해진다. 문제는 21세기는 20세기와는 비교도 되지 않을 정도로 사회와 시스템이 빠른 속도로 진화하는 중이다. 그러니 이러한 변화에 맞춰 나를 성장시키기 위해서는 자신을 신뢰하면서 스스로의 생각을 발전시킬 수 있어야 한다.

자기 신뢰는 개방성을 의미한다

심리학에서 사용되는 성격검사 중 가장 잘 알려진 것이 바로 5요인(Big-5) 성격 검사다. 행동과 판단 성향을 드러내는 성격 특징을 5개의 요인으로 나누어 측정하는 검사다. 개방성, 성실성, 외향성, 우호성, 신경증적 경향성을 포함한다. 최근 많은 연구에서 독립적이고 자주적인 사람은 개방성이 평균보다 더 높은 것으로 나타났다. 개방성은 새로운 경험에 대한 열린 마음을 뜻한다. 개방성이 높은 사람은 상상력과 호기심이 높고, 진보적인 성향을 가지고 있다. 개방성이 낮은 사람들은 보통 폐쇄적인 성격으로 비춰지며, 새로운 지식을 쌓는다거나 새로운 사람과 대화하는 것에 큰 관심이 없다.

여기까지는 납득할 만한데 의외의 결과가 있다. 바로, 이들의 우호성이 평균보다 다소 낮게 나타난 것이다. 우호성은 타인에게 반항적이지 않고 협조적인 태도를 보이는 성향을 뜻한다. 쉽게 말하자면 다른 사람들과 잘 지내려는 경향성이다. 우호성이 높은 사람의 장점은 다른 사람의 마음을 이해하고, 공감하는 능력이 높다는 데 있다. 주변 사람들과 원만하게 지내려는 욕구가 강한 특징도 있다. 하지만 단점이라면 마음이 여리고 종종 귀가 얇다는 말을 들을 정도로 타인을 적극적으로 신뢰하는 모습을 보이기도 한다는 것이다.

20세기의 연구들을 살펴보면 사람들의 성격에서 우호성과 개방성의 상관관계가 꽤 높게 나온다. 즉, 우호적인 사람일수록 개방적이라는 뜻이다. 얼핏 들으면 당연한 결과다. 남들과 잘 지내려는 사람이 새로운 타인이나 새로운 경험에 더 우호적이라는 생각이 자연스럽게 연결되니 말이다.

그런데 얼마 전 동료 심리학자가 매우 재미있는 이야기를 들려주었다. "이상하지 않아? 예전에는 대부분의 연구에서 우호성과 개방성의 상관관계가 꽤 높게 나왔어. 그런데 요즘 연구들을 보면 그렇지 않은 경우가 더 많은 것 같단 말야." 수십 개의 최근 연구들을 살펴보니 정말 그랬다. 게다가 이런 결과는 상대적으로 더 성공적이거나 긍정적인 상태에 있는 사람들에게서 더 강하게 나타나고 있었다. 그리고 그 양상은 대체적으로 한결같았다. 그들은 우호성은 그다지 높지 않은데 개방성은 높게 나타났다.

이런 지표를 보이는 사람들의 수가 최근 들어 점점 더 많아지고 있다. 그렇다면 우호성은 그리 높지 않은데도 개방성은 뛰어난 사람은 어떤 인물일까?

첫째, 진취적이고 기업가 정신이 뛰어나며, 필요하다면 창업 같은 일도 두려워하지 않는 도전정신이 높은 사람들이다.

둘째, 삶의 질이 좋은 행복한 사람들이다.

셋째, 세상의 변화에 잘 적응하는 사람들이다.

정리해보니 21세기에 가장 잘 어울리고, 우리가 소망하는 인물상이라고 할 수 있겠다. 그리고 이는 거대한 네트워크로 연결되어 있고 엄청난 부와 자원이 돌아다니는, 초연결성과 극단적 외로움이 동시에 우리를 휘감는 시대에 더욱 분명해진다.

에머슨의 놀라운 점은 19세기에 우호성을 적정한 수준으로 유지하면서 개방성을 높이는 법에 대해 이야기한 사람이라는 것이다. 에머슨은 자기 자신을 제대로 들여다보고 신뢰할 수 있는 사람이 걸어가는 지혜로운 삶의 본질을 제대로 이해했다. 그는 21세기를 살아가는 우리에게 그 방법과 실천 방안까지도 조언해주고 있다.

이 책에는 에머슨의 이런 사상을 가장 잘 보여주는 에세이 「자기 신뢰」뿐만 아니라, 격동하는 19세기 세계를 바라보는 시선과 혼란한 시기에 인류가 찾아야 할 해답에 대해 철학자이자 종교인으로서의 사유가 담긴 에세이 11편을 함께 만날 수 있다. 에머슨이 세상에 등장한 지 200년이 지난 시점에, 그의 사상은 우리에게 더욱 소중해졌다. 독립적이고 자율적인 삶을 꿈꾸는 이들에게 에머슨은 지금도, 앞으로도 삶의 방향을 정해줄 멘토가 되기에 충분한 학자다.

1부

본성과
운명의 법칙

1장

자기 신뢰

SELF-RELIANCE

위대한 인간은 자신을 믿는다

며칠 전 독창적이고 개성 있는 저명한 화가의 시 몇 편을 읽었다. 주제가 무엇이든 영혼은 늘 그런 글에서 영감을 얻는다. 이런 깨달음은 시에 든 어떤 사상보다 가치 있다. 자기 생각을 믿는 것, 마음속의 진실을 믿는 것은 모든 사람에게 참된 일이고 그것이 바로 천재성이다. 잠자고 있는 확신을 말하라. 그럼 그것이 보편적 감각이 될 것이다. 가장 내면에 있는 것이 때가 되면 가장 멀리 나오기 때문이다. 그때 우리의 첫 생각은 최후의 심판의 나팔 소리를 따라 우리에게 다시 돌아올 것이다.

모세, 플라톤, 밀턴의 가장 큰 장점은 이들이 책과 전통을 좇지 않고 자기 생각을 이야기했다는 점이다. 사람은 시인과 성자의 창고에 머무는 불빛이 아니라 마음속을 가로지르는 불빛의 반짝임을 감지하고 바라보는 법을 배워야 한다. 그런데도 우리는 그 불빛이 자기 것이라는 이유로 자신도 모르게 그 생각을 무시한다. 우리는 모든 천재의 작업에서 스스로 거부한 생각을 발견한다. 이 생각들은 낯설고도 장엄한 모습으로 돌아온다. 위대한 예술 작품이 우리에게 주는 교훈이 바로 이런 것이다. 이 작품들은 모두가 반대한다 하더라도, 명랑하고 강직한 태도로 즉흥적인 인상을 따라가라고 가르친다. 그렇지 않으면 내일 낯선 사람이 우리가 내내 생각하고 느낀 것을 그대로 능수능란하게 말할 것이고 우리는 부끄럽게도 다른 사람의 의견을 강제로 따를 수밖에 없을 것이다.

모든 사람이 배움의 과정에서 확신에 이르는 시기가 있다. 바로 부러움은 무지이고 모방은 자살 행위라는 것, 좋든 싫든 자신을 자기 몫으로 받아들여야 하며 온 세상이 좋은 것으로 가득하다고 해도 주어진 땅에서 힘들게 노력하지 않으면 옥수수 한 알의 영양도 얻기 힘들다는 것이다. 그 사람 안에 깃든 힘은 새로운 본성이며 그가 시도하기 전까지는 그 힘이 무엇이고 그 힘으로 무엇을 할 수 있는지 아무도 모른다. 어떤 얼굴과 성격은 유달리 우리에게 깊은 인상을 준다. 이렇게 기억이 새겨지는 것은 이미 우리에게 내재한 조화로움 때문이다. 빛이 내려오는 바로 그 자리에서 우리 눈이 그 빛을 증언한다.

우리는 자신을 반밖에 표현하지 못하고 자신이 표현하는 신의 목소리에 부끄러움을 느낀다. 그 관념이 균형에 맞게 좋은 결과를 낳을 것이고 진실하게 전달될 거라고 믿어야 한다. 신은 겁쟁이들을 통해 자신을 드러내지 않는다. 인간은 최선을 다해 신의 작업을 행할 때 안심하고 기뻐할 수 있다. 그렇지 않은 방식으로 말하고 행동하는 사람은 평화를 얻을 수 없다. 그런 사람에게 구원은 찾아오지 않는다. 천재성이 그를 떠날 것이고 어떤 뮤즈도 그를 친구삼지 않는다. 어떤 창조나 희망도 찾을 수 없다.

당신 자신을 믿어라. 모든 가슴은 믿음이라는 강력한 줄을 따라 진동한다. 신의 섭리가 당신 안에, 그리고 동시대인들의 사회와 일련의 사건들 안에 있음을 받아들여라. 위대한 인간은 언제나 그렇게 했다. 절대적으로 신뢰할 만한 존재가 자신의 마음 속에 자리 잡고 앉아 자기 손을 빌려 일하고 자신보다 우위를 점하게 했다. 이제는 우리가 고귀한 마음으로 똑같은 초월적인 운명을 받아들인다. 우리는 구석에서 몸을 보호하는 미성년자나 병약한 자, 혁명이 일어나기 전 도망치는 겁쟁이가 아니라 전지전능하신 분의 수고에 복종하며 혼돈과 어둠에서 나아가는 안내자, 구원자, 은혜를 베푸는 사람이다.

타인의 환심을 사려 하지 말라

어린이와 아기, 심지어 동물의 얼굴과 행동에도 나타나는 자연의 계시는 얼마나 아름다운가! 자기 목적에 반대하는 힘과 수단을 계산하거나, 분열되고 저항하고 정서를 불신하는 마음이 이들에게는 없다. 이들의 마음과 눈은 온전하고 때묻지 않았다. 그래서 이들의 얼굴을 바라보면 우리는 당황한다. 아이는 누구에게도 순응하지 않는다. 다른 사람들이 모두 아이에게 순응한다. 그래서 아이 한 명을 두고 성인 네다섯 명이 재잘대며 놀아준다. 이렇게 신은 유아기와 청소년기와 성인기 각각에 매력과 흥미를 부여했고 서로 부러워할 만하고 우아하게 만들었으며, 각자가 자신을 주장하면 그 주장이 무시되지 않게 했다. 어린 사람이 당신이나 나에게 쉽게 말하지 못한다고 나약하게 생각하지 말라.

잘 들어라! 옆방에서 들리는 그의 목소리는 선명하고 단호할 것이다. 그는 친구들에게는 자신의 의견을 잘 주장한다. 그러니 얼마 안 가 수줍어하면서 혹은 대담하게 나이 든 사람들을 쓸모없게 만드는 법을 알게 될 것이다.

저녁거리를 걱정하지 않고 마치 군주처럼 사람들의 환심을 사려는 말이나 행동을 하지 않는 소년들의 태연한 태도는 인간의 건강한 본성을 보여준다. 거실에 앉은 소년은 극장의 맨 앞쪽 자리와 같다. 남의 눈치를 보거나 책임감에 눌리지 않고 착하다, 나쁘다, 흥미롭다, 바보 같다, 우아하다, 성가시다 같은 짧은 말로 사람들을 평가한다. 절대 결과나 이해관계에 방해받지 않고 독립적이고 진실한 판결을 내린다. 당신의 마음을 사려고 하지 않으니 당신이 그의 마음을 사야 한다.

하지만 성인은 자의식이라는 감옥에 갇힌다. 그의 행동이나 말이 한 번이라도 갈채를 받으면 그게 약속이 되어 수백 명의 동정심이나 미움 섞인 감시를 받아야 하니 그들의 감정을 고려할 수밖에 없다. 여기에는 망각이 있을 수 없다. 아! 그가 다시 중립으로 돌아갈 수 있다면! 모든 맹세를 피할 수 있고 다시 꾸밈이나 편견 없이, 돈에 매수되지 않고 용감하고 순수하게 관찰할 수 있는 사람이라면 그는 언제나 강력함 힘을 지닐 것이다. 지나가는 모든 일에 자기 의견을 말할 것이며, 그 문제가 사사롭지 않고 필요한 일로 보인다면 그 말이 사람들의 귀를 뚫고 들어가 두려움에 떨게 할 것이다.

이런 목소리는 우리가 고독할 때는 들리지만 세상으로 들어가면 희미해지고 점차 들리지 않게 된다. 사회 곳곳이 구성원의 인간성에 반하는 방식으로 작동한다. 사회는 주식회사와 같아서 구성원이 각자의 빵을 더 잘 지키기 위해 먹는 사람의 자유와 문화를 포기하는 데 동의한다. 여기서 가장 필요한 가치는 순응이다. 자기 신뢰는 사회가 싫어하는 가치다. 사회는 실재와 창조자 대신 이름과 관습을 사랑한다.

진정한 어른이 되고자 한다면 순응하지 않는 법을 알아야 한다. 불멸의 승리를 이루려는 사람은 선이라는 이름에 방해받지 않고 선이 무엇인지 탐색해야 한다. 결국 완전한 자기 마음 외에 신성한 것은 아무것도 없다. 자신에게 무죄를 선언하라. 그러면 세상이 동의할 것이다.

본성만큼 신성한 법칙은 없다

젊은 시절 존경받는 조언자에게 했던 대답을 기억한다. 그는 교회의 오랜 가르침으로 나를 성가시게 하는 사람이었다. 내가 전적으로 내면의 거룩함에 따라 산다면 전통이 나와 무슨 관계가 있냐고 묻자 그 사람은 "그런 충동은 천국이 아니라 지옥에서 온 것이지요"라고 말했다. 나는 이렇게 답했다. "내가 보기엔 그렇지 않아요. 하지만 만일 내가 악마의 아이라면 나는 악마의 뜻에 따라 살 겁니다."

내 본성만큼 신성한 법칙은 없다. 선과 악은 쉽게 이것 아니면 저것으로 바뀌는 이름일 뿐이다. 유일한 정의는 내 기질을 따르는 것이고 유일한 잘못은 그것을 거스르는 것이다. 자신을 제외한 모든 것이 명목뿐이거나 덧없다고 생각하고 모두가 반대할 때도 자기 뜻을 밀고 나가야 한다. 나는 우리가 얼마나 쉽게 이름, 사회, 죽은 제도에 굴복하는지 생각하면 부끄럽다. 점잖고 말투가 세련된 사람들은 하나같이 옳다고 보기 힘든 말로 나를 간섭하고 흔든다. 그럼 나는 똑바로 일어서서 온 힘을 다해 투박한 진실을 말해야 한다. 만일 악의와 허영이 자선이라는 옷을 입으면 그냥 넘어가야 할까? 분노와 편견에 사로잡힌 사람이 노예제도 폐지라는 너그러운 대의명분을 들고 나에게 와서 바베이도스의 최근 소식을 전한다면 나는 이렇게 말할 것이다. "가서 댁의 아이나 나무꾼을 사랑하시길 바랍니다. 좋은 성품을 기르고 겸손해지십시오. 품위를 지키십시오. 당신의 완고하고 야박한 야망을 저 먼 곳의 흑인들에 대한 엉뚱한 다정함으로 꾸미지 마시고요. 멀리 있는 것에 대한 사랑이 가정에는 독이 됩니다." 이런 말이 거칠고 버릇없게 들리겠지만 사랑을 가장하는 태도보다 진실이 낫다. 선에는 어느 정도 날카로움이 있어야 한다. 그렇지 않으면 그것은 아무 의미를 가지지 못한다.

　　사랑이 훌쩍거리고 투덜댈 때는 사랑의 교리에 대응하는 증오의 교리를 설교해야 한다. 나는 천재적인 번뜩임이 나를 찾아올 때면 아버지와 어머니와 아내와 형제를 멀리한다. 나는 문 머리에 '변덕'이라고 쓰고 싶다. 결국 변덕보다는 더 좋은 생각이 나타날 거라고 희망하지만 그것을 온종일 설명할 수는 없다. 내가 왜 동행을 찾고, 왜 거부하는지 설명할 거라고 기대하지 말라. 또 오늘 한 선한 사람이 그랬듯 모든 가난한 자의 상황을 개선할 의무가 있다고 나에게 말하지 말라. 그 가난한 자들이 내게 속한 사람들인가? 어리석은 박애주의자인 그대들에게 말하노니 나는 나와 관련 있지도 않고 나와 아무 관계도 아닌 사람들에게 지폐 한 장, 동전 한 닢도 주기 아깝다. 내게는 영적으로 친밀해 전적으로 믿고 모든 걸 줄 수 있는 사람들이 있다. 필요하다면 그들을 위해 감옥도 갈 수 있다. 하지만 모르는 이들의 여러 자선 활동에는 그러고 싶은 마음이 없다. 바보들의 대학 교육, 많은 이들이 다니는 헛된 예배당 건설, 술주정뱅이에게 주는 구호금, 수많은 구호 단체에 때로 굴복해 돈을 낸다고 부끄럽게 고백하긴 하지만, 머지않아 그 사악한 돈을 내기를 거부할 인성을 갖출 것이다.

덕은 세상의 판단에 따르면 규칙보다 예외에 가깝다. 사람과 덕을 따로 봐야 한다. 사람들은 용기를 내거나 자선을 베풀 듯 소위 '선한 행동'을 하는데 이는 매일 열리는 사열에 참여하지 않았다고 벌금을 내는 것과 비슷하다. 이들은 세상을 사는 데 대해 속죄하듯 또는 정상참작을 바라는 듯 선행을 한다. 마치 병자나 광인이 숙박비를 더 내는 것과 같다. 이들의 덕은 고행이다. 나는 속죄하기를 바라지 않는다. 살기를 바란다. 내 삶은 그 자체를 위한 것이지 볼거리가 아니다. 나는 번쩍이고 불안한 삶보다 부담 없고 진실하고 평탄한 삶을 원한다. 건강하고 달콤한 삶을 바라지 제한하고 고통스러운 삶을 원하지 않는다. 당신이 진정한 인간이라는 기본적인 증거를 바라지 행동으로 호소하는 것은 거부한다. 뛰어나다고들 하는 행동을 하든 하지 않든 차이가 없다. 내가 타고난 특권인데 여기에 추가로 비용을 내는 데는 동의할 수 없다. 내 재능이 적고 보잘것없을 수 있어도 나는 실제로 존재하고, 나 자신의 확신이나 동료들의 확신을 위한 어떤 이차적인 증거도 필요하지 않다.

나는 사람들이 아니라 내게 중요한 일을 해야 한다. 이 규칙을 지키려면 실제 삶에서도 지적인 생활에서도 고된 노력을 쏟아야 하지만 잘 지키면 위대함과 초라함을 완벽하게 구분할 수 있다. 하지만 당신의 의무를 본인보다 더 잘 안다고 생각하는 사람들은 늘 나타날 테니 쉽지 않을 것이다. 세상의 의견을 따라 사는 것은 쉽다. 고독한 가운데 자기 뜻을 따라 사는 것도 쉽다. 하지만 위대한 사람은 군중 속에서 고독한 독립의 완벽한 달콤함을 지키는 사람이다.

자신에게 쓸모가 없다면 순응하지 말라는 이유는 이것이 힘을 흩트리기 때문이다. 이런 순응은 시간을 잡아먹고 당신의 특징적인 인상을 흐린다. 생명이 꺼진 교회에 계속 다니고 생명이 꺼진 성서 협회에 기부하고 여당이든 야당이든 거대 정당에 투표하고 천박한 가정부처럼 거나한 식탁을 차린다면 이런 가림막 때문에 나는 당신이 누구인지 정확히 보기 힘들어진다. 당신 역시 너무 많은 힘을 빼앗겨 제대로 살기 힘들어질 것이다. 그저 자기 일을 하라. 그러면 나는 당신이 누구인지 알 것이다. 자기 일을 하라. 그러면 스스로 강해질 것이다.

당신의 종파를 알면 나는 당신의 주장을 예상할 수 있다. 나는 목사가 본인의 설교문과 주제를 이용해 그가 속한 교파의 입장을 설명하는 것을 듣는다. 그가 새롭고 자발적인 말을 할 가능성이 없다는 걸 내가 모를까? 그가 과시하듯 교회 제도의 근간을 검토하겠다고 하지만 그렇게 하지 않는다는 걸 내가 모를까? 그가 오직 한쪽만 보겠다고, 한 사람이 아닌 교구 목사로서 인정받을 수 있는 쪽만 보겠다고 약속한 것을 내가 모를까? 그는 고용된 변호사나 마찬가지이고 마치 판사인 척 꾸미는 모습은 공허한 가식일 뿐이다. 뭐, 사람들은 대부분 손수건으로 눈을 가리고 이런저런 의견 공동체에 묻어가려고 한다. 이런 사람들은 몇 가지 거짓말만 하는 게 아니라 인생 전체가 거짓말이 된다. 이들이 말하는 진실은 모두 그다지 진실하지 않다. 그들이 말하는 둘은 진짜 둘이 아니고 넷도 진짜 넷이 아니다. 따라서 그들이 하는 모든 말이 우리를 화나게 만들고 우리는 어디서부터 이들을 바로잡아야 하는지 모른다. 그러는 사이 자연은 망설이지 않고 우리가 편 드는 집단의 죄수복을 우리에게 입힌다. 우리는 오려 붙인 듯 똑같은 얼굴과 외형을 하고 점점 온순한 당나귀 같은 표정을 짓는다. 특히 역사적으로도 대체로 풀지 못한 굴욕적인 경험이 있다. 바로 대화가 흥미롭지 않아서 뭐라고 대답해야 할지 모를 때 짓는 억지 미소인 '아첨꾼의 얼굴'이다. 이런 표정을 지으면 근육이 자연스럽지 않고 억지로 움직이기 때문에 불쾌한 감각으로 얼굴 윤곽이 굳어버린다.

세상은 비순응자들에게 불쾌감을 드러낸다. 그러므로 인간은 떨떠름한 표정을 판단하는 법을 알아야 한다. 구경꾼들은 거리나 친구의 응접실에서 의심쩍은 눈으로 비순응자를 바라본다. 만일 이 혐오가 그 사람 내면의 경멸과 저항에서 나왔다면 비순응자는 슬픈 얼굴로 집에 가야 할 것이다. 하지만 여러 떨떠름한 표정은 기쁜 표정과 마찬가지로 심오한 이유가 없다. 그저 부는 바람이나 신문이 가리키는 대로 나타났다 사라진다. 하지만 군중의 불만은 의회나 대학의 불만보다 더 강력하다. 세상을 잘 아는 단단한 사람이라면 교양 있는 계층의 분노는 견디기 쉽다. 이들은 매우 나약하고 소심해서 화를 낼 때도 점잖고 신중하게 내기 때문이다. 하지만 이들의 상냥한 분노에 대중의 분노가 더해지고, 무지하고 가난한 자들이 들고 일어나고, 사회 밑바닥에 깔린 무지한 폭력이 폭발하면 신처럼 그것을 대수롭지 않게 여기기 위해서 넓은 관대함과 종교의 힘이 필요하다.

위대해진다는 건 오해받는다는 뜻이다

자기 신뢰를 위협하는 또 다른 공포는 우리의 일관성이다. 우리가 과거 행동이나 말을 중요하게 생각하는 이유는 다른 사람들 눈에는 우리의 과거 행위 외에 우리의 궤적을 파악할 자료가 없기 때문이고 또 우리가 그들을 실망시키고 싶지 않기 때문이다.

하지만 무엇 때문에 주변을 두리번거리는가? 왜 이런저런 공적인 자리에서 한 말에 모순되지 않으려고 이미 죽은 기억을 끌고 오는가? 자신에게 모순된다고 한들, 뭐가 어떤가? 지혜의 원칙은 기억에만 의존하지 않고 기억하는 행위 자체에도 의존하지 않으며, 천 개의 눈이 바라보는 현재로 과거를 데리고 와서 새로운 날을 사는 것이다. 형이상학에서는 신에게 인격이 있다는 걸 부인한다. 그러나 영혼에 숭고한 감정이 일어날 때는 신에게 형상과 색을 입히는 일이 되더라도 마음과 삶으로 그 감정을 받아들여라. 요셉이 음란한 여인의 손에 옷을 버리고 도망쳤듯이 당신의 논리를 버려라.

어리석은 일관성은 초라한 정치인과 자선가와 성직자들의 숭배를 받는 속 좁은 도깨비와 같다. 위대한 영혼은 일관성과 아무 관계도 없다. 차라리 벽에 비친 그림자를 걱정하는 게 나을 것이다. 지금 생각하는 바를 단호한 어조로 말하고 내일은 내일 생각하는 바를 단호한 어조로 말하라. 모든 것이 오늘 말한 것과 달라도 상관없다. "이런, 그럼 오해를 살 텐데요." 오해를 사는 게 그렇게 나쁜가? 피타고라스도 오해받았고 소크라테스와 예수와 루터와 코페르니쿠스와 갈릴레오와 뉴턴도 오해받았고 살아 있던 모든 순수하고 현명한 정신은 모두 오해받았다. 위대해진다는 건 오해받는다는 뜻이다.

누구도 본성을 위반할 수는 없다. 안데스산맥과 히말라야 산맥의 울퉁불퉁함이 지구의 곡선에서 보면 대단치 않듯이 솟구치는 인간의 의지는 그의 존재 법칙에 의해 둥글어진다. 당신이 다른 사람을 어떻게 평가하고 시험하는지는 중요하지 않다. 성격은 이합체시(각 구의 첫 글자를 조합하면 다른 뜻이 나타나는 시)나 알렉산드리아의 시구처럼 앞으로 읽거나 뒤로 읽거나 가로질러 읽어도 같은 것의 철자가 나타난다. 나는 신이 나에게 허락한 이 숲속에서 기뻐하고 또 화해하면서, 미래를 전망하거나 과거를 회상하지 않고 매일 내 정직한 생각을 기록하며 살아갈 것이다. 내 삶은 의도하지 않고 그렇게 보지 않아도 분명 보기 좋게 균형이 잡힐 것이다. 내 책에서는 소나무 향기가 나고 곤충들의 노래가 들릴 것이다. 창 너머 보이는 제비는 부리로 끈과 지푸라기를 날라 내 둥지에도 넣어줄 것이다. 우리는 우리 모습 그대로 통한다. 성격은 우리 의지를 넘어 가르침을 준다. 사람들은 미덕과 악덕이 눈에 보이는 행동으로만 전달될 거라고 상상하지만 사실 미덕과 악덕은 매 순간 호흡으로 전달된다.

어떤 종류의 행동이든 각자의 시간에 정직하고 자연스럽다면 합의에 이를 것이다. 하나의 의지에서 나온 행동들은 아무리 다르게 보이더라도 서로 조화를 이루기 때문이다. 조금 멀리 보거나 조금 높은 곳에서 보면 이런 작은 차이는 보이지 않고 하나의 경향이 이들을 모두 통합한다. 뛰어난 배는 지그재그로 방향을 수없이 바꾸며 나아간다. 하지만 적당한 거리를 두고 그 항로를 보면 정해진 방향을 따라 곧게 펴진 것을 알 수 있다. 진실한 행동은 그 자체로 설명이 되고 다른 진실한 행동까지도 설명한다. 하지만 순응으로는 아무것도 설명하지 못한다. 독립적으로 행동하라. 그러면 이미 독립적으로 실행한 행동이 지금의 당신을 정당화할 것이다. 위대함은 미래에 호소한다. 타인의 눈을 냉소할 수 있을 정도로 확고하다면 현재의 나를 떳떳하게 방어할 수 있을 정도로 옳은 일을 이미 많이 한 것이 분명하다. 앞으로 어떻게 되든 지금 당장 행하라. 겉치레를 하찮게 여긴다면 언제나 올바로 행할 수 있을 것이다. 성품의 힘은 누적된다. 덕 있는 모든 지난날이 이 힘을 건강하게 해준다. 무엇이 의회와 전장의 영웅들을 위풍당당하게 만들어 우리의 상상력을 깨우는가? 바로 일련의 위대한 나날과 그 뒤를 따르는 승리에 대한 의식이다. 이 의식이 하나로 뭉쳐 앞서나가는 자에게 빛을 비춘다. 그는 천사와도 같은 사람들의 호위를 받고 있다. 이 의식이 채텀Chatham(토리당의 당수를 지낸 영국의 총리 윌리엄 피트)에게 우레와 같은 목소리를 주었고 워싱턴의 풍채에 위엄을 더했고 애덤스의 눈에 미국을 심었다. 명예를 높이 사는 이유는 곧 없어지는 것이 아니기 때문이다. 명예는 언제나 오랜 덕목이다. 오늘 숭배하는 명예는 오늘의 것이 아니다. 우리는 명예를 사랑하고 명예에 경의를 표한다. 명예는 우리의 사랑과 경의를 가두는 덫이 아니라 독립적이고 스스로 생겨나는 것이라 젊은 사람에게 나타난다고 해도 티 없이 깨끗하고 오랜 혈통을 보여준다.

　　나는 오늘의 순응과 일관성이 마지막이 되기를 희망한다. 그런 말들은 이제 관보에나 실어서 웃음거리가 되게 하자. 저녁을 알리는 징 소리 대신 스파르타의 파이프 소리를 듣자. 더 이상 머리를 조아리며 사과하지 말자. 내 집에 식사를 하러 온 위대한 사람을 기쁘게 하고 싶지 않다. 그가 나를 기쁘게 하고 싶어 하기를 바란다. 나는 이곳에 서서 인간성을 지킬 것이다. 하지만 친절하고 진실할 것이다. 이 시대의 안전한 평범함과 비굴한 만족감을 모욕하고 질책하자. 관습, 거래, 직책 앞에서 모든 역사의 결말이 되는 진실을 쏟아붙이자. 인간이 일하는 모든 곳에 위대하고 책임감 있는 사상가와 행동가가 있다고, 진실한 인간은 다른 시대나 장소가 아닌 만물의 중심에 존재한다고 말하자. 그가 있는 곳에 자연이 있다. 그가 당신과 모든 사람과 모든 사건을 측량한다. 대개 사회에서 만나는 사람들은 다른 사물이나 다른 사람을 연상시킨다. 하지만 그 사람의 본질이나 실재는 다른 것을 연상하게 하지 않고 창조 전체를 대신한다. 사람은 모든 상황을 무시하게 할 정도로 존재감이 있어야 한다.

진실한 사람만이 부름을 받는다

　　모든 진실한 인간은 원인이며 국가이며 한 시대이다. 그는 자신의 설계를 완전히 성취하기 위해 무한한 공간과 사람과 시간을 요구한다. 그리고 후대 사람들은 의뢰인들처럼 줄줄이 그의 발걸음을 따른다. 카이사르라는 남자가 태어나니 오랫동안 로마 제국이 이어졌다. 그리스도가 태어나니 수많은 사람이 그의 정신에 감화되어 그리스도를 덕과 인간의 가능성 자체로 여기기까지 한다. 인간이 만들고 믿는 것은 한 사람의 그림자가 길어진 것이다. 은둔자 안토니의 수도원 제도, 루터의 종교 개혁, 폭스의 퀘이커파, 웨슬리의 감리교, 클라크슨의 노예제 폐지론, 밀턴이 '로마의 정점頂點'이라고 부른 스키피오가 그렇다. 모든 역사가 몇몇 강인하고 진실한 인물의 전기로 쉽게 요약된다.

그러니 사람이 자신의 가치를 알고 만물을 그의 발 아래 두게 하자. 자신을 위해 존재하는 세상인데 자선 기관에서 자라는 아이, 사생아, 침입자처럼 엿보고 훔치고 몰래 숨어들게 하지 말자. 하지만 탑을 쌓고 대리석 신을 조각한 힘에 상응하는 가치를 자신에게서 찾지 못하는 거리의 인간은 이런 위대한 작품 앞에서 초라함을 느낀다. 그에게는 성채, 동상, 값비싼 책이 화려한 마차처럼 낯설고 금지된 것처럼 보이고 '실례지만 누구신가요?'라고 말하는 듯하다. 하지만 모두 그의 것이며, 그의 눈길을 기다리는 구혼자, 나와서 소유권을 차지하라고 요청하는 청원자들이다. 그림이 내 판단을 기다린다. 그림이 나에게 명령을 내리는 게 아니라 높이 평가해달라고 요청하고 나는 그 요청을 해결해야 한다. 잔뜩 취한 사람을 거리에서 데려다가 공작의 집에서 씻기고 입힌 다음 공작의 침대에 눕혔다가 깨어났을 때, 진짜 공작을 대하듯 온갖 아부를 떨었더니 이 사람이 자기가 잠시 미쳐 있었던 게 분명하다고 생각했다는 유명한 이야기가 있다. 이 이야기가 유명한 것은 한때는 주정뱅이와 비슷하게 살다가, 이성을 되찾고 사실은 자신이 진정한 왕자였음을 깨닫는 사람들의 상황을 잘 보여주기 때문이다.

우리의 독서는 구걸이나 아첨과 같다. 역사적으로 우리의 상상력은 도움이 안 됐다. 왕국과 왕족, 권력과 재산 같은 말은 '작은 집에서 평범한 일을 하는 존이나 에드워드' 같은 말보다는 화려하다. 하지만 왕이나 서민이나 생활은 다를 바가 없다. 둘의 삶의 총계도 같다. 그런데 왜 앨프리드Alfred 대왕, 영웅 스칸데르베그Scanderbeg, 구스타브Gustav 왕은 이토록 존경을 받는가? 그들에게 덕이 있었다고 하지만 그 덕이 전부 세상 밖으로 나왔다고 할 수 있나? 그들의 공적이고 명성이 자자한 발걸음과 마찬가지로 당신이 오늘 혼자 하는 행동에도 많은 것이 걸려 있다. 평범한 사람이 독창적인 관점을 가지고 행동할 때 왕의 행동에서 나오던 영광이 그들의 영광이 될 것이다.

세상은 왕의 지시를 받아왔고 왕은 사람들의 시선을 끌어당겼다. 이 거대한 체계에서 사람들은 그들 사이에 마땅히 있어야 할 경외심을 배웠다. 사람들은 어디에서나 기꺼운 충성심으로 왕, 귀족, 대지주가 자신의 법에 따라 사람들 사이를 걷고, 사람과 사물에 대한 자기만의 척도를 만들어 그것들을 뒤바꾸고, 혜택에 대한 대가를 돈이 아니라 명예로 치르고, 그들 자신이 법을 대표하도록 묵인했다. 이 충성심은 권리와 적합성에 대한 의식, 즉 모든 인간이 가진 권리를 모호하게 나타내는 상형문자와도 같았다.

모든 독창적인 행동에 자력磁力이 나타나는 이유는 자기 신뢰의 이유를 탐구하면 설명할 수 있다. 신뢰를 얻는 자는 누구인가? 보편적인 믿음의 근거가 되는 본래의 자아는 무엇인가? 보는 방향이나 계산에 상관없이 사소하고 불순하더라도 독립적인 행동에는 아름다운 빛을 던져 과학을 무색하게 하는 저 별의 본성과 힘은 무엇인가? 이러한 탐구는 천재성, 미덕, 생명의 본질이자 우리가 자발성 또는 본능이라고 부르는 그 근원으로 우리를 이끈다. 우리는 이 최초의 지혜에 본능Intuition이라는 이름을 붙이고 이후의 모든 가르침은 교육Tuition이라고 한다. 그 분석할 수도 없는 깊은 힘에 모든 것의 공통적인 근원이 있다. 방식은 알 수 없지만 조용한 시간에 영혼에서 일어나는 존재의 감각은 사물, 공간,

빛, 시간, 사람과 별개가 아니라 하나다. 이들의 생명과 존재가 시작한 곳과 똑같은 근원에서 나오기 때문이다.

우리는 처음에는 만물을 존재하게 하는 생명을 공유했으나 이후에는 자연에 존재하는 만물의 외관을 보면서 우리의 근원이 같다는 사실을 잊어버렸다. 이 근원에서 행동과 생각이 뿜어져 나온다. 여기에 영감의 허파가 있어서 불경하거나 신을 부인하는 자가 아니면 거부할 수 없는 지혜를 사람들에게 나눠준다. 우리는 거대한 지성의 무릎에 누워서 그 진실을 받아먹는 수혜자가 되고 진실한 행동을 이끄는 기관이 된다. 우리가 정의를 알아보고 진리를 알아볼 때 할 일은 다만 그 빛이 통과하도록 허락하는 것이다. 이 진리가 어디에서 오는지 묻고 원인이 되는 영혼이 무엇이냐고 물으면 철학은 모두 어찌할 바를 모를 것이다. 우리가 확실히 알 수 있는 것은 지성의 존재나 부재뿐이다.

모든 사람은 마음의 자발적인 움직임과 비자발적인 지각을 구분하고 비자발적인 지각을 완전히 신뢰해야 한다는 걸 알고 있다. 이러한 지각을 잘못 표현할 수는 있어도 이것이 밤과 낮처럼 분명해서 반론의 여지가 없다는 건 알고 있다. 내 의도적인 행동과 성취하려는 노력은 방황일 뿐이다. 지극히 한가로운 몽상과 희미한 본연의 감정이 나의 호기심과 존경심을 불러일으킨다. 경솔한 사람들은 지각에 따른 진술을 의견이라고 여기며 반박한다. 아니, 아주 거세고 심하게 반박한다. 이는 지각과 견해를 구분하지 못하기 때문이다. 그들은 내가 둘 중 하나를 선택한다고 착각한다. 하지만 지각은 변덕스럽지 않고 피할 수 없다. 내가 어떤 특성을 본다면 내 아이들이 나를 따라 그것을 볼 것이고 머지않아 전 인류가 그것을 볼 것이다. 나 이전에 아무도 보지 못한 것이라도 마찬가지다. 내 지각은 태양처럼 분명한 사실이기 때문이다.

자기 모습 그대로 오늘을 살아가라

영혼과 신의 정신 사이의 관계는 매우 순수해서 거기에 도움을 덧붙이는 건 신성모독이 된다. 신은 말할 때 한 가지가 아닌 모든 것을 전달하며 그의 목소리로 세상을 채우고 빛, 자연, 시간, 영혼을 현재 생각의 중심에서 외부로 멀리 흩어지게 해 새로운 시대를 열고 세상을 새롭게 창조한다. 마음이 단순해 신의 지혜를 받아들이면 낡은 것은 사라진다. 모든 수단과 스승, 문자, 신전이 쓰러진다. 마음이 현재를 살며 과거와 미래를 현재의 시간으로 흡수한다. 모든 것이 그 마음과 연결되며 차례로 신성해진다. 만물이 원인을 따라 중심으로 녹아들고 보편적 기적 속에 사소하고 특정한 기적들은 사라진다.

그러므로 신을 알고 신에 대해 말한다고 주장하며 다른 세상, 다른 나라, 다른 민족의 낡은 어법을 사용하는 사람이 있다면 믿어서는 안 된다. 잘 자라 완전해진 참나무보다 도토리가 나은가? 공들여 키운 자식보다 그 부모가 나을까? 대체 과거에 대한 이 경배는 어디에서 왔는가? 오랜 세월은 영혼의 건강과 권위를 해치려고 노리는 자와 같다. 시간과 공간은 눈이 만들어내는 생리학적 색일 뿐이지만 영혼은 빛이다. 영혼이 있는 곳이 낮이고 영혼이 있었던 곳이 밤이다. 역사는 무례하고 상처를 준다. 잘해봐야 내 존재나 미래에 대한 기분 좋은 교훈담이나 우화를 전할 뿐이다.

인간은 소심하고 비겁하다. 더 이상 당당하지 않고 '나는 생각한다', '나는 이렇다'라는 말을 못 해서 다른 성인이나 현자의 말만 인용한다. 풀잎이나 흔들리는 장미 앞에서도 수치심을 느낀다. 내 창문 아래 핀 장미는 전에 피던 장미나 자기보다 더 나은 장미에 대해 말하지 않는다. 자기 모습 그대로 신과 함께 오늘을 살 뿐이다. 장미에는 시간이 존재하지 않는다. 그저 장미만 있을 뿐, 그 자체로 매 순간이 완벽하다. 잎눈이 터지기 전부터 전체 생명이 활동한다. 활짝 핀 꽃이라도 생명력이 더 크지 않고 잎이 떨어진 뿌리라도 생명력이 부족하지 않다. 장미는 존재함에 만족하고 그것이 자연에 만족감을 준다. 모든 순간이 그와 같다. 하지만 사람은 미루거나 기억한다. 현재를 살지 않고 눈을 뒤로 돌려 과거를 한탄하거나 주변의 풍부함은 둘러보지 않고 발끝으로 서서 미래를 예견한다. 인간 역시 시간을 넘어 자연과 함께 현재를 살지 않으면 행복할 수도 강해질 수도 없다.

평범하기 그지없는 말이다. 하지만 똑똑한 사람들은 신이 다윗이나 예레미야나 바울의 어투로 말하지 않으면 듣지 않으려고 한다. 몇몇 글, 몇몇 사람에게 언제나 그렇게 높은 가치를 매겨서는 안 된다. 우리는 아이들처럼 할머니나 가정 교사의 문장을 그대로 외워 반복한다. 그러다가 나이가 들면 우연히 만나는 재능 많고 성격 좋은 사람들의 말을 모아 똑같이 따라한다. 이후 그런 말을 한 사람들의 관점에 도달하게 되면 그들을 이해하고 그 말들을 내려놓는다. 언제든지 때에 맞춰 사용할 수 있기 때문이다. 진실하게 산다면 진실하게 볼 것이다. 약한 사람은 약해지기 쉽고 강한 사람은 강해지기 쉽다. 새로운 통찰이 생기면 우리는 그동안 쌓아둔 보물의 기억을 낡은 쓰레기처럼 버릴 것이다. 신과 함께 사는 사람에게는 신의 목소리가 개울의 속삭임이나 옥수수밭의 바스락 소리처럼 달콤하게 들릴 것이다.

이제 이 주제에서 가장 중요한 진실이 남았다. 이 말을 못 할 수도 있다. 우리가 하는 말은 전부 직감을 잘못 기억하는 것뿐이기 때문이다. 그 생각을 내가 최대한 비슷하게 말해보겠다. 좋은 것이 가까이 올 때, 내면에 생명이 있을 때, 절대 이미 알거나 익숙한 방식으로 나타나지 않는다. 당신은 다른 사람의 발자국을 알아보지 못할 것이다. 다른 사람의 얼굴이나 다른 사람의 이름도 보이지 않을 것이다. 그 길과 그 생각과 그 선함은 전적으로 낯설고 새로울 것이다. 예시와 경험이 들어오지 못할 것이다. 그 길은 사람에게 가는 길이 아니라 외따로 난 길이다. 지금까지 존재한 모든 사람은 그 길에서 잊힌 사자들이다. 두려움과 희망이 둘 다 그 아래에 있다.

희망도 최고의 것은 아니다. 통찰의 시간에는 감사라고 할 게 없고 기쁨이라고 할 것도 없다. 그러나 열정을 넘어선 영혼은 정체성과 영원한 인과관계를 바라볼 수 있다. 진실과 정의의 자기 존재를 지각하며 모든 것이 잘 흘러간다는 걸 알고 스스로 진정한다. 자연의 광대한 공간, 대서양과 태평양, 매해, 매 세기 같은 시간 간격은 중요하지 않다. 내가 생각하고 느끼는 이것이 이전의 모든 생명과 상황의 기반을 이루었고 내 현재와 삶이라고 부르고 죽음이라고 부르는 것의 기초가 된다.

오직 삶만이 유용할 뿐 살아 있던 과거는 아무 소용이 없다. 힘은 멈추는 순간 중단되고 과거에서 새로운 상태로 옮기는 순간, 깊이 팬 틈을 가로지르는 순간, 표적을 향해 날아가는 순간에 존재한다. 세상이 싫어하는 단 한 가지가 바로 영혼의 변화다. 영혼이 변화하면 과거의 빛이 영원히 사라지고, 모든 부가 가난으로, 모든 명성이 수치로 바뀌고, 성자가 악인으로 보이고, 예수와 유다가 똑같이 밀려나기 때문이다. 그럼 우리는 대체 왜 자기 신뢰에 대해 떠드는가? 영혼이 존재하는 것과 마찬가지로 힘은 확신이 아닌 행동하는 힘을 따라 존재한다. 신뢰에 대한 이야기는 빈약하고 표면적인 표현일 뿐이다. 신뢰하는 대상에 대해 말하자. 그것이 실제로 작용하고 존재하기 때문이다. 나 자신보다 나에게 더 복종하는 자는 손가락 하나도 들지 않고 나를 지배한다. 나는 정신의 중력을 따라 그의 주변을 돈다. 우리는 탁월한 덕을 이야기하면 그냥 말을 잘하는 거라고 생각한다. 그러나 덕이 가장 고귀하다는 것, 원칙을 받아들인 사람이나 집단이 그렇지 않은 모든 도시, 나라, 왕, 부자, 시인을 자연법칙에 따라 압도하고 지배한다는 걸 아직 몰라서 그러는 것이다.

이는 궁극적인 사실이어서 우리는 어떤 주제에서도 빠르게 이 결론에 도달하고 모든 해법이 영원한 축복을 받은 이 '한 가지'로 귀결된다. 자기존재는 최종 원인의 속성이며 그것이 하위 형태에 얼마나 들어 있느냐에 따라 선을 측정할 수 있다. 만물은 그 안에 든 덕의 크기만큼 진실하다. 상업, 농업, 사냥, 고래잡이, 전쟁, 웅변, 개인의 가치에도 모두 덕이 있다. 그래서 이 모든 것이 덕의 존재와 불순한 행위를 나타내는 흥미로운 예시가 된다. 보존과 성장의 본성에도 같은 법칙이 작용한다. 힘은 본질상 옳고 그름을 구분하는 척도다. 자연은 자신을 위해 아무것도 할 수 없는 것은 왕국에 남도록 허락하지 않는다. 행성의 기원과 성숙, 그 균형과 궤도, 강한 바람에 굽었다가 회복되는 나무, 모든 동물과 식물에 필수적인 자원이 자급자족하기에, 그에 따른 영혼의 자립을 증명한다.

그러므로 모든 것이 하나로 모인다. 방황하지 말고 근원이 있는 곳에 머물자. 신성한 진실을 선포해, 떼 지어 우리를 침범하는 사람들과 책과 제도에 충격을 주자. 침입자들에게 신이 안에 있으니 신발을 벗으라고 명하라. 우리의 소박함으로 그들을 심판하고 우리가 타고난 풍요로움에 비하면 자연과 운명은 보잘것없음을 증명하자.

인간은 홀로 설 때 자유롭다

하지만 지금 우리는 떼로 몰려다닌다. 인간은 인간을 경외하지 않고, 집에 남아 내면의 바다와 소통하라는 경고도 듣지 않는다. 다만 다른 사람들의 주전자에 든 물 한 잔을 구걸하러 밖으로 떠돈다. 우리는 혼자 가야 한다. 나는 그 어떤 설교보다 예배가 시작되기 전 조용한 예배당을 좋아한다. 자신만의 구역이나 성소에 든 사람은 얼마나 아득하고 얼마나 멋지고 얼마나 순결해 보이는가! 그러니 언제나 고요하게 앉아 있자. 왜 우리는 난롯가에 함께 앉거나 같은 피를 나눴다고 친구, 아내, 아버지의 잘못을 떠안아야 하는가? 모든 사람이 나와 피를 나눴고 나 역시 모든 사람과 피를 나눴다. 하지만 그들의 심술과 어리석음을 가져오지는 않을 것이고 그것에 대해 부끄러워하지도 않을 것이다.

하지만 고립은 기계적인 것이 아니라 정신적이어야 하고 숭고해야 한다. 때로는 온 세상이 지극히 사소한 일들로 당신을 괴롭히려고 음모를 꾸미는 게 아닌가 싶을 것이다. 친구, 고객, 아이, 병, 두려움이 당신의 방문을 두드리며 "이리 좀 와 봐요"라고 말하는 것 같다. 하지만 흔들리지 말라. 그들의 혼돈으로 들어가지 말라. 나를 귀찮게 하려는 사람들의 힘에 나는 거의 호기심을 보이지 않는다. 내 행동을 통하지 않고 나에게 가까이 올 수 있는 사람은 없다. "우리는 사랑하는 것을 가지고 있지만 욕망 때문에 그것을 잃는다."

당장 복종과 신뢰의 신성함에 도달하지 못한다면 적어도 유혹에 저항하기라도 하자. 전투 상태로 들어가 우리 내면의 색슨족에 깃든 토르와 오딘, 용기와 절개를 깨우자. 이 목표는 평온한 시간에 진실을 말함으로써 이루어야 한다. 이때 거짓 환대와 거짓 애정을 조심하라. 더 이상 우리에게 속고 우리를 속이는 사람들의 기대에 맞추지 말라. 그들에게 이렇게 말하라.

아버지, 어머니, 아내, 형제, 친구여. 나는 지금까지 겉모습을 좇으며 그대들과 살아왔습니다. 이제는 진실을 좇겠습니다. 이제 나는 영원한 법칙 외에 다른 법은 따르지 않겠습니다. 서약에서 벗어나 본질에 가까이 갈 것입니다. 부모를 봉양하고 가족을 부양하고 한 아내를 둔 순결한 남편이 되고자 노력할 것입니다.

하지만 나의 관계는 이전과 다를 것입니다. 나는 당신들의 관습에 반대합니다. 나는 나 자신이 되겠습니다. 나는 더 이상 당신들을 위해 나와 당신을 파괴할 수 없습니다. 당신이 나를 있는 그대로 사랑할 수 있다면 우리는 더 행복해질 것입니다. 그럴 수 없다면, 그래도 나는 여전히 그런 사랑을 받을 만한 사람이 되려고 노력하겠습니다. 나는 내 취향이나 혐오를 숨기지 않겠습니다. 깊은 곳에 거룩함이 존재함을 믿으며 해와 달 앞에서 내면의 나를 기쁘게 하고, 마음이 명하는 것은 무엇이든 강하게 밀고 나가겠습니다.

당신이 고귀하다면 사랑할 것이고 그렇지 않다면 위선적인 관심으로 당신과 나를 해치지 않겠습니다. 당신이 나와 같은 진실을 믿지 않는다면 당신의 친구를 따르십시오. 나는 내 친구를 찾을 테니. 나는 이기적인 마음이 아닌 겸손하고 진실한 마음으로 말하는 겁니다. 우리가 얼마나 오랫동안 거짓 속에 살았든 당신과 나, 그리고 모든 인간은 진실하게 살고 싶어 합니다. 이 말이 가혹하게 들리나요? 하지만 당신은 곧 당신의 본성과 나의 본성이 지시하는 것을 사랑하게 될 겁니다. 진실을 따른다면 우리는 마침내 안전한 곳에 다다를 겁니다.

물론 친구들은 고통스러울 것이다. 하지만 나는 그들의 감정을 생각해 내 자유와 힘을 팔 수 없다. 게다가 누구에게나 이성의 순간이 찾아온다. 절대적인 진실의 영역을 보면 그들도 나를 옹호하며 똑같이 행동할 것이다.

대중은 사람들의 기준을 거부하는 것이 모든 기준을 거부하는 도덕률 폐기론일 뿐이라고 생각한다. 또한 대담한 감각론자는 철학자의 이름으로 자신의 범죄를 포장할 것이다. 하지만 의식의 법은 언제나 남아 있다.

우리는 두 개의 고해실 가운데 한 곳에서 참회해야 한다. 자신을 정화해 임무를 수행하는 데는 직접적인 방식과 성찰적인 방식이 있다. 아버지, 어머니, 사촌, 이웃, 마을, 고양이, 개와 만족스러운 관계를 맺고 있는지, 이 중 하나라도 비난받을 여지가 있는지 생각해보는 것이 성찰의 방식이다. 하지만 나는 이런 성찰적 기준을 무시하고 나에게 무죄를 선고할 것이다. 나에게는 나만의 엄격한 주장과 완벽한 규칙이 있다. 이 규칙은 의무라고 불리는 많은 임무를 의무라고 인정하지 않는다. 하지만 내가 내면의 규칙을 지킨다면 대중의 규범에서 벗어날 수 있다. 내면의 규칙이 느슨하다고 생각하는 사람이 있다면 하루라도 그 계율을 지키게 해보라.

그리고 사람들의 일반적인 동기를 던져버리고 자신이 임무의 주인임을 믿기로 한 사람에게는 신과 같은 덕목이 요구된다. 마음은 고매하고 의지는 충직하고 시야는 깨끗해 자신이 열성적인 교리, 사회, 법이 되어야 한다. 그렇게 한다면, 그의 단순한 목적도 다른 사람에게는 필연적인 성분처럼 강력해진다.

요즘 사회의 특성을 생각해보면 누구라도 이런 윤리의 필요성을 알 수 있을 것이다. 우리는 힘줄과 심장이 다 빠져나간 듯 겁에 질리고 절망해 울어댄다. 진실을 두려워하고 운을 두려워하고 죽음을 두려워하고 서로를 두려워한다. 나이가 들어도 위대하고 완전한 사람이 되지 않는다. 삶을 혁신하고 사회를 뒤바꿀 남자와 여자를 바라지만 대부분의 본성은 파탄에 이르렀고 자기의 요구를 충족하지 못한다. 또한 실질적인 힘에 맞지 않는 야망을 지닌 채 밤낮으로 남에게 기대고 구걸한다. 살림은 거지꼴이고 기술과 직업과 결혼과 종교는 자기 선택이 아니라 사회의 선택에 맡긴다. 우리는 허풍만 떠는 군인이다. 생사를 가르는 거친 전쟁은 피한다. 하지만 강인함은 그 전쟁터에서 자라난다.

젊은이들은 첫 시도에서 실패하면 완전히 낙담한다. 젊은 상인이 실패하면 사람들은 그가 망가졌다고 한다. 천재적인 우등생이 대학에서 공부를 마친 후 1년이 되기 전에 보스턴이나 뉴욕, 혹은 그 근방 교외 지역에서 직장을 얻지 못하면 그의 친구들이나 그 자신까지도 그가 남은 평생을 낙담하고 불평하며 살아 마땅하다고 여긴다.

뉴햄프셔나 버몬트 출신의 건장한 청년이 소를 몰고 농사를 짓고 행상을 하고 학교를 운영하고 설교하고 신문을 편집하고 의회에 나가고 거대한 땅을 소유하는 등 몇 년 동안 갖가지 일을 하면서 늘 고양이처럼 사뿐히 난관을 뚫고 나간다면 도시의 번지르르한 젊은이 백 명보다 낫다. 그는 시대에 뒤떨어지지 않고 '전문직이 되는 공부'를 하지 않는다고 부끄러워하지도 않는다. 자기 삶을 미루지 않고 이미 '살고 있기' 때문이다. 그에게는 한 번의 기회가 아니라 백 번의 기회가 있다. 지나치게 절제하는 이들에게 인간의 가능성을 열게 하라. 축 늘어진 버드나무에 기대지 말고 몸을 떼라고 말하라. 또한 자기 신뢰를 연습하면 새로운 힘이 나타날 거라고 말하라. 인간은 몸을 내세운 정신이며 사람들을 치유하기 위해 태어났고, 사람들의 연민에 부끄러움을 느낀다. 그가 자기 자신으로 행동하기로 하며 법, 책, 우상숭배, 관습을 창밖으로 내던질 때 우리는 그를 더 이상 동정하지 않고 고마워하며 숭배할 것이다. 교사들은 그의 영광스러운 삶을 복원하고 모든 역사에 이름이 길이 남도록 할 것이다.

자신을 고집하라

위대한 자기 신뢰가 사람들의 모든 임무와 관계에, 그들의 종교, 교육, 목표, 삶의 방식, 유대, 재산, 사변적 관점에 혁명을 가져올 것은 불 보듯 뻔하다.

❶ 인간은 어떤 기도에 열중하는가! 그들이 성스러운 의무

라고 부르는 이 기도는 그다지 용감하거나 굳세지 않다. 바깥을 두리번거리면서 낯선 가치를 통해 더 낯선 것을 찾아 헤맨다. 또 자연적이고 초자연적인 미로에서 길을 잃고 중재자와 기적을 구한다. 선이 아닌 특정한 편의를 갈구하는 기도는 사악하다. 기도는 가장 높은 관점에서 바라본 삶의 사실들을 사색하는 것이다. 응시하고 기뻐하는 영혼의 독백이다. 결과를 보니 좋다고 선언하는 신의 정신이다. 하지만 개인의 목적을 이루려는 수단으로 드리는 기도는 비열한 도둑질과 같다. 이런 기도는 자연과 의식의 합일이 아닌 이원론을 가정한다.

인간은 신과 하나가 되는 즉시 구걸하지 않는다. 그는 모든 행위에서 기도를 볼 것이다. 농부가 밭에서 잡초를 뽑기 위해 무릎을 꿇고 드리는 기도나 뱃사공이 노를 저으며 무릎을 꿇고 드리는 기도처럼 소박한 목적을 위한 기도라도 자연 곳곳의 진실을 이야기한다. 존 플레처의 희곡 〈본두카Bonduca〉에서 카라타크는 아우다테 신의 마음을 알아보라는 명령에 이렇게 답한다.

"그의 숨은 의도는 우리의 노력에 있소. 우리의 용기가 최고의 신이기 때문이오."

또 다른 잘못된 기도는 후회다. 불만족은 자기 신뢰가 부족하고 의지가 병약할 때 나타난다. 고통받는 자들에게 도움이 될 것 같으면 불행을 안타까워하라. 그러나 도움이 안 된다면 자기 일에 열중하라. 그러면 악은 이미 바로잡히기 시작한다. 우리에게는 동정심이 마음에 깔려 있다. 우리는 바보처럼 흐느끼는 사람들에게 다가가 함께 운다. 전기충격을 주듯 사납게 진실함과 치유력을 전달해서 그들이 다시 한번 자신의 이성과 통하도록 해야 한다.

행운을 얻는 비결이란 우리 손안의 기쁨을 누리는 것이다.

신과 사람은 언제나 자립하는 자를 환영한다. 그런 사람에게는 모든 문이 활짝 열려 있다. 그의 모든 말이 위대하고 모두 영광의 관을 그에게 씌워주고 모두가 탐욕스럽게 그를 바라본다. 우리의 사랑이 그를 향하고 그를 껴안는다. 그가 그 사랑을 요구하지 않기 때문이다. 우리는 굽신거리며 세심하게 그를 어루만지고 기린다. 그가 자신의 길을 고수하고 우리의 비난을 무시하기 때문이다. 신들은 사람들이 싫어하는 사람을 바로 그 이유로 사랑한다. 조로아스터는 이렇게 말했다. "인내하는 인간에게 신들은 먼저 다가와 축복을 내린다."

사람들의 기도가 의지의 질병이라면 사람들의 신념은 지성의 질병이다. 이들은 저 어리석은 고대 히브리인들처럼 이렇게 말한다. "모세에게 이르되 당신이 우리에게 말씀하소서. 우리가 들으리이다. 하나님이 우리에게 말씀하시지 말게하소서. 우리가 죽을까 하나이다."(출애굽기 20장 19절)

나는 어디를 가도 다른 신도의 신을 만나지 못한다. 그가 신전의 문을 닫고 자기의 형제나 그 형제의 신화를 암송할 뿐이기 때문이다. 모든 새로운 마음은 새로운 유형이 된다. 어떤 마음에 진귀한 행위나 힘이 있다는 게 증명되면 로크, 라부아지에Antoine-Laurent de Lavoisier, 허턴James Hutton, 벤담Jeremy Bentham, 푸리에 Jean-Baptiste Joseph Fourier처럼 다른 사람에게 자신의 분류를 따르게 할 수 있다. 보라! 새로운 체계가 생긴다. 생각의 깊이가 깊어질수록, 관련 대상이 많아질수록, 그를 따르는 학생이 늘어날수록 그는 만족한다. 이런 현상은 주로 교리와 교회에서 나타나는데, 이 역시 강력한 마음을 지닌 자가 인간의 의무감과 가장 높은 존재와의 관계라는 근본적인 생각을 바탕으로 만든 분류체계이다. 그렇게 칼뱅주의, 퀘이커교, 스베덴보리 사상이 나왔다. 한 교파에 새로 들어간 제자는 식물을 공부하는 소녀가 새로운 땅과 새로운 계절을 보며 기뻐하듯 모든 것에 새 용어를 적용하며 기뻐한다. 그는 한동안 스승의 마음을 공부하면서 자신의 능력이 향상된 것을 발견한다.

하지만 마음의 균형이 어긋난 사람들은 분류를 우상화하고 이를 수단이 아닌 목적으로 본다. 그들의 눈에는 체계를 분류하는 벽이 우주의 벽처럼 대단해 보이고 천상의 광채가 그들의 스승이 만든 아치에서 나오는 듯하다. 그들은 우리 같은 이방인도 볼 권리가 있고 볼 수도 있다는 걸 상상도 하지 못하며 '저들이 우리 빛을 훔친 게 틀림없어'라고 생각한다.

그들은 비체계적이고 꺾이지 않는 빛이 모든 집을, 심지어 그들의 집에도 들어갈 수 있음을 인지하지 못한다. 잠시 빛이 그들 소유라고 떠들게 놔두자. 그들이 정직하고 성실하다면 지금은 깨끗하고 새로운 집이 곧 너무 좁고 낮아 갈라지고 기울어지고 썩어 없어질 것이다. 그럼 불멸의 빛, 모든 새로움과 기쁨, 수많은 천체와 수많은 빛깔이 태초의 아침처럼 우주를 비출 것이다.

❷ 교양 있는 미국인들이 하나같이 이탈리아, 영국, 이집트를 우상처럼 섬기는 여행에서 매력을 느끼는 이유는 자기 수양이 부족해서다. 영국, 이탈리아, 그리스를 상상 속에서 우러러보는 사람들은 이 나라들을 자전축처럼 단단히 붙들고 있다. 우리가 굳건할 때는 의무를 다해야 하는 곳이 우리 자리처럼 느껴진다. 영혼은 여행자가 아니다. 현명한 사람은 가정에 머문다. 필요와 의무 때문에 집에서 떠나 외국으로 가야 할 때도 여전히 집에 있는 듯이 행동하고 사람들에게는 자신이 침입자나 시종이 아니

라 지혜와 미덕을 지닌 선교사나 군주처럼 도시와 사람들을 방문한다는 것을 표정으로 깨닫게 할 것이다.

나는 예술, 공부, 자선을 목적으로 하는 세계 일주를 무턱대고 반대하지는 않는다. 먼저 국내에서 성숙한 사람이 되거나, 자신이 아는 것보다 더 대단한 걸 찾겠다는 희망으로 외국에 나가지 않으면 된다. 즐거움을 찾고자, 또는 자신이 가지지 않은 걸 얻으러 여행하는 사람은 자신과 멀어지고 젊은 나이에도 오래된 것들 사이에서 늙어버린다. 그의 의지와 마음은 테베에서 또 팔미라에서 그 도시들처럼 낡고 황폐해진다. 폐허에 폐허를 끌고 가는 셈이다.

여행은 바보의 낙원이다. 우리는 첫 여행지에서 별로 다를 것이 없음을 발견한다. 나는 집에 있을 때는 나폴리와 로마에 가서 아름다움에 흠뻑 빠지고 내 슬픔을 잊을 거라는 꿈을 꾼다. 짐을 싸서 친구들과 포옹하고 배를 타고 떠나 드디어 나폴리에서 눈을 뜨지만 내 옆에는 내가 피해 달아난 것과 똑같은 무자비한 슬픔이 내 안에 그대로 있다는 엄중한 사실만 누워 있을 뿐이다. 나는 바티칸과 궁전을 찾아 풍경과 암시에 취하고 싶지만 취하지 않는다. 내면의 거인은 내가 어딜 가든 나와 함께 있다.

❸ 하지만 여행을 향한 갈망은 깊은 내면이 건전하지 못해 전체적인 지적 활동이 악영향을 받는다는 신호다. 지성은 방랑자이고 우리의 교육 체계는 불안을 키운다. 마음은 몸이 강제로 집에 있어야 할 때 떠돈다. 우리는 모방한다. 모방이란 마음의 방황이 아니고 무엇인가?

우리의 집은 외국인의 취향에 따라 지어졌고 우리의 선반에는 외국 장식품이 놓여 있다. 우리의 의견, 취향, 능력은 과거와 먼 곳으로 기운다. 영혼은 장소가 어디든 번창하는 곳에서 예술을 창조했다. 진정한 예술가들은 자기 마음에서 기준을 구하고 자기 생각을 적용해 사물을 다루고 주변을 관찰했다. 우리는 왜 도리스양식과 고딕양식을 복제해야 하는가? 아름다움, 편리함, 위엄 있는 사고, 진기한 표현은 다른 사람들과 마찬가지로 우리에게도 가까이 있다. 미국의 예술가가 기후, 토양, 낮의 길이, 사람들의 욕망, 습관과 정부 형태를 고려해 희망과 사랑으로 작업 대상을 연구한다면 이 모든 조건에 맞는 집을 지을 것이고 사람들의 취향과 감성도 만족시킬 것이다.

자신을 고집하라, 절대 모방하지 말라. 살아오면서 매 순간 일군 축적된 힘으로 당신만의 재능을 보여줄 수 있다. 하지만 다른 사람에게서 가져온 재능은 반밖에 소유하지 못하는 미봉책일 뿐이다. 각자가 가장 잘할 수 있는 그 재능은 조물주 외에는 가르쳐줄 수 없다. 그 사람이 보여주기 전에는 그 재능이 무엇인지 누구도 알 수 없다.

셰익스피어를 가르친 스승이 어디 있는가? 프랭클린, 워싱턴, 베이컨, 뉴턴에게 지식을 전수한 스승이 어디 있는가? 위대한 인간은 모두 유일하다. 스키피오의 철학은 절대 남을 따라 한 것이 아니다. 셰익스피어를 연구한다고 절대 셰익스피어가 될 수 없다. 당신에게 주어진 일을 하라. 너무 많은 것을 바라지 말고 너무 많은 것을 떠맡지 말라. 이 순간 파르페논신전을 감독한 조각가 페이디아스Pheidias의 거대한 끌, 이집트인들의 흙손, 모세나 단테의 펜과 같은, 그러나 그 모든 것과 다른 용기와 웅장함이 당신에게 있다.

영혼은 풍요롭고 혓바닥이 천 개로 갈라진 듯 유창해서 굳이 똑같은 자기 모습을 반복하려고 하지 않지만 이 영혼이 하는 말을 들을 수 있다면 똑같이 소리 높여 답할 수 있다. 귀와 혀는 같은 속성을 지닌 기관이기 때문이다. 인생의 단순하고 고귀한 영역에 머물며 가슴에 복종한다면 태고의 세계를 재현할 수 있을 것이다.

❹ 우리의 종교, 교육, 예술이 외국을 바라보듯 사회 속의 우리 정신도 마찬가지다. 모두 사회의 발전을 자기 발전인 양 우쭐대지만, 누구도 발전하지 않는다.

사회는 절대 발전하지 않는다. 한쪽이 힘을 얻으면 다른 쪽이 똑같은 속도로 후퇴한다. 사회는 지속적으로 변화한다. 야만적이던 사회가 개화하고 기독교를 받아들이고 부유해지고 과학 원리를 받아들인다. 하지만 이런 변화가 개선은 아니다. 받는 것이 있으면 주는 것이 있기 때문이다.

사회는 새로운 기술을 획득하고 오래된 본능을 잃는다. 멋진 옷을 입고 읽고 쓰고 생각하며 시계와 연필이 있고 주머니에 환어음이 있는 미국인과 재산이라고는 막대, 창, 깔개, 몸을 누일 한 칸짜리 오두막뿐인 벌거벗은 뉴질랜드인은 얼마나 대비되는가! 하지만 두 사람의 건강을 비교하면 백인이 원시의 힘을 잃어버린 것이 보일 것이다. 여행자들의 말이 사실이라면 야만인들은 커다란 도끼에 찍혀도 하루나 이틀 만에 살이 다시 붙어 마치 주먹으로 한 대 맞은 듯 낫는다고 한다. 똑같은 공격을 백인에게 가하면 그는 무덤으로 가야 할 것이다.

문명인은 마차를 만들었지만 발은 쓸모를 잃었다. 목발에 의지하며 근육의 도움을 받지 못한다. 품질 좋은 제네바 시계가 있지만 태양을 보고 시간을 아는 기술은 없다. 그리니치 항해력이 있어서 원하는 정보가 있을 때 확실히 알 수 있지만 하늘에 뜬 별은 모른다. 하지와 동지를 관찰하지 못하고 춘분과 추분도 거의 모른다. 그의 마음에는 일 년 내내 빛나는 달력의 눈금이 하나도 없다.

공책은 그의 기억력을 망치고 도서관은 그의 기지를 압도하고 보험사는 사고 숫자를 늘린다. 기계가 거추장스러운 짐은 아닌지, 우리가 편리함을 통해 에너지를 잃지는 않았는지, 제도와 형식에 깊이 뿌리내린 기독교를 통해 활력과 덕을 잃어버린 건 아닌지 고민하라. 모든 스토아학파는 금욕주의자였다. 하지만 전 세계 기독교인들 사이에서 진정한 기독교인은 어디에 있나?

시대를 뛰어넘는 진리를 배우라

높이와 부피의 기준이 달라지지 않듯이 도덕적 기준도 달라지지 않는다. 인간은 과거보다 더 위대해지지 않았다. 최초의 위인과 마지막 시대의 위인 사이에 일관성이 관찰될 것이다. 19세기의 과학, 예술, 종교, 철학이 플루타르코스가 그린 2300~2400년 전의 영웅들보다 인간을 더 위대하게 만들지 않는다. 시간에 따라 인류가 진보하지도 않는다. 포키온, 소크라테스, 아낙사고라스, 디오게네스는 위대한 인간이지만 이들은 학파를 남기지 않았다. 한 학파에 진정으로 속하는 사람은 집단의 이름이 아닌 자신의 이름으로 불릴 것이며 자신의 차례가 되면 그 자신이 새 학파의 설립자가 될 것이다.

각 시대의 예술과 발명은 시대의 의상일 뿐 사람들에게 생기를 불어넣지 않는다. 기계가 발전했지만, 그 손해가 장점을 상쇄할 것이다. 허드슨Henry Hudson과 베링Vitus Bering은 고기잡이배로 많은 업적을 쌓아 과학과 기술적 자원을 총망라한 패리William Edward Parry와 프랭클린John Franklin을 놀라게 했다. 이후의 누구보다도 놀라운 천체 현상을 더 많이 발견한 갈릴레오의 도구는 작은 오페라글라스였고 콜럼버스는 갑판도 없는 선박으로 신세계를 발견했다. 몇 년 혹은 몇 세기 전에 요란한 박수를 받으며 도입된 방식이나 기술이 폐기되거나 사라지는 걸 보면 흥미롭다.

위대한 천재는 본질적인 인간으로 돌아간다. 우리는 과학의 승리가 전술의 개선을 가져온다고 생각하지만 나폴레옹은 아무 도움도 받지 않고 야영하며 맨몸의 용기로 싸워 유럽을 정복했다. 역사가 라스 카세스는 나폴레옹의 군대에 대해 이렇게 말했다. "무기, 화약고, 병참 부대, 마차를 없애고 로마 관습을 따라 병사들이 배급된 옥수수를 맷돌로 갈아 직접 빵을 구워먹을 때 완벽한 군대가 완성됐다."

사회는 파도와 같다. 파도는 앞으로 이동하지만 파도를 이루는 물은 이동하지 않는다. 계곡의 물 입자가 산등성으로 올라가지는 않는다. 그렇게 보일 뿐이다. 오늘날 국가를 구성하는 사람들은 내일이면 죽고 그들의 경험도 함께 사라진다.

재산과 그것을 보호하는 정부에 의존하는 것은 자기 신뢰가 부족하기 때문이다. 사람들은 너무 오랫동안 자신이 아닌 사물을 바라보며 종교, 지식인, 도시 제도 등을 재산을 지키는 경비대로 생각하고 이들에 대한 공격에 반대했다. 그 공격을 재산에 대한 공격으로 받아들였기 때문이다. 그들은 어떤 사람인지가 아니라 무엇을 가졌는가에 따라 서로를 평가한다.

그러나 교양인은 자신의 본성에 새롭게 경외심을 느껴 재산을 부끄럽게 여긴다. 특히 유산이나 선물이나 범죄 등으로 우연히 모은 재산은 진짜 자기 재산이 아니라고 생각해 증오한다. 그런 재산은 그에게 어울리지도 않고 그가 바르게 쓸 수도 없으며 그저 혁명이나 도둑질이 없었던 덕에 거기 있을 뿐이다. 하지만 사람은 필연적으로 습득하는 것이 있고 그렇게 습득한 것은 진짜 재산이라서 통치자의 손짓이나 군중, 혁명, 불, 폭풍, 파산에 흔들리지 않고 그가 숨 쉴 때마다 끝없이 새로워진다. 칼리파(이슬람 교단의 지배자) 알리는 말했다. "네 삶의 몫 또는 운명이 너를 쫓고 있다. 그러므로 너는 그것을 쫓지 말고 쉬어라."

외부의 산물에 의존하다 보면 숫자를 맹목적으로 신봉하게 된다. 정당은 수많은 집회를 연다. 젊은 애국자들은 "에식스주 대표단!" "뉴햄프셔 민주당원!" "메인주에서 온 휘그당원들!" 같은 함성이 울릴 때마다 사람들의 눈과 환호 속에서 전보다 더 강해진 기분을 느낀다. 마찬가지로 개혁을 외치는 자들도 집회를 열고 투표를 통해 다수결로 표결한다.

오, 친구들이여, 신은 당신을 그렇게 찾아가지 않는다. 오히려 정반대로 찾아온다. 오직 외부의 도움을 밀어내고 홀로 선 사람만이 강인해지고 승리한다. 자신의 깃발을 드는 신병이 하나씩 생길 때마다 그 사람은 약해진다. 사람 한 명이 마을보다 낫지 않은가? 사람들에게 아무것도 요구하지 말라. 그러면 끝없는 변화 속에 주변을 둘러싼 모든 것을 지탱하는 굳건한 기둥이 될 것이다. 힘은 타고나는 것이며 외부를 두리번거린 탓에 약해진 것을 깨달은 사람은 서슴없이 자기 생각을 믿고 똑바로 일어나 팔다리에 기적을 행하라고 명령한다. 발을 딛고 서는 사람은 물구나무서는 사람보다 강하다.

그러니 운명이라고 불리는 것을 모두 이용하라. 사람들은 대부분 운명과 도박을 벌이며 바퀴가 구르는 데 따라 모든 걸 얻기도 하고 모든 걸 잃기도 한다. 하지만 이런 승리는 부도덕한 것으로 밀어놓고 신의 대법관인 인과에 대응하라. 의지를 가지고 일하고 얻어라. 그러면 우연의 바퀴를 사슬로 묶을 것이고 그때부터는 이 바퀴가 회전해도 두렵지 않을 것이다.

정치적 승리, 부동산 수익 상승, 건강 회복, 멀리 떠났던 친구의 귀환 같은 좋은 소식이 들리면 기운이 솟고 좋은 날들이 기다린다고 생각한다. 그렇게 믿어선 안 된다. 자신 외에는 누구도 평화를 선사할 수 없다. 원칙의 승리 외에는 무엇도 평화를 가져올 수 없음을 기억하라.

결국 완전한 자기 마음 외에 신성한 것은 아무것도 없다. 자신에게 무죄를 선언하라. 그러면 세상이 동의할 것이다.

2장

우정

FRIENDSHIP

우정이 선사하는 지고의 기쁨

　세상은 우리가 말로 표현하는 것보다 훨씬 친절하다. 동풍처럼 세상을 차갑게 식히는 이기심을 제외하면 모든 인간은 맑은 하늘 같은 사랑의 원칙에 잠겨 있다. 대화는 거의 하지 않지만 서로 존중하며 한 집에 사는 사람들이 얼마나 많은가! 비록 침묵을 지키더라도 함께함에 기뻐하는 사람들이 거리와 교회에는 얼마든지 있다. 돌아다니는 이 눈빛의 언어를 읽어라. 마음은 알고 있다.

　이런 인간의 애정에 흠뻑 빠지면 곧 우리의 마음속으로 다정한 기쁨이 찾아온다. 시와 말에서도 느낄 수 있는 타인을 위한 자비와 충족감은 타오르는 모닥불과 같다. 내면에서 타오르는 이 밝은 빛은 불꽃처럼, 아니 그보다 훨씬 더 빠르고 더 적극적이며 더 경쾌하다. 가장 높은 곳에 있는 열정적 사랑부터 가장 낮은 곳의 소박한 호의에 이르기까지 애정은 우리 삶에 달콤함을 더한다.

　우리의 지적이고 능동적인 힘은 애정과 함께 자라난다. 글을 쓰려고 자리에 앉은 학자는 수년간 명상을 하더라도 좋은 생각 하나, 행복한 표현 한 줄을 쉽게 떠올리지 못한다. 하지만 친구에게 편지를 써야 할 때는 손을 움직이는 순간마다 따뜻한 생각과 적절한 단어가 사방에서 몰려온다.

덕이 있고 자신을 존중하는 집에서 낯선 사람이 일으키는 소동을 보라. 기다리던 귀한 이방인에게서 방문하겠다는 연락이 오면 집안 사람들 모두의 가슴에 기쁨과 불안으로 뒤엉킨 긴장감이 퍼져나간다. 손님의 도착을 생각하면, 모두의 마음에 두려움처럼 강한 기쁨이 인다. 집의 먼지가 사라지고 모든 게 제자리에 위치하며 낡은 옷을 벗고 새옷으로 갈아입는다. 가능하다면 저녁 식사도 준비해야 한다. 귀한 손님에 대해서 다른 사람들은 좋은 이야기만 하고 우리도 새롭고 좋은 이야기만 듣는다. 그는 우리에게 인류를 대표하고 우리가 바라는 사람이다.

그를 상상하면서 많은 시간과 노력을 쏟은 우리는 어떻게 대화하고 행동해야 하는지 고민하며 불안해한다. 이런 걱정이 그와 나누는 대화에 자극제가 된다. 그래서 평소보다 더 말을 잘한다. 두뇌가 빠르게 회전하고 기억력도 선명해지고 어리석은 악마 같은 생각은 잠시 자리를 비운다. 몇 시간 동안 일련의 진실하고 품위 있고 값진 대화를 계속하며 오래되고 비밀스러운 경험을 끌어오고, 옆에 앉은 친척과 지인들은 평소와 다른 우리의 언변에 놀라움을 느낀다. 하지만 낯선 이가 자신의 편견이나 정의나 결함을 대화에 끌어들이는 순간, 모든 게 끝난다. 우리는 그에게 처음이자 마지막으로 최고의 말을 이미 전한 셈이다. 이제 그는 더 이상 낯선 이가 아니다. 저속하고 무지하고 쉽게 오해하는 익숙한 친구가 된다. 훗날 그가 다시 찾아오더라도 원하는 물건이나 저녁은 얻겠지만 가슴 두근거리는 설렘이나 영혼의 교류는 없을 것이다.

새로운 세계를 다시 열어주는 이런 폭발적인 애정처럼 기쁜 것이 또 있을까? 두 사람의 생각과 감정이 공정하고 확고하게 만나는 것만큼 유쾌한 게 있을까? 이 두근거리는 심장을 향해 다가오는 재능 있고 진실한 사람들의 모습과 발걸음은 얼마나 아름다운가! 우리가 애정을 마음에 품는 순간, 세계가 변모한다. 겨울과 밤이 없어지고 모든 비극과 따분함은 물론이고 의무까지도 사라진다. 오직 사랑하는 사람들의 빛나는 형상만이 영원한 미래를 꿈꾸게 한다. 우리의 영혼이 우주 어딘가에서 반드시 친구와 다시 만날 거라고 확신한다면 천년을 홀로 지내더라도 기쁘고 행복할 것이다.

나는 오늘 아침 잠에서 깨면서 옛 친구와 새 친구에게 진실로 감사함을 느꼈다. 매일 친구라는 선물로 자신을 드러내는 신을 아름다움이라고 불러야 하지 않을까? 나는 사회를 비판하고 고독을 껴안지만 때로 내 현관을 찾는 현명하고 사랑스럽고 고귀한 사람들을 멀리할 만큼 은혜를 모르지는 않는다. 내 말을 듣고 나를 이해하는 사람은 내 친구가 되고 영원히 내 소유가 된다. 인색하지 않고 너그러운 자연이 나에게 몇 번이나 이런 기쁨을 주었기에 우리는 함께 친교의 실을 자으며 관계의 그물을 짠다. 많은 생각들이 차례로 현실이 되면 우리는 새 세상을 창조할 것이고 그러면 더 이상 전통적인 세상에서 이방인과 순례자로 살지 않아도 될 것이다.

내 친구들은 내가 구해서 온 것이 아니라 위대한 신이 나에게 보내준 존재들이다. 나는 오래된 권리와 덕의 신성한 애정에서 친구들을 찾는다. 아니, 내가 아니라 나와 친구들의 내면에 깃든 신이 개인의 성격, 관계, 나이, 성별, 환경의 두꺼운 벽을 아무것도 아닌 듯 부수어 많은 사람을 하나가 되게 한다. 내 삶에 깊이를 더해주고 생각의 의미를 넓혀주는 사람들의 따뜻한 애정에 고마움을 전하고 싶다. 이 생각들은 첫 시인의 새로운 시이자 멈추지 않는 찬가, 송시, 서사시이며 아폴론과 뮤즈가 지금도 이 노래를 부르고 있다. 이들 중 몇몇 혹은 하나만이 나에게서 다시 멀어지거나 떠날까? 나는 알지 못한다. 하지만 두렵지 않다. 왜냐하면 그들과 내 관계는 매우 순수해서 우리는 단순한 애정으로 함께하고 있으며, 내 삶의 정신은 어디에서든 비슷하게 고귀한 남자와 여자를 찾아 똑같이 친근한 기운을 발할 것이기 때문이다.

우정과 고독의 상관관계

나는 이 점에 관해 극도로 섬세한 성품의 소유자라는 사실을 고백한다. 애착이라는 "강력한 포도주의 달콤한 독을 삼키는" 일이 내게는 거의 위험하기까지 하다. 새로운 사람과의 만남은 나를 잠 못 들게 하는 위대한 사건이다. 최근 새로 친구가 된 두세 사람에 대해 화려한 상상을 하며 멋진 시간을 보냈다. 하지만 즐거움은 그날로 끝났고 결실은 없었다. 어떤 생각도 탄생하지 않았고 내 행동도 개선되지 않았다. 친구라면 그의 성취가 마치 내 성취인 듯 자랑스러워야 하고 그의 미덕이 내 재산 같아야 한다. 그가 칭송받으면 마치 약혼녀를 향한 찬사를 들을 때처럼 내 마음은 뜨겁게 반응해야 한다.

우리는 친구의 양심을 과대평가한다. 그의 선량함이 우리의 성품보다 나은 것 같고 그의 본성은 우리 본성보다 더 고결해 보이며 우리보다 유혹에 흔들리는 일도 없는 것 같다. 그의 이름, 외양, 옷, 책, 가구 등 모든 것이 화려해 보이고 내가 했던 생각이라도 그의 입에서 나오면 더 새롭고 더 커 보인다.

하지만 심장이 수축하고 이완하듯 사랑에도 밀물과 썰물 같은 흐름이 있다. 우정은 영혼의 불멸성과 같이 믿기 힘들 정도로 좋은 것이다. 연인을 바라보는 남자는 자신이 숭배하는 것이 그녀 자체가 아님을 반쯤은 알고 있다. 또한 우리는 우정이 황금처럼 빛나는 시기에도 의심과 불신의 그림자를 발견하고 깜짝 놀란다. 자기도 모르는 사이에 영웅에게 친구의 자질과 비슷한 미덕을 부여한 후 그가 신성함을 지녔다고 여겨 경배하는 것은 아닌지 의심한다.

엄밀히 말해서 영혼은 타인을 자신만큼 존경하지 않는다. 엄격한 의미의 진리에 따라 말하자면 모든 인간은 똑같이 무한하게 멀리 떨어져 있다. 우리는 이 천상의 감정이 형이상학적 기반을 파헤치면 식어버릴까 두려워해야 할까? 나는 내가 보는 것들만큼 실제로 존재하지 않는가? 내가 존재한다면 보이는 것들을 그대로 알기를 두려워해선 안 된다. 비록 더 정교한 기관이 있어야 이해할 수 있겠지만 사물의 본질은 외양만큼 아름답다. 화관과 장식에 쓰이는 것은 아름다운 줄기와 꽃이지만 과학자의 눈으로 보면 뿌리도 아름답다. 그러므로 나는 이 즐거운 몽상 가운데에서도 있는 그대로의 사실을 말할 위험을 감수해야 한다. 비록 그 행위가 연회에 이집트인 두개골을 놓는 것처럼 낯설더라도 말이다.

자기 생각과 조화를 이루는 사람은 스스로를 위대하다고 인식한다. 그는 비슷비슷한 실패를 겪더라도 거기에서 보편적인 성공이 나타남을 알고 있다. 어떤 이점이나 권력, 황금, 강제적인 힘도 그를 대적할 수 없다. 나는 다른 사람의 부유함보다 내 가난에 기대겠다. 다른 사람의 의식을 나와 같은 것으로 만들 수는 없다. 오직 별만이 눈부시게 빛나고 행성은 희미한 불빛만을 반사할 뿐이다. 당신이 나에게 어떤 사람의 훌륭한 됨됨이와 강인한 심성을 칭찬하더라도, 그가 아무리 귀족들의 보라색 망토를 두르고 있더라도, 그에게서 나와 같은 가난한 그리스인의 모습이 보이지 않으면 좋아할 수 없다.

오, 친구여, 그대 역시 현상이라는 거대한 그림자에 포함되어 있다. 화려하고 광대한 현상에서 다른 모든 것은 그대와 비교하면 그림자일 뿐이다. 그러나 당신은 진실이나 정의가 아니고 내 영혼도 아니다. 다만 그것들을 본뜬 그림이나 형상일 뿐이다. 당신은 나를 안 지 얼마 안 됐는데 벌써 모자와 망토를 붙들고 떠날 준비를 한다.

영혼은 나무가 새싹을 틔워 오래된 이파리를 떨구듯이 새롭게 친구들을 만들지 않는다. 끝없는 교차는 자연의 법칙이다. 전기처럼 강력한 성질은 모두 반대 효과를 일으킨다. 영혼은 주변에 친구들을 둠으로써 더 위대한 자기 인식 또는 더 깊은 고독으로 들어가기도 한다. 한 계절을 혼자 보내면 대화의 품격이 높아지고 사회가 더 좋아진다. 이 방식은 모든 인간관계의 역사에서도 드러난다. 애정을 찾는 본능은 친구와 조화하려는 희망을 되살리고, 고립을 그리워하는 감각이 돌아오면 우정을 좇는 추격을 중단하게 된다. 그러므로 인간은 살아가는 내내 우정을 구한다. 그가 자신의 진정한 감정을 기록한다면 그의 사랑을 기대하는 후보자들에게 이런 편지를 쓸 것이다.

사랑하는 친구에게,

만약 내가 자네에 대해 확신하고, 자네 능력을 확신하고, 내 기분과 자네 기분이 잘 맞을 거라는 확신이 있다면, 자네가 오고 가는 것 같은 사소한 문제는 생각하지 않아도 될 걸세. 나는 그다지 현명하지 않고 내 기분을 맞추는 것도 어렵지 않아. 그리고 나는 아직 다 알지 못하는 자네의 천재성을 존경한다네. 하지만 자네가 날 완벽하게 알 거라고는 생각하지 않아. 그래서 자네는 내게 달콤한 고문과도 같다네. 영원한 자네의 친구, 아니면 전혀 아닌 친구로부터.

우정에 조급함은 금물이다

그러나 이러한 불안한 기쁨과 예리한 고통은 호기심의 대상이지 삶에서 가장 중요한 문제는 아니다. 섬유가 아닌 거미줄을 짜는 노력에 탐닉해선 안 된다. 우리의 우정은 짧고 빈약한 결론에 서둘러 도달하기 쉽다. 우리가 우정을 쌓을 때 인간의 심장으로 튼튼한 섬유를 짜는 게 아니라 포도주와 꿈으로 지었기 때문이다. 우정의 법칙은 위대하고 엄격하며 영원한 것이다. 그 법칙은 자연과 도덕의 법칙과 같은 방식으로 짜인 직물인 셈이다. 하지만 우리는 즉각적이고 사소한 이익을 좇으며 성급하게 단맛만 빨아들이려고 한다. 신의 넓은 정원에서 여러 여름과 겨울을 지나며 가장 느리게 익어야 하는 과일을 서둘러 낚아챈다. 우리는 친구를 엄중히 찾지 않고 그를 자신의 것으로 만들려는 열망으로 불순하게 구한다. 그래서는 아무 소용 없다. 우리는 미묘한 적대감으로 무장한 채 서로를 만나며 그 순간부터 이 적대감은 작동하기 시작해 모든 시를 진부한 산문으로 바꿔버린다.

　　사람들 대다수가 황급히 누군가와 만나기 위해 자신의 수준을 낮춘다. 모든 교제가 타협이 되고 마는데 이때 일어나는 최악의 일은 아름다운 본성에서 핀 꽃과 향기가 서로를 만나면 사라진다는 점이다. 실제 사회생활은 도덕적이고 재능 넘치는 사람들로 이루어진 무리에서조차 실망의 연속이다. 오랜 통찰에 기반한 대화를 나눈 후 우정과 사색에 한창 물이 올랐을 때에도 어긋나는 말이나 예상치 못한 무기력, 갑작스럽게 바닥나버린 재치와 활기 때문에 괴로울 수 있다. 그럴 때 우리 능력은 제대로 발휘되지 못한다. 결국 양쪽 모두 고독에서 안정을 찾아야 한다.

　　모든 관계를 동등하게 대해야 한다. 나에게 친구가 몇 명이든 각자와 어떤 대화를 나누든 한 사람이라도 동등하게 대하지 않는다면 의미가 없다. 친구라는 이유로 논쟁을 피했다면, 모든 관계에서 얻는 기쁨은 비열하고 비겁한 것이 된다. 그때 다른 친구들을 은신처로 삼는다면 나는 자신을 미워해야 할 것이다.

　　　싸움으로 명성을 얻은 용맹한 전사는
　　　백 번을 승리해도 한 번 실패하면
　　　영광의 책에서 완전히 지워지고
　　　다들 그의 고난을 망각할 것이다.

　　그래서 우리의 성급함은 엄한 질책을 받는다. 부끄러움과 무관심은 연약한 존재를 때 이른 성숙에서 보호하는 단단한 껍질이다. 만약 연약한 존재가 자기 자신에 대해 너무 일찍 알아버린다면, 아직 내면의 고귀한 영혼이 충분히 성숙하지 못했기에 결국 잃어버리고 말 것이다. 루비가 수백만 년에 걸쳐 단단해지듯이, 알프스산맥과 안데스산맥이 나타났다가 사라지는 무지개처럼 느껴질 정도의 긴 시간 속에서 작용하는 자연스러운 느낌을 존중하라. 우리 삶의 선한 정신은 성급하게 움직여 천국을 얻지 않는다. 사랑은 신의 본질이며, 그 사랑은 경박함을 위한 것이 아닌 인간 전체를 위한 가치다. 우리 마음에서 어린아이 같은 사치를 버리고 엄격하고 진정한 가치를 간직하자. 친구를 대할 때는 그의 마음속에 진실이 있다는 굳건한 신뢰와 결코 흔들리지 않는 깊은 토대에 대한 믿음을 가지고 다가가자.

우정은 진실해야 한다

우정이란 주제는 도저히 거부할 수 없을 만큼 매력적이어서 나는 잠시 우정에 따른 사회적 이점에 대한 설명을 미뤄두고, 절대적이며 신성한 이 관계 자체에 대해 말하고자 한다. 우정은 지고의 순수함을 지니고 있어 그 앞에서는 사랑이라는 말조차 의심스럽고 흔하게 느껴지니 이보다 성스러운 것은 없다.

나는 우정을 우아함이 아니라 강인한 용기로 대하고 싶다. 진실한 우정은 유리 섬유나 서리꽃이 아니라 세상에서 가장 단단한 것이기 때문이다. 수많은 시대를 경험한 지금 우리는 자연이나 우리 자신에 대해 과연 무엇을 알고 있는가? 인간은 아직도 자신의 운명이라는 문제에 단 한 걸음도 다가가지 못했다. 인류는 어리석음 아래에 함께 서 있다. 하지만 진정으로 중요한 핵심은 친구의 영혼과 맺는 진실한 동맹의 달콤한 기쁨과 평화이며 다른 자연과 사유는 모두 껍데기일 뿐이다.

친구를 맞이하는 집은 얼마나 복된 것인가! 설령 그 집이 단 하루 친구를 환대하기 위해 축제에서 임시로 세운 아치나 정자 같은 것일지라도 그 복됨은 다르지 않다. 친구가 우정의 엄숙함을 알고 그 법칙을 존중한다면 더욱 복될 것이다!

이 우정이라는 계약을 원하는 사람은 마치 올림픽 경기에 출전하는 선수 같다. 그 경기에서 만나는 경쟁자는 시간, 결핍, 위험 같은 태초의 존재들이다. 이 모든 시련에 스스로를 내던지면서도 진실을 품은 채 자신의 섬세한 아름다움을 지켜낸 사람만이 유일한 승자가 된다. 때때로 행운이 따를 때도 있겠지만, 그 대회의 성패는 오직 내면의 고귀함과 사소한 일을 무시하는 대담함에 달려 있다.

우정을 구성하는 요소는 두 가지가 있는데 둘 다 고귀한 가치를 지녀 우위를 정할 수 없고 어느 하나도 우선시하기 어렵다. 그 하나는 진실함이다. 친구란 내가 진심으로 대할 수 있는 사람이다. 친구 앞에서 나는 마음속 생각을 자유롭게 말할 수 있다. 마침내 나는 단단히 껴입고 있던 위선, 예의범절, 의심 같은 옷을 벗어던지고, 내 모습을 있는 그대로 보여줄 수 있는 나와 동등한 사람을 만난 것이다. 나는 마치 한 원자가 다른 원자를 만난 것처럼 단순하고 온전한 방식으로 그와 소통할 수 있다.

진실함이란 왕관이나 권력처럼 가장 높은 존재에게만 허락된 사치다. 그 위에 비위를 맞추거나 눈치를 살펴야 할 사람이 아무도 없기에 말할 수 있는 특권이기도 하다. 인간은 오직 혼자 있을 때에만 진실하다. 누군가 곁에 오는 순간 위선이 시작된다. 우리는 칭찬, 험담, 재미, 관심사를 이용해 동료 인간들을 막고 밀어낸다. 수백 겹의 가림막을 이용해 자신의 진의를 숨긴다.

나는 특정한 종교적 열정에 빠져 장식적인 말을 걷어내고, 칭찬과 진부한 말을 생략하며, 만나는 모든 사람에게 위대한 통찰과 아름다움이 깃든 말을 건네는 사람을 알고 있다. 처음에는 다들 그를 미쳤다고 여기며 멀리했다. 하지만 그가 계속 자기 방식을 고수하자 모두 그와 진실한 관계를 맺을 수 있었다. 누구도 그에게 거짓말을 하거나 세속적이고 일상적인 이야기를 늘어놓지 않았다. 그의 진실된 모습에 모두가 아주 진솔한 태도를 보였고 그가 한 것처럼 자연의 사랑이 뭔지, 시가 뭔지, 어떤 진실에 대한 상징을 아는지 말해야 했다. 하지만 우리 사회는 대부분 얼굴과 눈이 아니라 옆구리와 뒤만 보여준다. 거짓의 시대에 사람들과 진실한 관계를 맺는 것은 미친 발작을 일으키는 것과 같지 않은가? 우리는 좀처럼 꼿꼿하게 다니지 못한다.

　우리가 만나는 사람들은 대부분 예의를 갖추고 비위를 맞춰주길 바란다. 그런 사람들은 명성, 재능, 종교나 자선에 대한 자기만의 굳건한 기준과 신념을 갖고 있어 결국 대화를 망친다. 하지만 친구란 진실성과 분별력을 갖고서 그런 곁가지에 관심을 두지 않고 진정한 나를 이끌어내는 사람이다. 친구는 아무 조건 없이 나를 즐겁게 해준다.

　그러므로 친구는 일종의 역설이다. 나 혼자만이 실재한다고 느껴지던 이 세계에서 나와 같은 존재이자 나만큼 확실히 존재하는 또 다른 자아, 지적 수준과 다채로운 내면, 호기심에 이르기까지 나를 또 다르게 재현한 듯한 다른 형상을 다시 보게 되는 것이니 말이다. 친구야말로 자연이 만든 최고의 걸작이라고 할 수 있다.

우정은 소박한 일상에 자리해야 한다

우정의 또 다른 요소는 부드러움이다. 우리는 온갖 종류의 유대, 혈통, 자부심, 두려움, 희망, 이익, 욕망, 증오, 감탄, 각자의 환경이나 소속처럼 사소한 조건들로 서로와 엮여 있다. 하지만 그렇게 엮인 사람들 중 누군가를 사랑으로 품는 훌륭한 인격을 갖춘 사람은 없을 것이다. 과연 누군가가 그렇게 축복받고 우리 역시 그렇게 순수해서 부드러움을 전달할 수 있을까?

누군가가 내게 소중한 사람이 되었을 때, 나는 운명의 목표점에 닿은 것이다. 나는 이런 문제의 핵심을 직접 다룬 책을 거의 보지 못했다. 하지만 기억에 강하게 남는 글이 하나 있다. 그 저자는 이렇게 적었다. "나는 내가 진정으로 속한 사람들에게조차 소극적으로 굴고 내가 헌신하는 사람에게는 최소한으로만 자신을 드러낸다." 나는 우정에 발이 달리고 눈과 말 잘하는 혀도 있으면 좋겠다. 우정이 달을 뛰어넘으려면 먼저 땅에 뿌리를 내려야 한다. 나는 우정이 완전히 천사의 경지에 이르기 전에 시민적인 속성도 조금은 지니길 바란다.

우리는 종종 사랑을 물질화한다는 이유로 평범한 사람들을 꾸짖는다. 선물과 쓸모 있는 도움을 교환하는 것, 이를테면 아픈 이를 돌보고, 장례식에서 관을 들어주는 것, 좋은 이웃이 되는 것은 관계의 섬세함과 고귀함을 종종 잊어버리기 때문이다. 하지만 우리가 그런 잡상인의 모습 아래서 성스러움을 잃어버렸다고 한들, 시인이 너무 섬세하게만 시를 쓰고 정의로움, 성실함, 정확함, 연민 같은 도시적 미덕으로 우정을 구체화하지 않는다면 그것 또한 용납할 수 없다.

나는 우정이 세련된 사교나 세속적 동맹을 가리키는 이름으로 쓰이는 것을 혐오한다. 멋을 부리며 향수를 뿌린 채 마차를 타고 나들이를 가거나 고급 선술집에서 만찬을 즐기는 것보다 쟁기질하는 소년들이나 양철 그릇을 파는 행상인과 어울리는 것이 더 낫다. 우정의 목적은 우리가 경험할 수 있는 그 어떤 관계보다 더 엄격하고 소박하게 교류하는 것이다. 또한 삶과 죽음의 모든 관계와 국면을 지나며 도움과 위안을 얻는 것이다. 우정은 고요한 나날, 우아한 선물, 왁자지껄한 시골 생활에 어울리지만 거친 길, 굶주림, 난파, 가난, 박해를 견디기 위한 것이기도 하다.

우정은 명쾌한 재치나 종교적 황홀감과도 함께한다. 우리는 서로의 일상적 필요와 삶의 의무를 고귀하게 만들어주는 존재가 되어야 하며 이를 용기, 지혜, 조화로 아름답게 꾸며야 한다. 우정은 절대 흔하고 틀에 박힌 것이 되어서는 안 된다. 기민하고 독창적이어야 하며 단조로운 삶에 운율과 이성을 더해야 한다.

우정은 두 사람이 나누는 대화에서 발생한다

우정은 매우 희귀하고 값진 본성을 가진 사람들 사이에서만 가능하다. 각자가 온화하되 서로가 조화로워야 하며 환경 또한 잘 갖춰져야 해서 만족하기가 쉽지 않다. 어느 시인의 말마따나 사랑은 그 당사자들이 완벽한 짝을 이뤄야 한다고 하지 않는가. 이 따뜻한 마음의 지식에 정통한 이들은 두 사람이 넘으면 완벽한 우정이 불가능하다고 말한다. 나는 그렇게까지 수준 높은 동료애를 경험한 적이 없기 때문인지 그리 엄격하게 조건을 두지는 않는다.

나는 신적인 품격을 지닌 남녀들이 서로 다양한 방식으로 연결되고, 그들 사이에 고귀한 지성이 흐르는 하나의 원과 같은 관계를 상상하는 것이 더 즐겁다. 하지만 진정한 우정의 실천이자 완성이 되는 대화에서는 이 일대일 법칙이 매우 강력하다는 것을 인정한다. 여러 곳에서 떠온 물을 하나로 섞지 말라. 좋은 물도 지나치게 섞이면 나쁜 물만큼이나 해로워진다.

서로 다른 두 사람과는 각각 유익하고 유쾌한 대화를 나눌 수 있지만, 셋이 함께 모이면 참신하고 다정한 말 한마디도 하기 힘들 것이다. 두 사람이 이야기하고 한 사람이 들을 수는 있겠지만 세 사람이서 진지하고 깊은 대화를 나누기란 어렵다. 훌륭한 모임에서도 마주 보고 앉은 두 사람이 진정한 대화를 나누기 위해서는 결국 그 둘만 따로 남겨져야 한다.

좋은 모임에서는 개인들의 자아가 즉시 사라지고, 그곳에 함께하는 여러 사람들의 의식 전체를 아우르는 사회적 영혼이 생겨난다. 친구 사이의 깊은 애정이나 형제나 자매 사이의 우애, 부부 간의 사랑도 이 자리에 들어오지 못한다. 그 순간에는 오직 모임에 참여한 사람들의 공통된 생각 위를 항해하는 능력을 갖춘 사람만이 말할 수 있다. 즉, 자신의 비좁은 생각의 틀에 갇히지 않은 사람뿐이다. 그러나 이런 규범은 사실상 위대한 대화의 자유로움을 해친다. 진정한 대화는 두 영혼이 완전히 하나로 녹아드는 상태를 요구하기 때문이다.

누구든 단둘이 남겨지면 더 단순하고 본질적인 관계로 접어든다. 하지만 결국 두 사람이 대화를 나눌지 결정하는 것은 친밀감이다. 서로 관련 없는 사람들끼리는 대화에서 즐거움을 느끼기 힘들고 상대방의 숨겨진 잠재력을 알려고조차 하지 않는다.

우리는 때로 누군가가 대화에 특별한 재능이 있다고 말하며 그 재능이 마치 그 사람에게 붙어 있는 고정된 능력인 것처럼 여긴다. 그러나 대화란 순간적인 관계일뿐 그 이상은 아니다. 훌륭한 사고력과 웅변력으로 유명한 사람이라도 그의 사촌이나 삼촌 앞에서는 입도 벙긋하지 못할 수도 있다. 그들이 그의 침묵을 탓한다면 이는 해시계를 그늘에 둔 채 쓸모없다고 비난하는 것과 비슷하다. 햇빛에 내놓으면 다시 시간을 가리킬 것이다. 그의 생각을 즐길 줄 아는 사람들 앞에서만 그는 다시 입을 열 것이다.

장엄한 풍경처럼 친구를 대하라

우정은 비슷함과 다름 사이에서 희귀한 균형을 필요로 한다. 그 균형은 각자가 상대방 안에서 힘과 공감으로 서로를 자극하는 미묘한 긴장 상태기도 하다. 친구가 말이나 시선으로 거짓된 공감을 보인다면 나는 차라리 세상 끝까지 혼자 있겠다. 나는 대립만큼이나 맹목적인 동의에도 실망한다. 친구가 단 한순간도 진정한 자신을 숨기는 일은 없어야 한다. 내가 그에게서 느끼는 유일한 기쁨은 그가 '내 사람'이지만 '내 소유'는 아닌 역설에 기반한다.

나는 친구에게서 진실한 협력이나 당당한 반대를 기대하지 얼버무리는 양보는 질색이다. 친구의 옆구리를 찌르는 쐐기풀이 될지언정 메아리가 되고 싶진 않다. 참된 우정의 조건은 우정 없이도 설 수 있는 능력이다. 이 어려운 역할에는 위대하고 숭고한 임무가 뒤따른다. 진정한 하나가 되기 위해서는 먼저 진실된 둘이 되어야 한다. 그 둘은 서로의 위엄 있는 본성을 바라보고, 서로를 경외할 수 있을 만큼 각자가 거대한 존재여야 한다. 그래야만 겉으로 드러나는 차이 아래에서 자신들을 하나로 묶는 깊은 동일성을 알아볼 수 있기 때문이다.

　이 우정의 공동체에 적합한 사람은 오직 도량이 넓은 사람뿐이다. 그는 위대함과 선함이 언제나 절제에서 온다고 확신하며 성급하게 운명에 간섭하지 않는다. 이 법칙에 간섭하지 말라. 다이아몬드가 수천 년에 걸쳐 형성되듯 영원함이 빨리 탄생하기를 기대해서는 안 된다. 우정은 종교적 태도로 다루어져야 한다. 우리는 흔히 친구를 선택한다고 하지만 진정한 친구는 스스로 선택되어 나타나는 존재다. 숭배는 우정의 큰 부분을 차지한다.

　장엄한 광경을 보듯이 친구를 대하라. 물론 그에게는 당신에게 없는 장점이 있겠지만, 지나치게 가까이 다가간다면 그 장점을 존중하기 어려워질 수 있다. 그럴 때는 한 걸음 물러서서 그 장점이 자유롭게 발휘될 수 있도록 자리를 주어라. 당신은 친구의 단추를 위한 친구인가? 아니면 그의 사유를 위한 친구인가? 위대한 마음을 지닌 사람에게 친구는 여전히 수없이 낯선 면을 지닌 존재로 남아 거룩한 땅에서 가까이 갈 수 있는 사람일 것이다. 친구를 소유물로 여기며 고귀한 유익이 아닌 짧고 혼란스러운 즐거움만을 누리려는 우정은 소년 소녀에게 넘겨라.

　우리가 우정의 결사에 들어가기 위해선 오랜 시험을 걸쳐 자격을 얻어야 한다. 왜 고귀하고 아름다운 영혼에 억지로 발을 들이밀어 더럽히려 하는가? 어째서 친구와의 성급한 개인적 관계를 고집하는가? 왜 그의 집을 찾아가 그의 어머니와 형제자매를 만나려고 하며, 왜 그를 집으로 초대하는가? 이런 행위가 과연 두 사람 사이의 우정이란 계약에 본질적인 것인가? 이런 접촉과 고리에서 벗어나라. 그가 나에게 하나의 정신이 되게 하라. 나는 그의 소식이나 자잘한 일상이 아니라 그가 얻은 교훈, 머릿속에 담긴 사유, 마음속에 담긴 진심, 우정어린 눈빛을 원한다. 정치 이야기나 시시콜콜한 잡담, 이웃 간의 편의 같은 것은 더 가벼운 지인들에게서 얻을 수 있다. 친구와의 교제는 시적이고 순수하며 자연만큼이나 보편적이고 위대해야 하지 않을까? 우리가 맺은 유대가 저기 지평선에서 잠자는 한 줄기 구름이나 무리 지어 흔들리며 개울을 가르는 풀보다 세속적이라고 느껴야 할까? 그렇지 않다.

우리는 우정의 기준을 자연에 걸맞게 끌어올려야 한다. 친구의 도전적인 눈빛, 준엄한 표정과 행동에서 나오는 아름다움을 힘들게 줄이지 말고 더 지지하며 드높여야 한다. 그를 곧 흥미가 떨어져서 밀어낼 편한 사람이 아니라 영원히 길들일 수 없고 지독한 경배를 받는 아름다운 적이 되게 하라. 오팔의 찬란함이나 다이아몬드의 광채도 지나치게 가까이 다가가면 보이지 않는다. 친구에게 편지를 쓰면 그가 나에게 답장한다. 이 편지가 당신에게는 하찮게 보일 수 있지만 나에게는 충분하다. 편지는 친구와 내가 주고받는 정신적 선물이다. 이 편지로 모욕당하는 사람은 아무도 없다. 이 따뜻한 글에서 마음은 말로 감히 하지 못할 신뢰를 건네며 모든 영웅의 연대기가 보여준 것보다 더 고귀한 삶을 예견할 것이다.

먼저 자기 인생의 주인이 되어라

지금까지 이야기한 진정한 우정의 법칙을 존중해 완벽한 꽃의 개화를 조급함으로 망치지 말라. 우리는 다른 사람에게 속하기 전에 먼저 자기 자신의 주인이 되어야 한다. "죄는 그것이 더

럽히는 자를 평등하게 만든다"는 라틴어 속담이 있다. 범죄에는 적어도 공범과 동등히 이야기할 수 있다는 만족감이 있다는 뜻이다. 우리는 존경하고 사랑하는 사람들을 그렇게 대하지 못한다. 하지만 자기 통제로 인해 생기는 결함은 아무리 작은 것이라도 전체 관계를 망친다. 두 영혼 사이의 깊은 평화와 상호 존중은 대화에서 각자가 온전한 하나의 세계를 대표할 수 있을 때만이 비로소 가능하다.

우정보다 위대한 것이 무엇이겠는가. 우리가 지닌 가장 고귀한 정신으로 그것을 지켜나가자. 잠시 침묵하며 신의 속삭임을 들어보자. 그 속삭임에 간섭하지 말자. 당신이 그 특별한 영혼들에게 무슨 말을 할지, 혹은 어떻게 말해야 할지 고민하라고 누가 시켰는가? 그 말이 아무리 정교하고 품위 있고 온화할지라도 소용없는 것이다. 어리석음과 지혜 사이에는 무수한 단계가 있고 당신이 무엇을 말하든 그것을 입밖에 내는 순간 이미 가볍고 사소한 것이 된다. 기다려라, 그러면 당신의 심장이 말할 것이다. 필연적이고 영속적인 힘이 당신을 제압할 때까지, 밤과 낮이 당신의 입술로 말할 때까지 기다려라. 덕의 유일한 보상은 덕 그 자체이며, 친구를 얻는 유일한 방법은 당신 자신이 친구가 되는 것이다.

어떤 사람과 더 가까워지고 싶다고 해서 그 사람의 집에 찾아가는 것으로는 그 거리를 좁힐 수 없다. 오히려 그의 영혼은 더 빨리 달아나고 그의 눈이 진실한 눈빛으로 빛나는 일은 절대 없을 것이다. 우리는 고귀한 이들을 멀리서 바라보며 그들에게 끌리지만, 그들은 우리를 밀어낸다. 그런 상황에서 우리는 왜 그들을 침범하려 드는가? 아주 오랜 시간이 흘러서야 우리는 이해한다. 그 어떤 약속이나 소개, 사회적 관습도 우리가 바라는 그런 관계를 맺어주진 못한다. 필요한 것은 우리의 본성을 고귀한 사람들과 같은 높이로 끌어올리는 것뿐이다. 그때는 마치 물과 물이 하나로 합쳐지듯 만날 것이다. 만약 그렇게 내면이 높은 수준에 올랐을 때조차 그들을 만나지 못한다 해도 우리는 더 이상 그들을 원하지 않을 것이다. 이미 우리가 그들처럼 고귀해졌기 때문이다.

결국 사랑이란 다른 사람에게서 반사되어 돌아오는 자기 가치에 대한 인식일 뿐이다. 사람들은 때로 친구 안에 있는 자신의 영혼을 사랑한다는 걸 보여주듯 친구들과 이름을 바꾸곤 한다.

더 고귀한 우정을 요구할수록 피와 살로 나누는 우정은 당연히 어려워진다. 우리는 세상을 혼자 걷는 존재들이다. 우리가 바라는 그런 친구는 꿈이고 동화다. 하지만 충실한 마음을 지닌 이에게는 언제나 숭고한 희망이 있다. 지금도 우주의 어딘가에서는 우리를 사랑하고 우리가 사랑할 수 있는 영혼들이 용감하게 인내하며 살아가고 있다는 것이다. 우리는 미숙하고 어리석은 실수투성이 시기를 혼자 지나왔음을 자축해도 좋다. 이제 우리는 완성된 인간이 되어 영웅과 손을 맞잡을 정도가 된 것을 기뻐해야 한다.

단 한 가지, 지금 당신이 보고 있는 것을 교훈 삼아야 한다. 진정한 우정을 키울 수 없는 저속한 사람들과 친해지지 말라. 우리의 조급함은 우리를 무모하고 어리석은 관계로 이끌며 그런 관계에는 어떤 신도 함께하지 않는다. 자기의 길을 고수하면 작은 것을 잃을지라도 곧 더 큰 것을 얻는다. 자신을 증명함으로써 거짓된 관계의 손이 닿을 수 없는 자리까지 올라갈 수 있는 것이다. 그러면 마침내 세속적인 위인들조차 허상이나 그림자처럼 보이게 만드는 세상의 첫째가는 사람들, 희귀한 순례자들과 같은 영혼들을 당신 곁으로 끌어들이게 된다.

진정한 사랑을 잃을까 두려워 정신적인 유대를 맺지 않으려는 태도는 어리석다. 우리가 깊은 통찰로 기존의 통념을 바로잡을 때, 자연은 반드시 그것을 지지해줄 것이다. 비록 그 과정에서 어떤 즐거움을 잃는 듯 보이더라도, 결국 더 큰 즐거움으로 보답할 것이다. 인간이라는 존재가 본질적으로 완전히 고립되어 있음을 느껴보자. 우리가 찾으려는 모든 것이 이미 우리 내면에 있음을 확신할 수 있다. 우리가 유럽으로 여행을 가거나 누군가를 추종하거나 책을 읽는 이유는 그 대상들이 우리 안에 무언가를 불러일으키고 우리 내면을 드러내줄 열쇠라고 믿기 때문이다. 그러나 이는 모두 헛짓거리다. 유럽은 죽은 사람들의 빛바랜 옷이고, 우상으로 삼은 사람도 결국 우리와 다를 바 없으며, 책은 그들의 유령일 뿐이다. 이런 우상숭배를 집어치우자. 구걸을 그만두자. 심지어 가장 소중한 친구들에게도 작별을 고하며 이렇게 말하자. "당신은 누구인가? 손을 놓게. 이제 의존하지 않겠네." 아! 형제여, 아직도 모르겠는가? 이렇게 헤어지는 것은 더 높은 곳에서 만나기 위함이다. 우리가 자신에게 더 충실해질수록 우리는 서로에게 더욱 가까워질 수 있다.

우정보다 내면의 사색을 소중히 하라

친구는 두 얼굴을 가진 야누스처럼 과거와 미래를 본다. 그는 내 지나간 시간의 결과이고 앞으로 올 시간의 예언자이며 더 위대한 친구가 다가오고 있음을 알려주는 전령이다. 나는 책을 대하듯 친구를 대할 것이다. 늘 손닿을 거리에 놓아두지만 여간해서는 펼쳐보지는 않는 것처럼. 우리는 사회적 관계를 우리 자신이 정한 조건에 따라 유지해야 하고 아주 작은 이유로만으로도 받아들이거나 거절할 수 있어야 한다. 나에게는 친구와 많은 말을 나눌 여유가 없다. 만약 친구가 위대한 사람이라면 그는 나 또한 위대하게 만들어주기에 수준을 낮춰 대화할 수 없을 것이다.

위대한 날에는 나를 향해 다가오는 어떤 예감들이 하늘 저 멀리에서 맴돈다. 그러면 나는 그 예감에 몰두해야 한다. 그것을 잡을 수 있을까 싶어 하루에도 몇 번씩 하늘을 보기 위해 집 안팎을 들락거린다. 나는 이제 그 예감들이 점점 멀어져 밝은 빛 한 조각으로 보이게 되는 것이 두려울 뿐이다. 그러니 나는 친구를 귀하게 여기면서도 친구들과 이야기하거나 그들의 통찰을 들여다보는 데 시간을 쓰지 못한다. 왜냐하면 그러다 나의 통찰을 잃어버릴까 불안하기 때문이다. 이런 고결한 추구, 정신의 천문학, 즉 별을 쫓는 일을 그만두고 친구와의 따뜻한 공감에 내려앉는다면 일상의 기쁨을 얻을 수는 있을 것이다. 하지만 동시에 나의 위대한 신들이 사라졌음을 두고두고 슬퍼할 것이 틀림없다.

물론 또 한 주가 지나면 나는 무기력한 기분에 빠져 외부 세계에 신경 쓸 여유가 생길 수 있다. 그러면 나는 친구의 마음이라는 문학을 놓친 것이 아쉬워 친구가 곁에 있어주길 바랄지도 모른다. 하지만 막상 그렇게 되더라도 나는 친구와 말 한마디 나누지 못할 것이다. 왜냐하면 내 마음은 친구로 가득 차는 것이 아니라, 새로운 예감의 환영으로, 그의 본질이 아닌 그가 가진 광채로 채워져 있을 것이기 때문이다. 그러니 나는 친구들과 덧없는 교류밖에 나눌 수 없다. 그럼에도 나는 그들이 가진 것이 아닌 그들 자체를 받아들인다. 그들이 주려 해도 줄 수 없으나 그들에게서 뿜어져나오는 것을 받을 것이다. 하지만 친구들이 나를 이보다 덜 미묘하고 덜 순수한 관계로 붙잡아서는 안 된다. 우리는 만나되 만나지 않은 듯, 헤어지되 헤어지지 않은 듯, 그렇게 마주치고 스쳐가야 한다.

최근 나는 상대의 적절한 대응이 없어도 한쪽에서 위대한 우정을 키울 수 있다고 생각하게 됐다. 왜 받는 사람의 그릇이 크지 못하다는 생각으로 괴로워하나? 태양은 자신이 발하는 빛 대다수가 우주로 쓸쓸히 흩어지고 극히 일부만이 지구에 반사된다고 해서 슬퍼하지 않는다. 그러니 당신의 위대함으로 미숙하고 냉담한 친구를 교육하라. 만약 그가 당신과 동등하지 않다면 이내 사라질 테지만 당신은 당신 자신의 빛으로 커져 더 이상 개구리와 벌레를 친구 삼지 않고 가장 높은 하늘로 솟아올라 타오를 것이다.

세상은 종종 보답받지 못한 짝사랑을 수치스럽게 여긴다. 하지만 위대한 의지는 알고 있다. 진정한 사랑에는 결코 보답이 필요치 않다는 사실을. 진정한 사랑은 상대의 부족함을 초월해 영원한 것 위에서 자라난다. 그리고 그 사이를 가리고 있던 초라한 가면이 부서질 때, 슬픔이 아닌 지상의 무거움에서 벗어났다는 해방감을 느끼며 자신의 독립성이 더욱 확고해졌음을 실감할 것이다. 이런 말들은 어쩌면 관계에 대한 일종의 배신처럼 들릴 수도 있다. 왜냐하면 우정의 본질은 온전함, 넓은 아량, 신뢰이기 때문이다. 우정은 상대의 나약함을 추측하거나 미리 대비하려 하지 않는다. 오히려 친구를 신처럼 대함으로써 그와 자신 모두를 성스럽게 만드는 것, 그것이 바로 진정한 우정이다.

우정은 지고의 순수함을 지니고 있어 그 앞에서는
사랑이라는 말조차 의심스럽고 흔하게 느껴지니
이보다 성스러운 것은 없다.

3장

경험

EXPERIENCE

우리는 삶을 알지 못한다

우리는 지금 어디에 있는가? 시작과 끝을 알 수 없는 연속적인 흐름 속에 있다. 어느 날 눈을 떠보니 우리는 계단 중간 어딘가에 서 있다. 아래를 바라보면 이미 지나온 계단이 보이지만 고개를 들면 끝이 보이지 않을 만큼 아득하게 계단이 이어진다. 하지만 오랜 믿음에 따르면 우리가 이 세계로 들어오는 문 앞에는 천재가 서 있었고, 그는 우리에게 망각의 물인 '레테'를 마시게 하여 우리가 이전의 기억을 말하지 못하게 만들었다고 한다. 그 물이 너무나 진한 탓에 우리는 정오가 되었는데도 여전히 그 몽롱함을 떨쳐내지 못하고 있다.

삶 전체가 잠결 같고, 마치 전나무 가지에 밤의 기운이 낮내내 떠도는 것처럼, 우리의 눈에도 항상 졸음이 맴돈다. 모든 것이 반짝이며 헤엄친다. 우리 삶은 위협받고 있다기보다, 오히려 인식이 흐려지고 있는 것이다. 우리는 유령처럼 미끄러지듯 자연에 들어가서 스스로가 어디에 있는지를 알지 못한다. 우리는 자연이 궁핍하고 검소할 때 태어난 것일까? 자연이 불은 인색하게 주고 땅은 너그럽게 준 탓에 우리는 생명의 긍정적인 원리를 결여한 채 살아가고 있는 것 같다. 건강도 있고 이성도 있지만, 새로운 것을 창조할 여분의 정신은 턱없이 부족하다. 살아가는 데 필요한 만큼은 갖추었지만, 다른 이에게 나누어주거나 어떤 일에 투자할 만한 힘은 전혀 없다. 아, 우리의 천재성이 조금만 더 뛰어났다면! 우리는 강 하류에 자리 잡은 방앗간 주인과도 같다. 상류의 공장들이 물을 다 써버리고 난 뒤, 거의 남지 않은 물로 힘겹게 물레방아를 돌리고 있는 것이다. 그러면서 우리는 생각한다. 분명 위에 있는 사람들이 그들만의 댐을 세워 물을 다 가두었을 거라고.

우리가 지금 무엇을 하고 있는지, 어디로 가고 있는지를 누가 안다고 말할 수 있을까? 그것도 우리가 가장 잘 안다고 믿는 그 순간에 말이다! 우리는 지금 우리가 바쁜지 게으른지도 확신할 수 없다. 스스로 나태하다고 생각했던 시간이 나중에 돌아보면 많은 것을 성취한 도약의 순간이었음을 깨닫는다. 하루하루 흘러가는 시간들은 무의미하고 비생산적으로만 보이는데 그렇다면 우리가 지혜, 시, 덕이라고 부르는 것들은 도대체 언제 어디서 얻게 된 것인지 놀라울 따름이다. 그런 혜택은 특정한 날짜에 찾아오지 않고, 헤르메스(그리스 신화에 나오는 신들의 사자로 이집트의 신화의 토트와 동일시된다. 이집트 신화에서 1년은 원래 360일이었는데, 토트가 달의 신과 주사위로 내기를 해 이긴 덕분에 5일이 추가되었다고 한다)가 주사위를 굴려 오시리스(이집트 신화에 나오는 대지의 신. 원래 태양신 라의 저주로 태어나지 못할 운명이었으나 토트의 도움으로 태어났다)가 태어날 수 있도록 새로운 날짜를 끼워넣었듯이, 불현듯 다가온다.

모든 순교는 그것이 행해질 때는 비참해 보인다고 한다. 배는 모두 낭만적인 대상 같지만 우리가 직접 항해할 때는 그렇지 않다. 배에 타는 순간 낭만은 우리 배를 떠나 수평선에 걸린 다른 배들로 옮겨 탄다. 우리 삶은 하찮아 보여서 기록할 가치가 없는 것 같다. 사람들은 수평선에서 끊임없이 물러서고 남을 바라보는 기술을 배운 듯하다. 불평 많은 농부가 말한다. "저 위의 땅은 풀이 잘 자라고 이웃집 목초지는 비옥한데 내 밭은 그냥 땅일 뿐이야." 내가 다른 사람의 말을 인용하면 그 사람도 똑같이 자신을 숨기며 내 말을 인용한다. 이렇게 오늘이라는 시간을 비하하는 것이 자연의 습성이다.

소란스러움 속 어딘가에 결과는 마치 마법처럼 슬쩍 나타난다. 보기 좋은 지붕이라도 일단 들어올려보면 그 안엔 비극이 살고 있다. 흐느끼는 여인과 무자비한 남편이 있고 망각의 물결이 밀려들어온다. 그럼에도 오래된 것은 곧 죄악이라도 되는 듯 사람들은 끊임없이 '새로운 소식 없어?' 하고 묻는다. 우리 사회에 진정한 개인은 과연 몇이나 있을까? 고유한 행동과 의견이 얼마나 될까? 우리의 시간은 대부분은 준비와 일상과 회상으로 쓰인다.

한 인간의 진정한 천재성은 평생을 통틀어 아주 짧은 몇 시간에만 깃든다. 티라보스키Girolamo Tiraboschi와 와튼Joseph Warton과 슐레겔August Wilhelm Schlegel이 남긴 방대한 기록을 통틀어봐도 문학의 역사는 결국 몇 개 안 되는 아이디어와 원형이 되는 독창적인 이야기 몇 가지만이 본질일 뿐 나머지는 모두 이것들의 변주에 지나지 않는다. 따라서 우리 주변에 넓게 퍼져 있는 이 위대한 사회를 비판적으로 분석한다면 진정으로 자발적인 행동은 매우 드물다. 대부분 관습적이고 상식적인 행동이다. 의견도 얼마 되지 않고 그나마 말하는 사람도 자연스럽게 보이려고만 하지 세계의 보편적 질서를 뒤흔들지 못한다.

슬픔조차 찰나에 불과한 인간의 한계

모든 재앙에 얼마나 많은 아편이 스며들었는가! 우리가 그 불행을 마주하려 할 때에는 참으로 무시무시해 보이지만, 막상 닥치고 나면 거센 마찰은 없고, 그저 미끄럽게 흘러가는 표면들 뿐이다. 아테(그리스 신화에서 나쁜 일로 유혹하는 여신)조차도 막상 마주하면 온유하게 느껴진다.

인간의 머리 위에서 높이 홀로
여린 발이 너무도 부드럽게 디디네.

사람들은 애통해하며 신세를 한탄하지만 실제로는 말하는 것의 반만큼도 나쁘지 않다. 우리는 때때로 고통을 자청하기도 한다. 적어도 고통을 느끼는 그 순간에는 현실과 진리의 본질과 만날 수 있을 거라는 믿음이 있기 때문이다. 하지만 알고 보면 이 고통조차 무대장치에 불과한 거짓이다. 슬픔이 내게 가르쳐준 유일한 진실은 그것이 몹시도 피상적인 감정이라는 것이다. 슬픔은 다른 모든 감정들과 마찬가지로 표면에만 머물고 우리가 아들이나 연인을 희생하더라도 얻고 싶은 존재의 실상 속으로 절대 인도해주지 않는다.

물체들이 절대 접촉하지 않는 것을 발견한 사람이 보스코비치Roger Joseph Boscovich인가? 그렇다면 영혼도 절대 원하는 대상을 접촉하지 못한다. 우리가 바라보고 대화하는 모든 것 사이에는 침묵의 파도로 넘실거려 항해할 수 없는 바다가 자리한다.

슬픔조차 우리를 관념론자로 만든다. 내 아들이 죽은 지 이제 두 해가 지났는데, 아름다운 재산을 잃은 듯한 느낌만 들 뿐 그 이상의 감정은 일지 않는다. 나는 그 상실을 가까이 끌어당기는 것마저 불가능하다. 만약 내일 나에게 돈을 빌린 채무자가 파산했다는 소식이 들려온들 나는 재산 때문에 몇 해 동안 불편하겠지만, 결국 더 나아지지도 나빠지지도 않은 채 이전과 다르지 않을 것이다.

다른 불행 역시 마찬가지다. 그것은 나를 건드리지 못한다. 한때 내 일부로서 억지로 떼어낼 수 없고, 영혼이 연결되어 있는 듯이 느꼈던 커다란 슬픔은 시간이 지나면서 아무 흉터도 남기지 않고 내게서 떨어져 나갔다. 그 슬픔은 낙엽처럼 스스로 떨어질 운명이었던 것이다. 나는 슬픔이 내게 아무것도 가르치지 못하고 나를 실재하는 자연에 한 발짝도 가까이 데려가지 못한 것이 애석하다.

바람이 그에게 불지 않고 물이 그에게 흘러가지 않으며 불도 그를 태울 수 없다는 저주에 걸린 전설 속 원주민이 곧 우리의 상징이다. 가장 소중했던 일조차 여름비처럼 스쳐 지나가고, 우리는 방수 코트처럼 그 물방울들을 모두 튕겨낸다. 이제 우리에게는 죽음밖에 남지 않았다. 우리는 적어도 죽음만은 우리를 피하지 않는다는 암울한 만족감으로 죽음을 바라본다.

나는 꽉 쥐려고 할 때 손가락 사이로 빠져나가는 이런 덧없음과 불확실함이 우리 삶에서 가장 가혹하고 야속한 부분이라고 생각한다. 자연은 관찰 대상이 되는 것을 좋아하지 않고 우리가 그 안에서 바보처럼 노는 것을 좋아한다. 우리는 지구를 크리켓 공처럼 갖고 놀 수 있어도, 철학을 위한 단 하나의 열매는 손에 넣을 수 없다. 자연은 결코 정면에서 이해되거나 꿰뚫어질 수 있는 대상이 아니다. 우리가 가하는 모든 타격은 빗나가고, 우리가 얻는 모든 성과는 우연이다. 우리가 서로 맺는 관계는 완곡하고 무심하다.

삶을 얼마나 느낄 수 있는가는 기질에 달렸다

꿈은 우리를 또 다른 꿈으로 데려가고 환상에는 끝이 없다. 삶은 기분들이 구슬처럼 꿰어진 행렬과 같아서 우리가 하나씩 지나갈 때마다 다채로운 렌즈가 각자의 색채로 세상을 물들이며 각자의 초점으로 세상을 보여줄 뿐이다. 산 위에서는 산만이 보인다. 우리는 생명을 불어넣을 수 있는 것에만 생명을 불어넣고, 우리가 생명을 불어넣은 것만을 인식할 수 있다. 자연도, 책도 결국 그것을 볼 수 있는 눈에 달려 있다. 일출이나 아름다운 시를 볼지 안 볼지는 그 사람의 기분에 달렸다. 늘 해가 뜨듯이 천재성도 항상 존재한다. 하지만 차분히 자연이나 문학 비평을 음미할 수 있는 고요한 시간은 극히 드물다. 얼마나 느끼고 얼마나 인식하는지는 결국 그 사람의 체질, 즉 성격 구조에 따라 달라진다.

기질은 구슬을 꿴 쇠줄과 같다. 차갑고 결함 있는 기질을 가진 사람에게 운이나 재능이 무슨 소용이 있나? 어떤 사람이 한때 뛰어난 감수성이나 안목을 보였다고 해도 지금은 의자에 앉아

졸기만 한다면 아무런 의미가 없다. 그가 실없이 웃거나 사과하기 바쁘고, 자기도취에 빠진 채 돈만 생각하거나 지나치게 음식을 탐하고 어린 나이에 아이를 낳았다면? 인간의 감각 기관이 너무 오목하거나 볼록한 탓에 삶의 실제 지평선 안에서 초점을 맞출 수 없다면 천재성이 다 무슨 소용이겠는가? 뇌가 너무 차갑거나 뜨거워서 실험과 결과로 자극할 수 없다면 무슨 소용인가? 혹은 그물이 너무 촘촘히 짜인 탓에 기쁨과 고통을 민감하게 받아들이기만 하고 내보내지 못해 삶이 정체되기만 한다면 어떡해야 할까? 법을 지키려는 사람이 과거 그 법을 위반한 적이 있다면 법을 수정해서 무엇하겠는가? 종교가 계절 변화와 신체 상태에 좌우된다면 거기에서 어떤 기쁨을 기대할 수 있을까?

나는 재치 있는 한 의사를 알았는데, 그는 신앙의 근거를 간에 있는 담관에서 찾았다. 간에 병이 생긴 사람은 칼뱅파가 되고 간이 건강한 사람은 유니테리언파가 된다는 것이다. 참으로 굴욕스러운 것은 천재의 가능성이 어떤 불균형한 과잉이나 어리석음 때문에 무력해진다는 사실을 우리가 결국 받아들일 수밖에 없다는 점이다. 우리는 때때로 새로운 세계를 주겠다고 너무 쉽고 요란스럽게 약속하지만 절대 그 약속을 지키지 않는 젊은이들을 본다. 이들은 젊은 나이에 죽어 책임을 회피하거나 살아남더라도 군중 속에서 스스로를 잃는다.

기질 역시 완전한 환상의 체계에서 보이지 않는 유리 감옥으로 우리를 가둔다. 우리가 만나는 모든 사람은 시각적 환상에 빠져 있다. 사람들에게는 모두 주어진 기질이 있고 성격에서 그 기질이 드러난다. 기질은 그 경계를 절대 넘지 못한다. 우리는 기질 속에 생생하게 살아 있고 자율적인 충동이 있을 것이라 짐작한다. 그러나 분명 존재하는 것처럼 보이던 충동도 일 년이 지나고 평생이 지나서 보면, 결국 회전하는 오르골에서 항상 같은 곡이 흘러나오듯이 일정한 곡조가 반복될 뿐이다. 사람들은 아침에는 이 결론에 저항하다가 저녁이 되면 받아들인다. 기질은 모든 시간, 장소, 조건을 이기고 종교의 불꽃으로도 없어지지 않는다. 도덕의 영향으로 약간 달라질 수는 있겠지만 결국 개인의 고유한 성질이 지배권을 쥔다. 도덕적 판단까지 바꾸지는 않아도 활동이나 즐거움의 척도가 된다.

기질은 본질을 가릴 수 없다

나는 지금까지 일반적 삶의 관점에서 이 기질의 지배력을 이야기했지만 중요한 예외가 있음을 언급하지 않을 수 없다. 왜냐하면 기질은 남에게 있을 때는 칭찬하지 않으면서도, 자신에게 있을 때는 높이 평가하는 성질이기 때문이다. 물리학의 관점에서 소위 과학이라는 것이 우리를 왜소하게 만들 듯 기질은 모든 신성을 굴복시킨다.

나는 의사들의 정신적 성향을 알고 있다. 골상학자들은 쉽게 인간을 비웃는다. 이론적으로 납치범이나 노예 상인과 다름없는 이들은 사람이 각자의 본질에 조종당하는 희생자라고 여긴다. 또 그들은 수염 색깔이나 후두부의 경사 같은 하찮은 표식만으로 한 사람의 운명과 성격 전체를 읽어내겠다고 한다. 가장 한심스러운 무지조차 이런 건방진 아는 척 보다는 덜 불쾌하다. 의사들은 스스로 물질주의자가 아니라고 하지만 실제로 물질주의자가 맞다. 이들에게 정신은 극도로 희석된 물질일 뿐이다. "아, 이 얼마나 얇은 정신인가!" 하지만 정신은 그 자신이 존재의 증거가 된다. 의사들이 사랑이나 종교에 부여하는 관념을 보라. 사람들은 의사들이 그 단어를 모욕하기라도 할까 의사 앞에서는 함부로 입에 올리지도 않는다. 나는 한 품위 있는 신사가 상대방의 두상 형태에 맞춰 말투를 바꾸는 모습을 봤다.

그러나 나는 삶의 가치를 새로 만나는 사람과 마주할 때 어떤 일이 벌어질지 결코 예측할 수 없다는 그 불가해한 가능성에서 찾고 있다. 그렇기에 나는 내 성의 열쇠를 손에 들고 다니면서 어떤 모습으로든 그 주인만 나타난다면 그의 발치에 열쇠를 던질 준비가 돼 있다. 나는 그가 부랑자들 사이에 숨어 있다는 것을 안다. 그런데 내가 무한한 가능성이 펼쳐질 미래를 스스로 봉쇄하며 높은 자리에 앉아 다른 사람들의 두상에 따라 대화를 조정해야 한단 말인가? 내가 거기까지 갔다면, 의사들이 나를 단돈 한 푼에 사가도 할 말이 없을 것이다. "하지만 선생님, 의학적 역사, 연구소의 보고서, 입증된 사실들이 있지 않습니까!"라고 말할 수도 있을 테지만 나는 의사들이 밝혀냈다는 사실과 거기에서 도출했다는 결론 자체를 불신한다. 기질은 헌법 속의 거부권이자 제한 능력으로서, 어떤 과잉을 억제하기 위한 수단으로는 정당하지만, 원초적 정의 자체를 가로막는 장벽으로 내세워져선 안 된다.

덕이 실현되는 순간 부수적인 힘은 모두 잠든다. 자연의 시야 안에서는, 혹은 기질의 본래 수준에선, 기질이 최종 권위를 갖는다. 나는 과학의 덫에 한번 걸렸다가 물리적 필연성의 사슬에서 벗어나는 사람을 본 적이 없다. 그들은 이런배아가 주어졌다면 반드시 이런 생애가 따라올 것이라는 식으로 삶을 대한다. 이런 관점하에서라면 인간은 감각주의적 오물 구덩이에서 사는 셈이며,

곧 파멸에 이를 수밖에 없다. 하지만 창조적 힘이 스스로를 배제하는 일은 불가능하다. 모든 지성에는 창조자가 드나드는 문이 항상 열려 있다. 절대 진리를 추구하는 지성, 절대 선을 사랑하는 마음은 우리를 구원하기 위해 개입한다. 그 고귀한 능력이 한 번만 속삭이면 우리는 이 악몽과 벌이는 헛된 싸움에서 깨어난다. 우리는 악몽을 원래의 지옥으로 던져넣고 이런 저급한 상태에 두 번 다시 빠지지 않을 것이다.

우리의 정신적 기절은 변덕스럽다

착각이 일어나는 이유는 기분이나 대상이 끊임없이 바뀌어야만 한다는 필연성에 있다. 우리는 기꺼이 닻을 내리지만 정박지는 모래밭이다. 자연이 우리를 앞으로 끌고 가는 이 속임수는 너무도 강력하다. 밤에 달과 별을 보면 나는 가만히 있고 하늘이 바삐 움직이는 것 같다. 우리는 실재를 향한 사랑 때문에 영속성을 추구하지만, 신체는 순환할 때 건강하고 정신은 다양하게 연결될 때 건강하다.

우리에게는 변화가 필요하다. 한 가지 생각에만 빠지면 금방 혐오감이 생긴다. 그러나 하나의 생각에 집착하는 이들과 함께 살아가며 그들에게 맞추려 애쓰다 보면, 결국 남는 것은 형식적인 소통뿐이다. 나는 한때 몽테뉴를 너무 좋아해서 다른 책은 필요 없을 것 같았다. 그전에는 셰익스피어에 빠졌고 플루타르코스, 플로티노스, 베이컨에도 차례차례 몰두했다. 한때는 괴테와 베티나Bettina von Arnim를 열심히 읽은 적도 있다. 하지만 이제는 여전히 그들의 천재성을 소중하게 생각하면서도 꽤 무덤덤하게 책장을 넘긴다. 그림도 마찬가지다. 한 번은 집중해서 볼 수 있지만, 그 집중을 계속 유지할 수는 없다. 우리는 그 감동을 지속하고 싶지만, 그러지 못한다. 어떤 그림을 한 번 제대로 보았다면, 그때가 바로 그 그림과 작별할 순간이다. 다시는 그 그림을 그때처럼 볼 수 없을 테니 말이다. 나는 과거에 큰 감동을 받은 그림들을, 지금은 아무 감정이나 주목 없이 바라보기도 한다.

현명한 사람들이 새 책이나 사건에 대해 내세우는 의견에서조차 일정 부분은 감안하고 받아들여야 한다. 그들의 평가는 그들의 기분이 어떤지 알려주고 새로운 사실에 대한 모호한 추측만 전할 뿐 지성과 그 대상 사이의 영속적인 관계를 알려주지 않는다. 아이들은 이렇게 묻곤 한다. "엄마, 왜 어제 얘기해줬을 땐 재밌던 이야기가 오늘은 지루할까요?" 아! 아이야, 오랜 지식의 천사들에게조차 같은 일이 일어난단다. 하지만 "너는 완전하지만 이야기는 불완전해서 그렇단다"라고 말하면 답이 될까? 우리가 이러한 사실을 예술과 지성의 세계 속에서 뒤늦게 발견하고 나면, 거기엔 비극적인 탄식이 따라온다. 그 탄식은 결국 사람들과의 관계, 우정, 사랑에까지 번져나간다.

우리가 예술에서 보는 이 부동성과 비탄력성은 예술가에게 더 고통스럽게 느껴진다. 인간에게는 확장하는 힘이 없다. 우리 인류는 일찍이 절대 통과하거나 넘어설 수 없는 특정한 관념을 대표하는 듯 보인다. 생각과 힘의 바다 바로 앞까지는 다가가지만 정작 발을 떼서 그 안으로 들어가지 못한다.

한 인간은 래브라도라이트 광석과 같다. 광택이 없는 것 같지만 손을 돌려 특정한 각도에 도달하면 깊고 아름다운 빛을 보여준다. 인간에겐 적응력이나 보편적 응용력이 없는 대신 각자의 고유한 재능이 있다. 성공한 사람은 자신이 가장 잘 발휘될 수 있는 그 순간, 그 자리에 기민하게 머무는 능력을 지닌 이들이다. 우리는 해야 할 일을 하고 거기에 가장 좋은 이름을 붙여 좋은 결과를 의도했다고 칭송받기를 원한다. 살다 보면 누구도 예외 없이 자신이 쓸모없게 느껴지는 시기가 온다. 그렇다면 이 얼마나 허망한 일인가? 삶이 단지 몇 가지 재주를 부리기 위한 것이라면, 과연 그것이 살아갈 만한 가치가 있다고 할 수 있을까?

지식은 행동을 대신할 수 없다

물론 우리가 원하는 균형을 얻으려면 전 사회가 필요하다. 알록달록한 바퀴도 아주 빠르게 회전하면 하얗게 보이듯이 그토록 많은 어리석음과 결함을 상대하는 데서도 얻는 게 있다. 결국 누가 지든 우리는 언제나 이기는 편이다. 실패와 결함 뒤에도 신성함이 있다. 아이들의 놀이가 비논리적이고 어이없어 보여도 사실은 매우 교육적이다. 상업, 정치, 종교, 결혼, 그리고 각자의 생계를 꾸려나가는 방식에서도 마찬가지로 교훈을 얻을 수 있다. 삶의 양식 하나하나가 어쩌면 이런 의미 없는 것들의 교훈으로 이루어져 있을지도 모른다. 어디에도 앉지 않고 이 가지에서 저 가지로 끝없이 뛰는 새처럼 어떤 남자와 여자의 내면에도 머물지 않는 힘이 이 순간에는 여기에서 저 순간에는 저기에서 순간적으로 발휘된다.

하지만 이런 겉치레와 박식함에서 무엇을 얻는가? 생각은 어떤 도움이 되는가? 인생은 변증법이 아니다. 우리는 이 시대에서 비판의 허무함을 충분히 배웠다고 생각한다. 우리 젊은이들은 노동과 개혁에 대해 수없이 생각하며 수많은 글을 썼지만 세상이나 사람들은 하나도 발전하지 못했다. 삶을 지식으로만 맛보는 일은 육체적 활동을 대체할 수 없다. 빵 한 조각이 목구멍으로 내려가는 경로를 세세하게 따지기 시작한다면 사람은 굶어 죽고 말 것이다. 교육 농장의 고귀한 젊은 남녀는 가장 고귀한 삶의 이론을 지녔지만 무기력하고 우울했다. 그 이론은 건초 한 더미도 긁어모으지 못했고 말 한 마리도 닦아주지 못했으며, 결국 그 남녀들을 창백하고 굶주리게 만들었을 뿐이다.

어떤 정치 연설가가 우리 정당의 약속을 서쪽 길에 비유한 적이 있다. 처음에는 위풍당당하게 양쪽에 나무를 심어 여행자를 유혹했지만 곧 점점 좁아져 다람쥐 길이 돼버리고 나무로 덮여버렸다. 문화 역시 결국 두통으로 끝난다. 몇 달 전만 해도 시대의 화려한 약속에 현혹되던 사람들에게 인생은 말할 수 없이 슬프고 척박한 것이 된다. "이제 이란인들 사이에는 어떤 올바른 행동이나 헌신도 없다."

우리는 반대와 비판에 질릴 만큼 질렸다. 어떤 삶의 방식과 행동에도 반대가 있기 마련이다. 이에 대한 실질적 해답은 사방에 존재하는 반대에 무관심해지는 것이다. 세상의 모든 구조가 무관심을 설교하고 있다. 생각에 미쳐버리지 말고, 어디에서든 그저 당신의 일을 하라. 삶은 지성이나 비판이 아닌 꾸준함에 있다.

삶에서 가장 좋은 것은 잘 섞인 재료처럼 조화롭게 살며, 자기 삶을 말 없이 즐기는 사람에게 주어진다. 자연은 우리가 분석하고 훔쳐보는 것을 싫어한다. 어머니들이 말씀하시던 "애들아, 말은 그만하고 어서 먹어라"라는 말이야말로 진리였다. 그 순간을 충실히 사는 것, 그게 바로 행복이다. 그리고 그 순간을 충분히 누렸다면, 후회도 찬사도 남기지 말아야 한다.

좋은 것은 삶의 길 위에 있다

우리는 표면적인 세상을 살아가지만 진정한 삶의 기술은 그 위에서 능숙하게 스케이트를 타는 것이다. 가장 오래되고 썩은 관습 아래에서도 타고난 힘을 지닌 사람은 새로운 세계를 살아가는 양 잘 헤쳐나간다. 그 비결은 삶을 다루는 솜씨와 태도에 있다. 그는 어디에서도 주도권을 쥘 수 있다.

삶이란 본래 힘과 형식의 혼합물이며 그중 하나가 조금이라도 넘치면 감당할 수 없는 것이 된다. 지금 이 순간을 완성하는 것, 길을 걸어가는 발걸음마다 여정의 끝을 발견하는 것, 좋은 시간을 되도록 많이 보내는 것이 삶의 지혜다.

인생이 짧으니 궁핍하게 살든 고매하게 살든 신경 쓸 필요가 없다고 말하는 것은 사람의 역할이 아닌 광신도나 수학자의 역할이다. 우리 임무는 순간에 있으니 순간을 소중히 여기자. 오늘의 5분은 다음 천 년의 5분만큼이나 소중하다. 자신만만하고 현명하게 나 자신으로 오늘을 살면서, 모든 사람들을 진심으로 대하자. 허상처럼 취급하지 말고 진짜 인격체로 대하자.

사람들은 마치 술 취한 자처럼, 허황된 상상 속에서 살아간다. 그들의 손은 너무 부드럽고 떨려서 제대로 된 일을 해내지 못한다. 내가 아는 유일한 안정제는 바로 현재의 시간을 존중하는 것이다. 이 모든 쇼와 정치의 현기증 속에서, 나는 우리가 남에게 미루거나 대신 이뤄주기를 바라고만 있는 대신, 지금 이 자리에서 만나는 사람들에게 진심어린 정의를 실천해야 한다고 믿는다.

누구를 대하든 그 사람이 아무리 하찮고 밉살스럽더라도 우주의 모든 즐거움을 위탁받은 신비로운 사자를 대하듯 행동해야 한다. 설령 그들이 비열하고 악의적일지라도, 그들이 느끼는 만족감은 정의가 거둔 마지막 승리이며, 그것은 시인의 목소리나 존경받는 사람들의 우연한 동정보다 내 마음에 더 깊이 울린다.

나는 이렇게 생각한다. 사려 깊은 사람이 자기 주변의 결점이나 어리석음 때문에 고통받을 수는 있어도, 누구에게서나 비범함을 감지하는 감수성이 있다는 사실을 부정할 수는 없다. 거칠고 경솔한 사람들도 공감은 못하더라도 우월함을 알아보는 본능이 있어서 맹목적이고 변덕스러울지언정 진실한 경의를 표한다.

젊고 똑똑한 사람들은 삶을 경멸한다. 하지만 소화불량도 없이 하루를 건전하고 확고한 선물로 받아들이는 나로서는 그들의 경멸과 외로움을 호소하는 태도가 과한 것처럼 느껴진다. 나는 공감에서 비롯한 열망과 감상에 빠지기도 하지만 혼자 있어도 모든 시간이 내게 가져다주는 것을 즐기며, 술집의 오랜 뒷얘기처럼 그날그날 일어나는 갖가지 사건을 정답게 여긴다. 나는 한 친구와 삶에 대한 관점을 비교해본 적이 있다. 그 친구는 우주에서 모든 걸 기대하고, 조금이라도 부족하면 실망한다. 반대로 나는 아무것도 기대하지 않기에 작은 기쁨에도 항상 감사한다.

나는 상반된 경향들이 만들어내는 소란과 충돌을 받아들인다. 술고래와 따분한 사람에게서도 내 이야기를 찾아낸다. 세상이 별똥별처럼 사라져서 잔상도 남기지 않을 때 그들이 현실감을 부여하기 때문이다. 아침에 눈을 뜨면 어제의 세상, 부인, 아이들, 어머니, 콩코드, 보스턴, 귀한 옛 정신세계, 심지어 사랑하는 늙은 악마까지도 멀리 있지 않음을 깨닫는다. 우리가 좋은 것을 발견했을 때 아무 질문 없이 그것을 받아들인다면 넘치도록 풍성한 선물을 받게 될 것이다.

좋은 것은 우리 삶의 길 위에 놓여 있다. 우리 존재의 중심부는 온화한 구역이다. 우리는 오염되지 않은 기하학과 생기 없는 과학의 가늘고 차가운 왕국으로 올라갈 수도 있고 반대로 감각의 세계로 가라앉을 수도 있다. 이런 극단 사이에서 생명, 생각, 정신, 시가 적도처럼 좁게 펼쳐진다.

좋은 것들은 특별한 곳에 숨어 있지 않다. 수집가들은 유럽의 미술상들을 모조리 찾아다니며 푸생Nicolas Poussin의 풍경화나 살바토르Salvator Rosa의 크레용 스케치를 찾아다니지만 〈변형〉, 〈최후의 심판〉, 〈성 제롬의 성찬식〉, 혹은 이 정도로 탁월한 작품들은 누구나 걸어와서 볼 수 있는 바티칸, 우피치 미술관, 루브르에 걸려 있다. 모든 거리에 걸린 자연의 그림이나 매일 뜨고 지는 해, 절대 사라지지 않는 인체의 조각상은 말할 것도 없다. 한 수집상이 최근 런던의 경매에서 셰익스피어의 사인을 150파운드에 샀다. 하지만 학생이라면 아무 대가를 치르지 않아도 『햄릿』을 읽고 그에 관해 아직 발표되지 않은 중요한 비밀을 발견할 수도 있다. 나는 이제 성경, 호메로스, 단테, 셰익스피어, 밀턴의 책 등 가장 많이 읽히는 책 말고는 절대 읽지 않을 것이다.

덧없음을 껴안고, 현재를 살아라

우리는 잘 알려진 삶과 세상을 견디지 못하고 여기저기 비밀을 찾아다닌다. 원주민, 덫 사냥꾼, 벌꿀 채집인의 삼림 기술에는 상상력이 빛난다. 하지만 우리는 스스로를 이방인으로 생각하며 야만인, 야생동물, 새처럼 이 땅에 완전히 길들지 않았다고 생각한다. 하지만 그들도 자연과의 차단을 겪는다. 기어오르고 날아가고 미끄러지고 깃털이 달리고 네 발로 가는 존재들도 마찬가지다. 여우와 마멋, 매와 도요새와 알락해오라기도 가까이에서 보면 인간보다 세상에 뿌리를 내리지도 않았고 그저 지구의 피상적인 세입자일 뿐이다. 게다가 새로운 분자 철학이 원자와 원자 사이의 천문학적 틈을 보여주며 세계는 모두 바깥일 뿐 내부는 없다는 걸 알려준다.

중간계가 최고다. 잘 알다시피 자연은 성인이 아니다. 교회의 불빛, 금욕주의자, 힌두교도, 소박한 사람들을 더 좋아하지도 않는다. 자연도 먹고 마시고 죄를 짓는다. 자연이 아끼는 위대하고 강하며 아름다운 자들은 우리의 도덕률을 추종하는 자들이 아니다. 열렬한 신자도 음식을 절제하는 사람도 계명을 철저하게 지키는 사람도 아니다. 자연의 힘으로 강해지려면 다른 사람들에게서 빌려온 그런 암울한 양심을 따라서는 안 된다. 우리는 과거든 미래든 모든 분노에 대한 소문에 맞서서 강력하게 현재를 살아야 한다.

해결되어야 할 중요한 문제들이 아직도 너무나 많고, 그것들이 해결되기 전까지 우리는 지금처럼 살아가야 한다. 상업의 공정성에 대한 논쟁은 앞으로 한두 세기 동안 이어질 테지만 그러는 사이에도 뉴잉글랜드와 영국의 상업은 계속될 것이다. 저작권법과 국제 저작권 문제가 논의되겠지만 그동안 우리는 책을 가능한 한 비싸게 팔면 된다. 문학의 실용성이나 근거, 생각을 글로 남기는 것의 정당성도 논의되는 중이며 양측 모두 할 말이 많지만, 치열한 싸움이 일어나는 동안에도 존귀한 학자인 당신은 당신의 과업에 집중하라. 매시간 한 줄이라도 더 쓰고 그사이에도 더 써라. 토지소유권과 재산권이 논의되고 협의회가 열리지만 투표가 일어나기 전 당신의 땅을 일구고 그곳에서 난 소득을 하늘이 준 행운의 선물인 듯 평화와 아름다움을 위해 사용하라.

삶 자체는 거품이고 의심이며 잠 속의 잠이다. 그것을 받아들여라. 그들이 원하는 만큼 더 받아들여라. 하지만 신이 아끼는 그대여! 당신만의 꿈을 소중히 여겨라. 당신이 경멸과 의심에 빠진다 한들 아무도 모를 것이다. 그런 사람들은 이미 충분히 많다. 당신은 당신의 작은 방에 들어가 나머지 사람들이 합의할 때까지 묵묵히 일하라. 당신의 질병이나 연약한 체질을 두고 사람들은 이건 하고 저건 하지 말라고 조언하겠지만, 인생은 하룻밤 천막처럼 덧없다는 것을 알아야 한다. 그러므로 아프든 건강하든 당신의 일을 마쳐라. 지금 아프다고 해도 더 나빠지지는 않을 것이며 당신을 소중히 여기는 우주는 더 좋아질 것이다.

삶은 우연으로 이루어진다

인간의 삶은 힘과 형체라는 두 가지 요소로 이루어져 있고 향기롭고 건강한 삶을 꾸리려면 그 비율을 안정적으로 유지해야 한다. 이 요소 중 하나라도 넘치면 부족한 것만큼이나 해로운 결과를 낳는다. 모든 것은 과잉으로 흐른다. 훌륭한 자질도 단독으로 존재하면 해롭고, 자연은 모든 인간의 특성을 지나치게 넘치게 해 파멸의 끝까지 밀어붙인다. 농촌 지역에서 우리는 학자들을 그 예로 들 수 있다. 이들은 표현하려는 성향이 지나쳐 오히려 삶의 균형을 잃었다. 예술가, 연설가, 시인을 가까이에서 본 사람들은 이들이 기술자나 농부보다 뛰어날 것이 없고 그들 또한 편중된 재능의 희생자라는 사실을 알아차릴 것이다. 이들은 마음이 공허하고 행색이 초라한 탓에 영웅이 아닌 협잡꾼이나 실패자로 보일 테고 이들의 학문은 인간을 위한 것이 아닌 질병일 뿐이라는 이성적인 결론에 도달할지도 모른다. 하지만 자연은 그 견해를 지지하지 않을 것이다. 저항할 수 없는 자연은 사람들을 그렇게 만들었고 매일 더 많은 사람들을 그렇게 만들고 있다.

책을 읽거나 그림을 감상하는 아이는 사랑스럽다. 지금 책을 읽고 예술 작품을 보는 수많은 아이들이 미래의 작가나 조각가 아니겠는가? 지금 읽고 보는 그 자질을 조금만 더 키우면 곧 그 아이들은 펜과 끌을 쥐게 될 것이다. 만약 어느 예술가가 자신이 어떻게 순수히 예술가의 길에 들어서게 되었는지를 떠올린다면, 그는 자연이 그의 내면에 있던 적과 한패인 것을 깨닫게 된다. 인간은 황금으로 된 불가능성이다. 그가 걸어야 하는 길은 머리카락 한 올만큼 가늘다. 지혜가 지나치면 현자도 바보가 된다.

운명이 허락한다면 우리는 쉽게 이 아름다운 한계를 유지하며 인과관계의 왕국이 만든 완벽한 계산에 적응해 살아갈 것이다. 거리와 신문에서 보는 삶은 너무 평범해서 어떤 조건에서든 굳센 결심과 확실한 계산만 있다면 성공을 보장할 것 같다. 하지만 어느 하루, 아니 고작 30분밖에 안 되는 짧은 시간에 천사의 속삭임 같은 순간이 찾아와 수년 혹은 수 세기의 결론들을 무너뜨리기도 한다! 그러나 다시 내일이 오면 모든 것이 딱딱한 현실로 돌아가고 습관적인 기준이 돌아온다.

상식은 천재성만큼이나 드물지만 동시에 천재성의 기초

가 되고, 경험은 모든 시도에 손과 발이 된다. 하지만 경험만을 믿고 사업을 하는 사람은 순식간에 파산할 것이다. 힘은 선택과 의지의 대로와는 다른 길, 인생의 지하 터널과 보이지 않는 통로를 따라 움직인다. 우리가 외교관이니 의사니 사려 깊은 사람들이니 하는 것은 우스운 일이다. 세상에 그렇게 쉽게 속는 이들도 없기 때문이다. 삶은 연속적인 놀라움이다. 그 놀라움이 없다면, 사는 것 자체가 무의미했을 것이다.

신은 매일 우리를 고립시키고 과거와 미래를 보이지 않게 숨겨두는 데서 재미를 찾는다. 우리는 주변을 두리번거리지만 신은 몹시 사려 깊게 맑은 하늘이라는 보이지 않는 장막을 우리 앞뒤로 쳐놓았다. 신은 "너는 기억하지도 기대하지도 않을 것이다"라고 속삭이는 듯하다. 모든 훌륭한 대화나 예절이나 행동은 관습을 잊고 그 순간을 위대하게 만드는 자발성에서 나온다. 자연은 계산하는 자를 싫어한다. 자연의 방식은 도약과 충동이다. 인간은 맥박처럼 살아간다. 우리의 유기적 움직임이 그렇다. 화학적인 천상의 작용이 파동형으로 번갈아 나타나며 우리의 정신은 적대적으로 굴다가 발작하듯 갑작스레 발전한다. 우리는 우연 속에서 성장한다. 우리 삶의 주요한 경험들도 대부분 우연히 찾아온 것들이다.

이런 세상에서 가장 매력적인 사람들은 직선적인 힘이 아닌 비스듬한 힘으로 영향력을 발휘하는 사람들이다. 그들은 아직 세상에 '인정받지 않은 천재들'이며, 그들의 빛은 세금을 내지 않아도 될 만큼 가볍고 환하다. 그들의 아름다움은 예술이 아니라, 새 한 마리나 아침 햇살과 같다. 천재의 생각에는 늘 놀라움이 있고, 그의 도덕적 정서는 늘 "새로움"이라 불릴 만한 것이다. 왜냐하면 그 말이 아깝지 않을 만큼 언제나 참으로 새롭기 때문이다. 천재의 생각과 도덕적 정서는 나이 든 지성인이나 어린아이에게나 똑같이 새롭다. "하느님의 왕국은 보이지 않게 찾아온다"와 마찬가지로 천재의 실질적인 성공을 위해서는 지나친 계획이 없어야 한다. 관찰로는 최고를 행하는 사람의 행동을 알 수 없다. 그가 하는 참된 행동에는 당신의 관찰력을 뛰어넘는 마법이 걸려 있어서 눈앞에서 행해지더라도 당신은 그것을 인식하지 못한다.

삶의 예술은 수줍음이 많아서 드러나지 않는다. 모든 인간은 태어나기 전까지 불가능한 존재이고, 모든 일은 실현되기 전까지 불가능한 사건이다. 정열적인 경건함은 결국 가장 냉소적인 회의론과 일치한다. 그 어떤 것도 우리의 노력이나 우리 작업의 결과가 아니고 신이 한 일이다. 자연은 우리에게 가장 작은 월계관도 씌워주지 않는다. 모든 글쓰기는 신의 은총으로 이루어지며 모든 행위와 소유 또한 그러하다. 나는 기꺼이 도덕적으로 살고 싶고, 내가 진심으로 사랑하는 정해진 경계와 한계를 지키고 싶으며, 인간의 의지에 최대한 많은 것을 허락하고 싶다. 그러나 이번 장에서는 정직을 내 마음에 두었기에, 결국 성공이든 실패든 그 안에서 내가 볼 수 있는 것은 영원으로부터 공급되는 생명력의 많고 적음뿐이다.

삶의 결과는 계산되지 않고 계산할 수도 없다. 하루가 모르는 것을 일 년이 알려준다. 우리와 함께하는 사람들은 대화를 나누고 서로의 집을 오가며 많은 일을 계획하고 실행한다. 그리고 그 모든 것에서 무언가가 나오긴 하지만 그 결과는 예기치 못한 것이다. 인간은 늘 착각한다. 많은 것을 설계하고 다른 이들을 동료로 끌어들이며 일부 혹은 사회 전체와 다툰다. 그러면서 많은 실수를 저지르지만 그럼에도 결국 무언가를 이루어내며 모두 조금씩 발전한다. 하지만 언제나 착각한다. 그가 다짐한 것보다 뭔가 새롭고 매우 다른 것이 늘 나타난다.

  삶의 요소를 계산으로 환원할 수 없다는 데 놀란 고대인들은 우연을 신격화했다. 이는 반짝이는 순간에 불과한 불꽃을 오래 붙들기 위한 것이었다. 하지만 우주는 잠재된 불꽃으로도 따뜻하다. 삶의 기적은 자세히 설명하지 않아도 여전히 기적으로 남아 새 가르침을 준다. 에버라드 홈(영국의 외과의)은 태아의 성장이 한 중심점에서 시작되는 게 아니라 셋 이상의 점에서 동시에 일어난다는 것을 알았던 듯하다. 생명은 기억이 없다. 연속된 사건은 기억될 수 있지만, 공존하거나 더 깊은 원인에서 갑작스럽게 터져 나오는 일은 의식되지 않고, 그 경향성도 인식하지 못한다. 지금 우리도 마찬가지다. 우리는 현재 내면의 통일성을 잃고 회의감에 빠진 상태다. 이는 우리가 몰입해 있는 수많은 형식과 결과들이 전부 서로 대립적이면서도 동등한 가치를 지닌 듯보이기 때문이다. 그러나 우리가 영적인 법칙을 받아들일 때는 신앙적인 상태가 된다. 이러한 혼란과 동시에 일어나는 부분들의 성장을 받아들여라. 언젠가 이 모든 부분은 하나의 의지하에 결합된 구성원으로 변할 것이다. 바로 그 하나의 의지, 숨겨진 원인이 우리의 주의와 희망을 고정시킨다. 삶은 그렇게 기대나 종교로 녹아든다. 조화롭지 못하고 하찮은 사소함 아래에 음악적 완벽함이 깃들어 있다. 이상은 항상 우리와 함께 여행하고 하늘은 찢김도 이음매도 없이 완전하다.

  우리가 깨달음을 얻는 방식을 관찰하라. 내가 심오한 정신과 대화할 때, 아니면 혼자 있는 순간 좋은 생각이 떠오를 때, 나는 즉시 만족을 느끼지 않는다. 목이 말라 물을 마시거나 추울 때 불가에 가는 것처럼 즉각적인 충족은 결코 찾아오지 않는다! 처음에는 단지 어떤 새롭고 뛰어난 생명의 영역 가까이에 있다는 인식만을 느낄 뿐이다. 그러나 독서나 사유를 계속함으로써, 이 영역은 마치 섬광처럼, 갑자스럽게 아름다움과 평온을 발견하는 것처럼 자신을 드러내기 시작한다. 마치 구름이 점차 갈라져 여행자에게 내륙의 산이 모습을 드러내듯이, 끝없이 펼쳐진 풀밭에 가축이 떼 지어 다니고 산자락에서 목동이 피리를 불며 춤추는 게 보이듯이 이 영역에서 더 깊은 신호가 나타난다. 하지만 이 사유의 왕국에서 흘러나오는 모든 통찰은 언제나 시작에 불과하며 항상 다음을 약속한다. 그 결과를 내가 만들지는 않는다. 나는 그곳에 도착해 이미 존재하고 있던 것을 목격할 뿐이다. 내가 결과를 만들다니, 절대 있을 수 없는 일이다! 나는 아이처럼 기뻐하며 손뼉을 치고, 경이로움에 가득 차 처음 보는 웅장한 장관에 감탄한다. 그것은 무수한 세대의 사랑과 경배로 오래된 것이며, 생명 그 자체의 생명으로 푸르른 것이고, 사막의 태양처럼 빛나는 메카다. 그리고 그 깨달음이 열어주는 미래는 얼마나 놀라운가! 나는 본 적 없는 아름다움에 대한 사랑으로 새롭게 뛰는 심장을 느낀다. 나는 이제 자연적인 삶을 벗어나, 내가 서쪽에서 발견한 새롭고 아직 다다를 수 없는 아메리카라는 이상향 속에서 다시 태어날 준비가 되어 있다.

> 지금 시작된 것도 어제 시작된 것도 아닌
> 이 생각은 언제나 있었으나
> 누가 처음 들어와서 알았는지 찾을 수 없네.

감각 너머의 법칙, 존재의 물결 속으로

지금까지는 삶을 기분의 흐름으로 설명했다면 이제 그에 덧붙여야 할 것은 우리 안에는 결코 변하지 않으며, 모든 감각과 마음의 상태를 판단하는 어떤 것이 존재한다는 사실이다. 모든 인간에게 있는 의식은 변하는 기준이어서 어느 때는 인간을 제1원인과 일치시키고 어느 때는 신체와 일치시킨다. 그것은 삶 위에 존재하는 삶이고 무한한 단계로 이루어져 있다. 어떤 행위가 지닌 품격은 그것이 비롯된 감정이 결정하며, 중요한 질문은 '무엇을 했는가 혹은 하지 않았는가'가 아니라, '누구의 명령에 따라 그것을 했는가 혹은 하지 않았는가'다.

행운, 아테나, 뮤즈, 성령 같은 오래된 이름은 이 무한한 실체를 정의하기에는 너무 좁다. 이를 이해하지 못하는 우리는 명명되기를 거부하는 이 원인 앞에 여전히 무릎을 꿇어야 한다. 뛰어난 천재들이 저마다 형언하기 어려운 이 원인을 강력한 상징으로 묘사하려고 했다. 탈레스는 물, 아낙시메네스는 공기, 아낙사고라스는 생각누스(아낙사고라스가 세계를 이해하고자 제시한 개념으로 그는 누스를 통해 세계가 생성, 발전한다고 보았다), 조로아스터는 불, 예수와 현대인은 사랑이라고 했고 이런 은유는 각 나라의 종교가 됐다. 중국의 맹자가 이를 잘 이야기한 바 있다. "나는 언어를 잘 알며 충분히 이해하고 호연지기를 잘 기른다." 맹자가 이렇게 말하자 상대방이 물었다. "호연지기가 무엇입니까?" 그러자 맹자는 답했다. "설명하기 어렵구나. 이 기운은 지극히 위대하고 굽힘이 없으니 바르게 기르고 상하지 않게 하면 천지의 허공을 채울 것이다. 이 기운은 정의와 진리에 합일하고 이를 돕기에 어떤 결핍도 남기지 않는다."

　　　이보다 정제된 현대의 글쓰기에서 우리는 이런 일반화에 '존재'라는 이름을 붙이고 인간이 갈 수 있는 최종 지점이라는 것을 인정했다. 그나마 위안이 있다면 우리가 어떤 벽에 다다른 것이 아니라, 끝이 없는 바다에 이르렀다는 사실이다. 이것만으로도 우주의 기쁨을 누릴 일이다. 우리 삶은 현재가 아니라 미래를 중시하는 듯 보인다. 이런 태도는 우리가 낭비하는 일상의 사소한 일들 때문이 아니라, 그 너머에 흐르는 '거대하고 충만한 기운'의 암시를 느끼기 때문이다. 삶의 대부분은 마치 자신의 능력을 광고하는 데 그치는 것처럼 느껴진다. 지식은 우리 스스로를 싸구려로 팔지 말라고 주어지는 것이며, 우리가 본래 얼마나 위대한 존재인지를 알리기 위해 존재한다. 우리는 예외가 아닌 법칙을 믿어야 한다.

　　　고귀한 사람과 비천한 사람의 차이는 바로 여기에 있다. 따라서 감정의 주도를 받아들일 때 우리가 믿는 것은 영혼의 불멸성 같은 것이 아니라 믿으려는 보편적인 충동이다. 그것이야말로 이 세계의 역사에서 가장 중요한 현실이고 주요한 사실이다. 이 원인을 직접 작용하는 어떤 것이라 말할 수 있을까? 정신은 무력하지도 중재기관이 필요하지도 않다. 정신은 힘이 넘치고 직접적인 결과를 낳는다.

　　　나는 설명하지 않아도 이해되며 행동하지 않아도 느껴진다. 또한 존재하지 않는 곳에서도 나라는 느낌은 전달된다. 그러므로 정의로운 사람들은 모두 자신의 칭송에 만족한다. 그들은 자신을 해명하지 않고 오직 새로운 행동들이 그것을 대신해주기를 바란다. 또 그들은 언어 없이도 언어를 넘어 소통하며 올바른 행동은 아무리 멀어도 친구들에게 반드시 영향을 준다고 믿는다. 왜냐하면 행동의 영향력은 거리로 측정할 수 있는 것이 아니기 때문이다. 내가 가겠다고 한 곳에 갈 수 없는 상황이라고 해서 괴로워해야 할 이유는 없다. 내가 그 자리에 있지 않더라도, 내 존재는 우정과 지혜라는 공동체에 동일한 가치를 지닌 영향력을 미친다. 내 힘은 어디에서나 똑같이 발현된다.

위대한 이상은 우리 앞으로 나아가지 뒤로 처지는 법은 절대 없다. 그 어떤 사람도 삶에서 완전한 만족을 경험해본 적이 없으며, 그가 발견한 선한 것은 언제나 더 나은 것의 예고편일 뿐이다. 앞으로, 계속 앞으로! 마음이 자유로워지는 순간, 우리는 삶과 의무에 대한 새로운 청사진이 이미 가능하다는 것을 안다. 삶의 교리에 필요한 요소가 이미 사람들의 마음에 존재하며, 이 요소들은 기존의 어떤 기록보다 훌륭한 삶의 가르침을 전한다.

새로운 진술은 사회의 신념들뿐 아니라 의심으로도 이루어져 있고 심지어 불신에서도 만들어진다. 왜냐하면 의심은 무의미하거나 무질서한 것이 아니라 기존의 긍정적인 진술들이 가진 한계를 드러내는 방식이기 때문이다. 따라서 새로운 철학은 이 의심을 받아들여 긍정을 이끌어야 하고 가장 오래된 믿음도 마찬가지로 받아들여야 한다.

우리가 존재한다는 사실을 깨달았다는 것은 아주 불행한 일이며 도움을 받기도 너무 늦었다. 그 발견을 '인간의 추락'이라고 한다. 이후로 우리는 내내 우리가 가진 도구를 의심한다. 우리는 세상을 직접적으로 보지 않고 매개적으로 보며, 우리가 바로 그러한 색이 씌워지고 왜곡된 렌즈일 뿐만 아니라 그 오류를 교정하거나 파악할 방법도 없다는 걸 알게 됐다. 그러나 어쩌면 이런 주관적 렌즈들은 창의적인 힘을 가지고 있을지도 모른다. 어쩌면 우리가 믿는 대상이라는 것 자체가 존재하지 않을 수도 있다.

우리는 한때 보는 것 속에 살았지만 이제는 모든 것을 빨아들이겠다고 위협하는 이 새로운 의식의 탐욕스러움에 사로잡혀 있다. 자연, 예술, 인간, 문자, 종교, 사물이 차례로 들어오고 신도 하나의 관념일 뿐이다. 자연과 문학은 주관적인 현상이고 모든 악과 모든 선은 우리가 던지는 그림자이다. 자부심 넘치는 사람들에게 거리는 모욕으로 가득하다. 지나치게 멋 부리는 사람이 자신을 체포하러 온 집행관들에게 자기 집 하인을 가장시켜 손님을 시중들게 했듯이, 악한 마음이 거품처럼 내뿜는 원한은 거리의 남녀, 호텔 바텐더의 모습을 하고 나타나 우리 안에서 위협받을 수 있는 것, 모욕당할 수 있는 것을 공격하고 자극한다.

우상숭배도 마찬가지다. 사람들은 지평선을 만들어내는 것이 우리의 '눈'이며, 어떤 사람을 영웅이나 성인으로 떠받드는 것도 '마음의 눈'이 그 사람을 그렇게 형상화하기 때문이라는 사실을 잊는다. "섭리적 인간"인 예수는 선한 사람으로서 이런 광학적 법칙이 효과를 발휘한다는 데 많은 사람들이 동의했을 뿐이다. 한편은 사랑으로, 다른 한편은 반대를 참는 관용으로 우리는 오랫동안 그를 수평선 가운데 있는 사람으로 보았고 비슷하게 보이는 사람의 속성을 그에게 부여했다. 하지만 아무리 오래된 사랑과 혐오도 곧 한계에 이른다.

절대적인 자연에 뿌리내린 위대하고 자라나는 자아는 결국 모든 상대적인 존재를 대체하며, 우정과 사랑의 왕국마저 파괴한다. 이른바 영적인 세계에서는 모든 주체와 객체 사이에 존재하는 근본적인 불균형 때문에 완전한 결합이 불가능하다. 주체는 신성을 받아들이고 모든 비교에서 그 신비한 힘으로 강해지는 것을 느껴야 한다. 비록 그 신성이 행동의 에너지로 드러나지는 않더라도, 그러한 절대적 실체는 단지 '존재한다'는 사실만으로도 깊이 감지될 수밖에 없다.

어떤 지적인 힘도 그 대상에 대해 주체 안에 깨어 있거나 잠들어 있는 신성 자체를 온전히 귀속시킬 수는 없다. 사랑이라 해도 의식과 가치의 부여가 동일하게 이루어지지 않는다. 나와 당신의 사이에는 실물과 그림 사이의 격차만큼 큰 차이가 날 것이다. 우주는 영혼의 진정한 신부이며 모든 개인적 공감은 편파적이다. 두 인간은 접촉할 수 있는 점에서만 만나는 구체와 같고, 접촉하는 동안 각 구체의 다른 모든 점들은 무력해진다. 이 나머지 부분의 차례도 와야 한다. 특정한 결합이 오래 지속될수록 결합하지 않은 부분은 더 접촉하고 싶다는 욕망의 에너지를 축적한다.

존재의 무게를 견디는 힘

삶은 형상화된다. 하지만 나뉘거나 두 배로 늘어날 수 없다. 삶의 통일성을 침범하는 것은 그것이 무엇이든 대혼란을 부를 것이다. 영혼은 쌍둥이가 아닌 유일한 자녀로 비록 시간 속에서 겉모습으로는 아이처럼 드러나지만, 그 안에는 치명적이고 보편적인 힘이 깃들어 있으며, 공동의 삶을 허용하지 않는다.

매일, 모든 행위가 제대로 가려지지 않은 신성을 드러낸다. 우리는 자신을 믿지 다른 사람은 믿지 않는다. 우리는 모든 것을 자신에게 허락하며 다른 사람이 하면 죄라고 부를 것을 자신이 하면 실험이라고 부른다. 사람들이 범죄에 대해 생각만큼 가

법게 말하지 않는다. 또 자유가 타인에게 주어질 때는 위험하다고 여기면서도, 자신에게는 안전하다고 생각한다. 이는 자신에 대한 믿음을 보여주는 예시다.

행위는 안에서 볼 때와 밖에서 볼 때 그 특성과 결과가 매우 다르다. 살인자에게 살인은 시인이나 소설가가 생각하듯 파괴적이지 않다. 일상적인 사소한 일보다 크게 불안하거나 공포스럽지도 않아서 가만히 생각해봐도 아무렇지 않은 행동이다. 하지만 뒤이어 일어나는 일에 따라 모든 관계를 파괴하는 끔찍한 사건이었음을 알게 된다. 특히 사랑에서 촉발된 범죄는 범죄자 입장에서 보면 올바르고 공정한 일로 인식되지만 범죄가 일어난 난 후에는 사회를 파괴하는 결과를 낳는다. 어떤 사람도 자신이 파멸할 수 있다고 생각하지 않고, 자신의 범죄가 흉악범의 죄처럼 검다고 여기지 않는다. 자신이 저지른 죄에 대해서는 지성이 도덕적 판단을 내리기 때문이다. 지성에게는 범죄가 없다. 도덕률 폐기론자 또는 도덕률 초월론자가 되어 법과 사실을 판단하는 것이다. "범죄보다 나쁜 것이 실수다"라고 나폴레옹이 지성의 언어로 말했다.

지성이 볼 때 세계는 수학적 문제 또는 수량의 과학이고 칭찬과 비난은 배제해야 할 약한 감정이다. 도둑질도 모두 상대적이다. 절대적으로 보면 도둑질을 하지 않는 사람이 누가 있겠는가? 성자들은 지성이 아닌 양심의 관점에서 범죄를 보기 때문에 의심할 때조차도 슬퍼한다. 생각에 혼란이 오는 것이다. 범죄는 생각으로 보면 축소 혹은 손해이고, 양심이나 의지로 보면 타락 혹은 악이다. 지성은 범죄를 그림자, 빛의 부재, 비본질이라 부르고, 양심은 범죄를 본질, 다시 말해 본질적 악이라고 느껴야 한다. 하지만 그렇지 않다. 범죄는 객체적 존재이지 주체가 아니다.

그리하여 우주는 불가피하게 우리의 색을 입고 모든 객체는 차례로 주체 안에 떨어진다. 주체는 존재하고, 주체는 확장된다. 모든 것은 결국 제자리로 돌아간다. 나는 존재하므로 본다. 어떤 언어를 사용하든 우리는 우리 자신이 아닌 것을 말할 수 없다. 헤르메스, 카드모스(그리스 신화에 등장하는 페니키아의 왕자로 그리스에 알파벳을 전한 영웅이다), 콜럼버스, 뉴턴, 나폴레옹은 모두 정신의 시종이다. 위대한 사람을 만나면 자신을 초라하다 느끼지 말자. 그 대신 그들을 내 집 마당의 덤불이 우거진 풀밭에서 질 좋은 점판암, 석회석, 무연탄을 찾아주는 지질학자처럼 대하자.

강한 정신이 한 방향을 향하면 그 움직임은 대상을 향한 망원경처럼 집중하기 시작한다. 하지만 영혼이 적온전히 균형 잡힌 구형을 이루기 전까지는 다른 모든 지식에도 똑같이 극단적인 집중력을 발휘해야 한다. 새끼 고양이가 자기 꼬리를 쫓는 귀여운 모습을 본 적 있는가? 만약 당신이 그 새끼 고양이의 눈으로 세상을 본다면 복잡한 비극과 희극의 한가운데에 있는 자신을 발견할 것이다. 고양이의 머릿속에서는 긴 대화, 수많은 등장인물, 운명의 갈등이 펼쳐지고 있을 테지만 사실은 고양이 울음과 꼬리밖에 없다.

우리는 얼마나 시간이 지나야 탬버린 소리와 웃음, 고함으로 가득 찬 소란을 멈추고 그 가장행렬이 결국 나 혼자 떠든 무대였음을 알아차릴까? 주체와 객체의 전기 회로를 완성하려면 많은 것이 필요하지만 규모는 중요하지 않다. 케플러와 친구이든, 콜럼버스와 아메리카 대륙이든, 독자와 책이든, 아니면 고양이와 그 꼬리이든, 무엇이 중요한가? 모든 뮤즈와 사랑과 종교는 이런 발전을 싫어하며 사람들 앞에 앉아 실험실에서 발견한 비밀을 발표하는 화학자를 벌할 방법을 찾아낼 것이다.

또한 우리는 기질상 사물을 사적인 시선이나 기분에 따라 본다. 그래도 이 으스스한 바위들의 본질은 신이다. 그런 필요성에 따라 도덕에서 가장 중요한 가치는 자기 신뢰가 된다. 우리는 아무리 불명예스럽더라도 이 부족함을 고수해야 하고 기습적인 행위가 일어난 후에도 더 활기찬 자기 회복력으로 우리의 축을 확고하게 지켜야 한다.

진실한 삶은 냉담하고 애통하지만 눈물, 회한, 불안의 노예가 되지는 않는다. 이런 삶은 다른 사람의 일을 탐내지 않고 다른 사람의 사실을 받아들이지도 않는다. 자신의 것과 타인의 것을 구별하는 것이 가장 중요한 지혜의 교훈 중 하나다. 나는 다른 사람들의 사실을 내가 대신 처리할 수 없다는 것을 배웠다. 하지만 그들의 반대에 맞서 내 사실을 바꾸는 열쇠는 내 손에 있으며, 마찬가지로 그들의 열쇠는 그들의 손에 있다는 사실도 알게 되었다. 동정심 많은 사람은 물에 빠져 죽어가는 사람들 가운데 혼자 수영할 수 있는 사람 같은 딜레마에 빠진다. 다들 그를 붙잡으려 하지만 그가 다리 하나나 손가락 하나라도 내줬다가는 같이 익사하고 말 것이다. 그들은 본인의 악덕이 초래한 해악에서 빠져나오기를 바라지만 악덕 자체에서 빠져나오기를 바라지는 않는다. 아프기를 기다리는 이런 불쌍한 사람들에게 자선은 낭비일 뿐이다. 현명하고 단호한 의사라면 거기서 벗어나라는 조언을 가장 먼저 할 것이다.

진리는 조용히 도달한다

말 많은 미국에서 우리는 착한 본성으로 온갖 방향의 이야기를 듣느라 자신의 신념을 망친다. 이런 순응은 위대하게 쓰일 힘을 앗아간다. 인간은 담백하게 똑바로 볼 수 있어야 한다. 다른 사람들의 성가신 경박함에 대한 유일한 해답은 집중이다. 그들의 요구를 하찮은 것으로 만들 정도로 자기 자신의 목소리에 귀 기울여야 한다. 이것은 신성한 해답으로 호소하거나 생각할 일이 아니다. 플랙스먼John Flaxman이 아이스킬로스의 「에우메니데스」(아버지에 대한 복수로 어머니를 죽인 오레스테스가 복수의 여신에게 쫓기다가 아폴론의 도움을 받으며 재판받는 이야기를 다룬 비극. 오레스테스는 아테나 여신에 의해 죄를 용서받고 복수의 여신들은 지혜의 여신이라는 뜻의 '에우메니데스'가 된다)의 장면을 묘사한 그림에서 오레스테스는 아폴론에게 간청하고 이때 복수의 여신들은 문지방에 잠들어 있다. 아폴론의 표정에는 애석함과 동정심이 드리워 있으면서도 두 세계가 화해할 수 없다는 확신으로 고요하다. 그는 다른 정치 체제, 즉 영원하고 아름다운 곳에서 태어났다. 그의 발치에 앉은 인간은 신의 본성이 결코 들어갈 수 없는 이 세상의 혼란에 관심을 가져달라고 청한다. 거기 누운 에우메니데스가 이 차이를 그림으로 보여준다. 신은 자신의 신성한 운명을 온몸으로 짊어지고 있는 것이다.

환상, 기질, 승계, 표면, 놀라움, 현실, 주관성, 이런 것들은 시간의 직조기에 있는 실이며 삶의 주인들이다. 나는 감히 이들의 순서를 정한다고 할 수 없지만, 길 위에서 마주친 대로 이들을 이름 붙일 뿐이다. 나는 내 그림이 완전하다고 주장할 만큼 어리석지는 않다. 나는 하나의 파편이고, 이 글은 나라는 존재의 한 조각이다. 나는 아주 당당하게 법칙 한두 가지를 말할 수 있고 그럼 그 법은 입체와 형태를 갖춘다. 하지만 완전한 법전을 만들기에는 아직 한참 모자라다.

나는 잠깐이나마 근본적이고 영원한 정치에 대해 이야기한다. 내가 본 세상이 아주 헛되지는 않았고 나는 아주 멋진 시간을 살았다. 나는 14년 전이나 7년 전 같은 초보자가 아니다. 누가 어디에 열매를 맺었냐고 물어본다면 나는 내 안에서 충분한 열매를 발견했노라 대답하겠다. 그 자체가 이미 결실이기에, 나는 더 이상 사색과 조언, 진리의 축적에서 성급한 결과를 바라지 않는다. 이 작은 마을이나 도시, 혹은 이달과 올해 안에 즉시 드러나는 결과를 바라는 일은 나에게 애처롭고 조급한 태도로 느껴진다. 그 효과는 원인만큼이나 깊고 세속적이며, 인간의 일생이 사라질 만큼 긴 시간 속에서 작용한다. 나는 내 존재와 내 소유를 받아들이는 것만을 알고 있다. 하지만 나는 얻지 못할 것이며, 얻었다고 생각했을 때조차 결국 그렇지 않음을 깨달을 것이다.

나는 경이로운 마음으로 위대한 운명을 찬양한다. 내가 받아들인 것이 너무도 커서, 이것저것을 넘치게 받는다고 해도 불쾌하지 않다. 나를 이끄는 내면의 목소리에게 속담 하나를 말할 수 있다면 이렇게 말하겠다. "내 앞에 놓인 것이 밀 한 자루든 백만 자루든, 나는 그저 받아들일 뿐이다." 나는 선물을 새로 받아도 은혜를 갚으려고 몸을 혹사하지 않는다. 내가 죽는다 해도 그 값을 치르지 못하기 때문이다. 나는 이 세상에 온 첫날부터 내 가치를 넘는 혜택을 입었고, 이후로도 혜택은 계속되고 있다. 내 가치 자체가 곧 나에게 주어진 선물이다.

또한 명시적이고 실질적인 결과를 그토록 열망하는 마음은 내게 일종의 배신처럼 느껴진다. 나는 진심으로 그런 불필요한 거래를 할 생각이 없다. 나에게 삶은 환영의 얼굴을 하고 있다. 아무리 힘들고 거친 사건에 휘말린다 해도 그것은 환영에 불과하다. 삶은 다만 부드러운 꿈과 격변하는 꿈 중에 하나를 고르는 일이다. 사람들은 아는 것과 지성적 삶을 폄하하고 행위를 부추긴다. 하지만 나는 진정으로 아는 것이 가능하다면 더할 나위 없이 만족할 수 있다. 앎이란 위대한 향연이며, 오랜 시간 나를 채우기에 족하다. 세상을 살아가는 대가로 약간의 깨달음을 받을 수 있다면 그 자체로 삶은 값어치가 있다. 나는 늘 아드라스테이아('피할 수 없는 운명'을 상징하는 그리스 신화의 여신)의 법칙을 떠올린다. "어떤 진실이라도 획득한 영혼은 다음 시대까지는 위험에 빠지지 않는다."

도시와 농장에서 이야기하는 세계가 내가 생각하는 세계와 다르다는 것을 안다. 나는 그 차이를 관찰하고 있고 앞으로도 그럴 것이다. 언젠가는 이 차이의 의미와 원인을 알게 될 것이다. 하지만 나는 사유의 세계를 물리적으로 실현하려는 시도가 그다지 성공적이지 못했다는 사실 또한 알고 있다. 열정적인 사람들이 숱하게 시도했지만 그저 우스꽝스러워질 뿐이었다. 그들은 민주적인 예절을 습득한 채 입에 거품을 물고 서로를 미워하며 부정한다. 더 나아가 나는 인류 역사상 단 한 번도 자기만의 시험을 치러서 성공한 사람의 예를 보지 못했다. 나는 이 말을 "왜 당신의 이상 세계를 실현하지 않느냐"는 질문에 대한 답으로 택하겠다. 그러나 단순한 경험주의에 기대어 법칙을 섣불리 판단하려는 절망적 태도와는 거리를 두고자 한다. 왜냐하면 올바른 노력은 반드시 성취되기 때문이다. 참고 또 참으면 우리는 결국 승리할 것이다.

　　우리는 시간의 속임수를 조심해야 한다. 먹고 자고 돈 몇 푼을 버는 데는 많은 시간이 걸리지만 삶의 빛이 되는 희망과 통찰을 기르는 데는 아주 잠깐이면 충분하다. 정원을 가꾸고 저녁을 먹고 배우자와 집안일을 의논하는 일은 어떤 인상도 남기지 않고 한 주가 지나면 기억에서 사라진다. 그러나 사람은 늘 고독한 시간으로 돌아가 온전한 분별과 발견을 얻고 이를 새 세계로 가져간다. 나이 든 심장이여! 조롱과 패배는 잊어버리고 다시 일어나라! 그 마음이 이렇게 말하는 듯하다. 정의는 여전히 언제나 승리할 것이다. 그리고 세계가 실현하려는 진정한 낭만이란 바로 천재성이 실질적인 힘으로 변화되는 순간일 것이다.

우리 임무는 순간에 있으니 순간을 소중히 여기자.
오늘의 5분은 다음 천 년의 5분만큼이나 소중하다.
자신만만하고 현명하게 나 자신으로 오늘을 살자.

4장

개혁가

MAN THE REFORMER

**1841년, 보스턴
기계공 도제들의 도서관 모임에서 진행한 연설**

새로운 정신의 부름

회장님, 그리고 신사 여러분,

저는 여러분에게 개혁하는 인간의 특수하고 일반적인 관계를 생각해보시라 제안하려고 합니다. 이 협회의 젊은이들은 합리적인 사람에게 어울리는 아주 높은 목표를 지니고 있을 것입니다. 하지만 우리의 삶은 평범하고 초라하다는 것을 받아들입시다. 우리의 타고난 임무와 기능 중 일부는 사회에서 너무 희귀해져서 그 기억은 고전이나 희미한 전통에만 남아 있을 뿐입니다.

또한 예언자와 시인 등 아름답고 완벽한 사람들은 사라진 지 오래라 우리는 그런 사람을 보지도 못합니다. 인간이 얻을 수 있는 참된 가르침의 근원 중 일부는 이름조차 알려지지 않은 채 미지에 싸여 있습니다. 우리 사회 공동체는 모든 사회 구성원들이 신성한 빛을 받아들이고 매일 정신적 세계와 교류함으로써 영혼의 상승을 꾀해야 한다는 말을 좀처럼 받아들이려 하지 않습니다. 이 모든 문제를 인정해야 합니다.

여러분 중에서 우리가 정신적 본성과 선명하게 소통하고 지침을 얻을 수 있도록 규율과 과정을 정립해야 한다는 사실을 부정하는 사람은 없을 겁니다. 또한 저는 이 자리에 있는 모두가 악습, 소심함, 한계를 버리고, 자유롭고 도움이 되는 사람, 개혁하는 사람, 베푸는 사람이 되기를 희망합니다. 약삭빠름과 변명으로 충돌을 피하며 하인이나 첩자처럼 세상을 살아가는 게 아니라 용기 있고 정직한 사람이 되어야 합니다. 훌륭하고 뛰어난 존재가 되는 길을 찾거나 개척해야 하며 자신만 명예로워지는 게 아니라 자신을 따르는 모든 사람이 명예와 혜택을 입을 수 있도록 그 길을 더 쉽게 만들어주어야 합니다.

세계 역사상 개혁의 교리가 지금처럼 넓은 범위를 지닌 적은 없었습니다. 루터교도, 모라비아 형제회, 예수회, 퀘이커교도, 녹스, 웨슬리, 스베덴보리, 벤담은 모두 사회를 비판했지만, 교회나 국가든 문학이나 역사든 가정 내 관습이든 시장이 서는 마을이든 저녁 식탁이든 주조된 돈이든 무언가를 존중했습니다. 하지만 이제 이 모든 것과 그 밖의 다른 모든 것들도 나팔 소리를 들으며 심판을 받기 위해 서둘러야 합니다. 기독교, 법, 상업, 학교, 농장, 실험실의 심판을 받아야 하고 왕국, 마을, 직업, 소명, 남자, 여자 역시 새로운 정신에 위협받고 있죠.

우리 제도를 공격하는 주장이 극단적이고 공상적이며, 그런 주장을 내세우는 개혁가인 학자들이 이상주의적인 경향이 있다면, 그것은 제도의 폐해 때문에 사람들이 극단적으로 치달았다는 것을 보여줄 뿐입니다. 넘쳐흐르는 거짓으로 인해 사실과 사람들이 비현실적인 환상에 빠질 때 학자들은 관념 세계로 달아나 자연을 회복시키고 새롭게 하려는 목표를 세웁니다. 관념이 다시 정당하게 사회를 장악하고 삶이 공정하면서도 시적으로 변한다면 극단적이었던 학자들은 다시 기꺼이 연인이자, 시민, 자선가로 돌아올 겁니다.

새로운 사상에서 스스로를 지켜낸다 하더라도 기존의 다른 기반 위에 세워진 오래된 국가와 몇 세기가 지난 법과 수많은 도시의 재산과 제도가 안전한 것은 아닙니다. 개혁의 정신은 모든 입법자와 모든 시민의 마음 깊은 곳까지 들어갈 수 있으니까요. 여러분 가슴에 새로운 생각과 희망이 밝았다는 사실은 동시에 수천 명의 마음에도 새로운 빛이 켜졌다는 의미입니다. 여러분은 그 비밀을 간직하고 싶겠죠. 하지만 밖에 나가면 문 앞에 서서 같은 얘기를 하는 사람이 있을 겁니다. 아무리 무정하고 날카롭고 돈을 좋아하는 사람이라도 새로운 사상이 던지는 질문에는 놀랍게도 움츠러들고 떨기 마련입니다.

단단한 기반 위에 서 있는 사람이라서 끝까지 저항할 거라 예상했을 테지만 그는 덜덜 떨며 도망칩니다. 그러면 학자들이 말하죠. "도시와 마차도 별거 아니네. 봐! 내 고독한 꿈이 모두 이뤄지려고 하잖아. 생각은 했지만 다들 비웃을까 봐 말을 못했는데, 중개인이든 변호사든 시장 상인이든 모두 똑같이 말하는군. 내가 하루만 더 기다렸다가 말했다면 너무 늦었을 거야. 봐, 스테이트 스트리트도 월 스트리트도 의심을 품고 예언을 내놓고 있잖아!"

청년과 상업 사회의 부패한 현실

청년들이 덕을 따라 살고자 할 때 마주치는 현실적 장애물들을 생각해보면 사회 한가운데에서 전반적인 부조리에 대한 고발과 조사가 일어나는 건 이상한 일이 아니죠. 사회에 막 진입하려는 청년은 벌이 좋은 일자리가 온갖 부패와 부정으로 가로막혀 있다는 것을 발견합니다. 상업의 길은 점점 이기적으로 변해서 도둑질 수준에 이르렀고 사기에 가까우리만치 교묘하게 타락했습니다. 이미 그 선을 넘었을 수도 있지요.

원래 상업 분야의 일은 사람이 하기 힘든 중노동도 아니거니와 인간의 한계를 시험하는 도전도 아닙니다. 하지만 현재 업계 전반이 태만과 악습으로 부패해서 젊은이가 제대로 일하려면 훨씬 더 많은 자원과 힘이 필요하게 됐어요. 이런 곳에서 사람들은 길을 잃고 손발을 제대로 쓰지 못하죠. 그에게 천부적 재능과 덕성이 있다면, 오히려 그만큼 더 이 업계가 자신의 성장에 부적합하다는 것을 느끼게 됩니다. 만약 이 안에서 성공하려면, 그는 소년기와 청년기에 꾸었던 찬란한 꿈을 포기해야 하며, 어릴 때 드리던 기도를 망각하고, 일상과 아첨이라는 마구를 몸에 채워야겠죠. 그렇게 살기를 원치 않는다면 삽으로 땅을 파 자신이 먹을 곡식을 심듯 처음부터 새로 시작하는 방법밖에 없습니다.

이렇게 된 데는 우리 모두 어느 정도 책임이 있습니다. 우리가 소비하는 물품들이 자라난 들판에서 집에 이르기까지의 여정에 몇 가지 질문만 던져보아도, 우리는 매일같이 거짓과 사기로 만든 음식과 의복을 소비하고 있다는 사실을 금세 알 수 있습니다. 얼마나 많은 생활용품이 서인도제도에서 오나요. 스페인령

섬들에서는 정부 관료 매수가 일상이 되어 부정하게 가격을 깎지 않고 배에 싣는 상품이 없다고 합니다. 그곳에서는 미국인의 대리인이나 대행인이 영사가 아닌 경우 모두 가톨릭신자라는 서약을 하거나 신부가 와서 대신 서약해줘야 해요. 노예제 폐지론자들은 우리가 남부 흑인들에게 엄청난 빚을 졌다는 걸 알려주었습니다. 쿠바섬에서는 노예제의 일상적인 참혹함에 더해 남자들만 농장에 팔려 가 매해 열 명 중 한 명씩 죽어가며 우리를 위해 설탕을 생산합니다. 세관에서 벌어지는 종교 강요에 대한 조사는 그쪽 지식이 있는 사람들에게 맡기겠습니다. 이 글에서는 선원들이 받는 억압에 대해서도 묻지 않을 것이고 소매 거래의 관습도 캐묻지 않을 거예요.

　　나는 단지 일반적인 우리 거래 체계가 이기심에 기반한 체계라는 것을 말하고 싶습니다. 무역의 더 어두운 측면들, 즉 모든 존경받을 만한 사람들이 비난하고 거리두는 예외적인 경우들을 차치하더라도, 이 체계는 인간 본성의 고귀한 감정에서 비롯된 것이 아니며, 정확한 상호성의 법칙에 따라 운영되지도 않고, 더더욱 사랑이나 영웅적인 희생 정신을 따르는 것도 아닙니다. 이 체계는 믿음보다는 불신에, 나눔보다는 이득을 취하려는 이기심에, 정직함보다는 은폐와 교활함에 바탕을 둔 것입니다. 이것은 어떤 사람이 고귀한 친구에게 기꺼이 털어놓고자 하는 그런 일도 아니며, 사랑과 열망의 시간 속에서 기쁨과 자긍심을 가지고 되새길 수 있는 일도 아닙니다. 오히려 친구에겐 감추고 싶은 것이며, 오직 눈부신 결과만을 내보이고, 이익을 얻은 방식은 숨긴 채 소비의 방식으로 보상하려 하는 일입니다.

　　저는 상인이나 제조업자에게 책임을 물으려는 게 아닙니

다. 우리의 거래라는 죄는 한 계층이나 한 개인에게 속하지 않아요. 한 사람은 뽑고 한 사람은 나누고 한 사람은 먹어요. 모두가 가담했고 모두가 죄를 고합니다. 모두 모자를 벗고 무릎을 꿇으며 죄를 고백하지만 누구도 자신의 책임이라고는 느끼지 않아요. 그들은 자신이 악습을 만들지 않았으니 바꿀 수도 없다고 생각합니다. 그들은 누구일까요? 그저 빵을 구해야 하는 아둔한 한 사람들일 뿐입니다. 이것이 악덕입니다. 아무도 인간답게 행동해야 한다고 느끼지 않고 반쪽 인간으로 행동하죠. 그리하여 본성의 법칙에 따라 순수하게 살아야 한다는 억누를 수 없는 고귀한 열망을 지닌 모든 솔직한 영혼들은 이와 같은 무역의 방식이 자신에게 맞지 않다는 것을 느끼고, 결국 상업에서 떠나게 됩니다. 그리고 그런 사례는 해마다 점점 더 늘어나고 있습니다.

하지만 이런 거래에서 빠져나온다고 깨끗해지는 건 아닙니다. 그 뱀의 자취는 인간의 모든 수익성 있는 직업과 관행 속까지 뻗어 있습니다. 각 직업에는 저마다의 부정함이 있습니다. 다들 성공을 위해 부드럽고 지적인 양심은 버려야 한다고 생각해요. 각 직업들은 그 종사자들에게 눈을 감고 깔끔하게 승낙하라고, 관습을 받아들이라고, 관대함과 사랑이라는 감정을 제거하고 세속적인 법칙과 이상 사이에서 타협하라고 요구하죠. 더 나아가 이 부패한 관행이 재산이라는 제도 전체를 집어삼킨 탓에 재산을 규정하고 보호하는 법조차 사랑과 이성이 아닌 이기심에서 비롯된 것처럼 보입니다.

불행하게도 성인의 성품을 가지고 태어나서 날카로운 통찰력을 지니게 된 사람이 천사 같은 양심과 사랑의 마음으로 세상에서 생계를 유지해야 한다면, 그는 돈 되는 일에 끼기는 힘들 겁니다. 농장을 소유하지도 않았을 것이고 앞으로 구하기도 힘들 거예요. 농장을 살 돈을 벌려면 돈에 집중해야 하는데, 그러려면 몇 년 동안 자신을 팔아야 하죠. 하지만 그에게는 현재의 시간이 미래의 시간만큼 신성해요. 결국 누군가가 땅을 갖지 못하고 있다는 사실이 존재하는 한, 내 땅에 대한 권리도, 당신의 땅에 대한 권리도 동시에 정당성을 잃습니다. 꼬이고 얽힌 악은 풀리기 힘들어 보이고 우리 모두 아내와 아이들, 이득과 빚으로 이어져 더 깊이 이 악에 관여하고 있어요.

노동 없는 소유는 없다

이런 생각으로 많은 자선가와 지성인이 청년들에게 육체노동을 가르쳐야 한다는 주장에 관심을 보이게 됐습니다. 과거 세대에 축적된 재산이 이토록 오염됐다면, 이 부가 아무리 많더라도 이를 포기할 필요가 있습니다. 토양이나 자연과 원초적 관계를 맺으며 부정하고 더러운 모든 것을 멀리해야 합니다. 그리고 각자가 세상의 육체노동에 자기 손으로 직접 참여하는 것이 고귀한 행동이 아닐지 고민해봐야 합니다.

하지만 사람들은 이렇게 반발할 겁니다. '뭐라고요? 노동 분업으로 얻는 엄청난 이익을 포기하고 신발, 책상, 칼, 마차, 돛, 바늘을 각자 만들자는 겁니까? 사람들에게 원시생활로 돌아가라는 거예요?' 나는 당장이라도 도덕적인 혁명이 일어날 것이라 기대하지 않습니다. 하지만 인간의 기본적 의무를 더 잘 이해할 수 있다는 믿음으로 농경 생활을 선택해서 사치스러움이나 사회적 편의를 줄이는 변화가 나타난다면 나는 그런 변화를 별로 고통스럽게 여기지 않을 겁니다. 만약 더 높은 양심과 순수한 취향을 가진 청년들이 직업 선택에 실제적인 영향을 미치고 상업, 법률, 국가의 노동에서 경쟁을 줄이는 역할을 한다면 누가 그런 생활을 마다할까요? 불편함은 얼마 가지 않으리라는 걸 쉽게 알 수 있습니다. 그 선택은 사람들의 눈을 뜨게 하는 위대한 행동이 될 거예요. 많은 사람들이 이런 선택을 내릴 때, 즉 다수가 이 제도에 개혁이 필요함을 인정할 때, 악습이 바로잡히고, 노동 분업에서 일어나는 혜택을 누릴 길이 다시 열리며, 사람들은 타협하지 않고도 자기만의 재능에 따라 일자리를 고를 수 있을 것입니다.

하지만 시대가 주는 가르침을 강조하는 것을 떠나 사회 구성원이 모두 육체노동을 해야 한다는 데는 적절하고 필연적인 이유가 있어요. 육체노동의 쓰임은 절대 사라질 수 없고 누구에게나 마찬가지입니다. 사람은 자신의 수양을 위해 수공업을 할 줄 알아야 합니다. 우리는 손을 움직이는 작업으로 시와 철학 같은 고상한 성취와 섬세한 향유를 위한 기초를 마련해야 합니다. 이 거친 세상에서 다양한 정신적 능력이 나타나려면 대립이 있어야 해요. 대립이 없다면 그런 능력도 생겨나지 않죠. 육체노동은 외부 세계를 연구하는 작업입니다. 부의 혜택은 그것을 일군 사람에게 오지 상속자에게 오지 않아요. 삽을 들고 정원에 나가 화단을 일구고 있으면 다른 사람에게 맡겼으면서도 내 것이라 착각했던 기쁨과 건강함을 비로소 손에 넣을 수 있습니다. 육체노동에는 단지 건강뿐만 아니라 배움도 들어 있습니다.

석 달에 한 번 존스미스사社 앞으로 수표를 끊는 것만으로 설탕, 옥수수죽, 양동이, 도자기 그릇, 편지지를 무한히 받는다면, 자연이 내게 주려 했던 정신적 기능에 걸맞은 충분한 수련을 하고 있는 걸까요? 설탕의 달콤함, 면화의 따스함을 스미스 사장과 그의 운송인, 중개인, 제조업자 들이 가져가고 있는 셈입니다. 또 선원, 짐꾼, 정육업자, 흑인 노동자, 사냥꾼, 농장주 들이 설탕의 진짜 의미, 면화의 진짜 의미를 가져간 것입니다. 그들이 진정한 교육을 받은 것이고, 나는 단지 물건만 받은 셈입니다. 내가 그 사람들의 일과 똑같은 능력이 필요한 일에 완전히 몰두하느라 그렇게 되었다면 좋았겠죠. 그럼 나도 내 손과 발이 자랑스러울 거예요. 하지만 지금은 나무꾼, 농부, 요리사 앞에서 부끄러움을 느낄 뿐입니다. 이들은 나의 도움이 없어도 자기들 나름의 자립적인 삶을 꾸려가며 하루하루, 해를 채워갑니다. 반면 나는 그들에게 의존하고 있으며, 내 손과 발을 쓸 권리를 노동을 통해 정당하게 획득하지 못했습니다.

더 나아가 재산의 첫 번째 소유자와 두 번째 소유자의 차이를 생각해보세요. 모든 종류의 재산은 그 자체의 적에게 희생됩니다. 철이 녹슬고, 목재가 썩고, 옷감이 좀먹히며 식량 창고에 곰팡이나 해충이 생기거나 부패가 일어나죠. 돈은 도둑의 표적이 되기 마련이고, 과수원에는 해충이 들끓으며, 밭은 잡초나 짐승 때문에 몸살을 앓고, 도로는 비와 서리에 엉망이 되며, 홍수가 다리를 덮쳐요. 이런 재산을 소유한 사람은 적의 침입을 막고 재산을 보수할 책임이 있습니다. 필요한 것을 직접 장만하는 사람, 낚시하러 갈 뗏목이나 나룻배를 만드는 사람은 쉽게 틈을 메우고, 노 끼우는 못을 달아 키를 수리하겠죠. 그는 자신의 목적에 따라 필요할 때마다 직접 처리하니 재산이 부담스럽지 않고, 그것을 지키기 위해 잠을 설칠 일도 없습니다. 하지만 몇 년 동안 한 영지에 모은 집, 과수원, 경작지, 가축, 다리, 장비, 목기, 카펫, 옷, 식량, 책, 돈을 아들에게 물려주면서도 재산을 마련하는 데 쓰인 기술과 경험, 또 재산을 쓰는 방식과 지위는 물려주지 못한다면 그 사람의 아들은 이 재산을 사용하는 게 아니라 유지하고 보호하느라 바쁠 거예요.

재산은 아들의 수단이 아닌 그의 주인이 돼버립니다. 적들은 봐주지 않아요. 녹, 곰팡이, 해충, 비, 태양, 홍수, 불이 모두 공격을 멈추지 않을 거고, 아들은 오래됐지만 새로운 재산의 주인에서 파수꾼이나 경비견으로 전락할 겁니다. 얼마나 급격한 변화입니까! 그의 아버지에게는 능수능란한 유머, 힘의 감각, 비옥한 내적 자원이 있었습니다. 자연이 사랑하는 동시에 두려워했던 능력이죠. 눈비, 물과 땅, 짐승과 물고기까지 그 능력을 알아보고 복종했습니다. 그뿐만 아니라 강하고 숙련된 손과 날카롭고 노련한 눈, 유연한 신체와 강력하고 우월한 마음이 있었죠. 그러나 이제 벽과 커튼, 난로, 침대, 마차, 땅과 하늘에서 온 하인과 하녀의 보호에 의존하며 자란 보잘것없고 연약한 아들은 그 모든 소유물을 넘보는 위협에 불안해하며 재산을 지키는 데 상당한 시간을 쓸 수밖에 없습니다. 그는 목표를 달성하고, 사랑을 실현하고, 친구들을 돕고, 신을 숭배하고, 지식을 늘리고, 국가에 봉사하고, 감성을 어루만지던 재산의 원래 쓰임을 거의 잊고 살아갑니다. 그 대신 그는 부자라고 불릴 겁니다. 부를 관리하는 하인이라고 말이죠.

그러므로 모든 흥미로운 역사는 가난한 자의 운명에 달려 있답니다. 지식, 미덕, 권력은 궁핍을 극복하며 얻은 승리이며, 세계를 지배하러 가는 행진입니다. 모든 인간은 스스로 세상을 정복할 기회가 있어야 합니다. 그런 사람만이 우리의 흥미를 끌어요. 스파르타인, 로마인, 아라비아인, 영국인, 미국인은 어려움에 맞서서 자신만의 재치와 힘으로 자신을 해방하고 인간을 승리로 이끌었지요.

나는 노동의 원칙을 과장하고 싶지는 않습니다. 모든 사람이 사전 편집자가 되어서는 안 되는 것처럼 모두 농부가 되어서도 안 됩니다. 보통 농사는 가장 오래되고 보편적인 직업이라서 자신에게 맞는 일을 아직 찾지 못한 사람은 농부를 하면 될 거라고들 하죠. 하지만 농업은 이런 가르침을 주지요. 즉 모든 사람은 세상의 일과 본질적인 관계를 맺어야 하고, 그 일을 스스로 감당해야 합니다. 주머니가 두둑하다고 해서, 혹은 불명예스럽고 해로운 일에 종사하게 되었다고 해서, 누구도 보편적인 의무에서 제외되어서는 안 됩니다. 이런 이유로 노동은 신의 교육이며, 진실하게 배운다면 사람은 결국 노동의 비밀을 깨달을 것입니다. 그리고 그는 아주 지혜롭게 자연의 왕권을 손에 넣는 주인이 되겠죠.

나는 또한 박식한 전문가, 시인, 사제, 입법자, 즉 일반적으로 학문을 연구하는 사람들의 주장도 귀담아듣습니다. 그들의 말에 따르면 가족을 유지하기 위한 육체노동이 과도하면 지적인 영역에 노력을 기울이기 힘들고 그 능력도 줄어든다고 합니다. 저도 알고 있습니다. 시와 철학에 적합한 사람이 자신의 생각을 발전시키기 위해서는 며칠이나 시간을 들여야 한다는 사실을요. 그런 사람에게는 농부나 대장장이의 중노동보다 들판을 거닐거나 스케이트를 타거나 사냥하는 식의 절제되고 우아한 움직임이 더 도움이 된다는 것 또한 부정하지 않겠습니다. 이런 사실을 지적하는 이집트 신비주의의 숭고한 조언도 있지요. "사람은 눈이 두 쌍 있다. 위쪽 한 쌍이 볼 때는 아래쪽 한 쌍이 감겨 있어야 하고 위쪽 눈이 감겨 있을 때는 아래쪽 눈이 뜨여야 한다." 하지만 나는 노동과 분리된 사람은 보는 사람 자체의 힘과 진실을 잃어버린다고 주장하겠습니다. 그래서 우리 문학과 철학에 내포된 지나친 섬세함, 나약함, 울적함은 학자층의 무기력하고 허약한 습관에서 나온다고 확신합니다. 나는 차라리 책이 조금 덜 훌륭하더라도, 그 책을 쓴 사람이 더 강건한 편이 낫다고 생각합니다. 그가 쓴 내용과 그 자신의 실제 모습이 서로 우스꽝스러울 만큼 모순되는 것보다는 말이죠.

그토록 신성하고 소중한 목적을 위해서 휴식이 필요하다고 가정할 때, 시, 예술, 사색하는 삶에 강하게 끌려 농업과 병행할 수 없을 정도로 자신을 헌신하고자 하는 사람이 있다면, 그는 일찌감치 우주의 보상을 생각해서 엄격하고 절제된 생활 습관으로 경제적 의무에서 제외되겠노라 마음먹어야 합니다. 아주 귀하고 위대한 특권을 위해 큰 대가를 치르도록 해야죠. 그는 수도사나 극빈자처럼 살아야 하고 필요하다면 독신자로 사는 것도 감수해야 합니다. 선 채로 식사해야 하고, 맛 좋은 물과 검은 빵만을 음미해야죠. 값비싸고 좋은 집은 가질 수 없고 지체 높은 손님으로 귀한 환대를 받거나, 예술 작품을 수집하는 것은 남의 일이라 여겨야 합니다. 이미 그가 지닌 예술적 천재성이 자연에게서 받을 수 있는 가장 위대한 환대이기 때문이며, 스스로 예술을 창작할 수 있으니 다른 작품을 살 필요가 없죠. 그는 단칸방에 살며 방종한 생활은 미뤄두고 천재들이 흔히 겪는 불행, 즉 사치스러운 취향에 빠지지 않게 미리 대비해야 합니다. 이것이 천재의 비극이에요. 천재는 천상에서 온 말 한 마리, 땅에서 온 말 한 마리를 마차에 묶어 황도를 달리려고 하죠. 그러면 마차와 마부 모두 불화와 파멸을 맞이하는 법입니다.

진정한 의미의 소비와 절약

모두 자신의 서약을 지키고 사회 제도가 자신에게 맞는지 검토할 의무는 우리의 생활 방식을 살펴보면 더욱 강조됩니다. 우리 가정은 신성하고 명예로운가요? 우리를 성장시키고 격려하나요, 아니면 훼손하나요? 나는 가정의 모든 부분과 기능, 내 모든 사회적 역할, 경제력, 식사, 투표, 거래에 활발하게 참여해야 하지만 거의 그렇지 못합니다. 그저 관습에 따라 참여할 뿐 거기서 아무런 힘도 얻지 못한 채 그저 빚만 쌓아가죠. 우리는 페인트와 벽지 등 사소한 것들에 수입을 소비하지만 정말 인간에게 중요한 것에는 재산을 쓰지 않아요. 우리 지출은 대부분 남들과 똑같이 살아가는 순응을 위한 것입니다. 빚을 내 케이크를 사면서 지성, 마음, 아름다움, 경배에는 큰돈이 들이지 않아요.

우리가 왜 부자가 되어야 합니까? 왜 말馬, 좋은 옷, 근사한 저택이 있어야 하고 술집이나 즐거운 장소에 가야 하나요? 이런 소비는 전부 깊은 생각을 하지 않기 때문에 발생합니다. 사람의 마음에 새로운 그림이 나타나면 그는 고독한 정원이나 다락방으로 날아가 즐거워할 것이고 그 꿈 덕분에 도시의 모든 부를 가진 것보다 더 부유해질 겁니다. 하지만 우리는 생각하지 않아요. 그 다음에 돈이 없다는 걸 알게 되죠. 우리는 먼저 감각에 휘둘리고 다음에는 부자가 되어야 한다고 생각합니다.

우리는 집으로 초대한 친구를 즐겁게 할 자신이 없어 아이스크림을 삽니다. 카펫에 익숙한 친구에게 카펫 말고 다른 경험을 시켜줄 자신이 없어 바닥에 카펫을 깔죠. 집은 스파르타에 있던 복수의 여신들을 위한 신전처럼 스파르타인 외에는 들어올 수도 없고 볼 수도 없는 강력하고 거룩한 곳이 되어야 합니다. 믿음이 있고 공동체가 있다면 디저트와 쿠션은 노예들의 것이 됩니다. 자원을 창의적으로, 또 영웅처럼 써야 합니다. 딱딱한 음식을 먹고 불편한 바닥에서 자고 고대 로마인처럼 좁은 공동주택에 살더라도 공공건물에서 아름다운 풍경에 알맞은 대화, 예술, 음악을 즐기고 경배하는 것이 올바른 생활양식입니다. 우리는 위대한 목적 앞에서는 부자가 될 테지만 이기적인 목적 앞에서는 가난할 수밖에 없습니다.

이제 이 악을 어떻게 없앨까요? 한 가지 기술밖에 배우지 못한 사람이 어떻게 정직하게 삶의 편의를 누릴 수 있을까요? 모두 생각하는 바를 말해도 될까요? 자기 손으로 직접 해야 합니다. 그렇게 하다 보면 원하는 것을 이루기도 하고 그렇지 못할 수도 있지만 결국에는 값진 깨달음을 얻게 됩니다. 그것도 아니라면 그냥 불편하게 살 수도 있겠죠. 그런 생활에도 대단한 지혜와 부가 들어 있습니다. 편의를 위해 너무 큰 비용을 치르느니 없이 사는 게 낫습니다.

우리는 절약의 진정한 의미를 배워야 합니다. 절약은 고귀하고 인도적인 행위입니다. 자유, 사랑, 헌신을 향한다면 위대한 목표와 검소하고 단순한 취향은 신성한 것이죠. 우리가 집에서 행하는 일상적인 절약은 대부분 이기적인 마음에서 나온 것이라 차라리 안 하는 편이 낫습니다. 일요일 저녁에 닭고기를 굽기 위해 오늘은 말린 옥수수를 먹는 식의 절약은 저급합니다. 하지만 단칸방에서 말린 옥수수를 먹더라도 동요하지 않고 고요하고 유순하게 마음의 목소리를 들으며 지식과 선의라는 검소한 사명을 위해 떠날 준비가 갖춰졌다면 그것은 신과 영웅에게 어울리는 검소함입니다.

우리가 자립이라는 교훈을 배울 수 있을까요? 사회는 끊임없이 다른 사람의 봉사를 요구하는 병약한 사람들로 가득합니다. 그들은 어디에서나 자신의 편안함을 위해 지금까지 발명된 사치스러운 수단과 기구를 모두 동원하죠. 소파, 발 받침대, 난로, 포도주, 투계, 향신료, 향수, 마차, 극장, 오락, 이 모든 것을 원하고 필요로 하며, 이것들 말고도 신문물이 등장하면 그것 없이는 마치 굶어 죽기라도 할 듯 아우성칩니다. 그리고 이 중 하나라도 놓치면 세상에서 가장 부당한 취급을 당한 불쌍한 사람처럼 행세해요. 이들과 함께 태어나고 자라지 않은 이상 이들의 까다로운 위장에 맞는 식사를 준비하기란 어렵습니다. 그러면서 그들은 타인을 위해 봉사하려는 노력은 절대 하지 않습니다! 절대로요! 이들은 자기 능력보다 더 많은 것을 받고 싶어 하며 삶의 잔인한 농담을 단 한 번도 인식하지 못한 채 더 추해질수록 더 날카로운 말투로 불평하고 요청합니다. 원하는 것이 거의 없고 그나마 있는 욕구마저 스스로 채우며, 그걸 움켜쥐기보다 다른 사람과 나누는 것만큼 우아한 일이 있을까요? 자신의 필요를 스스로 충족하는 것이 잘 대접받는 것보다 훨씬 우아합니다. 오늘날 몇몇 사람들에게는 그렇게 보이지 않을 수도 있지만 이런 우아함은 시대를 불문하고 누구에게나 선망받습니다.

개혁을 실현시키는 방법

　　나는 터무니없고 까다로운 개혁을 바라지 않아요. 주변 상황을 사치라는 이름으로 비난하며 나를 파멸하거나 시민 사회의 혜택에서 완전히 고립되기를 바라지도 않습니다. 갑자기 '나는 이제 순수하지 않은 음식이나 옷은 마시지도 입지도 만지지도 않을 것이고, 깨끗하고 합리적인 사람이 아니라면 상대하지 않겠다'고 말한다면 우리는 한 발도 움직이지 못할 겁니다. 그런 사람이 누가 있나요? 저는 아니에요. 여러분도 아니고 지금 생각하는 그 사람도 아닙니다. 하지만 각자 공공의 이익에 헌신하는 마음으로 오늘의 빵을 벌었는지 스스로 물어야 하고, 매일 돌 하나를 바르게 놓아 이 명백한 잘못을 고치는 노력을 그치지 않아야 합니다.

　　하지만 현재 사회를 불안하게 하는 관념은 일상적인 업무, 가정생활, 사유재산보다 더 넓은 범위에서 영향을 미치고 있습니다. 우리는 전체적인 사회 구조, 국가, 학교, 종교, 결혼, 거래, 과학을 개정하고 우리의 본성을 바탕으로 이것들의 기반을 탐구해야 합니다. 세계가 옛사람뿐 아니라 우리에게도 맞는지 보고 우리 마음에 뿌리를 두지 않은 관습은 청산해야 합니다. 인간이 태어난 이유가 무엇이겠습니까? 한순간도 과거에서 매몰되는 일 없이 매 순간 자신을 바로잡으며 매일 아침 우리에게 새날을 주고 맥박이 뛸 때마다 새로운 삶을 주는 위대한 자연을 모방하기 위해서가 아닙니까? 우리는 개혁하는 존재, 이미 만든 것을 재창조하는 존재, 거짓을 버리는 존재, 진실과 선을 회복하는 존재로 태어나지 않았나요? 진실이 아닌 것은 모두 버린 후 모든 관습을 첫 생각으로 돌려놓고 온 세계가 이유에 동의하지 않는 일은 절대 하지 않도록 합시다. 그 길이 우리에게 불편함과 상처를 주더라도, 일상의 행위를 거룩하고 신비로운 삶의 심연과 연결시키는 그 여정 속에서 우리는 향기롭게 스러질 수 있을 것입니다.

개혁하겠다는 노력을 샘솟게 하고 조정하는 힘은 인간에게 무한한 가치가 있을 뿐만 아니라 모든 개혁은 장애물을 제거하는 것에 불과하다는 확신에서 나옵니다. 우리가 인간을 존경하는 것이 가장 높은 가치 아닐까요? 어느 누구도 넓은 땅을 가졌다는 이유만으로 부유한 사람처럼 굴도록 놔둬선 안 됩니다. 오히려 그 사람의 부 없이도 살아갈 수 있다는 것을 보여주며, 편안함이나 자부심으로는 나를 매수할 수 없다는 걸 알게 해야죠. 또 내가 가진 돈이 없어 그에게 빵을 얻어먹어야 한다 해도 그 사람이 오히려 나보다 가난하다고 느끼게 해야 합니다. 또 나보다 더 경건하고 정의롭게 생각하는 여성이나 아이가 있다면 삶의 방식을 통째로 바꿔서라도 그들을 존경하고 추종해야 합니다.

미국인에게는 미덕이 많지만 믿음과 희망은 없습니다. 어딜 가도 이 두 단어를 찾을 수 없어요. 우리는 이 단어들을 '셀라(구약 성서의 시편에서 주로 발견되는 뜻이 분명치 않은 말)'나 '아멘'처럼 한물간 말로 쓰이죠. 하지만 여기에는 여전히 폭넓은 의미가 있고 1841년 이곳 보스턴에서 가장 설득력 있게 들릴 수 있습니다. 다시 말하지만 미국인들에게는 믿음이 없어요. 이들은 달러의 힘에 의존하고 정서에는 귀를 막고 있죠. 이들은 말로 북풍을 잠재우듯 쉽게 사회를 개선할 수 있다고 생각합니다. 그중에서도 학자나 지성인 층에 가장 믿음이 부족해요. 진실한 현자, 진정한 친구, 뛰어난 시인과 이야기하거나 아직 투박하지만 순수한 가치관을 지닌 채 사회의 녹슨 관습에 구속되지 않은 양심적인 젊은이와 이야기해보면, 믿음이 없는 이 시대가 얼마나 하찮으며 이 제도가 얼마나 허술한지 단번에 알 수 있어요. 용감한 사람 한 명, 위대한 생각 하나가 어떤 효과를 가져올지도 보이죠.

실용적인 사람이 온갖 이론을 불신하는 이유는 우리가 일하는 방식을 인식하지 못하기 때문입니다. 그는 이렇게 지적하죠. "우리에게 목수의 연장, 기술자의 도구, 화학자의 실험실, 대장장이의 대장간이 있지만 대기, 강, 숲을 갖춘 행성을 만들 수 없듯이 우리가 아는 어리석고 이기적인 남녀로는 여러분이 떠들어대는 천상의 사회를 만들 수 없다." 하지만 믿음이 있는 사람들은 자신의 천국이 가능하다는 걸 알고 존재하는 것도 봅니다. 이 천국은 정치인들이 이야기하는 물질이 아니라 원칙의 힘으로 스스로 변모하고 발전하는 사람들이 만들죠. 원칙은 임시방편적인 힘을 초월하는 가능성을 제공하니까요.

세계 역사에서 위대하고 위엄있는 모든 순간은 열정의 승리였습니다. 작고 초라하게 시작했으나 몇 년 만에 로마보다 거대한 제국을 세운 마호메트 이후의 아랍이 그 예죠. 그들은 자신들이 무엇을 하는지 몰랐습니다. 생각에 이끌린 벌거벗은 데라르가 로마 기병대보다 우월했죠. 여자들이 남자들처럼 싸우며 로마 남자를 정복했어요. 이들은 장비가 형편없었고 제대로 먹지도 못했습니다. 금주하는 부대였으니 브랜디도 없었고 군사를 먹일 고기도 없었죠. 이들은 보리를 먹으며 아시아, 아프리카, 스페인을 정복했습니다. 2대 칼리프 우마르의 지팡이를 보는 사람은 칼을 볼 때보다 더 공포에 떨었죠. 그의 식단은 보리빵이었고 조미료는 소금이 전부였으며 그나마도 종종 절제하기 위해 소금도 넣지 않은 빵을 먹었습니다. 음료수는 물이었고 그의 성은 진흙이었습니다. 메디나를 떠나 예루살렘을 정복하러 갈 때 타던 붉은 낙타의 안장에는 나무 접시와 물 한 병과 주머니 두 개가 달려 있었어요. 하나는 보리, 하나는 말린 과일을 담은 주머니였죠.

하지만 조만간 우리 정치와 우리 생활 방식에도 사랑의 정서를 따라 동이 트고 아랍의 믿음보다 더 고귀한 아침이 밝을 겁니다. 이 아침은 병든 자의 유일한 치료법이고 자연의 만병통치약이죠. 우리는 사랑하는 사람이 되어야 합니다. 그러면 모든 불가능이 가능으로 바뀝니다. 천 년 동안 이어진 우리의 시대와 역사는 친절함이 아닌 이기심으로 쓰였습니다. 불신은 값이 아주 비싼 탓에 우리는 법정과 감옥에 형편없이 돈을 쓰고 있어요. 불신으로 도둑, 강도, 방화범을 기르고 법정과 감옥에 이들을 방치하죠. 전 세계 기독교인들이 한 계절만이라도 사랑의 마음을 받아들인다면 흉악범과 부랑자가 눈물을 흘리며 우리 편이 되고 자신의 능력을 우리에게 봉사하는 데 쓸 겁니다. 많은 남녀가 속한 노동자 계급을 보세요. 우리는 그들의 노고를 기꺼이 수용하면서도 그들과 따로 살고 거리에서 만나도 인사하지 않습니다. 그들의 재능에 경의를 표하거나 그들의 행운에 크게 기뻐하지 않고 그들의 희망을 키워주거나 의회에 모여서 그들을 위해 표를 던지지도 않죠. 이렇게 우리는 세상이 시작된 이래로 이기적인 귀족과 왕 역할을 하고 있습니다. 보세요, 이 나무에 어떤 열매가 열리겠습니까?

모든 가정의 부부가 하인들의 악의, 교활함, 게으름, 소외로 평화롭지 못합니다. 부인 두 명이 만나서 하는 얘기를 들어보면 꼭 하인 문제가 등장하죠. 노동자들이 모인 곳에서 부자는 친구를 찾기 힘들고 투표를 하면 노동자들은 부자에게 반대하는 표를 던집니다. 우리는 정치가 교활한 사람들의 지배를 받아 정의와 공공복지와는 반대 방향으로 흐르고 우리 이익도 대변하지 않는다고 불평하죠. 하지만 사람들이 일부러 무지하고 천한 자들을 대표로 뽑은 건 아닙니다. 이들의 친절한 목소리와 외모를 보고 뽑은 거죠. 이런 선택이 길게 가진 않을 겁니다. 결국은 지혜롭고 정직한 사람을 선호하니까요. 이집트의 표현을 빌자면 "야수의 손톱을 기르고 신성한 새의 머리를 억누르는" 기간이 오래가지는 않을 거라는 뜻입니다. 동료들에게 애정이 흘러들도록 합시다. 그러면 단 하루 만에 위대한 혁명이 일어날 겁니다. 제도를 바꾸는 데는 바람보다 햇볕을 이용하는 게 낫다는 것은 자명합니다.

  국가는 가난한 자를 생각해야 하고 모든 목소리가 그들을 대변해야 합니다. 모든 아이에게 빵을 얻을 공정한 기회가 주어져야 하죠. 재산권 개정은 빈자의 욕심이 아니라 부자의 양보에서 비롯되어야 합니다. 상식적인 나눔부터 시작합시다. 누구나 자기 몫 이상을 받지 않는 것이 공정한 규칙입니다. 아무리 부자라고 하더라도요. 우리는 사랑이 넘치는 사람이 되어야 함을 실감해야 합니다. 세상을 더 좋은 곳으로 만들 책임이 저에게 있고 저는 그런 행위 자체에서 보상을 찾을 겁니다.

  사랑은 우리를 오랫동안 이교도로 대하던 이 낡고 지친 세상의 표정을 바꾸고 사람들의 마음을 따뜻하게 데워, 정치인의 헛된 외교나 무기력한 군대와 방어선보다 무장하지 않은 어린아이가 더 빨리 세상을 변화시킨다는 것을 알려줍니다. 사랑은 보이지 않게 스며들고 은근한 방식으로 지렛대, 받침, 힘이 되어 무력으로는 얻을 수 없는 것을 성취합니다. 늦가을 아침 숲에 핀 보잘것없는 균류나 버섯을 본 적이 있나요? 단단함이라고는 찾아볼 수 없는 물컹한 곤죽이나 젤리처럼 생겼지만 놀랍도록 부드러운 힘으로 서리 내린 흙을 쉬지 않고 밀어내 길을 내고 결국 단단한 땅 위로 머리를 내밉니다. 친절함의 힘을 보여주는 상징이죠. 이 원칙의 가치를 우리 사회의 큰 이익에 적용하기는 이제 힘들어졌습니다. 역사에서 한두 번은 이런 시도가 있었고 귀중한 성공을 거두었죠. 과도하게 성장했지만 생명이 없는 우리 기독교인은 여전히 인류에 대한 사랑이라는 말을 간직하고 있습니다. 하지만 언젠가는 모든 사람이 사랑을 실천할 것이고 우주의 햇볕 아래 모든 재앙이 사라질 것입니다.

개혁하는 인간의 초상에 한 가지 특성을 더 보태도 될까요? 정신적 세계와 실제 세계 사이의 중재자는 신중하게 미래를 전망해야 합니다. 한 아랍 시인이 이렇게 영웅을 노래했습니다.

> 그는 겨울에 내리쬐는
> 햇볕이었네.
> 그리고 한여름에는
> 시원한 그늘이었네.

자기 자신과 타인을 돕는 사람은 충동적으로 가치를 실천하는 이가 아닙니다. 그는 세계가 축복받는 순간마다 모습을 드러내는 이들처럼 절제력 있고 고집스러우며 냉철한 사람입니다. 그들의 본성에 깃든 진중함은 마치 제분소의 플라이휠처럼 힘을 고르게 분산시켜 급격히 균형이 무너지는 것을 방지합니다. 기쁨이 응축되어 위험한 도취에 빠지는 것보다, 하루 전체에 걸쳐 퍼져 있는 편이 더 낫기 때문입니다. 우리 인간이 도달할 수 있는 가장 높은 지혜는 고귀하면서도 숭고한 신중함입니다. 이 지혜는 광활한 미래를 믿고, 보이는 것 이상의 가능성을 확신하며, 현재를 삶 전체로 확장할 뿐만 아니라, 재능을 천재성으로, 탁월한 결과를 인격의 완성으로 끌어올립니다.

상인이 기꺼이 수입에서 돈을 떼어 자본금에 보태듯 위대한 사람은 숭고한 삶을 위해서라면 일정한 권력과 재능을 잃어도 개의치 않아요. 정신적 감각이 열린 사람은 신성한 소통을 끝없이 갈구하면서 돋보이는 재능과 당장 성공할 수 있는 최고의 수단, 기술, 권력, 명성을 버리고 이 모든 걸 뒤로한 채 위대한 희생을 기꺼이 받아들입니다. 더 완전한 명성과 더 위대한 힘이 이 희생을 보상해주죠. 수확을 씨앗으로 바꾸는 변화예요. 농부가 곡식 중에서 가장 뛰어난 이삭을 땅에 던지듯 우리 역시 아무것도 쥐지 않아도 우리가 가진 것보다 더 많은 것을 수단과 힘으로 바꾸고 해와 달을 씨앗으로 심는 시간이 올 겁니다.

인간이 태어난 이유가 무엇이겠습니까?
한순간도 과거에서 매몰되는 일 없이
매 순간 자신을 바로잡으며 매일 아침 우리에게
새날을 주고 맥박이 뛸 때마다 새로운 삶을 주는
위대한 자연을 모방하기 위해서가 아닙니까?

5장

운명

FATE

불가항력과 자유 사이에서

　몇 년 전 어느 겨울, 우리의 도시들은 시대의 이론을 토론하는 데 열중했다. 당시 보스턴과 뉴욕에서는 시대 정신에 관한 강연만 네다섯 건이 열렸다. 모두 서로 다른 유명 인사의 강연이었다. 비슷한 시기 런던에서 발행된 주목할 만한 소논문과 신문에서도 같은 주제를 중요하게 다루었다. 하지만 내가 볼 때 그 질문은 '나는 어떻게 살아야 하는가?'라는 삶에 대한 실용적 대응 문제로 귀결된다. 우리에게는 자기 시대의 정신이 무엇인지 알 능력이 없다. 우리의 사고방식은 지배적인 생각이 거대한 궤도를 돌아온 뒤에야 드러나는 결과를 볼 수 없고 반대의견과 조화를 이루는지도 알 수 없다. 우리가 할 수 있는 일은 자신의 방향에 복종하는 것뿐이다. 경로를 예측하고 선택하는 것도 좋지만 거부할 수 없는 명령을 받아들여야만 한다.

　우리가 희망을 이루는 첫걸음을 내디디면 곧 움직일 수 없는 한계에 부딪힌다. 우리는 인간을 개혁하겠다는 희망으로 불타지만, 몇 번 실험을 진행한 후에는 좀 더 일찍 학교에서부터 시작했어야 함을 깨닫는다. 하지만 학생들은 고분고분하지 않다. 그들에게서는 아무 결과도 얻을 수 없다. 이들을 상대해서 될 일이 아니라는 결론이 난다. 그래서 개혁은 더 이른 단계, 즉 출생의 순간부터 시작되어야 한다고 생각한다. 이는 곧 운명, 즉 세상의 법칙이 있다는 것이다.

만약 저항할 수 없는 운명의 지시가 있다면 그 지시는 합당한 것일 테다. 우리가 운명을 받아들여야 한다면 자유, 개인의 중요성, 의무의 숭고함, 성품의 힘 역시 긍정하도록 강요받는다. 이것은 진리며 다른 것 또한 진리다. 하지만 우리의 사고 구조는 이런 양 극단을 동시에 품거나 조화를 찾을 수 없다. 그렇다면 어떻게 해야 하나? 우리는 모든 생각에 솔직하게 순응하고, 그 생각을 계속 곱씹다가, 마침내 그 생각이 지닌 힘을 알게 된다. 다른 생각들에 대해서도 같은 방식으로 순응하면 두 가지 생각을 배우고 조화시킬 수 있겠다는 합리적인 희망에 이른다. 비록 그 방식을 명확히 알지 못한다 해도, 우리는 필연성이 자유와 양립할 수 있으며, 개인이 세계와 조화를 이루고, 나의 내면적 성향이 시대정신과 어울릴 수 있다는 사실을 확신한다. 시대의 수수께끼는 각자의 해법을 지닌다. 한 시대를 연구하려면 삶의 주요 주제를 차례로 검토하는 방식이어야 한다. 한 주제의 긍정적인 면을 확고하게 진술한 후 다른 주제에 대해 상반되는 사실을 똑같이 공정하게 다루면 진실한 한계와 조화의 지점이 드러난다. 과도하게 강조된 한 부분이 고쳐지고 공정한 균형이 만들어지는 것이다.

하지만 솔직하게 말하자. 미국은 피상적이라는 나쁜 평판을 얻었다. 위대한 민족과 위대한 국가는 허세를 부리거나 광대를 자처한 것이 아니라 삶의 공포를 인식하고 당당하게 맞선다. 국가에 대한 종교적 충성을 구현한 스파르타인은 그 위엄 앞에서 의심 없이 죽었다. 터키인은 자신이 태어나는 순간 굳건한 운명을 믿고 완전한 의지로 무장한 채 적의 칼을 향해 뛰어들었다. 터키인, 아랍인, 페르시아인은 미리 정해진 운명을 받아들였다.

> 이 이틀은 무덤에서 도망쳐도 소용없다.
> 정해진 날과 정해지지 않은 날이 있으니
> 첫날에는 약도 의사도 너를 구하지 못하고
> 둘째 날에는 우주도 너를 죽이지 못한다.

힌두교 신자 역시 운명의 수레바퀴 아래에서 단호하다. 칼뱅주의자들의 마지막 세대도 이와 같은 위엄이 있어서 그 자리로 자신을 끌어당기는 우주의 무게를 느꼈다. 그들이 무엇을 할 수 있었을까? 현명한 사람은 말이나 결정으로 없앨 수 없는 것, 세계를 묶는 끈이나 띠가 있다는 걸 느낀다.

> 운명, 세상의 모든 것을
> 실행하는 총지휘자
> 신이 이미 본 것을 전달하는 자,
> 너무도 강해 세상이 그렇다, 아니다
> 반대로 맹세한다고 해도
> 그 맹세가 이뤄지는 날은
> 천년에 한 번도 되지 않을 것.

우리 욕구가 전쟁이나 평화

미움이나 사랑 그 무엇이든

이 모든 것은 위에서 지배하나니.

―제프리 초서, 「기사의 이야기 The Knight's Tale」

그리스 비극에서도 같은 정서를 이야기한다. "어떤 운명이든 일어날 것이다. 제우스의 위대하고 광대한 마음을 벗어날 수는 없다."

자연의 섭리는 무정하다

야만인들은 한 부족이나 마을의 작은 신에 매달린다. 예수의 보편적인 윤리는 선민사상이나 편애를 가르치는 마을 신학으로 빠르게 축소되었다. 융 스틸링Jung Stilling이나 로버트 헌팅턴 Robert Huntington 같은 다정한 목사는 쓸모없는 신의 섭리를 믿곤 한다. 착한 사람은 배가 고플 때마다 누군가 문을 두드리며 50센트라도 놓고 간다는 식이다.

하지만 자연은 감상에 빠지지 않고 우리를 애지중지하지도 않는다. 이 세계는 거칠고 무뚝뚝해서 사람이 물에 빠져 죽어도 상관하지 않고 먼지처럼 배를 삼켜버린다는 걸 알아야 한다. 추위는 사람을 가리지 않는다. 피를 얼게 만들고, 발을 마비시키며, 사람을 사과처럼 얼려버린다. 질병, 비바람, 운명, 중력, 번개는 사람을 존중하지 않는다.

섭리의 길은 다소 야만적이다. 뱀과 거미의 습성, 호랑이나 다른 날뛰는 동물들의 발길질, 먹이를 칭칭 감고 뼈를 으스러뜨리는 아나콘다의 잔인함은 체계에 따른 것이며 우리 습성도 이와 다르지 않다. 당신이 방금 식사를 마쳤고 도축장이 아무리 먼 거리에 주도면밀하게 숨겨져 있더라도 다른 종種을 희생해 살아가는 공범자다. 한 종이 다른 종을 거름 삼아 살아간다는 것이다.

지구는 혜성의 충돌, 다른 행성의 섭동, 지진과 화산으로 인한 분열, 기후 변화, 춘분과 추분의 세차운동에 영향을 받는다. 숲을 파괴하면 강이 말라버리고 바다의 지형이 바뀌어 도시와 시골이 바다에 잠긴다. 리스본에서는 지진이 일어나 사람들이 파리 떼처럼 죽었다. 나폴리에서는 3년 전, 단 몇 분 만에 1만 명의 생명이 스러졌다. 바다에서는 괴혈병이 활개치고 서아프리카, 카엔, 파나마, 뉴올리언스에서 기후의 칼날이 대량 학살이라도 하듯 사람들의 목을 베었다. 우리의 서부 대초원도 열병과 학질로 흔들린다. 소음으로 여름을 가득 채우던 귀뚜라미가 서리 내리는 가을이 오면 하룻밤에 조용해지듯 콜레라와 천연두는 일부 국가에 치명적인 피해를 입혔다.

우리가 신경 쓰지 않는 것들을 굳이 밝히지 않아도, 즉 누에나방에 얼마나 많은 기생충이 사는지 세어보지 않더라도, 장내 기생충이나 미세한 물속 생물들, 또는 복잡하고 신비한 번식 구조를 굳이 살피지 않더라도, 상어나 놀래기의 형태, 무시무시한 이빨이 잔뜩 난 농어의 턱, 범고래의 공격 수단, 바다에 숨은 전사들을 보면 자연에 숨은 잔인함을 알 수 있다. 우리는 이를 모른 체하거나 부정하지 말자. 섭리는 거칠고 험하고 헤아릴 수 없는 길이며 그 거대하고 혼란스러운 수단을 눈가림하거나 그 끔찍한 시혜자에게 신학생의 깨끗한 셔츠와 하얀 목도리를 입히는 건 아무 소용이 없다.

인류를 위협하는 재앙은 예외적인 일이며 매일 대격변을 걱정하거나 두려워할 필요는 없다고 생각하는가? 그럴 수도 있다. 하지만 한 번 일어난 일은 다시 일어날 수 있고 이런 피해를 없앨 수 없다면 두려워해야 한다.

우리는 이미 정해진 길 위에 서 있다

하지만 이런 충격과 파괴보다 더 치명적인 것은 매일 우리에게 조용히 그러나 끊임없이 작용하는 법칙들의 은밀한 힘이다. 목적을 이루기 위해 수단을 희생하는 것이 운명이며 이때 조직은 개성을 억압한다. 갖가지 동물의 척추 형태와 그 힘이 운명을 보여준다. 새의 부리, 뱀의 두개골은 그 종의 한계를 폭압적으로 설정한다. 종의 규모, 기질, 성별, 기후도 마찬가지고 특정한 방향으로 생명력을 가두는 재능의 반응 역시 그렇다. 모든 정신은 각자의 집을 짓지만 이후에는 그 집이 정신을 가둔다.

둔한 사람은 거친 글을 읽는다. 마부들은 지금까지 골상학자로 살았다. 그들은 손님의 얼굴을 보고 돈을 제대로 받을지 점친다. 둥근 눈썹에 어떤 의미가 있고, 불룩한 배도 의미심장한 것이다. 사팔뜨기, 들창코, 헝클어진 머리, 피부색 역시 성격을 드러낸다. 마치 사람이 단단한 신체 조직에 갑옷처럼 갇혀 있는 듯하다. 스푸르츠하임Johann Spurzheim, 의사들, 케틀레Adolphe Quetelet에게 물어보라. 기질은 아무것도 결정하지 않는지, 아니면 기질이 결정하지 않는 게 있기라도 하는지 말이다.

의학 서적에서 사체액설(인간의 성격 특성과 행동이 다혈질, 담즙질, 우울질, 점액질로 나뉜다고 보는 심리학 이론)을 읽어보면 한 번도 생각해본 적은 없지만 이미 내 머릿속에 들어 있던 자기 생각을 읽는 것 같다. 주위 사람들을 보며 검은 눈과 파란 눈이 어떤 역할을 하는지 생각해보라. 사람이 어떻게 조상을 피해 달아나고 아버지나 어머니에게 물려받은 검은 물을 혈관에서 빼낼 수 있겠는가? 가문 안에서는 마치 조상의 모든 성질이 항아리에 담겨 대대로 전달되는 듯하다. 아이들은 각각 조상들이 갖고 있던 지배적 특성을 물려받고, 때로는 그중 가장 순수하고 강렬한 기질이나 가문의 악덕 그 자체가 한 사람에게 집중되어 나타나 나머지 형제들은 그만큼 자유로워진다.

때로 친구의 표정이나 눈빛에서 그의 아버지나 어머니, 가끔은 먼 친척이 비치는 것 같기도 하다. 또 마치 그 안에 일고여덟 명의 조상이 새겨져 있는 듯 한 사람이 여러 조상을 시간대마다 다르게 보여주기도 한다. 그 조상들이 바로 우리의 삶이라는 새로운 노래를 위해 음표로 찍혀 있는 다양한 존재들이다.

우리는 길모퉁이를 지나는 사람들의 얼굴 각도, 안색, 눈의 깊이를 보며 그 사람의 가능성을 읽는다. 이를 결정하는 것은 혈통이다. 인간은 어머니에게서 나온다. 무명천을 짜는 베틀을 붙잡고 왜 캐시미어를 만들지 않느냐고 따질 수도 있지만 이는 마치 기술자에게 시를 요구하고 증권 거래인에게 화학 발견을 요구하는 것과 같다. 배수로에서 땅을 파는 인부에게 뉴턴의 법칙을 물어보라. 그의 뇌에 자리한 섬세한 기관은 아버지에서 아들로 백 년 동안 이어진 과도한 노동과 비참한 가난 때문에 일그러져 있다.

사람이 태어나는 순간, 그의 뒤편으로 재능의 문이 닫힌다. 우리는 손과 발을 소중히 여겨야 한다. 손과 발은 각각 한 쌍

밖에 없다. 그래서 미래 역시 한 가지뿐이다. 그 미래는 이미 그의 뇌에 새겨져 있고 이는 아기의 통통한 얼굴, 작고 쏙 들어간 눈, 쪼그린 자세에 묘사되어 있다. 세상의 어떤 특권이나 법률로도 그를 시인이나 왕자로 만드는 데 도움이 되지 않는다.

예수는 "여자를 보는 자는 이미 간음을 저질렀다"라고 했다. 하지만 그 사람은 여자를 보기 전부터 이미 간음을 저지른 셈이다. 왜냐하면 그의 존재는 생물학적 욕망의 과잉과 사유의 결핍으로 구성되어 있기 때문이다. 거리에서 남자를 만나든 여자를 만나든, 둘은 이미 서로의 희생양이 될 준비를 끝낸 존재들임을 누구나 알아볼 수 있다. 어떤 사람들은 소화와 성욕이 활력을 거의 다 흡수해버린다. 이런 힘이 강할수록 인간적인 힘은 약해진다. 이런 게으른 자들이 사라질수록 공동체는 혜택을 본다. 훗날 이들 중에서 자신 안의 동물적 본성을 넘어서는 새로운 목표와 그 목표를 실행할 수 있는 완전한 능력과 체계를 갖춘 우월한 존재가 나타난다면, 그의 조상들은 기꺼이 대부분의 남자와 여자는 그저 추가적인 한 쌍일 뿐이다.

가끔 인간의 뇌에는 새로운 세포나 비밀 결사대가 생겨나기도 한다. 건축적 감각, 음악적 재능, 언어에 대한 소질, 꽃이나 화학, 색채, 이야기 등에 대한 뜻밖의 취향이나 재능, 그림을 잘 그리는 손, 춤을 잘 추는 발, 혹은 먼 여행을 떠나기에 적합한 튼튼한 체격 등등이 보이기도 한다. 하지만 이런 재능은 자연에서 그 사람이 차지하는 순위를 바꾸지는 않는다. 다만 시간을 잘 보내는 데 사용될 뿐 감각에 의존하는 삶이란 점에서 다르지 않다. 결국 이런 암시와 경향은 한 사람이나 세대에 걸쳐 고정되고 각각의 재능이 너무 많은 음식과 힘을 흡수해 그 자체가 새로운 중심이 된다. 새로운 재능은 재빠르게 활력을 끌어내리고 동물의 기능을 해치며 심지어 건강을 유지할 힘도 떨어뜨려서 두 번째 세대에서 비슷한 천재성이 나타나면 건강이 눈에 띄게 나빠지고 번식 능력도 손상된다.

사람들은 도덕성이나 물질적 성향을 타고난다. 한 자궁에서 난 형제라도 그 운명은 갈라져 있다. 나는 태아가 나흘째 되면 프라운호퍼 씨나 카펜터 박사가 고배율 확대경을 사용해 아기가 휘그당원인지 자유토지당원인지 구분할 수 있을 것이라 생각한다.

이 운명의 산을 들어 올리고 인종의 폭정과 자유를 조화시키려는 시적인 노력이 있었다. 그래서 힌두교에서는 "운명은 이전의 존재 상태에서 저지른 행동일 뿐 아무것도 아니다"라고 했다. 나는 셸링의 과감한 주장에서 동양과 서양 사상의 극단이 일치하는 것을 발견했다. 셸링은 "모든 인간의 내면에는 시간이 흐르면서 만들어진 자아가 아니라, 아득한 태초부터 줄곧 그 모습이었던 듯한 깊은 감각이 깃들어 있다"라고 말했다. 조금 숭고하지 않게 말하자면 한 사람의 역사는 그 사람의 현재 상태에 대한 설명이며 그는 자신이 지금 처한 처지에 책임이 있음을 스스로 알고 있다는 것이다.

정치는 생리적인 부분이 많다. 때때로 젊고 건강한 부자가 가장 급진적인 자유주의를 신념으로 채택한다. 영국에서는 부유하고 인맥도 넓은 사람이 건강할 때는 진보의 편을 들다가 죽을 때가 가까워지면 후퇴해 보수적으로 변하는 경우가 늘 있다. 모든 보수주의자들은 본질적으로 개인적인 결함에서 비롯된다. 그들은 타고난 지위나 기질이 나약하고 부모의 사치에 물들어 행동력이 떨어진 채 태어난다. 그 결과 시야는 흐릿하고 병약한 사람처럼 방어적으로밖에 행동하지 못한다. 그러나 강인한 본성을 가진 사람, 시골뜨기, 뉴햄프셔주의 거인들, 나폴레옹, 버크Edmund Burke, 브로엄Henry Brougham, 웹스터Daniel Webster, 코슈트Kossuth Lajos 같은 인물들은 자신의 기력이 왕성한 동안에는 예외 없이 조국을 위한 길을 선택한다. 하지만 결국 기력이 쇠하는 순간, 나이를 먹어 나약해진 몸과 재산이 그들을 망가트린다.

  강력한 사상은 다수파와 국가와 건강하고 강한 사람들 안에서 구체화된다. 어쩌면 선거는 결국 체중으로 이기는 것일지도 모른다. 한 도시에 있는 휘그당과 토리당 사람들을 아무나 백 명씩 묶어, 건초 저울로는 재기 힘들 테니 산업용 저울로 재보면 어떤 당이 이길지 확실히 예측할 수 있을 것이다. 그게 아니라면 시간 단축을 위해 행정 위원이나 시장, 시의원을 건초 저울에 재는 게 선거 결과를 더 빠르게 아는 방법일 수도 있다.

자연이라는 운명의 책

  과학에서 우리는 힘과 환경, 두 가지를 고려해야 한다. 우리가 일련의 발견으로 알에 대해 아는 것이라고는 이것이 소포小胞(동물의 내분비샘 조직에서 다수의 세포가 모여 주머니 모양의 구조를 이룬 것)라는 것이다. 500년 후 더 뛰어난 관찰자가 더 좋은 현미경으로 연구하면 마지막 발견 안에서 또 다른 사실을 발견할 것이다. 식물 조직이든 동물 조직이든 마찬가지로, 최초의 자극이나 힘이 작용해 만들어내는 것은 결국 소포다. 그렇다. 얼마나 폭압적인 환경인가! 오켄Lorenz Oken은 새로운 환경에 놓인 소포가 어둠 속에 있으면 동물이 되고 빛을 받으면 식물이 된다고 생각했다. 부모가 되는 동물 안에서 변화를 겪은 소포가 기적적인 능력을 발휘해 자신을 벗어나서 물고기, 새, 네발짐승, 머리와 발, 눈과 발톱이 된다.

  환경은 곧 자연이다. 자연이란, 인간이 행할 수 있는 가능성의 영역이지만, 동시에 무수한 한계가 공존하는 세계이기도 하다. 우리에게는 환경과 자연이라는 두 가지 이름을 가진 하나의 존재에 둘러싸여 있는데 한때는 긍정적인 힘을 가진 자연이 전부라고 생각했다. 그러나 이제는 부정적인 힘, 곧 환경이라는 나머지 절반을 알게 된 것이다. 자연은 폭압적인 환경이자 두꺼운 두개골, 외피에 싸인 뱀, 신중하고 바위 같은 턱이며, 필연적인 행동이자 폭력적인 방향이다. 선로에서는 강하지만 선로를 떠나서는 해만 끼치는 기관차와 같고 빙판에서는 날개를 단 듯하지만 땅에서는 족쇄가 되는 스케이트와 같은 도구다.

  자연이라는 책은 곧 운명의 책이다. 자연은 거대한 책을 한 장 한 장 넘기면서 앞으로 나아가고 한번 넘긴 장은 결코 다시 넘기지 않는다. 한 장을 넘기면 화강암 기반이 깔리고 또 수많은 시대가 지나 점판암 위로 지층이 생긴다. 또 긴 세월이 지나 석탄이 만들어진다. 다시 천 년 뒤에는 석회와 진흙의 층이 놓인다. 초목이 나타나고 무척추동물, 삼엽충, 물고기 같은 첫 기형적 동물들이 나오고 다음에는 공룡이라는 거대한 파충류가 나타난다. 이는 자연이 미래에 자신의 동상 앞에 쌓으려고 만든 것으로 이 거추장스러운 괴물 밑에는 앞으로 다가올 훌륭한 왕의 형태가 감춰져 있다. 행성의 표면은 식고 마르며, 종족은 개선되고, 마침내 인간이 태어난다. 그러나 한 종족이 그 수명을 다하면, 그것은 다시는 돌아오지 않는다.

세상의 인구는 조건적인 인구다. 가장 뛰어난 이들이 아니라, 지금 이 시대에 살아남을 수 있는 최선의 사람들이 존재할 뿐이다. 집단 사이의 위계, 그리고 한 집단은 승리하고 한 집단은 패배하는 경향은 지층이 첩첩이 쌓이듯 반복적으로 일어난다. 우리는 역사를 통해 인종이 얼마나 큰 영향을 미치는지 알고 있다. 영국, 프랑스, 독일이 아메리카와 오스트레일리아의 모든 해안과 시장에 뿌리를 내리고 이 나라들의 상업을 독점한다. 우리는 신경질적이면서도 승리에 익숙한 기질을 가진 우리 민족의 한 갈래를 좋아한다. 유대인, 인도인, 흑인이 걸어온 가시밭길을 보라. 우리는 유대인을 쫓아내기 위해 얼마나 많은 의지가 동원되었으며, 그 노력이 헛수고였다는 것쯤은 알고 있다.

　　경솔하고 부족한 작가이긴 해도 자극적이고 잊기 힘든 진실을 말하는 녹스가 『인종: 미완성작The Races of Men: A Fragment』에서 내린 불쾌한 결론을 보라. "자연은 혼혈이 아닌 인종을 존중한다." "모든 인종은 자신의 서식지가 있다." "서식지가 사라진 이들은 게로 퇴화할 것이다." 이런 말에는 숨겨진 의미가 있다. 독일인과 아일랜드인 중에도 수많은 이들이 흑인과 마찬가지로 '거름'이 되는 운명을 맞았다. 이들은 배에 실려 대서양을 건너와 미국에서 값싼 옥수수를 생산하기 위해 도랑을 파고 궂은일을 하다가 대초원의 초록빛 풀밭 한 곳에 때 이르게 생을 마친다.

　　이런 운명의 단단한 속박에 하나를 더 보태는 것이 있다면, 그것은 새로운 과학인 통계학이다. 그것은 하나의 법칙이다. 기이하고 우연처럼 보이는 사건들일지라도 인구 기반이 충분히 넓다면, 그런 우연조차 정밀한 계산의 대상이 된다. 나폴레옹 같은 장군, 제니 린드Jenny lind 같은 가수, 바우디치Thomas Bowdich 같은 탐험가가 보스턴에서 태어날 거라고 말하기는 어렵겠지만 인구가 2000만에서 2억 정도 되는 곳이라면 분명 존재한다고 예측할 수 있다.

> 인류 전체를 하나의 종으로 보았을 때, 그에 속하는 모든 것은 물리적 사실의 범주에 속한다. 개체 수가 많아질수록 개인의 의지가 미치는 영향력은 희미해지고, 그 자리를 사회가 존재하고 유지되는 원인들에 의존하는 일련의 일반적 사실들이 대신하게 된다.
> ―아돌프 케틀레

박식한 척하며 특정한 발명의 시점을 따지고 날짜를 고정해서 말하는 것은 어리석은 일이다. 그런 발명들은 모두 이미 수십 번씩 반복되어온 것이기 때문이다. 인간은 정교한 기계이며 인간 자신에게서 파생된 이런 모든 도구들은 장난감 모형일 뿐이다. 그래서 비상 상황이 발생할 때마다 필요에 따라 자신의 구조를 복제한다. 호메로스, 조로아스터, 마누 같은 사람이나 두발가인(창세기에 등장하는 대장장이), 헤파이스토스, 카드모스, 코페르니쿠스, 푸스트Johann Fust, 풀턴 같은 이들을 명백한 발명가로 보기는 어렵다. 이런 사람들은 수십 년, 수백 년 동안 존재해왔다. 그야말로 "공기가 사람으로 가득 찼다." 이런 건설적인 도구를 만드는 능력과 재능은 마치 우리가 숨 쉬는 공기에 화학 원자가 붙어 있는 것처럼 많아서 보캉송Jacques de Vaucanson, 프랭클린Benjamin Franklin, 와트James Watt가 곳곳에 널렸다.

의심할 여지 없이 백만 명 중에는 천문학자, 수학자, 희극

시인, 신비주의자가 한 명쯤 있을 것이다. 천문학의 역사를 읽는 사람이라면 코페르니쿠스, 뉴턴, 라플라스가 새로운 사람이거나 새로운 인간 형태가 아니라 탈레스, 아낙시메네스, 히파르코스, 엠페도클레스, 아리스타르코스, 오에노피데스가 이들을 예측했음을 알 수 있다. 모두가 똑같이 빠른 계산과 논리에 적합한 팽팽한 기하학적 두뇌와 세상에 대응하는 정신이 있었다. 로마의 마일은 아마도 자오선 각도를 측정하며 나왔을 것이다. 마호메트교도와 중국인은 우리가 아는 그레고리력, 윤년, 춘분과 추분을 알고 있다. 뉴베드퍼드에 들어오는 조개 한 통마다 달팽이가 한 마리씩 있는 것처럼 수천만 명의 말레이인과 마호메트교도 중에 천문학에 재능이 있는 두뇌가 한둘은 있을 것이다. 대도시에서는 아주 우연적인 것들, 그 우연성에서 아름다움이 나오는 것들도 아침에 먹는 머핀처럼 주문에 따라 정해진 시간에 생산된다. 잡지는 정확히 일주일에 한 번씩 자본주의 농담을 만들고 신문은 매일 쓸 만한 뉴스를 만들어낸다. 그리고 억압의 법칙, 기능을 위반할 때 나타나는 벌칙 역시 마찬가지다. 기근, 발진티푸스, 혹한, 전쟁, 자살, 쇠퇴한 인종은 세계라는 체계의 계산 가능한 일부로 봐야 한다.

  이것들은 산에서 굴러 떨어진 조약돌들처럼 우리 삶이 어떤 조건들에 의해 둘러싸여 있는지를 암시해주는 조각들이며, 우리가 흔히 우연 또는 우발적 사건이라고 부르는 것들 속에도 직조기나 방앗간 같은 기계적 정확성이 숨어 있음을 보여준다.

  우리가 이런 거대한 경향의 급류에 맞서 저항하는 힘은 너무도 우스꽝스러울 정도로 미약해 수백만의 강요 아래 홀로 주장하는 비판이나 항의 그 이상이 되지 못한다. 폭풍이 몰아치는 바다에 빠져 파도를 견디며 이리저리 흔들리는 사람들을 보라. 그들은 서로를 똑똑히 보고 있으나 할 수 있는 건 거의 없고 혼자 떠 있는 것도 힘들다. 눈빛만큼은 통제할 힘이 있으나 나머지는 운명이다.

우리는 잘 가꾼 정원에 불쑥 솟아오르는 세상의 핵심을 하찮게 볼 수 없다. 어떤 삶의 그림에도 끔찍한 사실을 받아들이지 않는 한 결코 진리에 다가가지 못한다. 인간의 힘은 필연성의 테를 두르고 있다. 그는 많은 실험을 통해 테를 모두 만져보고 호의 형태를 알게 된다.

자연 전체에 흐르는 요소를 우리는 운명이라고 부르며 한계로 이해한다. 우리를 제한하는 것은 무조건 운명이라고 불린다. 우리가 야만적이고 거칠다면, 운명은 야수 같고 두려운 모습으로 나타난다. 우리가 정교해질수록, 운명의 제약 또한 더 미묘하고 섬세한 형태로 바뀐다. 우리가 영적인 교양에 이르면, 대립 역시 영적인 형태를 띠게 된다. 힌두 우화에서는 남신 비슈누가 변신하며 진화하는 여신 마야를 따라다닌다. 마야가 곤충이었다가 가재나 코끼리로 변하면 비슈누 역시 같은 종류의 수컷이 된다. 그러다 마침내 마야가 여성이자 여신이 되자 비슈누도 남성이자 남신이 되었다. 영혼이 순수해질수록 한계도 정교해지지만 필연성의 굴레는 항상 제일 위에 있다.

북유럽 신화의 신들은 강철이나 무거운 산으로도 늑대 펜리르를 잡아둘 수 없었다. 펜리르는 강철을 부러뜨렸고 산은 걸어찼는데, 신들은 마지막 수단으로 늑대의 다리에 비단이나 거미줄보다 부드럽게 흐늘거리는 끈을 감았고, 이 끈이 늑대를 들어 올렸다. 늑대가 발길질할수록 끈은 더 강해졌다. 운명의 굴레는 이처럼 부드러우면서도 확고한 것이다. 어떤 브랜디, 넥타르, 에틸에테르, 지옥 불, 영액, 시, 천재성으로도 이 부드러운 끈에서 벗어날 수 없다. 시인들은 이 끈을 고귀한 감각으로 받아들이겠지만 그런 생각 자체도 운명 위에 있지 않다. 생각 역시 영원한 법에 따라 작용하고 그 안에서도 의도적이고 환상적인 것은 모두 근본적 본질에 반대된다.

그리고 마지막으로 생각보다 높은 도덕의 세계에서 운명은 정의의 심판자로 나타난다. 높은 자는 낮추고, 낮은 자는 들어 올리며, 인간에게 정의를 요구하고, 정의가 실현되지 않으면 반드시, 빠르든 늦든 벌을 내린다. 유용한 것은 지속되고, 해로운 것은 가라앉는다. 그리스인은 "행동하는 사람은 고통을 겪는다"라고 말했다. 웨일스 시에서는 "달랠 수 없는 신을 달래려 한다" "신 자신도 사악한 자를 위해 선을 베풀지 못한다"라는 구절이 있고, 스페인의 시인은 "신이 허락하는 것도 잠시뿐이다"라고 했다. 한계는 인간의 어떤 통찰로도 극복할 수 없다. 통찰과 자유의지는 가장 높이 상승할 때조차 운명에 복종한다. 하지만 서둘러 너무 넓은 일반화로 빠지지 말고 자연의 경계나 본질적 구분을 보며 다른 요소들도 공평하게 고려해야 한다.

그리하여 우리는 물질, 마음, 도덕에서 운명을 찾고 인종, 계층적 차이, 사고와 성격에서도 운명을 찾는다. 운명은 어디에나 있으며, 그것은 속박이자 한계다. 하지만 운명은 주인이 있고 한계에도 그 경계가 있다. 위에서 보는 운명과 아래에서 보는 운명이 다르고, 안에서 보는 운명과 밖에서 보는 운명이 다르다. 운명은 거대하지만 이원론적 세상의 또 한 축인 힘 또한 거대하기 때문이다. 운명이 따라다니며 힘을 제한하면 힘이 운명을 따르면서도 대항한다.

　우리는 운명을 자연의 역사처럼 존중해야 하지만 그보다 중요한 것이 있다. 이 문제를 파고드는 비판은 무엇이며 그것은 누구를 위한 것인가? 인간은 단지 자연에 속한 어느 질서가 아니다. 자루 안에 든 더 작은 자루가 아니고, 몸통에 붙어 있는 팔다리도 아니며, 사슬 속의 고리 또는 수치스러운 짐도 아니다.

　인간은 자연의 경이로운 대립자이며 우주의 양극을 억지로 끌어당기는 존재다. 인간은 무심코 열등한 동물들의 특성을 드러낸다. 두꺼운 머리뼈와 작은 두뇌, 물고기 같은 눈빛과 영장류의 특징, 네 발 짐승의 어설픈 위장이 있다. 우리는 겨우 두발짐승으로 탈출한 존재다. 그렇게 새 힘을 얻으면서 옛 힘을 잃고 말았다. 하지만 행성을 부수고 만드는 힘이 인간 안에 있다. 한쪽에는 원소의 질서, 사암과 화강암, 튀어나온 바위, 이탄 습지, 숲, 바다, 해변이 있고 다른 한쪽에는 자연을 구성하고 분해하는 생각과 정신이 있다. 이 둘은 나란히 존재한다. 신과 악마, 마음과 물질, 왕과 공모자, 구속과 격정이 모든 사람의 눈과 뇌에서 평화롭게 달린다.

운명을 넘어서는 의지

　인간은 자유의지 또한 모르는 체할 수 없다. 모순처럼 들릴지라도 자유는 필요하다. 만약 당신이 운명의 편에 서서 나에게 인간은 곧 운명이 전부라고 말한다면, 나는 곧바로 인간의 자유가 운명의 일부라고 대응하겠다. 선택하고 행동하려는 영혼의 충동은 쉼 없이 솟아오른다. 지성은 운명을 무효화한다. 인간이 생각하는 한, 그는 자유롭다. 그리고 대부분 그렇듯이 노예가 되어 자유에 대해 떠드는 것이나 감히 자유에 대한 생각이나 행동을 해본 적도 없는 사람이 "독립 선언서"와 같은 종이 서문이나 투표할 법적 권한을 자유로 오인하는 것처럼 역겨운 일도 없다. 인간은 운명이 아니라, 그 반대 방향을 바라보는 편이 더 바람직하다. 그 방향은 실용적인 관점이다. 인간이 운명과 맺어야 할 건강한 관계는 이용하고 지배하는 것이지, 그 앞에 비굴하게 굴복하는 것이 아니다. "자연을 보지 말라. 그녀의 이름은 '파멸'이니라"라고 한 신탁이 말했다. 운명, 별자리, 숙명 따위에 대해 많이 말하는 사람들은 더 낮고 위험한 차원에 있으며, 그들이 두려워하는 재앙을 스스로 불러들이고 있다.

  나는 본능적이고 강인한 민족들이 운명을 당당히 받아들이고 그에 협력하며 살아가는 존재들이라는 점을 예로 들었다. 그들은 운명과 공모하며 사랑 어린 체념으로 결과를 받아들인다. 그러나 약하고 게으른 사람이 고수하는 신념은 다른 인상을 준다. 약하고 타락한 사람들일수록, 모든 책임을 운명 탓으로 돌린다. 운명을 올바르게 사용하는 것은 우리의 행동을 자연과 같은 높은 위치로 끌어올리는 것이다. 자연의 요소는 자기 자신 외에 대적할 게 없을 정도로 거칠다. 그러므로 자연스러운 사람이 되자. 과장된 허영심을 가슴에서 비우고 자연의 척도에 맞는 예의와 행동으로 지배권을 보여주자. 중력이 잡아당기듯 목적을 고수하자. 어떤 권력도, 어떤 설득도, 어떤 뇌물도 우리를 포기하게 하지 못한다. 사람은 강, 참나무, 산보다 더 나아야 한다. 더 강하게 흐르고 성장하고 저항해야 한다.

  운명을 가장 잘 활용하는 방법은 숙명적 용기를 배우는 것이다. 운명의 천사들이 보호한다는 걸 믿고 바다의 불길 앞에 서라. 친구의 집에 퍼진 콜레라를 마주하라. 당신의 집에 든 강도와 맞서며, 의무를 이행하는 중 나타나는 위험에 기꺼이 저항하라. 만약 당신이 해로운 운명을 믿는다면 이로운 운명도 믿어라.

왜냐하면 운명이 그렇게 압도적인 것이라면 인간도 그 일부로서 운명과 맞설 수 있기 때문이다. 세상에서 이토록 잔혹한 우연이 있다면, 우리의 원자도 마찬가지로 거칠게 저항할 것이다. 우리는 기압에 짓눌려야 하지만 신체의 공기가 반응하는 덕에 눌리지 않는다. 유리로 만든 관은 같은 물로 채우면 바다의 충격을 견딜 수 있다. 강력한 타격에는 강력한 반동이 따른다.

❶ 그러나 운명에 운명으로 맞서는 것은 회피하고 방어하는 것일 뿐, 결국 중요한 것은 고귀한 창조력이다. 사상의 계시는 인간을 노예 상태에서 벗어나 자유로 이끈다. 우리는 태어난 후 다시 태어났고 이후에도 여러 번 다시 태어났다. 우리는 너무도 중요한 경험을 계속 겪어서 오래된 경험을 잊었고, 그래서 일곱 개나 아홉 개의 하늘에 대한 신화가 생겨났다. 수많은 날 중 가장 중요한 하루, 삶의 축제 중 가장 위대한 날은 내면의 눈이 뜨여 사물의 통일성과 법의 편재성을 깨닫고, 무엇이 있어야 하며, 무엇이 되어야 하는지 또 무엇이 가장 좋은지 알게 된 날이다. 이 축복은 높은 곳에서 우리가 볼 수 있도록 내려온다. 그것은 우리 안에 있지 않고 우리가 그 안에 있다. 공기가 우리의 폐에 들어오면 우리는 숨을 쉬고 살 수 있다. 그렇지 않으면 죽는다. 빛이 우리 눈에 들어오면 우리는 볼 수 있고 그렇지 않으면 보지 못한다. 그리고 진실이 우리의 마음에 들어오면, 우리는 갑자기 높은 차원으로, 세상 끝까지 확장된다. 입법자가 되어 자연을 대신해 말하고,

예언자가 되어 신탁을 전한다.

　　　이 통찰은 온갖 잡다한 것들과 우리 자신과 타인들에 파묻혀 있던 우리를 우주의 흐름으로 데려간다. 통찰력이 있는 화자는 마음의 진실을 확인한 후 그 진실성을 보고 "나는 참되다"라고 선언한다. 그는 이어서 마음의 불멸성을 보고 "나는 불멸이다"라고 말하며 마음의 강인함을 보고 "나는 강하다"라고 말한다. 그 통찰은 우리 안에 있지 않고 우리가 그 안에 있다. 그것은 만들어진 것이 아니라, 창조자의 것이다. 세상의 모든 것은 이 통찰에 닿아 변화하고, 그것은 만물을 활용하되, 그 무엇에도 이용당하지 않는다. 그 통찰을 아는 사람은 모르는 사람과 거리를 둔다. 이 통찰에 대해 알지 못하는 사람은 군중이자 무리다. 이 통찰은 자기 자신에서 유래하지 역사 속 위대한 인물이나, 복음, 헌법, 대학, 관습에서 유래하지 않는다. 이 통찰이 빛을 발할 때 자연은 더 이상 방해가 되지 않고 모든 것이 음악이나 그림 같은 인상을 남긴다. 인간의 세계는 웃음이 없는 희극처럼 보이고, 사람들, 흥밋거리, 정부, 역사가 모두 장난감 집과 장난감처럼 느껴진다.

　　　이 통찰은 특정한 진실을 과대평가하지 않는다. 우리는 지성인이라고 하면 그의 발언이나 사상에 관심을 갖는다. 그러나 그 지성인과 직접 대면하는 순간 우리의 정신은 오히려 활력을 얻어 스스로 사고하기 시작하고, 곧 그의 말을 잊어버린다. 왜냐하면 우리는 남의 생각보다 자신의 머릿속에서 새롭게 흐르기 시작한 사유의 흐름에 더 깊이 매료되기 때문이다. 우리를 매혹하는 것은 갑작스레 눈앞에 열린 숭고한 정신의 세계, 개인적 자아를 넘어선 익명성, 자아중심적 사고에 대한 냉소, 질서와 법칙이 살아 있는 보편의 영역이다. 우리는 한때 여기저기 방황했지만, 이제는 열기구에 탄 사람처럼 출발 지점과 도착 지점은 잊고 그 여정의 자유와 영광을 생각하는 것이다.

지성이 더해지는 만큼 유기적 힘도 강해진다. 설계를 꿰뚫어 보는 사람은 주인이 되고 반드시 이루어져야 하는 일을 한다. 우리는 고요하게 통치하고, 잠을 자더라도 우리의 꿈은 실현된다. 우리의 생각은 비록 한 시간 전에 생긴 새로운 것이라도 가장 오래된 필연성을 주장한다. 그 필연성은 생각과 분리될 수 없고, 의지와도 떨어질 수 없다. 그 원리는 언제나 함께 존재했어야만 한다. 그 원리는 우리에게 주권과 신성을 알려주고 스스로 분리되기를 거부한다. 이 보편적 의지는 누구의 소유도 아닌, 모든 사람의 마음속에 존재하는 공동의 의지다. 그것은 모든 사람의 영혼 속에 부어지며, 그들을 인간이게 하는 영혼 그 자체다. 나는 대기의 상층부에 서풍이 부는지, 그 바람이 거기까지 올라가는 모든 원자를 쉬지 않고 실어 나르는지는 모르지만, 영혼이 어느 정도 명확한 지각에 도달하면 이기심을 초월한 지식과 동기를 받아들인다는 건 알고 있다. 의지의 숨결이 영혼의 우주를 통해 바르고 필연적인 방향으로 끝없이 분다. 이는 모든 지성이 들이마시고 내쉬는 공기이며, 세상에 질서와 궤도를 부여하는 바람이다.

생각은 마음을 모든 것이 변하는 영역으로 끌어올려 물질적 우주를 녹인다. 두 사람이 각각 자신의 생각을 따르고 있을 때, 그중 더 깊은 생각을 가진 사람이 더 강한 인격을 지닌다. 항상 어떤 사람은 다른 이들보다 더 뚜렷하게 그 시대에 드러난 신의 섭리를 대표한다.

❷ 생각이 자유를 가져온다면 도덕적 감정도 마찬가지다. 정신의 화학적 혼합물은 분해되기를 거부한다. 하지만 우리는 진

리를 인식할 때 그 진리가 세상에 구현되기를 바라는 열망이 함께 일어난다는 것을 분명히 알 수 있다. 그런 진리에 대한 애착은 의지에 꼭 필요한 요소다. 게다가 강한 의지가 나타날 때는 보통 신체와 정신의 모든 에너지가 한 방향으로 흐르는 듯한 조직적 통일성이 생긴다.

모든 위대한 힘은 진실하며 근본적이다. 강한 의지를 인위적으로 만들어낼 수는 없다. 힘에는 반드시 그에 상응하는 또 다른 힘이 뒤따라야 한다. 의지에 힘이 나타나려면 보편적인 힘에 의지해야 한다. 알라리크와 나폴레옹 같은 인물들도 자신이 진리에 기반한다고 믿어야 했다. 그렇지 않았다면 그들의 의지는 매수되거나 흔들렸을 것이다.

유한한 의지는 모두 뇌물에 약하다. 그러나 보편적인 목적을 지닌 순수한 공감은 무한한 힘이며, 어떤 뇌물이나 압박에도 흔들리지 않는다. 도덕성을 경험한 사람은 누구나 무한한 힘을 믿지 않을 수 없다. 그 심장에서 나오는 맥박 하나하나가 지고한 존재의 맹세이기 때문이다. 숭고함이 강력한 힘의 탄생을 암시하지 않는다면, 무엇이 그렇다고 할 수 있겠는가. 영웅의 글, 용감한 이름과 일화는 주장이 아니라 자유의 일격이다. 그런 글 중에 페르시아의 시인 하피즈의 구절이 있다. "천국의 문에는 '운명이 자신을 배반당하도록 내버려두는 자에게 화 있을지어다!'라고 쓰여 있다." 역사를 읽으면 운명론자가 될까? 오히려 그 반대 의견이야말로 얼마나 큰 용기를 보여주는가! 자유롭고자 하는 작은 의지의 변덕이 우주를 구성하는 거대한 화학적 법칙에 맞서 당당히 싸우고 있는 것이다.

하지만 통찰력은 의지가 아니고 애정도 의지가 아니다. 지각은 차갑고 선은 소망 속에서 소멸한다. 볼테르는 말했다. "선량한 사람들의 가장 큰 불행 중 하나는 그들이 겁쟁이라는 것이다." 의지의 에너지를 생성하려면 이 두 가지, 통찰과 애착의 융합이 일어나야 한다. 인간이 자신의 의지로 전환되지 않고는, 그 안에 추진력이 생길 수 없다. 인간이 의지가 되고, 의지가 인간이 되는 그런 전환이 있어야만 한다. 또한 진실에 반응한 적 없는 사람은 어떤 진실도 지각할 수 없다고 과감하게 말할 수 있다. 그러니 진실의 순교자가 될 준비가 되어야 한다.

자연에서 가장 진지하고 강력한 것은 의지다. 사람들은 의지가 부족해서 노예가 되고, 그렇기 때문에 세상은 구세주와 종교를 원한다. 옳은 길은 하나뿐이다. 영웅은 그 길을 보고, 그런 목표를 향해 나아가고, 세상을 발아래 두어 뿌리와 지지대로 삼는다. 영웅은 다른 이들에게 이 세상 그 자체와 같다. 영웅이 승인하면 명예로운 일이 되고 그가 반대하면 악행이 된다. 그의 눈빛은 햇살과 같은 힘이 있다. 진정 가치 있는 개인적 영향력은 기억 속에서 우뚝 솟아오르며, 우리는 기꺼이 숫자, 돈, 기후, 중력, 그리고 그 밖의 운명의 모든 요소들을 잊는다.

한계를 넘는 힘

한계가 사람의 성장을 측정한다는 걸 안다면, 우리는 그것을 받아들일 수 있다. 우리는 아이들이 아버지 집의 벽에 기대서서 해마다 자라는 키를 기록하듯 운명에 등을 대고 선다. 하지만 그 아이가 어른이 되어 집의 주인이 되면 벽을 허문 후 더 크고 새로운 벽을 세운다. 이건 시간문제일 뿐이다.

용감한 젊은이는 모두 운명이라는 용을 타고 지배하기 위한 훈련을 받는다. 그에게 학문이란 열정과 저지하는 힘으로 무기와 날개를 만드는 것이다. 이제 우리는 운명과 힘이라는 상반된 개념을 마주하면서도 하나의 통일성을 믿을 수 있을까? 인류는 대부분 두 신을 믿는다. 집에서는 친구이자 부모로서, 또 사교계, 문학계, 예술계, 사랑과 종교에서 한 가지 신의 지배를 받는다. 그러나 증기와 기후를 다루는 공학, 무역, 정치에서는 다른 신의 지배를 받는다고 생각해 한쪽의 방식을 다른 쪽으로 옮기는 건 큰 실수라고 믿는다. 집에서는 훌륭하고 정직하고 관대한 사람들이 주식거래소에서는 얼마나 사나운 늑대와 여우가 되는가! 거실에서는 경건한 사람들이 투표소에서는 타락한 사람에게 투표하는 일이 얼마나 많은가! 이들은 어느 정도까지는 신의 보살핌을 받지만, 증기선, 전염병, 전쟁 같은 문제는 악한 에너지가 지배한다고 믿는다.

하지만 관계와 연결망은 어딘가에 때때로 걸쳐 있는 것이 아니라 어디에나 있고 언제나 존재한다. 신의 질서는 인간의 시선이 멈추는 곳에서 멈추지 않는다. 우호적인 힘은 다른 농장이나 다른 행성에서도 같은 규칙에 따라 똑같이 작용한다. 하지만 사람들이 경험하지 못한 영역에서는 그것과 충돌하고, 그로 인해 자신을 해친다. 그러므로 운명이란 아직 생각의 불길을 통과하지 않은 사실, 깊이 침투하는 원인을 이르는 이름이다.

우리를 멸종시키려고 하는 모든 혼돈은 지성을 통해 건강한 힘으로 바꿀 수 있다. 운명이란 아직 꿰뚫어 보지 못한 원인이다. 물은 손쉽게 배와 선원을 삼킨다. 그러나 수영을 배우고 배를 수리하면 요동치던 파도가 순순히 갈라지며 포말처럼 가볍게 배를 실어 나른다. 추위는 사람을 배려하지 않는다. 피를 차갑게 식히고 사람을 이슬방울처럼 순식간에 얼려버린다. 하지만 스케이트 타는 법을 배우면 얼음 위에서 우아하고, 달콤하고, 시적인 움직임을 즐길 수 있다. 추위는 인간의 사지를 튼튼하게 하고 뇌를 천재로 단련시키며 시대의 선구자가 되게 할 것이다. 추위와 바다는 제국의 색슨족을 훈련해 자연이 놓치면 안 되는 사람을 만들었고 천 년 동안 저 영국에 가둬두었다가 수많은 영토를 안겼다. 영국이 흡수하고 지배할 모든 피, 멕시코보다 더 큰 나라, 물과 증기의 비밀, 전기의 경련, 금속의 연성, 하늘을 나는 전차, 방향타 달린 열기구가 당신을 기다린다.

    티푸스로 인한 연간 희생자는 전쟁으로 인한 희생자보다 훨씬 많다. 하지만 배수 시설을 잘 갖추면 티푸스를 물리칠 수 있다. 바다에서 생활하는 선원들이 잘 걸리는 괴혈병은 레몬주스와 장기 보관이 가능한 식량으로 치료하고, 콜레라와 천연두에 따른 인구 감소는 배수 시설과 예방 접종으로 끝낼 수 있다. 다른 모든 유해함도 원인과 결과의 사슬에서 떨어져 있지 않으며 싸워 없앨 수 있다. 그리고 기술은 정복당한 적에게서 독을 제거하면서 약간의 이익도 가져올 때가 많다. 지독한 급류는 인간에게 이익을 안기기도 한다. 사나운 짐승이 인간의 음식, 옷, 노동력이 되고, 화학적 폭발이 시계처럼 통제된다. 이런 거친 힘은 인간이 타는 말과 같다. 우리는 말의 다리, 바람의 날개, 증기, 열기구의 가스, 전기 등 갖가지 방식으로 이동하면서 발끝으로 서서 독수리까지 사냥하겠다고 위협한다. 인간이 운송 수단으로 쓰지 못할 것은 없다.

    얼마 전까지 우리는 증기를 악마처럼 두려워했다. 도공이나 구리 세공인은 냄비나 화로 뚜껑에 미리 구멍을 내 이 악마가 지붕을 뚫고 집을 날려버리는 사고를 예방했다. 하지만 에드워드 서머싯, 와트, 풀턴은 힘이 있는 곳에 악마가 아닌 신이 있다고 여겼으며, 어떤 수단이든 써서 그 힘을 낭비하지 않고 붙잡아 이용해야 한다고 생각했다. 냄비와 지붕과 집을 그렇게 쉽게 들어 올리다니? 바로 그들이 찾던 일꾼이었다. 이 일꾼을 이용하면 훨씬 저항이 심하고 위험한 다른 악마들, 이를테면 넓은 땅, 산, 물의 무게나 저항, 기계, 세상 모든 사람의 노동을 들고 묶고 강제로 움직이게 할 수 있었다. 시간을 늘리고 거리를 좁힐 수 있었다.

    더 고차원적인 '증기'의 경우도 크게 다르지 않았다. 수많은 대중의 여론은 세상을 떨게 하는 두려움의 대상이었고, 사람들은 그것을 흩뜨리기 위해 국민을 오락으로 달래거나, 사회 구조를 층층이 쌓아 올려 억누르려 했다. 예를 들어 맨 아래에는 군인들, 그 위에는 귀족들, 그리고 맨 꼭대기에는 왕을 놓은 후 성곽, 주둔군, 경찰력으로 단단히 틀어막았다. 하지만 때때로 종교 원리가 끼어들어 그 억압의 고리를 부서트리고 그 위에 쌓인 무더기를 무너뜨린다. 정치계의 풀턴과 와트 같은 결속을 믿는 사람들은 군중이 하나의 힘이라는 걸 깨달았다. 그들은 사람을 무더기로 층층이 쌓는 대신 각자의 기질에 따라 집단으로 묶어 정의가 모두에게 만족을 주듯이 만족을 느끼게 함으로써 공포를 무해하고 활기찬 국가의 힘으로 바꿨다.

    고백하건대, 운명의 교훈은 매우 밉살스럽다. 잘 차려입은 골상학자가 자기 운명을 지껄이는 걸 누가 좋아할까? 누가 자신의 두개골, 척추, 골반에 색슨족이나 켈트족의 모든 악덕이 숨어 있어 그 악덕으로 망할 것이고 아무리 큰 희망과 결의로 불타오르더라도 결국 파렴치하고 비굴하고 약삭빠른 짐승이 될 거라고 믿고 싶겠는가? 한 박식한 의사가 말하길 나폴리 사람은 성인이 되면 틀림없이 악당이 된다고 한다. 약간 과장된 표현이지만 그럴지도 모른다.

하지만 이런 특성이 그 사람의 무기가 된다. 사람은 자신의 결함에 감사해야 하고, 그 재능이 주는 공포를 견뎌야 한다. 뛰어난 재능을 지닌 사람은 너무 힘을 많이 써서 절름발이가 된다. 그때 결함이 보상을 내린다. 유대인의 상징인 인내심이 오늘날 그들을 지상의 통치자 중의 통치자로 키웠다. 운명이 광석의 채석장이고, 악이 결국 선이 되며, 한계가 힘이 되고, 고난, 반대, 부담이 날개와 수단이 된다면 우리는 조화를 이룰 수 있다.

운명은 개선을 내포한다. 우주의 본질을 제대로 말하려면, 그 안에 상승하려는 노력의 방향성을 인정하지 않고는 불가능하다. 전체와 부분은 모두 이익을 향해, 건강에 비례해 움직인다. 모든 개별적인 인간 뒤에서 조직이 닫히고 그 앞에 더 나은 것, 가장 좋은 것을 향한 자유가 열린다. 가장 원시적이고 미성숙한 의식의 단계는 이미 사라졌으며, 다음 단계의 불완전한 존재 양식들 또한 점차 소멸해가고 있거나, 더 고차원적인 존재로 성숙해지기 위한 밑바탕으로 남아 있다. 그리고 가장 마지막에 등장한 인간에게 내재되어 있는 모든 관대함, 새로운 인식, 동료들에게서 이끌어내는 사랑과 찬사는 곧 운명으로부터 자유로 나아간 진보의 증거다. 조직화가 만들어낸 껍질과 장애물에서 의지를 해방시키고, 인간이 이미 극복한 육체적 제약을 넘어서려는 것이 이 세계의 목적이자 지향점이다.

모든 재난은 원동력이자 귀중한 암시가 되어 노력이 완전히 효과를 드러내지 않을 때 방향성을 제시한다. 맹렬한 전쟁, 먹이를 향한 싸움, 고통의 울부짖음과 승리의 으르렁거림으로 이와 이를 맞대고 살아가는 동물적 삶의 순환이 마침내 더 고귀한 쓰임 앞에서 부드럽게 정제된다.

삶은 내면의 형상이다

하지만 운명이 자유로, 자유가 운명으로 어떻게 미끄러져 들어가는지 보려면 모든 생명체의 뿌리가 얼마나 멀리 뻗어 있는지, 관계의 실이 어디까지 이어졌는지를 봐야 한다. 우리의 삶은 완전한 동의 속에 서로 깊이 연결되어 있다. 자연의 매듭은 너무나 잘 묶여 있는 탓에 아무리 똑똑한 사람도 양 끝을 찾지 못했다. 자연은 복잡하며, 겹겹으로 얽혀 있고, 끝이 없다. 크리스토퍼 렌은 아름다운 킹스칼리지 예배당을 보고 "누군가가 첫 번째 돌을 놓을 곳만 알려주면 이와 비슷한 건물을 지을 수 있을 것"이라고 말했다. 하지만 동의, 결합, 부분 간의 균형이 전부인 이 인간의 집에서 첫 번째 원자를 어디에서 찾을 수 있을까?

동물들의 서식지와 겨울잠에서 바로 그 관계의 그물을 볼 수 있다. 어떤 동물은 겨울에 힘이 없어져 잠드는 반면 어떤 동물은 여름에 무기력해져 잠드는 것을 발견했다. 그러니 겨울잠은 잘못된 이름이다. 긴 잠은 추위가 아니라 동물에게 필요한 먹이 수급에 따라 조절된다. 서식지의 과일이나 먹이가 나지 않는 계절에 기력이 떨어지고 먹이가 생겨나면 힘을 회복한다.

빛에서 눈을 발견하고 귓가에 부는 바람에서 귀를 발견한다. 땅에서 발을 발견하고, 물에서 지느러미를 발견하고, 공중에서 날개를 발견한다. 모든 생명체가 적합한 곳에서 발견된다. 각 구역에는 고유한 동물상이 있다. 동물과 먹이, 기생충, 적 사이에 조정이 일어나고 균형이 유지된다. 수가 감소하거나 초과하는 일은 허용되지 않는다. 인간에게도 이와 유사한 조정이 일어난다. 그가 세상에 태어날 때, 이미 삶을 살아갈 조건은 갖춰져 있다. 먹을 것은 준비되어 있고, 쓸 자원은 땅속에 묻혀 있으며, 숨 쉴 공간도 마련되어 있다. 세상은 혼란을 지나 정돈되어 있고, 함께할 사람들도 같은 시간에 도착해 사랑과 공감, 웃음과 눈물로 그를 맞이한다. 이런 것들은 거친 조정일 뿐 보이지 않는 건 더 많다. 모든 생명체에는 공기와 먹이 외에도 더 많은 것이 필요하다. 생명체들은 자신의 본능을 충족하고 용도에 맞게 주변 사물을 구부리고 맞추는 선천적 힘을 갖추고 있다. 보이는 조건뿐만 아니라 보이지 않는 조건까지 제대로 갖춰지지 않는다면 인간 존재는 성립되지 않는다. 그렇다면 단테나 콜럼버스의 등장은 단순한 하늘과 땅이 아니라, 더 정밀하게 조율된 우주 질서 안에서 무언가가 변했음을 우리에게 알려주는 건 아닐까?

어떻게 이런 일이 일어나는가? 자연은 낭비하지 않고, 가장 빠른 길로 목적지에 이른다. 장군이 병사들에게 "요새가 필요하다면, 요새를 지어라"라고 말했듯이, 자연은 행성이든, 동물이든, 나무든 모든 생명에게 스스로 일하며 생계를 유지하라고 한다. 행성은 스스로 만들어진다. 동물의 세포도 스스로 생겨나서 원하는 대로 자란다. 울새든 용이든 모든 생물이 스스로 보금자리를 만든다. 생명이 생기면 주체적으로 물질을 흡수하고 사용한다. 생명은 곧 자유이며, 생명이 클수록 자유도 크다. 새로 태어난 인간은 무기력하지 않다. 생명은 자발적으로, 또 초자연적으로 주변에 힘을 펼친다. 그를 체중계로 측정할 수 있다고 생각하는가? 아니면 그의 피부 안에 모든 것이 담겨 있다고 생각하는가? 이렇게 뻗어나가고, 방사하고, 사방으로 튀는 인간을? 작은 촛불조차 그 빛으로 사방 1킬로미터를 밝히고 인간의 감각은 모든 별에 다다른다.

해야 할 일이 있을 때, 세상은 그것을 해낼 방법을 안다. 식물의 눈은 필요에 따라 잎, 뿌리, 나무껍질 또는 가시가 된다. 첫 번째 세포가 필요에 따라 위, 입, 코, 손톱으로 바뀐다. 세상은 영웅이나 양치기에게 자신의 생명을 맡겨 원하는 곳에 그를 둔다. 당시에는 이탈리아인이었던 단테와 콜럼버스가 오늘날은 러시아인이나 미국인일 수 있다. 만물이 무르익으면 새로운 사람들이 온다. 적응은 변덕스럽지 않다. 궁극적인 목표, 자신을 넘어서는 목적, 행성이 가라앉고 결정화되어 짐승과 인간에게 생명을 불어넣는 상관관계는 멈추지 않고 더 미세하게, 가장 섬세하게 작용할 것이다.

세상의 비밀이 인물과 사건 사이를 묶어준다. 사람이 사건을 만들고, 사건이 사람을 만든다. '시대', 그것은 무엇인가? 시대를 상징하는 몇몇 심오한 사람과 몇몇 활동적인 사람이 아니던가? 괴테, 헤겔, 메테르니히, 애덤스, 캘훈John Calhoun, 기조François Guizot, 필Robert Peel, 코브던Richard Cobden, 로스차일드Nathan Mayer Rothschild, 아스토르John Jacob Astor, 브루넬Marc Isambard Brunel 같은 사람들 말이다. 남녀 사이에 본능적인 조화가 있듯이, 동물과 그 먹이나 함께 살아가는 생물 사이에도 자연스러운 적합성이 존재한다. 마찬가지로 한 사람과 그에게 주어진 시대와 사건 사이에도 그런 필연적인 어울림이 있다고 보아야 한다. 이 연결이 숨겨저 있기 때문에 인간은 자기 운명을 낯선 것으로 생각한다. 그러나 영혼은 어떤 사건이 닥칠지 알고 있다. 사건은 생각이 실현된 것이고 우리가 기도로 구하는 것은 늘 허락되기 때문이다. 사건은 당신의 형상이 남기는 흔적이다. 그래서 당신의 피부와 똑같다. 각자가 하는 일은 그의 고유한 일이다. 사건은 그의 몸과 마음이 낳은 자식이다. 우리는 하피즈가 노래하듯이 운명의 영혼은 곧 우리의 영혼임을 배운다.

아아! 지금까지 나는 몰랐다.
내 안내자와 행운의 안내자는 하나다.

사람들이 매력에 빠져 가지고 노는 모든 장난감, 집, 땅, 돈, 사치, 권력, 명예는 환상이라는 거즈 한두 장이 차이일 뿐 똑같은 것들이다. 사람들이 매일 아침 머리를 감싸 쥔 채 뛰쳐나가 엄숙한 사열에 나서는 이유는 우리가 사건을 행동과 무관한 임의적인 일로 믿고 있기 때문이다. 우리 눈은 마술사의 공연에서 인형을 움직이는 가는 실은 보지만 원인과 결과를 묶는 실을 알아차릴 만큼 예리하지는 못하다.

자연은 사람의 성격에 열매를 맺게 해서 그 사람을 운명에 맞게 조정한다. 그렇게 오리는 물로, 독수리는 하늘로, 두루미나 백로는 얕은 바다로, 사냥꾼은 숲으로, 사무원은 계산실로, 군인은 국경으로 간다. 이처럼 사건은 사람과 같은 줄기에서 자라는 사람의 하위 개념이다. 삶의 즐거움은 즐기는 사람에 따라 달라지지, 일이나 장소에 따라 달라지지 않는다. 삶은 황홀경이다. 우리는 사랑이 얼마나 광기 어린 것인지, 하찮은 대상을 천국의 색채로 칠하게 만드는 힘이 얼마나 대단한지 알고 있다. 미친 사람이 옷차림, 식단 등 삶의 편의에 무관심하고, 우리가 꿈에서는 이상한 행동도 태연하게 하듯이, 삶이라는 잔에 포도주 한 방울만 더 넣어도 낯선 사람들과 낯선 일에 기꺼이 적응하게 된다. 각 생물은 자신의 상태와 영역을 스스로 만든다. 달팽이는 배나무 잎에 끈적끈적한 진물로 집을 짓고, 사과면충은 사과에 땀으로 침대를 만들고, 조개류는 껍데기를 만든다. 우리는 젊을 때는 무지개를 입고, 하늘의 별자리처럼 용감하게 나아간다. 하지만 나이가 들면 종류가 다른 땀, 이를테면 통풍, 열병, 류머티즘, 변덕, 의심, 짜증, 탐욕을 분비한다.

한 인간의 운명은 그의 성품이 맺은 열매다. 한 사람의 친구들이 그의 매력을 보여준다. 우리는 운명의 예를 찾으러 헤로도토스와 플루타르코스를 찾지만 우리 자신이 그 예다. "누구나 자기만의 유령에 시달린다." 내면의 본성을 실현하려는 경향은 우리가 운명에서 벗어나려고 노력할수록 오히려 운명으로 이끌린다는 오랜 믿음으로 나타난다. 내가 관찰한 바에 따르면 사람은 자신의 장점에 대해 칭찬을 들을 때보다 자신이 현재 가진 지위가 '최종적 완성'의 증거로 여겨질 때 더 큰 기쁨을 느낀다.

사람은 우연히 일어난 듯한 사건들 속에서 자신의 성품이 밖으로 드러나는 것을 보게 된다. 하지만 그 사건들이란 사실 그 사람 안에서 흘러나와 그와 함께 따라다니는 것들이다. 사건은 그 사람의 성격을 따라 확장된다. 한때는 장난감에 파묻혀 놀던 사람이 이제는 거대한 체계에서 자기 역할을 하며 야망, 동료, 성과로 성장을 선언한다. 행운의 조각처럼 보이는 그는 사실 인과관계의 조각이다. 그 모자이크 조각을 자신의 틈에 맞게 깎고

갈아서 끼우는 것이다. 따라서 각 마을에는 그 마을의 경작, 생산, 공장, 은행, 교회, 생활 방식, 공동체를 생각과 행동으로 설명하는 사람이 있다. 그를 만날 기회가 없다면, 보이는 모든 것이 약간 당황스러울 것이다. 하지만 그를 만나면 모든 것이 분명해진다. 우리는 매사추세츠주에 뉴베드퍼드를 건설한 사람, 린, 로웰, 로런스, 클린턴, 피츠버그, 홀리오크, 포틀랜드, 그리고 다른 많은 시끄러운 시장을 건설한 사람을 알고 있다. 만일 이 사람들이 투명하다면 사람이 아니라 걸어 다니는 도시로 보일 것이다. 그들은 어디에 가든 그런 도시를 건설할 것이다.

자연과 정신은 서로를 완성한다

역사는 이 두 가지, 즉 자연과 생각의 작용과 반작용이다. 포장도로의 연석에서 서로를 밀어내는 두 소년과 같다. 모든 것은 밀어내거나 밀리며, 물질과 정신은 끊임없이 기울어져 균형을 이룬다. 사람이 약할 때는 땅이 그를 품으며 사람은 자신의 두뇌와 애정을 그 땅에 심는다. 그는 점차 땅에서 자라 아름다운 질서와 생산성을 뽐내는 정원과 포도밭을 갖게 될 것이다.

우주의 모든 단단한 것들은 마음이 다가오면 액체가 될 준비가 되어 있다. 흐르는 힘이 마음의 척도가 된다. 벽이 계속 굳건한 것은 생각이 부족하기 때문이다. 더 섬세한 힘이 나타난다면 마음의 특성이 새로운 형태로 흘러들 것이다. 우리가 있는 이 도시는 어울리지 않는 재료들이 어떤 이의 의지에 복종해 모인 것 아닌가? 화강암은 단단했지만 결국 인간의 손이 더 강했기에 문명 안으로 이끌려 들어왔다. 철은 땅속 깊이 돌과 한데 뭉쳐 있었지만 불 앞에서는 숨을 수 없었다. 나무, 석회, 원료, 과일, 고무가 땅과 바다에 흩어져 있었지만, 모두 인간의 손으로 들어왔다. 그리고 지금 이곳에, 누구나 손만 뻗으면 닿을 수 있는 자리에 그 모든 것들이 있다. 인간은 마음먹은 만큼 자연의 자원을 누릴 수 있다. 이 세상은 물질이 생각의 회로를 따라 극지나 각 지점으로 흘러 생각을 실현한 것이다.

민족은 세상에 태어날 때부터 이미 어떤 생각이나 신념에 영향을 받고 있으며, 그 생각을 지키거나 실현하기 위해 싸울 준비를 갖추고 서로 다른 편으로 나뉜다. 생각의 차이가 이집트인과 로마인, 오스트리아인과 미국인의 차이다.

한편에서 한 시대를 함께 살아가는 사람들은 서로 관련이 있다는 걸 알게 된다. 특정한 관념들이 공중을 떠돌고 그런 관념으로 만들어진 우리는 모두 그 영향을 받는다. 하지만 어떤 사람은 더 많은 영향을 받아 그 관념을 표현한다. 이것이 발명과 발견의 동시성을 설명한다. 진실은 공중에 있으며, 가장 부드러운 두뇌가 그것을 먼저 알리지만, 몇 분이 지나면 모두 한목소리로 떠드는 것이다. 따라서 여성은 가장 민감한 존재이기에 다가오는 시대의 흐름을 가장 잘 보여주는 지표 역할을 한다. 또한 위대한 사람, 즉 시대의 정신을 가장 많이 품은 사람은 이런 민감함을 지녔다. 마치 요오드가 빛에 반응하는 것처럼 섬세하고 자극에 잘 반응하는 성질을 가진 것이다. 그는 지극히 미세한 끌림도 감지하며 섬세하게 균형을 잡은 바늘로만 느낄 수 있는 매우 약한 흐름을 따르는 사람이므로 그의 마음은 다른 사람들보다 더 올바르다.

결함에서도 상관관계가 드러난다. 묄러Georg Möller는 건축에 관한 글에서 목적에 정확히 맞춰 지어진 건물은 아름다움을 의도하지 않아도 아름다울 것이라고 적었다. 나는 인간의 구조에도 이와 같은 관계가 다소 지독하고 강렬하게 퍼져 있다고 생각한다. 조악한 태생은 논쟁에서 나타날 것이고 어깨에 혹이 있다면 그의 말과 손짓에 영향을 줄 것이다. 그의 마음을 들여다본다면 그 혹도 보일 것이다. 목소리를 떠는 사람이라면 그의 문장, 시, 이야기 구조, 추측, 자선도 이리저리 흔들릴 것이다. 모든 사람이 자신만의 악마에게 쫓기고 질병으로 괴로워하듯, 이런 결함이 그의 모든 활동을 제한할 것이다.

그래서 사람은 모두 식물처럼 기생충을 가지고 있다. 성격이 강하고 신랄하고 화가 많은 사람은 잎을 괴롭히는 민달팽이나 나방보다도 더 사나운 적을 만난다. 그런 사람은 속을 갉아먹는 해충, 속을 파고드는 해충, 뿌리를 잘라 먹는 해충을 만난다. 먼저 사기꾼을 만나고 다음에는 고객, 다음에는 엉터리 의사, 다음에는 그럴듯해 보이는 신사가 지독하고 이기적인 신처럼 그를 잡아먹는다.

상관관계는 실제로 존재하며 점칠 수도 있다. 실마리를 따라가면 생각이 나타난다. 특히 초서의 노래처럼 영혼이 빠르고 순할 때는 더 그렇다.

적절한 영혼이

사람들이 생각하는 것만큼 완벽하다면

다가올 일을 미리 알고

다가올 모든 모험에 대해

예상이나 비유로

경고하겠지만

우리 육신은 올바르게 이해할
힘이 없네.
경고가 너무 어두웠기 때문이지.

어떤 사람은 운율, 우연, 징조, 주파수, 전조로 이루어져 있다. 그들은 찾는 사람을 만나고 동행이 하려는 말을 먼저 하고 수백 가지의 징조로 앞으로 일어날 일을 알려준다.

이 방랑하는 삶에 놀랍도록 복잡한 그물, 놀랍도록 일관된 설계가 있다. 우리는 파리가 어떻게 짝을 찾는지 궁금해하지만, 여러 해가 지나면서 남자 두 명, 혹은 여자 두 명이 법적 또는 육체적 유대를 맺지 않고도 가까운 거리에서 최고의 시간을 보내는 것을 발견한다. 여기에서 우리는 찾는 것을 찾을 것이고, 우리가 피하는 것은 우리를 피한다는 교훈을 얻는다. 괴테가 말했듯이, "젊을 때 바라던 것은 노년에 무더기로 찾아온다". 원하는 것을 얻는 것이 저주가 되기도 한다. 따라서 구하면 얻는다는 확신을 갖고 너무 좋은 것만 요구하지 않도록 조심해야 한다.

인간 조건의 신비에 대한 해법, 운명, 자유, 예지의 오래된 매듭을 푸는 한 가지 방법이 존재하니 바로 이중 의식을 갖추는 것이다. 서커스의 기수가 이 말에서 저 말로 민첩하게 옮겨 타거나 양발을 말 두 마리의 등에 하나씩 얹듯이 우리는 자신의 개인적 자아와 본능적 자아라는 말을 번갈아 타야 한다. 따라서 운명의 희생자가 되어 허리에 좌골신경통이 생기듯 마음에 경련이 오고, 다리가 곱듯 재능이 굽고, 떨떠름한 표정, 이기적인 기질, 뽐내는 걸음걸이, 오만한 애정이 생겨 종족의 악덕으로 산산이 부서질 때조차 그는 자신이 우주의 일부라는 사실을 붙들고 다시 일어나야 한다. 그의 파멸조차 우주 전체에는 이익이 된다. 고통을 겪는 그 '악령적 자아'를 떠나, 그는 자신의 고통을 통해 보편적인 선을 이루는 신적 존재의 편에 서야 한다.

기질과 인종의 끌림으로 허물어지는 것을 상쇄하려면 이 교훈을 배우자. 자연 전체에 퍼진 두 요소의 교묘한 공존으로 당신을 절름거리게 하거나 마비시키는 것은 무엇이든 어떤 형태로든 신성을 끌어와 보상한다. 선한 의도는 갑작스러운 힘으로 옷을 입는다. 작은 조각이나 자갈도 신이 타고 싶어 하면 싹을 틔우고 날개 달린 발이 돋아 말이 된다.

자연과 영혼을 완벽하게 조화시키고 모든 원자를 보편적인 목적에 봉사하게 하는 이 축복받은 통일성 앞에 우리는 제단을 세워야 한다. 나는 눈송이, 조개, 여름 풍경, 별의 영광에 놀라지 않는다. 그러나 우주가 보여주는 아름다움의 필연성에는 놀란다. 모든 것이 그림과 같고 또 그림이어야 한다. 무지개와 지평선의 곡선, 푸른 하늘의 아치는 눈이라는 조직이 만든 결과이다. 내가 눈만 들어도 세상 곳곳의 찬란함과 우아함이 보이는데, 어리석은 아마추어들이 꽃 정원이나 햇살 비치는 구름, 폭포를 감탄하라고 데려오는 수고는 필요 없다. 혼돈의 이마에 아름다움의 장미를 심는 것은 내면에 자리 잡은 필연성이다. 그래서 이곳저곳의 반짝이는 것을 굳이 골라 감탄하는 일은 부질없다. 자연의 중심 의도는 조화와 기쁨이라는 것이 이미 드러나 있기 때문이다.

아름다운 필연성에 제단을 세워야 한다. 만약 자유라고 부르는 것이 사물의 법칙을 초월하는 비현실적인 의지를 의미한다고 믿는다면, 그것은 마치 아이가 손으로 태양을 끌어내릴 수 있다고 믿는 것과 같다. 만에 하나라도 누군가 자연의 질서를 어지럽힐 수 있다면 누가 생명의 선물을 받아들이겠는가?

모든 것이 한 조각으로 이루어졌음을 보장하는 아름다운 필연성 앞에 제단을 세워야 한다. 원고와 피고, 친구와 적, 동물과 행성, 먹히는 것과 먹는 자, 이 모든 것이 본질적으로 한 종류다. 천문학에서는 공간이 광대하지만 외부의 이질적인 체계는 없고, 지질학에서는 시간이 방대하지만 오늘날과 동일한 법칙이 작동한다. 자연은 "철학과 신학이 구체화된" 것일 뿐인데 왜 두려워하는가? 아무리 야만적인 요소라도 우리와 같은 원소로 구성되어 있는데 왜 짓밟힐까 두려워하는가? 아름다운 필연성에 제단을 쌓자. 이 필연성은 사람이 정해진 위험에서 도망칠 순 없지만, 정해지지 않은 위험에 처할 일도 없다는 용감한 믿음을 주고, 우연이란 없다는 인식을 거칠게 또는 부드럽게 가르친다. 그 법칙은 지성을 가진 존재가 아니라 곧 지성 자체이며, 개인적인 것도 비개인적인 것도 아니다. 필연성은 언어를 경멸하고, 이해를 초월하며, 사람을 해체시키고, 자연에 생명을 불어넣는다. 그러나 마음이 순수한 사람들에게는 자신의 전능한 힘을 이용하라 권한다.

만약 당신이 운명의 편에 서서 나에게
인간은 곧 운명이 전부라고 말한다면,
나는 곧바로 인간의 자유가 운명의 일부라고
대응하겠다.

6장

힘

POWER

강건함이 힘을 부른다

아직까지 인간의 능력을 전부 목록으로 정리한 책은 존재하지 않는다. 인간의 모든 사유를 담은 성경이 없듯이 말이다. 누가 인간의 영향력에 한계를 정할 수 있을까? 어떤 사람들은 강력한 공감력과 끌림으로 온 민족을 움직이고, 인류 전체의 행동을 이끄는 힘을 지닌다. 인간의 정신이 닿는 곳마다 자연이 따라간다는 연결이 있다면, 어떤 사람은 물질적이고 원초적인 힘마저 끌어당기는 자기장을 지녔을지도 모른다. 그런 사람이 나타나는 곳에는 거대한 도구와 체계가 저절로 조직될 수 있다.

삶은 힘을 추구하는 여정이다. 이 힘은 세상을 가득 채운 채 그 틈새나 구석마다 스며들어 있으며, 정직한 탐색은 결코 보답 없이 끝나지 않는다. 인간은 사건이나 소유물 자체보다, 그 안에 깃든 '힘'이라는 광물을 발견해야 한다. 만약 그 힘을 얻었다면, 그것을 얻기 위해 필요했던 사건이나 재산, 심지어 자신의 육체적

숨결조차 기꺼이 놓아줄 수 있어야 한다. 불로장생의 영약을 손에 넣었다면 그 약을 증류한 증류기는 더 이상 필요치 않다. 교양 있는 사람, 지혜롭게 학습하고 대담하게 행동하는 사람을 육성하는 것이야말로 자연이 도달하고자 하는 궁극적인 목표다. 그런 의지를 교육하는 것이 모든 지질학과 천문학의 꽃이며 결과다.

모든 성공한 사람들은 인과론이라는 한 가지 원칙에 동의한다. 그들은 운이 아닌 법칙에 따라 일이 이루어진다고 믿었다. 처음과 마지막을 연결하는 사슬에 약하거나 깨진 고리는 없다고 여겼다. 모든 가치 있는 지성은 공통적으로 아무리 사소한 일조차 존재의 원리와 엄밀하게 연결되어 있다는 인과성을 믿었다. 또한 그 인과성의 결과로 아무 대가도 치르지 않고 얻을 수 있는 것은 없다는 보상의 법칙을 신념으로 삼았다. 성실한 사람이라면 누구든지 무슨 일을 하든 간에 이 믿음과 신념을 중시해야 한다. 용감한 사람은 법칙의 압력을 믿는 사람이다. 나폴레옹은 "모든 위대한 위대한 장군들은 예술의 법칙을 따르고, 장애물에 맞게 노력을 조정함으로써 엄청난 업적을 이루었다"고 말했다.

젊은 연설가들은 이 시대의 열쇠가 이것이다 저것이다 하겠지만, 모든 시대를 관통하는 진짜 열쇠는 '무기력'이다. 인간은 대부분 언제나 무기력에 지배를 받으며 극히 일부의 빛나는 순간을 제외하면 중력, 관습, 두려움의 희생자일 뿐이다. 그리고 바로 이 점이 강한 자에게 힘을 준다. 대중은 자기 자신을 믿지 않고, 스스로 생각해 행동하려는 습관도 없기 때문이다.

다소 근거 없는 말이긴 하지만 옛 의사들의 가르침에 따르면 우리는 성공을 체질적 특성으로 생각해야 하고, 용기나 생명력은 동맥의 혈류 상태로 가늠할 수 있다고 한다. "격정에 휩쓸렸거나 분노에 사로잡혔을 때 혹은 격투나 싸움이 한창일 때, 몸의 힘을 유지하기 위해 많은 양의 혈액이 동맥에 모이며, 정맥으로는 거의 향하지 않는다. 이 상태는 대담한 사람들에게서 지속적으로 나타난다." 이 말에 따르면 동맥이 혈액을 붙들고 있을 때 우리는 용기를 내 모험을 떠날 수 있다. 그러나 피가 정맥으로 쏟아지면 정신의 힘이 약해진다.

두드러지는 성과를 내려면 특별히 더 건강해야 한다. 에릭이 매우 건강하고 잠도 잘 자서 최고의 신체 능력을 유지한다면, 서른 살이 되었을 때 그린란드를 떠나 서쪽으로 향할 것이고 그의 배는 뉴펀들랜드에 도착할 것이다. 하지만 에릭이 아닌 더 강하고 대담한 비욘이나 토르핀이라면 이 배는 훨씬 쉽게 1000킬로미터, 1500킬로미터, 2500킬로미터를 항해해 래브라도와 뉴잉글랜드에 도착할 것이다.

우연히 나타나는 결과는 없다. 어린아이와 성인 모두 그들 중 일부는 진심으로 게임에 임하며 소용돌이치는 세계로 뛰어들어 함께 휘몰아친다. 하지만 나머지 사람들은 차가운 얼굴로 방관하거나 기운이 넘치고 유머와 활력을 갖춘 사람들에게 끌려다니곤 한다. 사람이 가장 먼저 갖춰야 하는 부는 건강이다. 질병은 왜소한 정신을 낳고 누구에게도 도움이 되지 못한다. 아픈 사람은 살아남기 위해 자원을 아껴야 하기 때문이다. 그러나 건강하고 충만한 사람은 자신의 목적을 달성하고도 흘러넘쳐 이웃을 돕고 타인의 필요를 채운다.

모든 힘은 한 종류이며 세계의 본질을 공유한다. 자연의 법칙과 함께하는 마음은 사건의 흐름을 따르고 그 힘으로 강해진다. 어떤 사람은 사건들이 만들어지는 재료와 같은 본질로 구성되어 있고, 사물의 흐름과 공명하며 사건을 예측할 수 있다. 세상에 무슨 일이 일어나든 그에게 가장 먼저 일어나기 때문에, 그는 어떤 일이 닥치더라도 대응할 수 있는 사람이 된다. 사람의 본질을 잘 이해하는 사람은 정치, 무역, 법, 전쟁, 종교에 대해서도 높은 이해력을 보인다. 사람들은 어디에서나 같은 방식으로 이끌리기 때문이다.

강한 담력이 주는 이점은 노동, 예술, 협력으로 생겨나지 않는다. 이런 이점은 온실을 짓지도 않고 관개나 개간을 하지도 않으며 거름을 뿌리지 않아도 다른 곳보다 풍요롭게 작물이 자라는 기후와도 같다. 이런 담대함은 뉴욕이나 콘스탄티노플처럼 외교적 수완을 발휘하지 않아도 자본, 재능, 노동력이 저절로 몰려드는 도시의 기회와 같다. 강한 담력에는 마치 물이 흐르듯 자연스럽게 자본과 재능, 노동력이 몰려간다. 마찬가지로 넓고 건강하고 폭넓은 이해력은 보이지 않는 강과 바다의 해안가에 놓인 것처럼 보이며, 그 물길 위에는 온종일 작은 배들이 흘러들어 온다.

강심장의 소유자는 다른 사람들이 얻기 위해 발버둥치는 것들을 쉽게 손에 넣는다. 그는 모두의 비밀을 알고 있으며, 모두의 발견을 앞서서 감지한다. 그가 모든 천재와 학자의 이론을 전부 다루지는 않는 이유는 둔하거나 모자라서가 아니라, 그 지식을 중요하게 여기지 않기 때문이다.

힘은 타고나는 것이다

어떤 말은 힘차게 달리지만 어떤 말은 채찍이 필요한 것처럼 누군가는 이런 단호한 힘을 타고나지만 다른 누군가는 그러지 못한다. 하피즈는 "청년의 목에 대담한 계획만큼 품위 있는 보석은 없다"고 했다. 뉴욕이나 펜실베이니아의 오래된 네덜란드인 거주지나 버지니아의 농장 같은 정체된 지역에 머릿속이 증기 망치, 도르래, 크랭크, 톱니바퀴 생각으로 가득 채워진 머리 회전이 빠르고 강인한 북부인들을 들여보내면 모든 것이 빛나기 시작할 것이다. 제임스 와트와 브루넬 덕에 영국의 모든 물과 땅이 얼마나 강해졌는가!

모든 집단은 남성과 여성이라는 수동적 성별만이 아니라 더 깊고 더 중요한 마음의 성별로 나뉜다. 즉 독창적이거나 창조적인 사람들과 창의력이 없고 수용적인 사람들로 구분되는 것이다. 독창적이고 대범한 기질을 타고난 사람이 자신의 집단을 대표한다. 우연히 생긴 이런 장점은 재능이 더 많거나 적다는 뜻이 아니라 태생적으로 군인이나 교사처럼 훈육하는 눈빛을 지녔다는 뜻이다. 이는 어떤 사람의 콧수염이 검고, 어떤 사람은 밝은 것처럼, 어떤 사람에게는 있고 어떤 사람에게는 없는 특성이다. 이런 재능을 타고난 사람은 주변 사람들이 저항하거나 시샘하지 않고 자연스럽게 그의 권리를 인정하며 받아들인다. 상인은 회계 담당자와 출납원이 있어야 일할 수 있고 변호사의 권위는 서기가 세워준다. 지질학자는 하급자의 조사를 발표하고 윌크스 사령관Charles Wilkes은 원정대에 들어온 모든 자연학자들의 결과를 도용했다. 토르발센Bertel Thorwaldsen의 동상은 석공이 마무리했고 뒤마Alexandre Dumas에게는 보조작가들이 있었다. 셰익스피어에게는 극장 관리인이 있었고 많은 젊은이의 노동력과 각본을 활용했다.

힘 있는 사람을 위한 자리는 언제나 있으며 그는 다른 사람들을 위한 자리를 만들 수 있다. 사회는 생각하는 사람들의 군단이며 그중 최고의 머리가 최고의 자리를 차지한다. 심성이 연약한 사람의 눈에는 울타리 안의 경작지나 다 지어진 집만 보일 테지만, 강한 사람의 눈에는 집과 농장이 생길 가능성이 비친다. 그의 눈은 태양이 구름을 낳듯 빠르게 재산을 만든다.

    학교에 전학생이 왔을 때, 남자가 여행하며 낯선 사람을 만날 때, 오래된 클럽에 새 회원이 들어올 때에는 마치 낯선 황소가 새 축사나 초원으로 옮겨왔을 때처럼 우두머리와 신참 사이에 한차례 힘겨루기가 발생하고 이후 결과에 따라 서열이 결정된다. 이제 이 둘은 마주칠 때마다 아주 정중하지만 단호하게 서로의 힘을 측정한다. 조용히 상대의 눈에서 자신의 운명을 읽는다. 약한 쪽은 자신의 능력이나 지력이 아직 때가 되지 않았음을 발견한다. 그는 자신이 이것저것 아는 게 꽤 많다고 자부했지만 우물 안 개구리였음을 깨닫는다. 그의 지식으로는 어떤 과녁도 맞출 수 없으나 경쟁자의 화살은 모두 정중앙을 꿰뚫을 것이다. 그러나 백과사전을 모두 읽어도 도움이 되지는 않는다. 이 경쟁은 순발력, 태도, 침착함이 있어야 하기 때문이다. 상대는 태양과 바람을 가졌고 모든 싸움에서 무기와 목표를 고를 수 있는 위치에 있다. 그러나 한 무리의 대장인 그 사람 역시 새로운 호적수를 만나면 이번에는 누구의 화살이 날아가 꽂힐지 알 수 없다. 이건 배짱과 체질의 문제다. 우두머리가 되지 못한 자 역시 우두머리만큼 훌륭하거나 더 훌륭할 수도 있다. 하지만 우두머리만큼 건장하거나 배짱이 좋지 못한 탓에 결국 그의 재치는 지나치게 섬세하거나, 혹은 부족하게 느껴진다.

    강건함은 곧 미덕이다. 강건함은 질병이나 독 같은 모든 적에 맞서 저항하며, 창조적일 뿐 아니라 보존적인 힘, 곧 생명력 그 자체를 의미한다. 매년 봄이 오면 나무를 밀랍으로 접목할 것인지 점토로 접목할 것인지가 문제다. 또 석회를 바를지 칼륨을 바를지 아니면 가지치기를 할지도 정해야 한다. 하지만 가장 중요한 건 생명력이 강한 나무다. 토양에 잘 맞는 나무는 병충해나 가지치기에 상관없이 방치하더라도 어떤 기후에서든 밤낮으로 잘 자랄 것이다.

우리에게 활력과 통솔력은 반드시 필요하며, 그것을 고를 때 결벽을 부릴 수 없다. 깨끗한 물이 없으면 더러운 물이라도 퍼야 하고 빵을 만들려면 발효를 유도하기 위해 효모균이 번식해야 한다. 이는 무기력한 예술가가 덕이나 악덕, 친구나 악마, 아니면 기도나 술처럼 어떤 값을 치러서라도 영감을 얻는 것과 마찬가지다. 그리고 풍성한 삶이 있는 곳에는 저속하고 타락하더라도 스스로 점검하고 정화하는 본능이 있어 도덕과 조화를 이룬다.

우리는 안타까운 마음으로 아이의 회복력을 지켜본다. 아이는 학급에서 꼴찌를 하거나, 연말에 상을 놓치거나, 경기에서 패배하거나, 주변 어른이나 친구에게 상처를 받아 마음을 다치면 크게 좌절해 방에 틀어박혀 실패의 기억을 곱씹는다. 그러나 만약 그 아이에게 슬픔이 아닌 다른 것에 몰두해 다시 기운을 차릴 수 있는 회복력과 저항력이 생긴다면, 상처는 치유되고 새살은 더 강해져서 마음을 다치는 일은 좀처럼 생기지 않을 것이다.

거친 힘이 세상을 지탱한다

사람은 몸이 건강할 때 그 앞에서 모든 어려움이 사라지는 것을 깨닫는다. 소심한 사람은 의회에서 경고를 외치는 사람들의 말이나, 신문 기사, 타락한 정당, 결과는 생각지 않고 지역의 이익만을 좇는 광기, 투표용지와 소총을 양손에 든 극단적인 민중을 보며 좋은 날은 다 지나갔고 곧 나라가 망할 것이라 생각한다. 그러나 이러한 파멸의 예언이 이미 쉰 번은 똑같이 반복되었다. 정부 채권의 이자가 조금도 떨어지지 않은 것을 보면서 정치를 그다지 중요하게 여기지 않는 거대한 힘의 요소가 여기에 작용하고 있음을 알게 된다.

개인의 권력, 자유, 자연의 자원은 모든 시민의 능력을 시험한다. 우리는 서리, 이, 쥐, 벌레에 굴하지 않고 자라는 강한 나무 같은 활력으로 국가 재정에 기생하는 방탕한 무리들에게서 치명적인 피해를 입지 않는다. 거대한 동물은 거대한 기생충을 키우며 지독한 질병은 오히려 건강한 신체의 힘을 입증한다. 그리스 민주정에서 나타난 동일한 에너지는 이런 말을 불러왔다. "민주정의 폐해는 실제보다 더 크게 보인다. 그러나 그 폐해조차도 그 제도가 일으키는 정신과 활기로서 상쇄된다."

선원, 벌목꾼, 농부, 정비공으로 이루어진 민중의 거칠고 즉흥적인 방식은 그 나름의 장점이 있다. 힘은 그 자체로 지도자를 길러낸다. 영국의 기준을 인용하는 한 미국인들은 계속 위축될 수밖에 없다. 저명한 서부 변호사는 나에게 이렇게 말했다. "미국 법정에 영국 법률서를 반입하지 못하게 막아야 합니다. 제 경험상, 우리 사법부가 영국 판례에 대해 지나치게 존경하는 태도는 매우 해롭습니다." 그만큼 영국의 판례를 지나치게 존중해 해를 끼친다는 것을 경험했기 때문이다. '상업'이라는 단어조차 영국식의 좁은 경험만을 나타내는 말로 축소되어 있다. 강, 철도, 심지어 열기구를 이용해 하늘을 거치는 새로운 교역 방식은 바다만을 기준 삼던 비좁은 영국식 해양법의 한계를 미국의 방식으로 완전히 확장하게 될 것이다.

미국인들이 영국 기준을 인용하는 한, 그들은 권력의 주권을 놓은 셈이다. 그러니 셔츠 바람으로 일하는 국회의원, 후지어, 서커, 울버린, 배저(각각 인디애나주, 일리노이주, 미시간주, 위스콘신주 출신을 일컫는 말), 아칸소주, 오리건주, 유타주에서 온 벽창호들, 반은 웅변가이자 반은 암살범인 이 사나운 사람들이 워싱턴에서 자신들의 분노와 탐욕을 대변하게 하자. 내키는 대로 활개치도록 놔두자. 영토와 공공 토지 분배 문제에서 다수의 성난 독일인과 아일랜드인, 그리고 수많은 개척민 사이에 균형을 잡고 서로 견제할 필요성을 느낀 우리의 서부 개척자들은 결단력, 처세술, 이성을 키울 것이고 권위와 위엄 있는 태도를 배울 것이다. 민중의 본능은 옳다. 사람들은 점잖은 휘그당원이 나랏일을 맡게 되면 멕시코, 스페인, 영국 또는 국내 불만 세력을 다루는 기술이 자국 정부를 먼저 정복한 후 외국을 상대하는 제퍼슨이나 잭슨Andrew Jackson보다 못할 거라고 생각한다. 포크James Polk의 멕시코 전쟁에 반대한 상원 의원들은 더 잘 알아서 반대한 게 아니라 반대해도 되는 정치적 지위를 갖췄기 때문에 반대한 것이다. 그래서 웹스터는 반대했지만 벤튼과 캘훈은 그렇지 않았다.

물론 이 힘은 부드럽지 않다. 이 힘은 사형제도, 군인, 해적의 힘이며, 평화롭고 충성스러운 사람들을 괴롭힌다. 그러나 자체적인 해독제가 있다. 그리고 그 해독제가 내 말의 핵심이다. 모든 종류의 힘은 보통 동시에 나타난다. 좋은 에너지와 나쁜 에너지가 같이 오고 신체 건강과 마음의 힘이 같이 온다. 신앙의 황홀함과 방탕함의 분노가 함께 나타나는 법이다. 항상 동일한 요소가 존재하지만, 때로는 이것이 눈에 띄고 때로는 저것이 보인다. 어제는 전경이었던 것이 오늘은 배경이 되고, 표면에 있던 것이 지금은 기초가 되어 큰 효과를 보이지 않는다. 가뭄이 오래 지속될수록 대기에는 수분이 많아진다. 공을 세게 던질수록 날아가는 힘도 커진다. 그리고 도덕적으로도 거친 자유는 강철 같은 양심을 낳는다. 충동이 큰 사람은 먼 길을 돌지만 많은 내적 자원을 갖게 된다. 정치에서 민주주의자의 아들은 공화당원이 되고, 극렬한 공화주의자 아버지는 자연이 다음 세대에 '견딜 수 없는 폭군'을 낳기 위한 일시적 경련일 수도 있다. 반면에 보수주의자의 아이들은 점점 더 소심하고 편협해지는 부모에게 끔찍한 혐오감을 느껴 신선한 공기를 찾아 급진주의로 빠질 것이다.

이런 거친 에너지를 지닌 사람들, 즉 정치 모임과 술집을 누비며 카운티나 주의 당대회와 모임에서 얻어맞는 대장부들은 분명 단점이 많지만, 힘과 용기라는 선한 본성도 있다. 사납고 염치없어 보이는 이들은 대부분 솔직하고 직설적이며 거짓말을 안 한다. 우리 유권자들은 정치가 나쁜 사람들의 손에 넘어가서 기독교인이나 세련된 사람들은 의회에 보내지 않는 게 좋을 것 같다는 의견의 일치를 본 듯하다.

정치는 독이 든 수공예품처럼 해로운 일이다. 권력자들은 자기만의 신념이 없고 목적에 맞춰 어떤 의견이든 손쉽게 말한다. 만약 정치가 점잖은 사람과 강한 사람 중 하나를 선택해야 하는 문제라면, 나는 차라리 강한 사람 쪽을 택하겠다. 훌쩍거리며 반대만 하는 사람들보다 '후지어'와 '서커'가 낫다. 그들의 분노는 적어도 대담하고 남자답다. 그들은 유권자들이 입으로 아무리 비난하더라도 실제로는 얼마나 많은 부정과 범죄를 감내할 수 있는지를 알고 있다. 그들은 한 걸음씩 거침없이 밀고 나아가, 뉴잉글랜드 출신의 점잖은 주지사들과 고상한 의원들이 결국 얼마나 쉽게 물러설지를 정확히 계산한다. 그 결과 점잔 빼는 주지사들의 성명서나 주의회의 결의문은 현실 앞에서 무력해지고, 겉으로만 의로움을 가장하는 가식의 상징으로 전락하고 만다.

사회에서도 이 에너지가 잔혹하게 작용할 수 있다. 자선 단체와 종교 단체는 보통 성인聖人을 임원으로 두지 않는다. 사회주의자들이 지금까지 세운 예수회, 장세니슴, '뉴하모니', '브룩 농장', '조아' 같은 미국 공동체는 유다를 집사로 임명했기 때문에 존재할 수 있었다. 나머지 직책은 선량한 시민으로 채워도 된다. 독실하고 자비심이 넘치는 소유주는 그다지 독실하지 않고 자비심도 없는 감독관을 두는 법이다. 친절하기 그지없는 시골 신사도 과수원을 지키는 불도그의 이빨을 보며 속으로 기뻐한다. 한때 농촌에서는 셰이커교도를 두고 이런 속담이 쓰이곤 했다. "그들은 항상 악마를 시장에 보낸다." 그리고 우리가 신의 형상을 그릴 때는 회화나 시, 대중 종교조차도 지옥의 분노를 빌려와 묘사해왔다. 사회에 숨겨진 교리는 이렇다. "조금의 악은 근육을 만드는 데 도움이 된다." 마치 양심만으로는 손과 발의 힘이 생기지 않는다는 듯, 법과 질서를 중시하는 낡은 형식주의자들은 산양이나 늑대, 토끼처럼 날쌔게 뛸 수 없다고 말하는 것이다. 의학에 독약이 쓰이듯, 세상 역시 악당 없이는 굴러가지 않는다고 믿는다. 공익을 위해 봉사하고 민첩하게 움직이는 능력은 도덕적으로 완벽한 사람뿐 아니라 악한에게서도 발견될 수 있다. 개인적인 날카로운 술수와 정치적 계산이 공공심이나 좋은 이웃 됨됨이와 함께 존재하는 일은 그리 드물지 않다.

나는 우리 마을 읍내에서 오랫동안 술집을 운영하던 튼튼한 여관 주인을 알고 있다. 간사한 자였지만, 마을에서 없어서는 안 될 존재였다. 그는 사교적이고 열정적이었으나 탐욕스러우면서도 이기적이었고 온갖 범죄를 저질렀다. 하지만 공무원들과 친하게 지내면서 그들이 찾아오면 최고의 솜씨로 대접했으며, 또한 판사를 존경해서 매우 정중하게 악수하곤 했다. 그는 남녀를 막론하고 온갖 악마들을 마을로 데려왔고, 폭력배, 방화범, 사기꾼, 술집 주인, 도둑의 역할을 한 몸으로 해냈다. 밤에는 금주가들의 나무를 골라 껍질을 벗겨 죽이거나 말의 꼬리를 잘랐고, 마을 회의가 열리면 연단에 서서 술꾼과 금주 반대론자를 이끌었다. 하지만 집에서는 예의 바르고 여유롭고 느긋한 사람이었고 누구보다 공공의식이 강한 시민이었다. 그는 도로를 정비하거나 그늘이 되어줄 나무를 적극적으로 심었고 분수대, 가스등, 전신주 설치를 후원했다. 또 새 갈퀴, 스크레이퍼, 아기 점퍼(19세기 미국에서 사용됐던 장난감 겸 보행 보조 도구) 등 코네티컷에서 생산된 새롭고 놀라운 제품들을 마을에 소개하기도 했다. 물건을 얼마나 잘 팔았던지 행상인이 그의 집에 공짜로 숙박하며 집주인들의 부지에 제품을 배달하러 다닐 정도였다.

이처럼 일을 시작하고 실행하는 에너지가 과도해지면 스스로를 일그러뜨리고 손안에 든 도끼가 손가락을 자르는 일이 생기지만 이 악을 치유할 수 없는 건 아니다. 인간이 도움을 얻기 위해 구하는 모든 요소는 때로 그 사람의 주인이 된다. 특히 미묘한 힘일 때 더 그렇다. 그렇다면 우리는 증기와 불과 전기를 포기해야 할까? 아니면 다루는 법을 배워야 할까? 이 모든 종류의 힘에 대한 원칙은 단순하다. "모든 힘은 선이다. 다만, 그것을 올바른 자리에 두기만 하면 된다."

힘은 다루는 자에게 달렸다

이렇게 동맥에 피가 과다하게 몰리는 사람들은 견과류, 허브차, 노래로 살 수 없고, 소설을 읽거나 카드 게임을 즐길 수 없으며, 목요일 강의나 보스턴 도서관에서 욕구를 채울 수 없다. 그들은 모험을 갈구하며 높은 산에 올라야 한다. 좁은 방에서 종일 책상에 앉아 있느니 원주민의 도끼에 맞아 죽는 편이 나을 것이다. 이들은 전쟁, 바다, 광산, 사냥, 개간을 위해 태어났고, 엄청난 위험을 무릅쓰는 아슬아슬한 모험과 사건이 끊이지 않는 삶을 즐기기 위해 태어났다. 어떤 사람들은 바다의 고요한 시간을 견디지 못한다. 나는 같은 배에 탔던 말레이 요리사를 기억한다. 그는 폭풍이 불자 기쁨을 참지 못하고 외쳤다. "불어라! 내가 명령하노니 불어라!" 이런 폭발적인 기질을 가진 사람들에게는 그 에너지를 풀어줄 출구가 반드시 필요하다. 집에 있으면 문제아 취급받을 그런 사람들이 멕시코로 가면 영광에 휩싸인 영웅이나 장군의 모습으로 돌아오기도 한다.

미국에는 오리건주, 캘리포니아주, 탐험 원정대 같은 기회가 충분히 있어서 위험한 모험을 얼마든지 즐길 수 있다. 영국 청년들 역시 피가 끓는 훌륭한 동물이다. 그들은 난폭한 용맹함을 채울 전쟁이 없을 때는 전쟁만큼 위험한 여행을 추구한다. 소용돌이 속으로 뛰어들고, 다르다넬스해협에서 헤엄치고, 눈 덮인 히말라야를 오르고, 남아프리카에서 사자나 코뿔소나 코끼리를 사냥하고, 스페인과 알제리에서 작가와 함께 집시 생활을 하고, 탐험가와 함께 남아메리카에서 악어를 타고, 고고학자와 함께 베두인족과 아랍 지도자를 만나고, 랭커스터해협의 빙산 사이에서 요트를 타고, 적도의 분화구를 들여다보고, 보르네오섬 말레이반도의 주름진 해변을 달린다.

  넘치는 활력은 개인의 삶이나 산업에서와 마찬가지로 일반 역사에서도 중요하다. 강한 민족이나 강한 개인은 결국 자연의 힘 위에 서 있으며, 그 힘은 대개 주변 짐승들처럼 여전히 자연의 젖줄에서 젖을 받아먹는 야만인에게 가장 순수한 형태로 남아 있다. 우리가 하는 모든 일이 이러한 본원적 자연과의 연결을 끊어버리면 그 일은 깊이가 사라진다. 민중은 바로 이 자연의 힘에 기대어 있다. 이런 좋은 면이 있기 때문에 군중은 우리가 생각하는 것만큼 나쁜 주장만을 펼치지 않는다. 한 프랑스 하원의원은 연단에서 말했다. "대중이 지지하지 않는 행진은 밤으로 향합니다. 그들의 본능은 언제나 진정한 이익을 향한 섭리의 손짓입니다. 하지만 당신이 자연스럽게 형성된 조직적 집단이 아닌, 오를레앙가나 부르봉가, 몽탈랑베르가 같은 특정 인물 중심의 정치세력을 지지한다면, 아무리 당신의 의도가 선하더라도, 그것은 원칙이 아니라 개인에 기대는 일이 됩니다. 그리고 그런 선택은 결국 당신을 외딴 구석으로 몰아넣고 말 것입니다."

  이 힘은 탐험가, 군인, 해적 등의 야만적 삶에서 가장 잘 볼 수 있다. 하지만 암살자들의 싸움, 곰의 격투, 빙산의 눈사태를 누가 신경 쓰는가? 다른 사람이 아무도 없을 때는 아무리 육체적 힘이 강해도 뽐낼 곳이 없다. 눈더미 속의 눈, 화산 속의 불은 귀하지 않다. 얼음은 열대 지방과 한여름에만 환영받는다. 불은 난로에 조금만 타고 있을 때 귀하고 전기는 벼락 치는 구름이 아닌 전선에서 흐를 때 가치 있다. 정신이나 에너지도 마찬가지다. 문명인과 도덕적인 사람들 속에 남은 힘이 태평양의 모든 식인종의 힘보다 가치 있다.

역사에서 가장 위대한 순간은 야만적인 상태가 끝나고 덥수룩한 고대인의 힘이 미적 감각으로 열리기 시작한 때이다. 페리클레스와 페이디아스가 그런 사람이었다. 하지만 이들은 아직 코린트식의 지나친 예의범절로 넘어가지는 않았다. 그 전환의 순간에 자연과 세상의 모든 좋은 것이 있다. 여전히 거무스름한 수액이 자연에서 풍부하게 흐르지만 그 신맛이나 쓴맛은 윤리와 인간성으로 제거된 상태다.

평화를 가져온 승리는 전쟁과 아직 가까이 있다. 손이 여전히 칼자루에 익숙하고, 야영지의 습관이 혈색과 안색에서 고스란히 드러날 때 그의 지적 능력은 절정에 달한다. 이런 엄격한 조건에서 오는 압박과 긴장은 섬세하고 고상한 예술을 위한 훈련이며, 전쟁처럼 힘든 일에서 나타나는 비슷한 활력이 없다면 평온한 시대에는 좀처럼 비슷한 효과를 얻기 어렵다.

우리는 성공이 체질에서 나온다고 말한다. 즉 정신과 신체가 건강한 상태, 일하는 힘, 용기가 있어야 하며 이것들이 세상을 살아가는 데 가장 중요하다. 그러나 상품으로 거래될 정도로 적합한 상태는 드물고 대부분 과포화 상태나 과잉 상태가 되어 위험하고 파괴적일 수 있다. 그렇다고 해도 성공은 꼭 필요하며 과잉된 형태라도 있어야 하고 지나침을 흡수해 완화할 수 있는 장치가 있어야 한다.

확신하는 사람들이 인류의 경의를 독점한다. 그들은 모든 위대한 업적을 시작하고 실행한다. 나폴레옹의 두개골에는 얼마나 큰 힘이 웅크리고 있었을까! 아일라우 전투에 참전한 6만 명 중 약 3만 명은 도둑과 강도였을 것이다. 평화로운 사회라면 어떻게든 그들을 통제하기 위해 다리에 족쇄를 채우고 감옥에 가둬 소총을 든 경비대가 지키게 했을 텐데 나폴레옹은 이 사람들을 전쟁터로 직접 데리고 가 의무를 다하도록 이끌고 총검으로 승리를 거두었다.

이 원초적인 힘이 고도로 세련된 조건, 즉 고급 예술의 능숙함에 나타나면 놀라운 즐거움을 준다. 미켈란젤로는 시스티나 예배당에 전혀 아는 바 없는 프레스코화를 그려야 했을 때, 바티칸 뒤에 있는 교황의 정원으로 내려가 손수 붉은색과 노란색 황토를 삽으로 파낸 후 접착제와 물을 넣어 섞었다. 여러 차례의 시도 끝에 마침내 적절한 재료를 찾아낸 그는 곧바로 매주, 매달 사다리를 타고 올라가 성인들의 모습을 천장에 그려넣었다. 미켈란젤로는 지성과 순수한 세련미만큼이나 거친 활력에서도 후계자들을 능가했다. 또한 끝까지 미완성으로 남겨진 그림 한 장에 좌절하지 않았다. 처음에 그는 인물의 뼈대를 그린 다음 살을 붙이고 마지막으로 옷을 그렸는데 어느 용감한 화가가 이런 것들을 생각하며 나에게 말했다. "어떤 사람이 실패했다면, 그는 일하지 않고 꿈만 꾸었다는 뜻이다. 예술에서 성공하는 방법은 따로 없다. 옷을 벗고 물감을 갈고 철도 노동자처럼 하루도 빠짐없이 온종일 땅을 파듯 일하는 것뿐이다."

중요한 일에 힘을 집중하라

성공은 항상 어떤 추가적인 힘 또는 긍정적인 힘과 함께 간다. 성공의 무게는 힘의 무게와 균형을 이루어야 한다. 비록 사람이 어머니의 자궁으로 돌아가 새로운 활력을 얻어 태어날 수는 없지만 두 가지 방법을 그 대안으로 쓸 수 있다. 첫 번째는 잡다한 활동을 단호하게 끊고 힘을 하나 또는 몇 가지 지점에 집중하는 것이다. 정원사가 나뭇가지를 구불구불 뭉쳐서 나도록 두지 않고 엄격한 가지치기로 나무의 수액을 한두 개의 튼튼한 가지로 흐르게 하는 것과 마찬가지다.

신탁이 말했다. "네 운명을 키우지 말라. 네게 맡겨진 것 이상을 얻으려고 하지 말라." 인생에서 신중하게 지켜야 할 한 가지 선은 집중이고, 피해야 할 한 가지 악은 산만함이다. 그 산만함은 거칠든 훌륭하든, 재산과 그에 따른 걱정, 친구와 사교 생활, 정치, 음악, 잔치 무엇이든 상관없다. 즐거움만을 추구할 뿐인 장난감과 망상을 하나 없애고, 제자리로 돌아가 본분에 집중하는 것은 나와 세상 모두에게 좋은 일이다. 친구, 책, 그림, 하찮은 의무, 재능, 아첨, 희망은 모두 우리 마음을 들뜨게 하고 좋은 자세와 곧은 길을 불가능하게 만드는 방해물이다. 당신의 일을 선택해야 한다. 당신의 두뇌가 감당할 수 있는 만큼만 받아들이고, 나머지는 모두 버려야 한다. 그 방식만이 '아는 것'에서 '행하는 것'으로 도약할 수 있을 만큼의 활력을 쌓는다.

가만히 누워 있는 사람은 관찰하는 능력이 아무리 뛰어나도 아는 데서 행하는 데로 한 걸음 내딛는 일을 하지 못한다. 이 걸음은 무능의 순환을 멈추고 열매를 맺는 일이다. 많은 예술가가 이 열매를 맺지 못하고 미켈란젤로나 첼리니의 강인한 작품을 보며 절망한다. 그들 역시 자연과 제1원인이 머리에 있지만 존재 전체를 모아 하나의 행위로 휘두르는 경련을 경험하지 못한다. 시인 캠벨은 "일하는 게 익숙한 사람은 결심한 모든 일을 성취할 수 있으며 그에게는 영감이 아니라 필요성이 뮤즈를 자극하는 힘이다"라고 말했다.

집중은 정치, 전쟁, 무역 등 간단히 말해 모든 인간의 일을 잘 관리하는 비결이다. 뉴턴이 "어떻게 발견을 이룰 수 있었는가?"라는 질문에 "항상 마음을 먹고 있어서"라고 대답했다는 위대한 일화가 있다. 정치와 관련해서도 플루타르코스가 이런 말을 남겼다. "도시 전체에서 페리클레스가 절대 보이지 않던 유일한 곳은 시장과 의회 건물로 이어지는 거리였다. 그는 모든 연회 초대와 모든 즐거운 집회와 모임을 거절했다. 또한 통치 기간 내내 친구와 한 식탁에 앉은 적이 없었다."

무역에서 예를 찾는다면, 벅스턴이라는 선량한 양조업자 청년이 로스차일드에게 이렇게 말했다. "당신의 아이들이 돈과 사업을 너무 좋아하지 않아야 할 텐데요. 당신도 그런 걸 바라진 않겠죠." 그러자 로스차일드는 이렇게 답했다. "오히려 반대일세. 내 아이들이 사업에 정신과 영혼, 마음과 몸을 바치기를 바라지. 그게 행복의 비결이니까. 큰 재산을 벌려면 엄청난 대담함과 조심성이 필요하지만, 모은 재산을 유지하려면 열 배나 더 많은 능력이 필요해. 들어오는 제안을 모두 받아들이면 나는 곧 망할 걸세. 한 가지 사업에만 집중하게, 젊은이. 양조장에 집중해. 그러면 런던의 위대한 양조업자가 될 거야. 양조업자, 은행가, 상인, 제조업체 무엇이 되든 그렇게 하면 곧 신문에 실린다네."

많은 사람들이 아는 것도 많고 걱정하는 마음으로 끈기 있게 노력하지만 재빠르게 결정을 내리지는 않는다. 하지만 우리는 흘러가는 세상사 속에서 결정을 내려야 한다. 최선의 결정을 내리면 가장 좋겠지만, 어떤 결정이든 내리지 않는 것보다 낫다. 어떤 지점에 도달하는 데는 스무 가지 길이 있고 가장 짧은 길은 하나뿐이다. 그러나 일단은 아무것이라도 하나 선택해 당장 출발하라. 자신이 아는 모든 것을 즉시 가져올 수 있는 정신력을 지닌 사람은 아무리 많이 알고 있더라도 그 지식을 꺼내는 데 오래 걸리는 열두 사람보다 훨씬 더 가치 있는 인물이다.

훌륭한 의원은 의회 전략의 이론을 아는 사람이 아니라, 즉석에서 결정을 내리는 사람이다. 훌륭한 판사는 모든 주장에 시시비비를 따지는 사람이 아니라, 실질적인 정의를 목표로 명확한 판결을 내려 소송인을 이끌 수 있는 사람이다. 훌륭한 변호사는 모든 측면과 우연을 샅샅이 살피는 사람이 아니라 진심으로 의뢰인의 편에 서서 그를 곤경에서 꺼내주는 사람이다. 존슨 박사Samuel Johnson는 그 유려한 문장으로 "가정의 모든 소소한 일을 미리 추상적인 이성의 원칙으로 축소하려는 운명에 빠진 한 쌍은 어떤 불행한 이름도 어울리지 않을 만큼 비참하다. 거의 말할 수 없지만 꼭 해야 하는 일들이 있다"라고 말했다.

습관과 반복이 힘을 키운다

기질의 두 번째 대체물은 훈련, 즉 습관과 반복의 힘이다. 도로를 달릴 때는 평범한 말이 경주용 말보다 더 낫다. 화학에서 느리지만 연속적인 갈바닉 흐름은 순간적이지만 강한 전기 스파크와 동등한 힘을 내며, 예술에서도 더 나은 작용을 한다. 따라서 우리 인간은 꾸준한 훈련으로 강한 에너지를 만들어내야 한다. 순간으로 응축하는 대신 같은 양의 힘을 오랜 시간에 걸쳐 분산시켜야 한다. 금덩이 1온스와 금박 1온스의 가치는 같다.

육군사관학교의 수석 엔지니어 뷰퍼드 대령은 망치를 들고 대포의 포신이 부러질 때까지 두드렸다. 또 대포가 폭발할 때까지 약 100번 연속으로 빠르게 포탄을 발사하기도 했다. 자, 어떤 타격이 포신을 부러뜨렸을까? 한 번의 망치질이 쌓이고 쌓여 포신을 부러뜨렸다. 몇 번째 발사에서 대포가 터졌을까? 한 번 한 번의 발사로 축적된 힘이 대포를 터트렸다. "근면함은 수단을 뛰어넘는다"라는 말을 남긴 헨리 8세는 "위대한 것은 훈련"을 말버릇처럼 입에 올렸다.

배우 존 켐블은 최악의 지방 극단이 최고의 아마추어 극단보다 연극을 더 잘 해낼 거라고 말했고, 해군장교 바실 홀은 최악의 정규군이 최고의 자원병 부대를 이길 거라는 말을 자주 했다. 9할이 연습이다. 군중을 상대하는 연습은 연설가에게 좋은 훈련이다. 모든 위대한 연설가들도 처음에는 실력이 좋지 않았다. 코브던은 7년 동안 영국을 떠돌며 뛰어난 토론가가 되었다. 변호사 웬들 필립스는 뉴잉글랜드를 14번 떠돌며 훈련했다. 독일어를 배우는 방법도 마찬가지다. 독일어로 된 책 한두 페이지를 백 번 반복해서 읽고, 단어 하나하나를 외우고, 발음하고, 암송할 수 있을 때까지 익히는 것뿐이다. 어떤 천재도 한 번 읽은 시를 스무 번 읽을 때처럼 암송하지는 못한다. 아일랜드의 손님 접대 법칙은 일년 내내 매일 같은 저녁 식사를 내놓는 것이다. 그러다 보면 마침내 부인은 그 요리를 완벽하게 만들어내고, 주인은 능숙하게 고기를 썰어 대접하며, 손님들은 맛있게 먹는다. 유머 감각이 넘치는 내 친구 한 명은 이런 농담을 들려준 적이 있다. "자연이 그렇게도 완벽한 일몰을 만들어낼 수 있는 이유는 수없이 똑같은 일을 반복하며 드디어 요령을 터득했기 때문일지도 몰라."

누구든 새로운 주제보다 자신이 경험한 주제를 더 잘 이야기할 수 있지 않을까? '변화'에 대한 그럴듯한 이야기를 하는 사람은 특별한 경험을 가진 사람일 뿐이며, 그렇지 않은 사람들의 의견은 가치가 없다. "본성보다 훈련으로 더 훌륭해지는 이가 많다"고 데모크리토스는 말했다.

자연이 던지는 장애물은 너무나 대단한 것이기에 우리는 힘을 아끼지 말아야 한다. 문제는 생각을 표현하고 길을 선택하는 것이 아니라 우리가 하는 모든 일에서 환경과 물질의 저항을 극복하는 것이다. 그래서 연습이 필요하다. 아마추어는 숙련된 실무자를 상대할 수없다. 피아노를 매일 여섯 시간씩 치면 손가락 놀림이 쉬워지고, 그림을 매일 여섯 시간씩 그리면 기름, 황토, 붓 같은 거친 재료를 잘 다룰 수 있다. 거장들은 건반을 짚는 손 모양만 봐도 음악을 잘 아는지 알아본다. 악기를 배우는 건 그만큼 어렵고 중요하다. 기술자는 수천 번의 조작을 통해 도구 사용법을 배우고, 사무원은 끝없이 더하고 나누며 계산 기술을 배운다. 나는 영국과 미국 양쪽에서 자주 경험했던 것처럼 문학계에서 신뢰받는 사람들, 즉 출판업자, 편집자, 대학 학장과 교수, 주교가 결코 뛰어난 문학적 재능을 가진 사람들이 아니라, 보통은 지적으로 평범하거나 수준이 낮으며 일하는 재능이 있는 일종의 상업 활동가들임을 알 수 있었다. 평범한 사람들조차도 자신의 힘을 수익이 나는 지점으로 정확히 밀어붙이거나, 꾸준히 일함으로써,

더 뛰어난 사람들 위에 군림하게 된다. 이는 영국은 물론이고 미국에서도 마찬가지다.

　나는 재능과 피상적인 성공의 가치를 뛰어넘는 더 숭고한 관점들이 있다는 사실도 잊지 않았다. 우리는 흔히 세속적인 영웅을 지나치게 높이 평가하기 쉽다. 그러나 우리가 아직 끌어다 쓰지 않은 더 깊은 원천들이 존재한다. 이 주제에 관해서는 나중에 다룰 '문화'와 '경배' 장에서 이야기하겠다. 하지만 이 힘 또는 정신은 자연이 일상의 과업을 이끌기 위해 의지하는 수단이다. 그렇기 때문에 우리가 가정생활이나 세속적 성취를 중요하게 여긴다면 이 힘 또한 존중할 수밖에 없다. 또한 나는 여기에 일종의 경제관념을 적용할 수 있다고 본다. 이 힘은 유체나 기체와 마찬가지로 정확한 법칙과 산술의 대상이 되기에 절약하거나 낭비할 수도 있다. 모든 인간은 이 힘을 담는 그릇이 된 만큼만 유능해지며, 역사상 어떤 중요한 행위나 업적도 이 힘이 쓰여 이루어졌다. 이 힘은 황금이 아니라 황금을 만드는 법칙이며, 명성이 아니라 그 명성을 만들어낸 행동이다.

　만약 이런 힘과 그것을 관리하는 기술이 우리의 의지 안에 있고, 그 원리를 우리가 읽어낼 수 있다면, 모든 성공을 비롯해 인간이 상상할 수 있는 모든 유익함 역시 결국에는 인간의 손에 닿을 수 있다는 결론에 도달한다. 세상은 수학처럼 정확하고 광대하며, 그 거대한 곡선 위에는 단 하나의 우연도 존재하지 않는다. 성공은 우리가 공장에서 짜는 깅엄이나 모슬린 직물만큼 일관성과 규칙성을 가진다.

　나는 바쁘고 계획이 많은 뉴잉글랜드 사람들에게 미국의 모든 수로를 따라 늘어선 공장 중 하나에 가보라고 권하고 싶다.

아마 어디에서도 얻을 수 없는 감동적인 교훈을 얻을 것이다. 사람은 머릿속 이미지에 따라 전신기, 방직기, 인쇄기, 기관차를 만들기 전까지는 자신도 기계인 걸 거의 알지 못한다. 그러나 이런 기계를 만들 때는 인간의 어리석음과 결점은 제외해야 하므로, 공장에서는 기계가 우리보다 더 도덕적이다. 방직기 옆에 가서 사람이 기계에 맞먹는지 시험해보자. 기계와 기계를 마주하게 한 후 어떤 결과가 나오는지 보자. 세상이라는 기계는 직물 공장보다 더 복잡하고 그 공장을 만든 건축가는 멈추는 일도 더 적었다.

　　직물 공장에서는 실이 끊어지면 긴 원단이 망가지고 그러면 그 원단을 짠 소녀의 임금이 깎인다. 투자자는 그 모습을 보고 손을 비비며 기뻐한다. 하물며 방직 공장에서도 실 한 올도 놓치지 않는데 당신이 얼마나 영리한들 당신의 고용주인 자연을 속일 수 있다고 생각했다면 오산이다. 당신이 짜고 있는 하루라는 시간은 어떤 무슬린보다도 더 장엄한 직물이며, 그 하루를 짜내는 메커니즘은 말로 다할 수 없이 정교하다. 당신이 몰래 끼워넣은 느슨하고 부정하며 부패한 시간은 숨길 수 없다. 어떤 정직한 실, 더 곧은 철, 더 단단한 축이든 간에 그 천 안에서 반드시 진실을 증언하게 될 것이다.

당신의 일을 선택해야 한다. 당신의 두뇌가 감당할 수 있는 만큼만 받아들이고, 나머지는 모두 버려야 한다. 오직 그렇게 해서만, '아는 것'에서 '행하는 것'으로 도약할 수 있을 만큼의 활력이 쌓인다.

7장

WEALTH

노동이 인간을 완성시킨다

　모임에 낯선 사람이 새로 참석할 때 모두가 이것을 가장 궁금해한다. '저 사람은 무슨 일을 하며 먹고살까?' 이런 의문이 드는 것은 지극히 당연한 일이다. 비난받지 않는 방식으로 생계를 유지하는 사람이라야 비로소 온전한 인간이라고 할 수 있다. 사회는 모든 근면한 사람이 정직하게 생계를 유지할 수 있어야만 야만적인 상태를 벗어난다.
　모든 인간은 소비자이자, 생산자여야 한다. 빚을 갚는 것은 물론 공동의 부에 무언가를 더하지 않으면 그 사람은 세상에서 자신의 자리를 제대로 차지하지 못한 것이다. 간신히 존재하는 것 이상을 세상에 요구하지 않고서는 자신의 천재성을 제대로 펼칠 수 없다. 인간은 본래 비용이 많이 드는 존재이며, 부유해져야 하는 운명을 타고났다.
　부는 삽과 도끼를 거칠게 휘두르는 행위부터 예술의 마지막 비밀에 이르기까지 자연에 마음을 적용하는 데서 만들어진다. 모든 사유와 모든 생산 사이에는 친밀한 유대가 존재한다. 깊은 사유에서 비롯된 더 나은 질서는 막대한 양의 육체노동을 대체하는 것이기 때문이다. 힘과 저항은 자연의 것이지만, 그것들을 원하는 곳으로 가져오고, 지혜롭게 조합하며, 유용한 기술의 실행을 이끌고, 정교한 예술, 웅변, 노래, 기억의 재현을 통해 더 섬세한 가치를 창조하는 일은 정신의 몫이다. 부는 정신이 자연에 작용한 결과이며 부자가 되는 기술은 근면함에 있지 않고, 절약에는 더더욱 없으며, 질서가 시기에 맞게 적절한 자리에 존재할 때 나온다.

어떤 사람은 팔심이 세거나 다리가 길다. 어떤 사람은 개울의 흐름과 시장의 성장을 보며 땅이 필요한 곳을 알아보고, 강가를 개간해 자고 일어나면 부자가 된다. 증기기관은 100년 전에 비해 더 강력하지는 않지만, 더 잘 활용되고 있다. 어떤 영리한 사람은 증기기관의 엄청난 힘에 대해 잘 알았고, 미시간주의 풍부한 밀과 풀이 썩어가는 것을 보자 약삭빠르게 밀 수확물로 증기기관차를 달리게 했다. "이제 불어라, 증기여!" 증기기관은 이전처럼 지금도 연기를 뿜으며 달리지만 이제는 미시간주 전체를 굶주린 뉴욕과 잉글랜드로 연결한다.

석탄은 대홍수 이후 땅속 선반에 쌓여 있다가 곡괭이와 굴착기를 든 노동자를 따라 지표면 위로 올라온다. 우리는 석탄을 '검은 다이아몬드'라 불러 마땅하다. 석탄이 든 바구니 하나하나가 힘이자 문명이다. 왜냐하면 석탄이 이동식 기후이기 때문이다. 석탄은 열대의 열기를 래브라도와 극지방으로 운반하고, 어디든 원하는 곳으로 이동할 수 있게끔 하는 수단이기도 하다. 와트와 조지 스티븐슨George Stephenson은 인류의 귀에 속삭였다. 석탄 15그램이면 2톤의 무게를 1.6킬로미터나 옮길 수 있다고. 석탄은 철도와 배를 통해 다른 석탄을 실어 나르며, 캐나다를 캘커타처럼 따뜻하게 만들었다. 그 따뜻함은 안락함이 되었고, 안락함은 산업을 키웠다.

농부가 키운 복숭아를 나무 밑에서 주워 도시로 가져가면, 같은 나뭇가지에서 자란 다른 과일보다 100배 높은 가치를 지닌다. 상인의 기술이란 이렇게 물건을 풍부한 곳에서 값비싼 곳으로 가져오는 것이다.

부는 아주 기본적인 것에서 시작된다. 비와 바람을 막아주는 튼튼한 지붕, 감수를 쏟아내는 좋은 펌프, 젖었을 때 갈아입을 수 있는 옷 두어 벌, 땔감, 품질 좋은 이중 심지 램프, 세 끼 식사가 부의 출발점이다. 또한 땅을 가로지르는 말이나 기관차, 바다를 건너는 배, 일할 도구, 읽을 책 등도 포함된다. 그리고 이렇게 모든 면에서 도구와 보조 수단을 통해 우리의 능력을 최대한 확장시키는 것이 곧 부다. 부는 마치 우리에게 발을 더하고, 손을 더하고, 눈을 더하고, 피를 불어넣으며, 하루의 길이를 늘리고, 지식을 보태고, 선의를 더해주는 것과 같다.

부는 이러한 필수품에서 시작된다. 여기서 우리는 이 북쪽 기후에서 자연이 우레같이 선포하는 철칙을 암송해야 한다. 첫째, 자연은 인간 각자에게 스스로 먹을 것을 구하라고 요구한다. 부모가 유산을 남기지 않았다면 일하러 가야 하며, 욕구를 줄이거나 더 많이 벌어 거지가 당하는 고통과 모욕의 상태에서 스스로 빠져나와야 한다. 그가 일하지 않는 한, 자연은 결코 그에게 안식을 허락하지 않는다. 그가 빵 한 조각을 자기 손으로 쟁취할 때까지 자연은 굶주림과 조롱과 고통을 선사하고 온기, 웃음, 잠, 친구, 햇빛을 빼앗는다. 그런 다음에는 조금 더 부드럽지만 따끔하게, 소유물을 획득하도록 재촉한다. 모든 창고나 상점 창문이나 과일나무나 매 순간의 생각까지 그에게 새로운 욕구를 불러일으키고, 그 욕구를 채우는 일은 곧 개인의 능력과 존엄을 시험하는 일이 된다. 욕구를 줄이라는 말은 아무 소용 없다. 철학자들은 인간의 위대함이 욕구를 줄이는 데 있다고 했지만, 인간이 과연 오두막 한 채와 말린 콩 한 줌으로 만족할까?

인간은 부유하도록 태어났다. 인간은 자연과 깊이 연결되어 있으며, 자신의 식욕과 공상에 이끌려 자연의 이 조각, 저 조각을 정복해나간다. 그리고 마침내, 인간은 이 행성과 다른 행성들까지 활용하는 데서 자신의 진정한 안녕을 발견한다. 부는 빵껍질과 지붕 외에도 도시의 자유, 땅의 자유, 여행, 기계, 과학, 음악, 미술이 주는 혜택, 최고의 문화, 최고의 동료를 요구한다. 모든 인간의 능력을 활용할 줄 아는 사람이 진정한 부자이며, 주변 사람은 물론이고 멀리 떨어진 나라의 사람들, 심지어 과거의 사람들의 노동에서 이익을 끌어오는 사람이 가장 부유한 사람이다.

배 속의 갈증과 샘물의 물 사이의 대응 관계처럼 인간 전체와 자연 전체 사이에도 이런 관계가 존재한다. 자연의 모든 요소들은 인간을 섬긴다. 적도와 극지방을 씻어내는 바다는 위험성과 함께 힘과 제국의 가능성을 제공하며, 매일매일 인간의 기술과 대담함을 시험한다. 바다는 말한다. "나를 조심하라, 하지만 나를 버틸 수 있다면 나는 모든 대륙으로 가는 열쇠가 되리니." 불 역시 마찬가지로 강력한 힘을 제공한다. 불, 증기, 번개,

중력, 바위, 철광석, 납, 수은, 주석, 금이 묻힌 광산, 모든 나무의 숲, 모든 기후의 과일, 모든 습성의 동물, 경작에서 나오는 힘, 화학 실험실에서 만든 제품, 직조기에서 만드는 직물, 기관차의 강인한 추진력, 기계 공장의 부적, 광물, 가스, 에테르, 열정, 전쟁, 무역, 정부 같은 모든 웅장하고 미묘한 것은 인간의 자연스러운 친구들이다. 각 인간에게 내재된 기계적 능력의 우수성에 따라, 그가 끌리는 도구가 정해진다. 세상은 그의 도구 상자이고, 그가 성공하느냐 얼마나 교육받느냐는 그의 능력이 자연과 얼마나 잘 결합하는지, 또는 그가 세상을 어떻게 받아들이는지에 따라 달라진다.

부는 곧 책임이다

강한 민족은 바로 이런 조건에서 강하다. 색슨족은 세계의 상인이다. 지금까지 천 년 동안 선두에 서 있는데 이는 독립성이라는 자질, 그중에서도 특별하게 변형된 경제적 독립성이라는 특성 덕분에 가능한 일이었다. 지도층에 음식을 의지하지 않고, 씨족 의식도 없으며, 족장의 수입으로 생활하는 가부장적 방식도 아니거니와 혼인에 의지하지 않고, 후원 체계 같은 제도도 그들에게는 맞지 않았다. 그저 모든 구성원이 자기 몫을 반드시 지불해야 했다. 영국이 번창하고 평화로운 것은 모든 사람이 자신을 책임져야 한다는 사고방식을 갖고 있기 때문이며, 이들은 사회에서 자신의 지위를 유지하고 향상시키지 못한다면 자신에게 책임을 묻는다.

경제라는 주제는 도덕성과 맞닿아 있다. 왜냐하면 개인의 독립성을 확보하는 것이 미덕의 결정적인 요점이기 때문이다. 빈곤은 인간을 타락시킨다. 빚을 진 사람은 노예와 마찬가지다. 월스트리트 사람들은 백만장자가 약속을 지키고 명예롭게 사는 것이 어렵지 않다고 생각하지만, 파산 위기에 처한 사람은 누구도 정직함을 유지할 수 없을 거라 여긴다. 그리고 동부의 주요 도시들에 있는 호텔과 대저택의 지출 습관, 요란한 감각, 연대감이나 동료의식의 부재를 관찰해보면, 남자든 여자든 궁지에 몰리면 정직을 지키기란 몹시 어렵다는 생각이 든다.

미덕이란 이제 거의 아무도 감당할 수 없는 사치품이 되거나, 버크가 말했듯이 "인간성으로는 감당할 수 없으리만치 비싸게 팔리고 있는 것"이 된 듯하다. 사람은 자신의 필요와 즐거움의 목록을 원하는 대로 정할 수 있다. 그러나 자유롭게 생각하고 인생의 경로를 스스로 계획하며 사람들과 적절한 관계를 맺으려 한다면, 욕구를 스스로 충족할 수 있는 범위 내로 적절히 제한해야 한다.

자신이 할 수 있는 일을 전력으로 해내는 사람은 진정으로 굳센 기질을 가진 셈이다. 세상은 아무 일도 해본 적 없으면서 아름다운 이들과 천재까지 자신의 한심한 허세를 따르게 만드는 한량으로 가득하다. 이들은 생계를 위해 일하는 모습은 볼품없고, 벌지 않으면서 쓰는 것이 훨씬 더 고상하다는 주장을 설파한다. 이런 뱀 같은 교리는 선택받은 빛의 자녀들, 다시 말해 지혜로운 사람들도 하는 말이다. 왜냐하면 현명한 사람도 늘 분별 있는 것은 아니라서, 다섯 번은 취향이나 기분에 따라 말하고 이성에 따른 말은 한 번만 말한다.

용감한 노동자는 그의 감정이 태도로 드러날 수는 있어도,

그 기분을 행동으로 옮기지 않는 한 일을 완수함으로써 그가 잃은 우아함과 품위를 대신할 수 있다. 신발을 만들든, 조각상을 만들든, 법을 만들든 상관없다. 인간이 하는 모든 일은 그것을 잘 해낸 사람에게 얼마간의 오만함을 부여하는 특권을 안긴다. 결과물에서 우러나오는 성실함이 그를 대변해주기에 굳이 다른 사람에게 아첨할 필요가 없는 것이다.

작업대에서 일하는 기술자는 조용한 마음과 확신에 찬 태도를 지니며, 어떤 계층의사람과도 대등히 교류할 수 있다. 예술가는 자신의 그림을 너무나 사실적으로 만들어서 비평가를 당혹스럽게 만든다. 지나치게 아름다운 조각상은 시장이라는 장소로 더럽혀지지 않고, 오히려 시장을 고요한 미술관으로 만든다. 한 젊은 변호사는 한심할 정도로 하찮은 사건을 맡았다. 일상 속 사소한 문제였지만, 결단력 있는 청년은 그 안에서 위험한 쐐기를 끼울 기회를 보았고 자신의 감각과 활력으로 그 하찮던 사건의 인상을 완전히 지워버렸다.

대도시의 사회는 유치하고, 부는 장난감이 된다. 쾌락적인 삶은 너무나 과시적이어서, 얄팍한 관찰자는 이것이 부를 가장 잘 사용하는 방법으로 통용된다고 믿고, 어떤 겉치레도 애지중지하게 된다. 그러나 만약 이런 방식이 잉여 자본의 주된 쓰임새라면, 그 결과는 곧 폭동, 불타는 도시, 도끼와 방패의 충돌로 이어질 것이다.

상식이 있는 사람이 생각하는 부는 자연을 자기 자신에게 동화시키는 수단이다. 지구의 수액을 자신의 계획에 필요한 영양분으로 바꾸는 것이다. 그들은 사탕이 아니라 힘을 원한다. 자신의 구상을 실행하는 힘, 생각에 다리와 발, 형태와 현실성을 부여하는 힘을 바란다. 통찰력 있는 사람에게는 이것이야말로 우주가 존재하는 목적이며 모든 자원이 이 목적에 맞게 활용되어야 한다. 콜럼버스는 둥근 지구가 기하학 이론뿐 아니라 실제 항해에서도 중요한 문제라고 생각했고 그를 도와주지 않으려고 하는 모든 왕과 국민을 겁쟁이 육지인으로 봤다. 이 행성에 그보다 더 진정으로 속한 사람은 없었다. 하지만 그는 지도를 대부분 비워두어야 했다. 대신 후계자들이 그의 지도를 물려받으면서 지도를 완성하려는 열망까지도 함께 받았다.

그렇기에 광산, 전신, 공장, 지도, 측량에 몰두하는 사람들, 즉 시장과 사무실에서 자신의 계획을 열변하는 외골수들은 사람들에게 투자를 권유한다. 신중한 사람들을 끌어들인 이런 연설가들의 끈질긴 요구가 없었다면 우리가 공장을 짓고 북미의 철도망을 완성할 수 있었을까? 정당이란 소수의 이익을 위한 다수의 광기인가? 이런 투기적 천재성은 전 세계의 이익을 위한 소수의 광기다. 기획자는 희생되지만 대중은 이익을 얻는다.

자기 생각만을 좇는 이 이상주의자들은 할 수만 있다면 폭군이 되려고 할 것이다. 하지만 그는 자신만큼이나 뜨거운 다른 투기꾼과 만나 저항을 받는다. 이런 상호 충돌이 균형을 유지해 준다. 마치 숲에서 한 그루의 나무가 다른 나무들을 눌러서 땅의 모든 수액을 흡수하지 못하게 하는 것과 같다. 그리고 철도 회사 사장, 구리 광산업자, 대규모 도로 건설자, 연료 공급자, 화재 진압자 등의 자원 공급은 탄소, 명반, 수소의 공급 비율을 유지하는 법칙과 동일하게 제한된다.

문명을 구성하는 부의 철학

부자가 된다는 것은 각 민족의 걸작과 위대한 인물들의 모임에 입장할 표를 얻는 것이다. 그 표는 전 세계의 바다를 항해하며 산과 나이아가라폭포, 나일강, 사막, 로마, 파리, 콘스탄티노플을 방문하고, 미술관, 도서관, 무기고, 공장을 둘러보는 기회가 된다. 훔볼트의 『코스모스』를 읽는 독자는 한 사람이 인류가 어디서든 축적해온 모든 과학, 예술, 도구로 눈과 귀와 마음을 무장한 채 탐험하며, 그 지식의 축적에 스스로 기여하고 있는 여정을 따라간다. 드농, 벡퍼드, 벨조니, 윌킨슨, 레이어드, 케인, 렙시우스, 리빙스턴의 책을 읽는 이들도 마찬가지다. 페르시아의 시인 사디는 말했다. "부자는 어디에서나 환영받고 집처럼 편히 머문다." 부자는 세상의 더 많은 것을 삶에 받아들인다. 시골과 도시, 바다, 부촌, 동부의 산맥, 오래된 유럽식 농가를 언제든 이용할 수 있다고 생각한다. 세상은 보러 다닐 돈이 있는 사람의 것이다. 그가 해변에 도착하면 호화로운 배가 폭풍우 치는 대서양에 바닥과 카펫을 깔 듯 호화로운 호텔이 되어준다. 페르시아 속담에 이런 말이 있다. "신발을 신는 사람에게는 온 흙바닥이 가죽으로 덮인 것과 마찬가지다."

비유적으로 왕은 팔이 길어서 그 힘이 멀리까지 닿는다고 한다. 하지만 모든 인간이 그래야 한다. 모두 해와 달과 별로부터 생계, 도구, 권력, 지식을 뽑아내야 한다. 그렇다면 부자가 되라는 열망은 정당한 것이 아닌가? 하지만 나는 아직 진정한 부자를 본 적이 없다. 모든 사람이 응당 되어야 하는 부자, 자연을 충분히 통제할 수 있는 사람을 나는 한 명도 보지 못했다.

종교인과 언론은 부에 대한 갈망을 비난하는 상투적인 말을 늘어놓는데 사람들이 이런 도덕주의자들의 말을 받아들여 부자가 되려는 목표를 버린다면, 도덕주의자들은 기를 쓰고 사람들에게 다시 이 열망을 불러일으키기 위해 갖은 애를 쓸 것이다. 그렇지 않으면 문명이 무너져버릴 것이기 때문이다.

인간은 자신의 이상으로 자연을 지배해야 한다는 충동을 느낀다. 로마 황제들, 교황 레오 10세, 위대한 프랑스의 왕들, 토스카나의 대공들, 영국의 데번셔가, 타운리가, 버논가, 필가의 공작들 등 위대한 재력가의 부에서 시대의 문화가 나왔다. 그러니 나는 모두가 고귀한 예술 작품으로 가득 찬 바티칸과 루브르, 대영 박물관, 프랑스 식물원, 필라델피아 자연사 아카데미, 보들리언 도서관, 암브로시아나 도서관, 왕립 도서관, 의회 도서관을 이용할 수 있어야 한다고 생각한다. 모두가 탐험대에 관심을 갖고 토머스 쿡 같은 사람들이 세계를 여행하고 로스, 프랭클린, 리처드슨, 케인(모두 남극이나 북극을 여행한 탐험가들이다) 같은 사람들이 자기극과 지리적 극을 알아내야 한다고 생각한다. 이들 덕에 우리는 위도 측정 기술이 풍부해졌고 항해 기술이 더 안전해졌다. 또한 우주 체계에 대한 지식은 얼마나 더 친숙해졌는가! 국가든 개인이든 진정한 경제적 사고방식을 지녔다면 이런 지식을 요구할 때는 검소함을 잊을 것이다.

누구나 쉽고 편리한 생활뿐만 아니라 어딘가에 존재하는 부나 과잉 생산물을 원하지만 그것이 반드시 그의 손에 있을 필요는 없다. 오히려 그가 갖지 않는 것이 더 바람직할 때가 많다. "부를 이해하는 사람만이 부자가 되어야 한다"는 괴테의 말이 옳다. 어떤 사람은 소유하도록 태어났기에 자신의 모든 소유물에 생기를 불어넣을 수 있다. 하지만 어떤 사람들은 그렇지 않다. 그들의 소유는 우아하지 않고, 재산과 인격을 맞바꾼 듯 보이고, 남의 소유물을 훔친 사람처럼 보인다.

　　진정한 소유자는 쌓아두고 감추는 사람이 아니라, 그것을 운용할 줄 아는 사람이다. 막대한 부를 가졌다고 해서 그의 내면이 거지와 같다면 그는 부자가 아니다. 진짜 부자는 그의 소유가 더 많은 일자리를 만들어내고 모든 사람에게 길을 열어주는 사람이다. 사람들을 부유하게 하는 사람이 부자이고, 사람들을 가난하게 하는 사람은 빈자다.

　　모두에게 예술과 자연의 걸작에 접근할 방법을 제공하는 것이 문명이 해결해야 할 숙제다. 우리 시대의 사회주의는 현재 부유한 사람들만 누리고 있는 문명의 혜택을 모든 사람이 누릴 방법을 생각토록 하는 데 크게 기여했다. 과학과 예술의 발전을 위한 수단과 장치를 모든 사람에게 제공한 것이 그 예다. 가끔 사용하면 좋지만 소유할 수 있는 사람이 거의 없는 물건들이 있다. 모두가 토성의 고리, 목성과 화성의 위성과 띠, 달의 산과 분화구를 보고 싶어 한다. 하지만 망원경을 살 수 있는 사람이 얼마나 될까! 망원경을 관리하고 전시하는 수고를 기꺼이 하려는 사람도 거의 없다. 전기 및 화학 장치, 또 그와 유사한 많은 물품도 마찬가지다. 또한 사람은 누구나 어떤 책들을 한두 번 참고하고 싶어 하지, 굳이 그 책을 소유하고 싶어 하진 않는다. 이를테면 백과사전, 사전, 도표, 지도, 공공 문서가 그렇다. 사람들은 새, 동물, 물고기, 조개, 나무, 꽃의 그림을 보고 그 이름을 알고 싶어 하지만, 그 모든 그림책을 사거나 보관하기는 어렵다.

　　조형 예술이 준비된 마음에 주는 세련된 영향은 음악만큼이나 확실하며, 이는 다른 곳에서 얻을 수 없다. 그러나 그림, 판화, 조각상은 제작 비용 외에도 미술관과 전시회 운영 같은 비용이 든다. 또 이런 작품을 한 사람이 활용하는 경우는 드물고 그 가치 또한 즐거움을 공유할 수 있는 사람이 많아질수록 향상된다. 고대 그리스의 도시 국가에서는 모든 사람이 감상할 수 있는 예술 작품에 소유권을 주장하는 것은 속물적인 행위로 여겼다. 나는 가끔씩 내 뜻대로 음악을 들을 수 있기를 바란다. 대도시에 살면서 원할 때마다 음악이라는 목욕이자 약으로 나를 정화하고 채울 수 있기를 바란다.

이런 종류의 재산을 국가나 도시, 문화회관이 소유한다면, 이웃 간의 유대감은 더욱 강화되고 도시는 지적인 목적을 위해 존재하게 될 것이다. 유럽에서는 봉건적 구조가 특정 가문의 부를 세습 가능하게 하면서, 몇몇 가문이 예술품을 구입해 보존하고 대중에게 공개한다. 하지만 민주주의 제도로 모든 재산이 작게 나눠지는 미국에서는 몇 년 후 이런 재산가 대신 공공부문에서 문화와 영감을 시민에게 제공해야 한다.

진정한 부자는 어떻게 만들어지는가

인간은 부유해지도록 태어났으며 자신의 능력을 활용하고 사유를 자연과 결합함으로써 필연적으로 부자가 된다. 재산은 지적 생산물이다. 이 게임은 참가자에게 냉정함, 올바른 추론, 신속함, 인내심을 요구한다. 세련된 노동은 거친 육체노동을 몰아낸다. 수많은 영리한 사람들이 무한한 세월 동안 가장 좋고 빠른 방법을 찾아냈고, 이렇게 축적된 예술, 문화, 수확, 양생, 제조, 항해, 무역 기술이 오늘날 우리 세계의 가치를 구성한다.

상업은 모든 사람이 할 수 있는 일이 아닌 기술이 필요한 게임이며, 잘할 수 있는 사람이 거의 없다. 올바른 상인은 우리가 상식이라고 부르는 능력들의 평균치를 정확히 갖춘 사람이다. 그는 사실에 대한 강한 끌림을 가진 사람이자, 직접 본 것을 바탕으로 결정을 내리는 사람이다. 그는 산술의 진리를 철저히 확신한다.

어떤 사람이 성공하거나 실패하는 데는 항상 그 사람 내면에 이유가 있으며, 돈을 버는 일도 마찬가지다. 사람들은 종종 마치 성공에 마법이 있는 것처럼 말하고, 삶의 전 분야에서 마법을 믿는다. 하지만 성공한 사람은 모든 것이 과거의 길을 따라가고 파운드에는 파운드가, 센트에는 센트가 오듯, 각각의 결과에는 완벽한 원인이 있음을 알고 있다. 행운은 결국 목적에 대한 끈기의 다른 이름에 지나지 않는다.

상인은 모든 거래에서 안전을 확보하고 작아도 확실한 이익을 좋아한다. 정직성과 사실을 고수하는 것은 기본이지만, 이 진정한 상인들은 꼼꼼하게 오랫동안 계산한다. 즉, 가까운 소규모 거래에는 단순한 사실 중심의 정확성과 일관성을 적용하고, 이를 멀고 복잡한 거래들에도 효과적으로 확장하고 결합하는 것이 상인들의 과제다. 그렇게 하면 안전을 해치지 않고 거대한 결과를 얻을 수 있다.

나폴레옹은 마르세유 은행가의 이야기를 즐겨 인용했다. 은행가를 찾아온 한 방문객이 화려한 성에 비해 초라한 계산실에 놀라자 그는 이렇게 대답했다고 한다. "젊은이, 자네는 너무 어려서 거대한 덩어리가 어떻게 만들어지는지 이해하지 못해. 진정으로 유일한 힘이 되는 이 덩어리는 돈이든, 물이든, 사람이든 모두 같은 원리로 만들어지지. 이 덩어리는 운동의 거대한 중심이지만, 시작점이 있고, 계속 유지되어야 하네." 그는 이렇게 덧붙였을 수도 있다. "그 덩어리를 시작하고 유지하는 방법은 입자의 법칙에 따르는 것"이라고 말이다.

성공은 세상의 법칙을 면밀히 적용하는 데 있으며, 그런 법칙은 지적이고 도덕적이므로, 우리도 지적이고 도덕적으로 복종해야 한다. 정치경제학은 인간의 삶뿐 아니라 모든 사적이고 적대적인 영향에 대한 법칙의 우월성을 읽어내는 데 성경만큼이나 좋은 학문이다.

돈은 가치를 기억한다

돈은 소유자를 대변하며 소유자의 본성과 운명을 따른다. 동전과 지폐가 시민적, 사회적, 도덕적 변화의 섬세한 계량기 노릇을 한다. 농부가 달러를 탐내는 데는 그럴 만한 이유가 있다. 농부에게는 그 돈이 그냥 들어온 재산이 아니다. 엄청난 노동을 쏟아붓고 뼈가 쑤시도록 종일 일해서 얻은 돈이다. 농부는 손에 쥔 달러가 얼마나 많은 땅과 비와 서리와 햇빛을 나타내는지 안다. 그 돈이 얼마나 많은 재량권과 인내심을 주는지, 얼마나 많은 괭이질과 타작이 필요한지도 안다. 농부의 돈에 그 모든 무게가 들어 있다. 펜의 끄적임이나 거래소의 운에 따라 돈이 늘어나는 도시에서는 그 가치가 점점 가볍게 여겨진다. 나는 농부가 돈을 더 소중히 여기고 진짜 빵을 사는 데만 썼으면 좋겠다. 돈을 번 힘과 동등한 힘으로 소비하면 좋겠다.

농부의 1달러는 무겁지만 점원의 1달러는 가볍고 촐싹맞다. 그래서 점원의 달러는 주머니에서 튀어나와 노름판으로 뛰어든다. 하지만 그보다 흥미로운 사실은 달러가 형이상학적 변화에 민감하다는 것이다. 그것은 사회적 폭풍의 가장 훌륭한 지표이며, 혁명을 예고하는 존재다.

시민이 한 걸음 발전할 때마다 사람의 돈은 더 많은 가치를 지니게 된다. 점점 커지기만 하는 캘리포니아에서 달러로 무엇을 살 수 있을까? 몇 년이 지나면 판잣집, 이질, 굶주림, 나쁜 친구, 범죄를 사게 될 것이다. 시베리아와 같이 넓은 땅에서는 당장의 고통을 약간 완화하는 것 외에는 아무것도 살 수 없다. 로마에서는 아름다움과 웅장함을 살 수 있을 것이다. 40년 전만 해도 보스턴에서 돈으로 살 수 있는 게 많지 않았다. 지금은 철도, 전신, 증기선, 그리고 뉴욕과 온 나라의 동시적 성장 덕분에 훨씬 많은 것을 살 수 있다. 그러나 아직은 수도의 많은 상품을 이곳에서는 살 수 없다. 산더미 같은 돈이 있어도 못 산다. 플로리다의 1달러는 매사추세츠의 1달러만 못하다.

1달러의 가치는 돈 그 자체에 있지 않고 그 돈이 대표하는 내용에 있다. 이는 결국 도덕적 가치를 나타낸다. 달러는 옥수수를 얼마나 살 수 있나로 가치가 평가되는데, 엄밀히 말하면 옥수수나 집이 아니라 아테네의 옥수수, 로마의 집이 기준이다. 우리가 먹고 거주하는 곳에서 발휘하는 재치, 정직, 권력을 평가하는 것이다.

부는 정신적이며 도덕적이다. 달러의 가치가 물건을 사는 데 있다면 달러는 세상의 모든 천재성과 모든 미덕과 함께 가치가 증가한다. 대학의 달러는 감옥의 달러보다 가치가 있다. 돈은 주사위, 칼, 독극물이 끊임없이 사용되는 범죄의 소굴보다는 절제되고, 교육받고, 법을 준수하는 사회에서 더 높은 가치를 지닌다.

『위조 지폐 감별서』는 유용한 서적이다. 하지만 현재 통용되는 은이나 지폐는 그 자체로 돈이 유통되는 공간의 옳고 그름을 밝히는 감별 도구다.

어떤 사회가 더 공정해지면 그 지역에서의 화폐 가치가 바로 향상되지 않던가! 상인이 돈으로 투표권을 팔지 않고 권리를 끝까지 고수한다면 그는 자신이 사는 매사추세츠주에 그만큼의 공정함을 더하는 셈이다. 그가 올바르게 행동하는 바로 그 순간 주의 모든 토지 가치는 더 높아진다.

보스턴 금융가에서 가장 정직한 상인 열 명을 빼내고 사기꾼 열 명을 투입해 같은 양의 자본을 통제하게 하면 그 변화를 보험료와 은행 건전성이 보여줄 것이다. 도로의 안전성이 떨어질 테고 학교에서도 불안을 체감할 것이다. 아이들에게 독성이 침투하고, 판사의 자리는 공정성이 떨어질 것이며, 그 판결은 정직하지 못한 것이 된다. 누구에게나 필요한 것이긴 하지만 판사는 자기 판단을 지탱하던 도덕적 기반을 잃고 만다. 성직자들도 삶이 느슨해질 것이다. 사과나무 한 그루가 있다고 가정하자. 매일 그 뿌리 주변에서 흙을 퍼내고 대신 모래를 채운다면, 그 나무는 곧 무언가 이상함을 알아차릴 것이다. 사과나무는 둔한 생명체지만 이런 취급을 잠깐만 당해도 불신이 생겨난다. 그러니 강력한 상인 계층에서 좋은 사람 백 명을 빼내고 나쁜 사람 백 명을 투입하면 사과나무보다 훨씬 민감한 달러가 금세 알아내지 않을까?

달러의 가치는 사회에서 만들어진다. 이 도시로 이사 오는 모든 사람에게 누군가 돈을 지불할 재능이나 기술이 있다면 도시민의 전체 노동에 새로운 가치를 더해주는 셈이다. 세상 어디서든 재능 있는 사람이 태어나면 국가 공동체는 풍요로워지고, 정직성은 훨씬 높아진다.

범죄 비용은 모든 국가가 지불해야 하는 주요 비용 중 하나다. 유럽에서는 범죄가 빵의 가격에 따라 증가하거나 감소하는 것으로 관찰됐다. 파리의 로스차일드 가문이 어음을 받지 않으면, 맨체스터, 페이즐리, 버밍엄 사람들이 길에 나앉고 아일랜드의 지주들은 총에 맞아 죽을 것이다. 경찰 기록이 이를 증명한다. 뉴욕, 뉴올리언스, 시카고 같은 곳은 그런 변화를 즉시 느낀다. 그 외에는 경제적 권력이 정치인들을 통해 간접적으로 대중에게 전해진다. 로스차일드가 러시아의 대출을 거부하면 평화가 찾아오고 수확이 늘어난다. 그가 대출을 받아들이면 전쟁이 일어나고 인류의 많은 부분이 동요하고 끔찍한 결과가 혁명과 새로운 질서로 귀결된다.

부는 그 자체로 견제와 균형을 가져온다. 정치 경제의 기본은 불간섭이다. 수요와 공급의 자체 조정 기준이 유일하게 안전한 규칙이다. 법으로 간섭하지 말라. 사치 금지법 같은 규제를 가하는 순간 경제의 힘줄은 끊어져버린다. 보조금도 주지 말라. 단지 공정한 법을 제정하라. 생명과 재산의 안전을 확보하라. 그러면 자선을 베풀 필요가 없다. 재능과 미덕에 기회의 문을 열어라. 그러면 사람들이 스스로 정의를 찾을 것이고 재산이 나쁜 손에 넘어가지 않을 것이다. 자유롭고 정의로운 나라에서 재산은 게으르고 멍청한 자에게서 근면하고 용감하고 인내심 있는 자에게로 흘러간다.

마치 장난감 전지에서 전기의 작용이 드러나듯 자연의 법칙은 상업 속에서도 그대로 작동한다. 바다의 수위가 유지되듯 수요와 공급에 따라 사회의 가치가 균형을 이룬다. 그리고 계략이나 인위적인 입법은 반작용, 과잉 공급, 파산 등으로 스스로 처벌받는다. 숭고한 법칙은 원자와 은하를 통해 무차별적으로 작용한다. 한 사람이 빵 한 덩이와 맥주 한 파인트를 벌고 소비하는 과정을 제대로 이해한다고 해보자. 아무리 원해도 빵의 크기나 맥주의 양이 늘어나지 않는다는 사실을 알고, 먹은 만큼만 바구니나 항아리에 남는다는 원리를 이해한다면, 그는 중요한 진실을 깨달은 것이다. 그 소비는 단순한 낭비가 아니라 몸을 영양분으로 채우고 하루의 과업을 마치게 해주는 정당한 사용이라는 사실을 안다면, 그는 이미 제국의 예산서가 가르쳐줄 수 있는 정치경제학의 핵심을 모두 알고 있는 셈이다. 소규모 경제는 대규모 경제를 보여주는 상징이다. 한 가정과 한 개인의 방식이 태양계와 자연 전체가 주고받는 법칙과 일치한다.

우리가 서로에게 속임수와 작은 거짓말을 자초하며 스스로를 해치는 일에 대해 아무리 경계하더라도, 모든 사람은 다음과 같은 경우에 일정한 만족을 느낀다. 물건 자체가 가격을 결정한다는 것을 알게 되고 대규모 제조업에서는 그 경향이 훨씬 강한 걸 알았을 때처럼 말이다. '종이가 너무 두꺼워요, 너무 부드러워요, 너무 무거워요, 너무 얇아요'라고 말하면 제조업체는 원하는 두께로 만들어주겠다고 한다. '패턴이 좀 별로예요, 이 일정대로 해주세요'라고 말하면 다양한 가격과 종류의 종이가 펼쳐지고 제조업자는 이렇게 말할 것이다. '종이 가격은 이 정도이니 원하는 패턴만 말씀하세요.'

모든 거래에는 가격 흥정을 대체하는 자기 조절 능력이 있다. 싼 가격에 집을 빌리려는 사람이 있을 것이다. 집주인은 임대료를 낮출 수 있지만 그렇게 하면 집을 적절하게 수리할 수 없고 그러면 세입자는 오히려 더 나쁜 집을 얻는다. 게다가 집주인과 세입자 사이도 나빠진다. 농장주가 "패트릭, 자네 없이 못 살 것 같으면 그때 부르겠네"라며 일꾼을 해고한다 해도 패트릭은 기분 좋게 떠날 것이다. 왜냐하면 그도 알고 있기 때문이다. 감자밭엔 어김없이 잡초가 자라고, 포도넝쿨은 다음 주쯤이면 꼭 심어야 하며, 머스크멜론이나 크룩넥 호박, 오이 들이 결국 자신을 다시 필요로 하게 될 거라는 사실을. 모든 노동과 가치가 단순하고 공정한 시장에서 똑같이 거래되기를 바라지 않는 사람이 누가 있을까? 노동이 최고의 가치를 지녔다면 더 그럴 것이다. 우리는 일년 내내 목수, 자물쇠공, 농장주, 사제, 시인, 의사, 요리사, 직공, 말구종이 차례로 필요하다.

　　마이클이 키운 배가 1실링에 팔린다면 배를 재배하는 데도 1실링이 든다. 보스턴에서 가장 좋은 증권이 12퍼센트 이익을 제공한다면, 그중 6퍼센트는 불안정에 대한 값이다. 당신은 좋은 배가 1실링이라는 것을 모를 수도 있지만 지역 사회는 그만한 돈을 들였다. 1실링은 배나무를 해충에게서 지키고, 배가 익기까지의 고난을 나타낸다. 석탄의 가격은 좁은 광산, 광부들이 특정 지역에 강제로 들어간 노력이 들어 있음을 알려준다. 모든 급여는 실제적인 노동뿐만 아니라 예상되는 노고도 계산한다. 한 선장이 말했다. "바람이 항상 남서에서 서쪽으로 분다면 여자들도 배를 몰고 바다로 나가겠지." 말하자면, 세상 모든 것은 결국 다 똑같은 값을 치르게 되어 있다. 싼 것도, 비싼 것도 없다. 가격 차이는 고객의 피해를 숨기려는 상인의 속임수에서 나올 뿐이다. 예를 들어, 뉴햄프셔 시골 농장에서 막 도시로 올라온 한 청년이 있다고 하자. 그는 여전히 시골의 검소한 삶을 기억하고 있지만, 도시에 오자마자 최고급 호텔에 투숙하며 생각보다 값싼 사치품을 보고 프랭클린과 맬서스가 주장하는 절약과 인구론을 넘어서겠다고 생각한다. 하지만 그는 단지 한 끼의 풍족한 저녁 식사를 위해 값진 사회적, 교육적 이점을 잃는 대가를 치른다. 그는 자신을 지켜줄 울타리와 자신을 이끌어줄 동기를 잃어버렸다. 아마도 머지않아 호텔 문 앞에 뮤즈를 놔둔 채 분노의 여신과 함께 방으로 들어갔다는 사실을 알게 될 것이다. 돈은 종종 너무 비싸고, 권력과 쾌락은 저렴하지 않다. 고대 시인들도 "신들은 모든 것을 공정한 가격에 판다"고 말하지 않았던가!

이 나라의 상업 역사에 보상을 잘 보여주는 사례가 있다. 1800년부터 1812년까지 유럽 전쟁으로 인해 세계의 운송업이 미국 선박으로 넘어갔을 때, 가끔 미국 선박이 압류되곤 했다. 물론 소유주는 심각한 손실을 입었지만 국가는 보상을 받았다. 미국이 면화 운송에 파운드당 3펜스, 담배 운송에는 6펜스를 청구했기 때문이다. 이는 위험과 손실을 보상하고도 국가에 엄청난 이익을 가져왔다. 조혼과 사유재산 축적이 일어났고 도시와 주가 건설됐다. 전쟁이 끝난 후에도 정부는 조약을 통해 모든 압류에 대한 보상을 넘치게 받았다. 물론 미국인들도 부유하고 위대해졌다. 하지만 이 돈을 갚아야 할 날이 왔다. 미국의 엄청난 이익으로 가난해진 영국, 프랑스, 독일이 우리가 누리는 혜택에 이끌려 처음에는 수천 명, 그다음에는 수백만 명의 가난한 사람들을 보내 작물을 나누게 했다. 맨처음 우리는 그들을 고용해 경제적으로 번영했다. 그러나 우리가 사회적 보호와 인위적 고용 제도를 도입하고 확장하면서 곧 제약과 중단이 닥쳐왔다. 그러자 우리도 이 가난한 사람들을 고용하기를 거부했다. 그러나 문제가 그렇게 해결되지는 않았다. 그들은 구빈세를 받는 계층이 됐고 우리는 임금을 주지는 않지만 이제 세금의 형태로 같은 금액을 지불해야 했다.

또한 범죄 통계를 살펴보면 이민자들이 가장 많이 범죄를 저지른다는 것을 알 수 있다. 그 범죄에 대한 사법 비용, 교도소 운영 비용, 치안 예방 유지비까지 모두 우리 몫이다. 이 거대한 이민 집단의 자녀들을 위한 교육비는 계산하지 않겠다. 하지만 이 모든 비용의 총합은 1800년대 대서양 건너편 고객들 덕에 얻었다고 생각했던 순이익을 되갚기 시작한다. 돈을 안 내겠다고 해봐야 소용없다. 우리는 이 사람들을 없앨 수 없고, 그들도 지원을 계속 받으려고 할 것이다. 이 비용은 우리 정치의 불가피한 요소가 되었다. 각 주요 정당 또한 그들의 표를 얻기 위해 이 제도의 실행을 돕는다. 또한 우리는 그들이 자국에서 만족했을 만한 수준이 아니라 여기에서 필요하다고 생각하게 된 수준대로 지불해야 한다. 그런 의견, 환상, 온갖 종류의 도덕적 고려 사항이 문제를 복잡하게 만든다.

부를 축적하는 법

편안하게 언급할 만한 몇 가지 경제 전략이 있다. 이 문제는 매우 민감해서, 자칫하면 지나치기 쉬우며, 그 점에서 우리의 몸을 구성하는 혐오스러운 미생물들과도 닮아 있다. 각각으로 보면 불쾌하지만, 그 모든 세포들이 모여 우리 몸을 이루고, 결국에는 소중하고 유용한 전체를 만들어낸다. 우리의 본성과 지성은 우리에게 목적을 존중하게 만들지만, 우리는 그 목적에 걸맞는 수단을 사용해야 한다. 그 수단을 아무리 정밀하게 사용하더라도, 우리는 그것을 가리고 감추려는 경향이 있다. 왜냐하면 수단이라는 것에 어떤 아름다움을 부여할 수 있는 유일한 방식이 궁극적인 목적의 빛을 반사할 때뿐이기 때문이다. 진정으로 현명한 사람은 목적을 중심에 두고, 그 목적을 위해 수단을 다스릴 줄 아는 사람이다. 반면, 대중은 수단에 의해 타락한다. 그들에게는 수단이 너무 강력해서, 결국 그들은 자신들의 본래 목적을 잃고 만다.

❶ 부를 축적하기 위한 첫 번째 전략은 지출이 인격에서 비롯되어야 한다는 것이다. 당신의 천재성이 발현되기만 한다면 아무리 군주처럼 돈을 써도 그 투자는 안전하다. 자연은 한 인간에게 다른 사람이 할 수 없는 어떤 일을 능히 가능케 하는 능력을 부여해 사회에 필요한 존재로 만든다. 이러한 타고난 성향이 그의 노동과 지출을 이끈다. 누구나 자신의 재능에 적합한 수단과 도구가 있다. 여기서 돈을 아끼려고 하면 마음의 특별한 힘과 도움이 무력화된다.

당신의 일에 최선을 다하라. 그 일이 얼마나 환영받는가가 아니라, 그 자체의 우수함을 존중하라. 이것이 진정한 절약이며 올바르게 안다면 절약의 전부다. 낭비는 수년간 시간이나 돈을 낭비하는 것이 아니라, 경력 이외의 분야에서 시간과 돈을 낭비하는 것이다. 일을 위한 일, 신의 주요한 설계에서 벗어나 여기저기서 일하는 것은 사람과 국가를 파산시키는 범죄 행위다. 당신의 삶과 방향성이 맞는다면 어떤 것도 무가치하지 않다. 반면 그 길에서 벗어난 것이라면 어떤 것도 바람직하지 않다. 우리 모두가 자신이 창조된 목적에 맞는 일을 하지 않는 한, 사회는 결코 번영할 수 없으며 항상 파산 상태일 수밖에 없음을 분명히 말할 권리가 있다.

당신의 경비라면 지출하고, 당신의 것이 아닌 경비는 삭감하라. 올스턴이라는 화가는 평범한 집을 짓고 평범한 가구로 집을 채워서 취향이 비슷한 사람이 아니면 찾아오지 못하게 한다는 말을 자주 했다. 우리는 감정 이입을 잘해서 아이들처럼 보이는 것은 다 갖고 싶어 한다. 하지만 자신의 적절한 재능을 발견하고 거짓된 소비 욕구를 가라앉히는 것은 독립을 향한 큰 걸음이다. 약혼한 젊은 여성이 한 사람의 확실한 애정으로 모든 사람을 기쁘게 해야 한다는 노예 상태에서 벗어나듯이 할 일을 찾은 사람은 거기에만 돈을 쓰고 다른 모든 지출은 포기할 수 있다. 몽테뉴는 "내가 집안의 막내일 땐 화려한 옷차림과 장신구로 꾸미고 다녔지만, 나중에는 내 성과 농장이 곧 나를 대변하게 했다"라고 썼다. 고귀한 계급, 즉 자신이 무언가를 할 수 있다는 것을 깨달은 사람들은 자기 것이 아닌 모호한 낭비에서 벗어난다. 현실주의자는 겉모습을 신경 쓰지 않아야 한다. 사회생활의 값비싼 예의와 장식은 다른 사람에게 위임해야 한다.

미덕이 이렇게 절약을 낳듯이, 일부 악덕도 마찬가지다. 나는 겸손 다음으로 자존심도 절약에 꽤 도움이 된다는 걸 깨달았다. 내가 생각할 때 좋은 자존심은 1년에 500~1500달러의 가치가 있다. 자존심은 아름답고 경제적이다. 수많은 악덕을 근절해 그것 외에는 아무것도 남기 않게 하므로 허영심을 자존심으로 바꾸면 크게 경제적 이득을 얻을 수 있다. 자존심은 집안일에 신경 쓰지 않고, 좋은 옷을 입지 않고도 살 수 있으며, 방이 두 개라도 만족하고, 감자, 쇠비름, 콩, 옥수수를 먹어도 좋고, 땅에서 일할 수 있고, 걸어서 여행할 수 있고, 가난한 사람들과 이야기할 수 있고, 좋은 술집에서 조용히 앉아 만족할 수 있다. 그러나 허영심은 돈, 노동, 말, 남자, 여자, 건강, 평화를 소모하면서도 아무것도 남기지 않고, 아무 곳으로도 이어지지 않는 먼 길을 간다. 자존심과 허영심의 입장이 뒤집하는 단 하나의 예외가 있다. 자존심 높은 사람들은 참을 수 없을 정도로 이기적이다. 그에 반해 허영심이 강한 사람들은 온화하고 잘 베푼다.

    예술은 질투하는 애인과 같아서 그림, 시, 음악, 건축, 철학에 천재성을 지닌 남자는 나쁜 남편이 되고, 생계를 꾸리지 못하므로, 제때 현명하게 생각해서 괴로운 일상의 의무로 자신을 구속하지 말고 마땅히 해야 할 일을 망치지 말아야 한다. 20년 전 이 지역에서는 교육받은 사람들 사이에 일종의 목가적 광신주의, 즉 땅에 의존해 농사와 지적 목표를 통합하려는 열렬한 욕망이 일었다. 많은 사람들이 그런 목적으로 실험을 진행했고, 일부는 완전히 농부가 되기도 했지만, 학문과 실질적인 농사를 통합할 수 있다는 믿음은 모두 버렸다.

    확고한 의지로 책상에 이마를 푹 숙이고 있던 창백한 학자가 더 자유로운 호흡과 정확한 사고를 위해 정원으로 산책을 나간다. 그런데 어린 옥수수를 질식시키고 있는 쇠비름이나 마디풀이 보여서 뽑으려고 몸을 숙이다가 풀이 하나 더 있는 걸 발견한다. 바로 뒤에 세 번째 풀이 또 있고, 그 옆에는 네 번째 풀이, 그 뒤에는 몇천 포기가 자라고 있다. 그는 씩씩대며 풀을 뽑다가 점차 한심한 별꽃과 털비름의 꿈에서 깨어나 아침에 무슨 생각을 했는지 떠올리고는 견고한 목적이 민들레에 속아 넘어간 것을 깨닫는다.

정원은 우리가 매달 신문에서 읽듯이 사람의 옷자락이나 손을 잡아당기다가 팔, 다리, 온몸을 끌어당겨 파괴하는 해로운 기계와 같다. 학자는 사악한 시간에 담을 허물고 농장에 밭을 늘렸다. 땅이 나쁜 것은 아니지만, 나빠질 수 있다. 사람이 땅을 소유하면 땅이 그를 소유한다. 그가 감히 집을 나서려고 하면 온갖 나무와 접목, 멜론 밭과 옥수수 밭, 산울타리 등 그가 한 모든 일과 그가 하려는 모든 일이 빚쟁이들처럼 문 앞에서 그를 가로막는다. 그는 이 덩굴과 나무에 대한 헌신이 독이 되는 걸 발견한다. 길고 편안한 산책은 뇌에 자유를 주고 몸을 튼튼하게 한다. 그는 긴 행진이 힘들지 않다. 언덕에 올라가면 음악이 술술 나온다. 그러나 손바닥만 한 밭에서 이렇게 엉성하게 움직이는 것은 낙담스럽고 우스꽝스럽다. 식물의 냄새는 그를 마취시키고 에너지를 앗아간다. 뼈가 뻣뻣해진다. 짜증이 나고 기운이 없어진다. 독서와 원예의 정신은 수지 전기와 유리 전기처럼 적대적이다. 하나는 불꽃과 충격에 집중하고 다른 하나는 분산된 힘이다. 그래서 자기 일을 하는 사람은 다른 업무에 적합하지 않게 만든다.

손이 정교하고 섬세해야 하는 조각가는 돌담을 쌓아서는 안 된다. 데이비드 브루스터는 "등을 대고 누워서 렌즈와 물체를 눈 위로 들어라" 등등 미세한 관찰에 대한 정확한 지침을 제공한다. 추상적 진실을 추구하는 사람은 고립과 완전한 집중, 그리고 거의 유체 이탈에 가까운 생각할 시간이 필요하다!

❷ 천재성을 따라 체계적으로 지출하라. 자연은 규칙에 따라 움직이지, 껑충껑충 뛰는 식으로 움직이지 않는다. 경제에는

체계가 있어야 한다. 불운한 가정의 파산은 저축하고 아낀다고 해서 막을 수 없고, 늘어난 수입이 무분별한 지출을 감당하지는 못한다.

성공의 비결은 돈의 양에 있는 것이 아니라 수입과 지출의 관계에 있다. 지출이 어느 정도 고정된 후 적지 않은 꾸준한 수입이 추가되면 부가 시작된다. 하지만 보통은 수단이 늘어나면 지출은 더 빨리 늘어나기 때문에 영국이든 어디든 수입이 는다고 상황이 개선되지는 않고 빚이 재산을 파먹는 속도가 줄어들지 않는다. 감자에 병이 들었는데 더 큰 작물을 심는다고 무슨 소용이 있겠는가?

우주에서 가장 부유한 나라인 영국에 있을 때 통찰력 있는 관찰자들을 통해 영주 부부라고 다른 사람들보다 자금이 더 여유롭지 않다는 확신을 얻었다. 이곳 미국에서와 마찬가지로 돈을 아낌없이 쓰는 일이 드문 미덕이었다. 결핍은 계속 자라는 거인과 같아서 결코 소유의 외투로 덮을 수 없다. 워릭셔에 갔다가 셰익스피어 시대와 똑같은 이름을 쓰는 훌륭한 영지를 보았다. 연간 임대 수입이 1년에 약 1만 4000파운드라고 들었다. 하지만 고인이 된 주인은 둘째 아들이 태어났을 때 아이를 어떻게 부양해야 할지 고민했다고 한다. 장남은 영지를 물려주면 되지만 남는 아들은 어떻게 해야 할까? 그는 아들을 성직자로 키워 가문이 임명할 수 있는 교구장 자리에 앉히라는 조언을 듣고 그렇게 했다. 영국에서는 수입이 늘어난다고 해서 실제로 도움이 되는 경우가 드물다는 것이 상식이다. 복권에 당첨되거나 가난하다가 큰 유산을 받는 등 갑작스럽게 부를 얻어도 영구적으로 부유해지지 않는 것이 일반적으로 관찰된다. 그들은 부를 연습하지 못했기 때문에 갑작스럽게 들어온 재산을 따라 갑작스럽게 돈을 요구하는 경우가 많아지면 거절하는 법을 몰라서 빠르게 재산을 날린다.

모든 경제에는 체계가 있어야 하며 그렇지 않으면 어떤 좋은 방편도 소용이 없다. 농장은 다른 데서 급여를 받거나 상점을 꾸리지 않아도 자급자족할 수 있을 때 좋은 것이다. 따라서 가축이 전체 고리에서 가장 중요하다. 농부가 성실하지 않거나 미적 관심이 높아 가축은 돌보지 않으면서 가축에서 나오는 이익에만 관심을 보이면 구걸이나 도둑질로 그 틈을 메워야 한다. 지금 살아 있는 사람들이 태어났을 때는 필요한 게 농장에서 다 났다. 농장에서 돈이 나오지 않아도 농부들은 잘살았다. 농부가 병들면 이웃들이 찾아와 하루나 반나절씩 일을 해주거나 소나 말을 빌려줘서 밭일을 끝낼 수 있었다. 감자를 캐고 건초를 베고 호밀을 거두었다. 땅을 팔지 않고는 노동력을 고용할 여유가 없다는 것을 잘 알고 있었기 때문이다. 가을이 되면 소나 돼지를 팔아서 세금 낼 돈을 마련했다. 요즘 농부는 그릇, 옷감, 차, 커피, 생선, 석탄, 기차표, 신문 등 필요한 걸 다 사야 한다.

모든 기술에는 그 분야의 달인이 있어야 한다. 왜냐하면 그 실천 대상은 결코 정지되어 있거나 죽어 있는 것이 아니라, 당신 손안에서 계속 변하기 때문이다. 농장 건물과 넓은 땅이 고정된 자산이라고 생각할 수 있지만 농장의 가치는 물처럼 흐른다. 마치 포도주 통에서 포도주를 옮기는 것처럼 많은 주의가 필요하다. 농부는 그것을 어떻게 다루어야 할지 알아서 새는 곳을 다 막고 포도주가 한 줄기로 흐르도록 해서 옮기지만 콘힐에서 온 풋내기가 손을 대면 전부 줄줄 새어나간다. 화강암 도로나 목조주택도 마찬가지고 과일이나 꽃도 똑같다. 또한 어떤 투자도 주의하지 않고 그대로 두어도 될 만큼 영구적이지 않다. 태어나지 않은 상속인을 위해 두 세대에 걸쳐 상속 재산을 확보하려고 했던 역사적 시도를 봐도 알 수 있다.

시골에 오두막을 하나 사서 소를 키우려고 하는 코케인 씨는 소들이 그저 건초만 먹이면 하루에 두 번 우유를 한 통씩 주는 동물이라고 생각한다. 하지만 그가 산 소는 3개월 동안 우유를 낸 후 젖이 말라버린다. 그런 소를 어떻게 해야 할까? 누가 그런 소를 사기나 할까? 그는 일을 시킬 황소도 두 마리 샀을 것이다. 하지만 이 소들은 지치고 다리도 절뚝거린다. 지치고 절뚝거리는 소는 어떻게 해야 할까? 농부는 봄철 일이 끝나면 소를 살찌우고 가을에 죽인다. 하지만 목초지가 없고 매일 출퇴근 시간에 맞춰 기차로 오두막을 오가는 코케인 씨가 어떻게 소를 살찌우고 죽이는 일을 할 수 있을까? 그는 나무를 심기로 한다. 하지만 땅을 경작해 나무를 잘 키우려면 작물을 심어야 한다. 그렇다면 어떤 작물을 심어야 할까? 그는 나무 키우는 건 포기하고 풀을 기르기로 한다. 하지만 1~2년 후에는 풀밭을 갈아엎어야 한다. 이제 다시 작물을 심어야 하는데 어떤 작물을 심을 것인가? 순진한 코케인 씨 같으니!

❸ 도움은 그 나라의 관습을 따라오고 "복종함으로써 다스린다"라는 라틴어 속담처럼 온다. 즉, 지시하거나 무지하게 자기 계획을 밀어붙이지 말고 자연이 말하는 비밀을 실제로 배우라는 뜻이다. 그렇게 하면 사물 자체가 잘못 이끌리기를 거부하고, 조심히 관찰하는 사람에게 법칙을 드러낸다. 아무도 손이나 발을 움직일 필요가 없다. 그 나라의 관습이 모든 것을 해줄 것이기 때

문이다.

나는 건축이나 식물 심는 방법을 모른다. 나무 사는 법도 모르고, 집, 밭, 나무를 사면 어떻게 해야 하는지도 모른다. 하지만 걱정하지 않는다. 모든 것은 오래전에 그 나라의 관습에 따라 모래를 바를지 진흙을 바를지, 언제 쟁기질을 할지, 비료는 어떻게 줄지, 풀을 심을지 옥수수를 심을지 다 결정되어 있다. 그리고 나는 그것을 도울 수도 없고 방해해서도 안 된다.

자연의 모든 일에 가장 좋은 방식이 있고 우리는 눈과 귀만 열어두면 그것을 분명하게 들을 수 있다. 만약 우리가 자연의 방식을 따르지 않고 우리 방식을 더 선호한다면 자연은 주저하지 않고 우리를 속일 것이다. 외과의사가 뼈를 맞출 때 잘못된 위치에 있는 신체 부위를 바로잡기만 하면 근육의 힘으로 뼈가 제자리를 찾는다는 교훈을 기억해야 한다. 이 자연의 기술에 우리의 모든 기술이 의존하고 있는 것이다.

최근 영국에서 철도를 건설한 두 명의 저명한 기술자 중 한 명인 브루넬 씨는 출발지에서 종착지까지 산을 넘고, 개울을 건너고, 도로를 가로지르고, 공작의 영지를 반으로 가르고, 이 사람의 지하실과 저 사람의 다락방 창문을 뚫고 지나갔다. 기하학자들은 큰 기쁨을 느꼈겠지만, 그의 회사는 큰 비용을 치렀다. 반면에 다른 기술자인 스티븐슨 씨는 강이 길을 안다고 믿고, 마치 웨스턴 철도가 웨스트필드강을 따라가듯 물길을 따라 선로를 냈고, 그 결과 가장 안전하고 값싸게 일하는 기술자로 판명되었다. 우리는 보스턴의 길을 소들이 깔았다고 말한다. 소는 측량기사보다 실력이 나쁘지 않다. 이곳 목초지를 걷는 보행자들은 덤불을 통과하고 언덕을 넘는 가장 좋은 길을 개척해준 소들에게 자주 감사를 표한다. 여행자와 원주민은 들소 길이 능선을 통과하는 가장 쉬운 길임을 잘 알고 있다.

　　도크스퀘어나 밀크가에서 온 시민이 시골에서 땅을 사려고 할 때 첫째로 생각하는 게 멋진 전망이다. 그는 서재를 서향에 두어 매일 일몰이 블루힐스, 와추셋, 모내드녹, 언캐누눅 같은 산들의 봉오리를 씻어주는 장관을 봐야 한다고 생각한다. 30에이커에 달하는 땅과 이 모든 웅장함을 1500달러에 산다니! 5만 달러도 싸다고 할 것이다. 그는 즉시 달려와 기쁨의 눈물을 흘리며 초석을 세울 자리를 정한다. 그러나 땅을 다지는 사람은 도로까지 길을 내려면 자갈을 수백 자루 깔아야 할 거라고 생각한다. 우물 파는 석공은 12미터는 파야 한다고 생각한다. 빵 장수는 문 앞까지 빵을 배달하기는 어렵겠다고 생각하고, 실용적인 이웃은 헛간의 위치가 안 좋다고 한다. 그러면 도시인은 전에 여기 살던 농부가 태양과 바람, 샘, 배수, 목초지, 정원, 밭, 도로까지의 접근성 등을 생각해 최적의 장소에 집을 지었다는 걸 알게 된다. 그래서 중요한 점들을 양보하니 이제 모든 것이 제 방식대로 된다.

　　경험이 농부를 현명하게 만들었고, 어리석은 도시인은 그의 조언에 따르는 법을 배운다. 그는 마침내 한 걸음 한 걸음 신중해진다. 농부는 그의 명령을 따르는 척하지만, 도시인은 이렇게 말한다. "내 집의 벽을 쌓거나 우물을 파거나, 밭에 길을 내는 방법에 대해 원하는 만큼 물어도 좋지만 그 질문은 결국 다시 당신에게로 되돌아갈 거요. 나는 이 문제들에 대해 아는 것도 없고, 알 필요도 없소. 이건 당신이 대답해야 할 문제지, 내가 할 이야기는 없소."

　　문 안에서도, 어떤 우월하고 폭군적인 체계가 안주인과 바깔주인, 하인과 아이, 사촌과 지인 사이에 자리 잡는다. 천재성, 미덕, 성격으로 맞서 싸우고 외쳐봐야 헛된 일이다. 이것이 운명이다. 가난한 남편이 책에서 읽을 새로운 생활 방식을 집에서 채택하기로 결심하는 것은 매우 좋은 일이다. 감히 그렇게 할 수 있다면 시도하게 두어라.

❹ 경제에서 또 한 가지 중요한 점은 당신이 뿌린 씨앗과 같은 종류의 씨앗을 찾는 것이다. 그 씨앗으로 다른 종을 살 거라고 바라지 말라. 우정은 우정을 사고, 정의는 정의를 산다. 군대에 공을 들이면 군사적 성공을 거두고, 좋은 남편에게 좋은 아내와 자녀와 가정이 온다. 좋은 상인은 큰 이익과 배, 주식, 돈을 얻는다. 좋은 시인은 명성과 문학적 신용을 얻는다. 하지만 아무것도 안 하면 하늘만 있을 뿐이다. 그러나 보통 이런 기대감에 혼란이 있다. 핫스퍼는 순간을 위해 살고 그런 자신을 칭찬하며 그렇지 않은 펄롱을 경멸한다. 물론 핫스퍼는 가난하고 펄롱은 잘산다. 그런데 이상하게도 핫스퍼는 그런 무모함을 자신의 우월성으로 생각해서 펄롱의 땅을 보상으로 받아야 한다고 생각한다.

나는 아직 내 구상을 전부 마친 것은 아니다. 하지만 내면 깊숙한 곳을 살펴보지 않고는 이 주제를 마칠 수 없다. 철학은 인간이 수많은 단계를 거치는 존재임을 가르친다. 세상 모든 것이 인간의 몸에서 되풀이된다. 그의 몸은 세상의 축소판 또는 요약이기 때문이다. 그러므로 마음의 천구에서 되풀이된 것은 그의 몸에서도 되풀이되고, 더 높은 도덕 체계에서 되풀이되는 것은 그의 머리에서도 되풀이된다.

❺ 이러한 것들이 바로 자연이다. 모든 것은 상승한다. 경제의 첫째 법칙 역시 상승해야 한다는 것이다. 무엇을 하든 항상

더 높은 목표를 가져야 한다. 그래서 돈은 또 다른 피라는 격언이 나온 것이다. 사람의 재산은 다른 신체일 뿐이며, 그의 신체 순환과 유사한 체제를 받아들인다. 따라서 "돈을 가장 잘 쓰는 것은 빚을 갚는 것이다", "모든 사업은 특별하다", "가장 좋은 시기는 지금이다", "올바른 투자는 좋은 장비와 도구를 사는 것이다" 같은 격언은 더 넓은 의미로 확장될 수 있다.

계산실에서 자유롭게 설명하는 격언이 우주의 법칙이다. 상인의 경제는 영혼의 경제를 거칠게 표현한 상징이다. 즉, 힘을 위해 소비하되 즐거움을 위해서는 쓰지 않아야 한다. 소득을 투자해서 특수성을 보편성으로 확대하고 하루하루를 하나의 통합된 시기로 끌어올려야 한다. 문학적이고, 감정적이고, 실용적인 삶의 시기가 모두 투자를 통해 상승해야 한다.

상인에게는 단 하나의 규칙만 있다. "흡수하고 다시 투자하라." 그는 자본가가 되어야 한다. 부스러기와 찌꺼기를 다시 도가니에 모으고 가스와 연기를 태워야 한다. 수입은 지출을 늘리는 데 사용되지 않고 다시 자본으로 쓰여야 한다. 그렇다면 인간도 마찬가지다. 그 역시 자본가가 되어야 한다. 수입을 쓸 것인가, 아니면 투자할 것인가? 그의 몸과 모든 기관은 한 법칙을 따른다. 그의 몸은 삶의 술이 저장되는 항아리다. 그 항아리를 즐거움을 위해 쓸 것인가? 파멸로 가는 길은 짧고 쉽다. 아니면 쓰지 않고 힘을 위해 비축할 것인가? 자연의 법칙에 따라 모든 것이 더 높은 연단으로 올라가고 신체적 활력이 신성한 발효를 거쳐 정신적, 도덕적 활력이 된다. 그가 먹는 빵이 힘과 동물적 정신을 공급한다. 그 힘과 동물적 정신이 더 고귀한 실험실에서 이미지와 사고가 되고, 용기와 인내라는 더 숭고한 결과를 내놓는다. 이것이 올바른 복리이다. 이렇게 두 배, 네 배, 백 배로 자본이 늘어난다. 이렇게 인간이 성장해 최고의 힘을 갖춘다.

진정한 절약은 항상 더 높은 차원에 소비하는 것이다. 더 날카로운 탐욕으로 투자하고 또 투자하여 영적 창조에 돈을 쓰되, 동물적 존재를 키우는 데는 쓰지 않아야 한다. 또한 인간은 오래된 동물적 감각을 반복해서 실험하는 존재가 아니라, 새로운 힘과 상승하는 쾌락을 통해 더 높은 선을 실제로 느끼며, 자신이 이미 가장 높은 곳을 향해 나아가고 있다는 확신 속에서 비로소 풍요로움을 누린다.

당신의 삶과 방향성이 맞는다면 어떤 것도 무가치하지
않다.
그 길에서 벗어난 것이라면 어떤 것도 바람직하지
않다.

2부

영혼과

우주의 법칙

8장

자연

NATURE

머리말

우리는 회고의 시대를 살고 있다. 이 시대는 아버지들의 무덤을 토대로 전기, 역사, 비평을 쓴다. 이전 세대는 신과 자연의 대면을 직접 눈으로 목격했다. 그렇다면 왜 우리는 우주와 직접 연결되지 못할까? 왜 우리는 전통이 아닌 통찰에서 비롯한 시와 철학을 가질 수 없고, 계시에 따른 종교 대신 이전 세대의 역사만을 섬겨야 할까? 한 계절을 품은 생명의 흐름이 우리 주변을 흐르며 자연과 조화하라고 초대하는데 왜 우리는 과거의 마른 뼈 사이를 더듬으며 새로운 세대를 철 지난 옷으로 꾸미려고 하는가? 태양은 오늘도 빛난다. 들판에서는 더 많은 양모와 아마가 난다. 새로운 땅, 새로운 사람, 새로운 생각이 있다. 우리만의 일과 법과 예배를 요구하자.

분명히 말하건대 이 세상에 우리가 답을 찾지 못할 질문은 없다. 우리는 지금까지 일어난 창조가 완전하다는 것을 믿어야 한다. 사물의 질서가 우리 마음에 일으킨 호기심이 무엇이든 그 질서 자체가 호기심을 충족할 수 있다고 믿어야 한다. 모든 사람의 상태는 자신이 던지는 질문에 상형문자로 보여주는 해답이다. 그는 이 진리를 이해하기 전에 삶으로써 행동으로 실행한다. 마찬가지로 자연은 이미 그 형태와 경향 안에서 자신만의 설계를 묘사한다. 우리를 둘러싼 채 이토록 평화롭게 빛나는 위대한 현상을 알아보자. 자연은 왜 존재하는가, 그 목적이 무엇인지 우리는 질문해야 한다.

모든 과학의 목적은 한 가지, 자연의 이론을 찾는 것이다. 우리에게는 인종과 기능에 대한 이론은 있지만 창조에 대해서는 갈 길이 멀다. 우리는 진리로 향하는 길에서 멀리 벗어나 있다. 종교 지도자들이 서로 다투고 증오하는 와중에 호기심 많은 사람은 불건전하고 경솔하게 여겨진다. 하지만 가장 추상적인 진실이야말로 건전한 판단을 내리는 데 가장 실용적이다. 진실한 이론이 나타날 때 그 이론은 스스로를 증명하는 증거가 된다. 그 진실한 이론은 모든 현상을 설명할 수 있다. 그러나 지금은 언어, 잠, 광기, 꿈, 동물, 성性 등 많은 것들이 설명되지 않을 뿐 아니라 설명 불가능하다고 여겨진다.

철학적인 관점에서 우주는 자연과 영혼으로 구성되어 있다. 따라서 엄밀히 말해 우리와 분리된 모든 것, 철학이 '내가 아닌 것'으로 구분하는 모든 것, 즉 자연과 예술, 다른 모든 사람과 자기 몸도 이 '자연'이라는 이름하에 속해야 한다. 자연의 가치를 나열하고 그 총합을 계산할 때, 나는 두 가지 의미, 즉 일반적인 의미와 철학적인 의미에서 이 단어를 사용할 것이다. 이런 일반적인 탐구에서는 부정확성이 그렇게 중요한 문제가 아니고 사고의 혼란도 일어나지 않을 것이다. 보편적인 의미에서 자연은 공간, 공기, 강, 나뭇잎처럼 인간의 손이 닿아도 변하지 않는 본질을 말한다. 반면 예술은 이러한 것들에 인간의 의지가 더해진 혼합물을 뜻한다. 이를테면 집, 운하, 동상, 그림 같은 것들을 예로 들 수 있다. 그러나 인간이 하는 일들은 쪼고 굽고 덧대는 정도에 불과한 사소한 것들이라 세계가 인간 정신에 주는 거대한 인상에는 별 영향을 미치지 못한다.

자연

고독에 이르기 위해서는 사람들과 거리를 두는 것만으로는 부족하다. 곁에 아무도 없다 한들 책을 읽고 글을 쓰는 동안 나는 혼자가 아니다. 진정한 고독을 원한다면 별들을 보라. 천상의 세계에서 오는 빛줄기들이 우리와 우리가 손대는 것들 사이를 갈라놓는다. 인간에게 영원한 숭고함이 존재한다는 사실을 보여주기 위해서 대기는 투명하게 만들어진 것일지도 모른다. 거리에서 바라보는 별들은 얼마나 위대한가! 만일 별들이 천 년에 하루만 나타난다면, 사람들은 어떻게 이 별을 믿고 숭배할까? 어떻게 신의 도시가 드러난 순간을 대대손손 기억할까! 밤하늘에 나타난 '신의 도시'를 본 뒤, 그 광경을 얼마나 경외하고 찬미하며, 세대에서 세대로 이어 간직하려 했을까! 하지만 이 아름다움의 특사들은 매일 밤 나타나 꾸중하는 듯한 미소로 우주를 밝힌다.

늘 우리 곁에 있지만 닿을 수 없기에 별들은 특별한 경외심을 일깨운다. 하지만 별들만이 아닌 모든 자연물 역시 그 영향력에 마음을 열면 비슷한 감흥을 준다. 자연은 절대 초라해지지 않는다. 아무리 지혜로운 사람이라 한들 호기심을 잃을 정도로 자연의 비밀을 밝혀내 더 이상 궁금해하지 않을 일은 없다. 자연은 결코 지혜로운 사람의 장난감이 되지 않는다. 꽃과 동물과 산은 그가 가장 깊은 지혜를 깨달은 순간에도 변함없이 그가 어릴 적 느꼈던 단순한 기쁨을 선사한다.

    우리가 자연을 이런 식으로 이야기할 때, 우리 마음속에는 뚜렷하면서 매우 시적인 감각이 생겨난다. 우리는 여러 자연물이 만들어내는 인상을 통합한다. 이렇게 통합된 인상이 나무꾼의 눈에 비친 통나무와 시인의 눈에 비친 나무를 구별하게끔 한다. 오늘 아침 내가 본 아름다운 풍경은 분명 농장 스무 개나 서른 개로 이루어져 있었다. 이쪽 땅은 밀러가 소유하고 저쪽 땅은 로크가, 그 너머 땅은 매닝의 소유일 테다. 하지만 그 누구도 '풍경' 자체를 소유하지는 않는다. 지평선은 그 누구의 것도 아닌 전체를 통합해 보는 눈을 가진 사람, 즉 시인의 것이다. 이 풍경이야말로 가장 가치 높은 것이지만, 농장주의 소유권 문서에는 그 권리가 없다.

    진실을 말하자면 다 큰 성인 중에서 자연을 볼 수 있는 사람은 몇 없다. 대부분은 태양조차 보지 않는다. 보더라도 아주 피상적으로만 본다. 다 큰 어른에게 태양은 단지 눈만을 밝힐 뿐이지만, 아이에게는 눈과 마음을 모두 비춘다. 자연을 사랑하는 사람은 내면과 외면의 감각이 여전히 진정한 조화를 이루는 사람, 다시 말해 성인이 되어서도 아이일 때의 영혼을 간직하는 사람이다. 이런 사람에게 하늘과 땅의 교감은 일상의 양식과 같다. 자연과 함께 있으면 큰 슬픔을 느낄 때에도 내면에는 기쁨이 흐른다. 자연은 이렇게 말한다. "그는 내 피조물이며 그 모든 불의한 슬픔에도 불구하고 나와 함께 행복할 것이다." 태양이나 여름뿐만이 아니라 모든 시간과 계절이 기쁨의 편린을 선사한다. 왜냐하면 흐르는 시간과 자연의 변화는 제각기 인간의 마음과 대응해 그것을 정당화해주기 때문이다.

숨 막히는 정오부터 음산한 자정까지 각각의 순간은 저마다의 감정을 무대 위로 올린다. 자연은 희극과 비극에 모두 어울리는 배경이다. 건강할 때 마시는 공기는 이루 표현할 수 없을 만큼 상쾌한 힘을 지닌다. 황혼 무렵 구름 낀 하늘 아래 질퍽한 눈웅덩이 사이로 벌거벗은 들판을 지날 때 나는 특별한 행운이 일어나지 않더라도 완벽한 기쁨을 누린다. 너무 기뻐 두려울 정도다.

숲에 있을 때도 마찬가지다. 사람은 숲속에 있을 때 마치 뱀이 허물을 벗듯 나이를 벗어던지고 언제든지 다시 아이가 된다. 숲에는 영원한 젊음이 있다. 신이 심은 이 나무의 정원은 품위와 신성함이 지배하고, 끊임없는 축제가 펼쳐지며, 그 축제의 손님들은 수천 년이 지나도록 지칠 줄 모른다. 우리는 숲에서 이성과 신념의 차원으로 돌아간다.

나는 인생에서 어떤 불명예나 재난을 겪더라도 내 두 눈이 자연을 볼 수 있는 한 자연에게서 치유받을 수 있다고 믿는다. 드넓은 땅 위에 서서 가벼운 바람으로 머리를 비우고 마음이 무한한 공간으로 떠오를 때, 내 안에 자리하던 치사한 이기심이 모두 사라진다. 나는 투명한 눈H이 된다. 나는 아무것도 아닌 존재가 되지만 모든 것을 본다. 보편적 존재가 나를 통과해간다. 나는 신의 일부 혹은 신의 미립자다. 그럴 때는 가장 가까운 친구의 이름마저 낯설게만 들린다. 형제, 친구, 주인이나 하인 같은 모든 구분이 사소하고 귀찮은 일이 된다. 나는 억제되지 않은 불멸의 아름다움을 사랑하는 사람이다. 나는 거리나 마을에서보다 황야에서 더 소중하고 근원적인 것을 발견한다. 인간은 고요한 풍경에서, 특히 먼 지평선에서 자신의 본성과 비슷한 아름다움을 본다.

들판과 숲이 베푸는 가장 큰 기쁨은 사람과 식물 사이에 어떤 신비로운 관계가 있다는 암시다. 나는 혼자가 아니고 결코 소외되지 않는다. 식물들이 나에게 고개를 끄덕이고 나도 화답한다. 폭풍우에 흔들리는 나뭇가지는 새로우면서도 익숙하다. 놀랍지만 미지의 움직임은 아니다. 그 움직임은 내 생각이 정당하거나 행실이 올바랐을 때, 더 고매한 사유나 아름다운 감정이 불쑥 나를 휘감는 느낌과 비슷하다.

하지만 이런 기쁨을 자아내는 힘은 자연 그 자체가 아니라 사람 혹은 사람과 자연의 조화에 깃들어 있다는 것은 확실하다. 우리는 이러한 즐거움을 매우 절제하며 누려야 한다. 왜냐하면 자연이 항상 축제 의상을 차려입지는 않기 때문이다. 어제까지만 해도 향기를 풍기며 요정들의 연회처럼 반짝이던 곳이 오늘은 슬픔으로 뒤덮였을 수도 있다. 자연은 언제나 인간의 정신이 띤 색을 입는다. 큰 불행으로 괴로워하는 사람은 난로의 열기에서도 슬픔을 느낀다. 사랑하는 존재를 잃은 지 얼마 안 된 사람은 자연 그 자체에서 분노를 느낄 수도 있다. 그에게 하늘은 더 이상 위대해 보이지 않을 것이다. 사랑하는 사람이 부재하는 이 세상에서 하늘은 더 이상 장엄함을 갖지 못한다.

자연의 혜택

누구든 세상의 궁극적 목적을 고찰한다면 그 고찰에서 수많은 유용함을 얻을 수 있다는 사실을 알아차릴 것이다. 그 유용함은 자연의 혜택, 아름다움, 언어, 규율이라는 네 가지로 분류된다.

나는 우리 감각이 자연에게서 얻는 모든 이점을 '자연의 혜택'이라는 일반적인 이름으로 부르려 한다. 물론 이는 자연이 영혼에 제공하는 궁극적인 혜택이 아닌 일시적이고 간접적인 혜택이다. 이 혜택은 수준이 낮을지언정 그 자체로는 완전하며 모든 사람이 이해할 수 있는 유일한 자연의 쓰임이기도 하다. 우리의 푸른 별 지구가 인간을 위해 얼마나 끊임없이 그리고 아낌없이 베푸는지를 살펴보면 인간의 고통은 마치 어린아이의 투정처럼 보인다. 어떤 천사가 이토록 눈부신 장식과 이토록 윤택한 편의, 하늘의 풍부한 공기, 땅과 넓은 바다, 그 사이의 창공을 발명했을까? 도대체 어떤 존재가 빛의 황도대, 구름의 장막, 기후라는 줄무늬 외투, 시간으로 짜인 사계절이라는 네 벌의 옷을 고안해낸 것일까? 짐승, 불, 물, 돌, 곡식 들이 인간을 위해 봉사한다. 들판은 인간의 마루이자 일터이고, 놀이터인 동시에 정원이며 침대다.

너무 많은 하인이 자기 시중을 드니
그는 알아채지도 못한다.

자연이 인간을 위해 봉사할 때, 자연은 단순한 물질일 뿐만 아니라 그 과정이며 결과이기도 하다. 자연의 모든 요소가 끊임없이 서로를 돕고 협력하며 궁극적으로는 인간에게 이익을 준다. 바람은 씨를 뿌리고, 수증기를 들판으로 몰고 가며, 태양은 바닷물을 증발시킨다. 지구 반대편에 있는 얼음은 수증기를 비로

응결시킨다. 그 비가 식물을 자라게 하며 동물은 식물을 먹는다. 이렇게 신성한 자비가 끝없이 순환해 인간을 양육하는 것이다.

인간의 지혜로 만들어낸 유용한 기술은 자연의 혜택을 재현하거나 새롭게 조합한 것에 불과하다. 인간은 더 이상 순풍을 기다리지 않고 증기를 이용해 아이올로스의 자루 이야기(『오디세이아』에서 바람의 신 아이올로스는 오디세우스에게 부드러운 서풍을 뺀 모든 바람을 자루에 담아 선물한다)를 실현시켜 서른두 가지 바람을 증기기관으로 나른다. 마찰을 줄이기 위해 도로에 철근을 깔고 기차에 사람, 동물, 상품을 실어, 대기를 가르는 독수리나 제비처럼 나라 곳곳을 가로질러 도시에서 도시로 빠르게 이동한다.

이런 도움으로 우리가 사는 세상은 노아의 시대부터 나폴레옹 시대까지 얼마나 많이 바뀌었는가! 가난한 개인조차 도시와 배, 운하, 다리를 마음껏 누린다. 그가 우체국에 가면 인류 전체가 그의 심부름을 해주는 셈이고, 서점에 가면 그를 위해 쓴 이 세상에서 일어나는 모든 일에 대한 글을 읽을 수 있으며, 법원에 가면 국가가 그의 문제를 해결해준다. 이 사람이 도로 옆에 집을 지으면 인류는 매일 아침마다 나와 눈을 치워주고 그를 위해 길을 내준다.

하지만 이런 유익함을 하나하나 열거할 필요는 없다. 목록은 끝이 없고 사례가 너무 분명하므로 나머지는 독자의 성찰에 맡기고자 한다. 다만 일반적인 이야기를 하자면 이런 '이익 중심의 혜택'은 그 자체를 위한 것이 아니라 더 높은 목적을 위한다. 인간은 단지 먹기 위해 먹는 것이 아니라 일하기 위해 먹는다.

아름다움

인간의 고귀한 욕구 중 하나는 바로 아름다움을 사랑하는 마음이며 자연은 이를 충족시킨다.

고대 그리스인은 세계를 코스모스κόσμος, 즉 아름다움이라고 불렀다. 모든 사물의 구성과 사람의 눈이 지닌 창조적 힘 역시 아름답고, 하늘이나 산이나 나무나 동물 같은 기본적인 형상들은 그 자체로 우리에게 기쁨을 준다. 이러한 기쁨은 윤곽, 색채, 움직임, 배열에서 비롯된다.

이런 즐거움 중 일부는 눈 자체에서 기인한다. 눈은 최고의 예술가인 셈이다. 눈의 구조와 빛의 법칙이 서로 작용해 원근이 생겨나고 물질의 아름다운 색과 음영이 성질과 상관없이 둥글게 통합된다. 각 사물들이 평범하고 무미건조할지언정 그것들이 합쳐진 풍경은 입체적이고 균형 잡힌 아름다움을 띤다.

눈이 최고의 작곡가라면 빛은 최초의 화가다. 어떤 불결한 것이라도 강렬한 빛 아래에서는 아름다워진다. 빛이 감각에 전달하는 자극, 그리고 공간과 시간 같은 무한성은 모든 물질을 생동감 있게 만든다. 심지어 시신마저도 고유한 아름다움을 지닌다. 이렇게 자연에 깃든 전반적인 아름다움 외에도 거의 모든 개별 형태가 눈을 즐겁게 한다. 우리가 도토리, 포도, 솔방울, 밀 이삭, 알, 새들의 날개와 형상, 사자의 발톱, 뱀, 나비, 조개, 불꽃, 구름, 새싹, 나뭇잎, 야자수 등의 형태를 끊임없이 모방해온 사실로 증명된다.

더 깊이 있는 고찰을 위해 우리는 아름다움의 양상을 세 가지 방식으로 나눌 수 있다.

❶ 자연의 형태를 단순하게 인식하는 것만으로도 기쁨을 느낄 수 있다. 자연의 형태와 활동이 주는 영향은 인간에게 무척 필요한 것이어서 가장 낮은 수준에서는 편의와 아름다움의 경계에 있는 듯하다. 고된 일이나 인간관계로 인해 몸과 마음이 위축된 사람에게 자연은 약이 되어 기운을 북돋는다. 방문판매원이나 변호사는 거리의 소음과 복잡함에서 빠져나와 하늘과 숲을 바라보면 다시 인간다움을 되찾는다. 숲의 영원한 고요 속에서 잠시 잃어버렸던 자기 자신을 찾는 것이다. 눈이 건강해지려면 지평선을 봐야 하는 것 같다. 멀리 볼 수만 있다면 우리는 결코 쉽게 지치지 않는다.

하지만 때때로 자연은 그 자체의 아름다움만으로도 만족감을 준다. 그 아름다움엔 어떤 신체적인 이득도 섞여 있지 않다. 나는 집 맞은편 언덕 꼭대기에서 새벽부터 해가 떠오를 때까지 밝아오는 아침 풍경을 천사들의 마음으로 바라본다. 길고 가느다란 구름 띠들이 진홍빛 바다를 물고기처럼 유영한다. 나는 바닷가에 선 듯 땅을 밟고 이 고요한 바다를 바라본다. 나는 그 급속한 변화에 함께하는 듯한 기분이 든다. 그 마법 같은 움직임이 먼지처럼 작은 나의 존재에까지 미쳐와 아침 바람과 함께 어우러져 종래에는 나라는 존재를 확장시킨다. 자연은 어떻게 이리도 단순한 요소들로 우리를 신성하게 만들어주는가! 건강한 하루만 있다면 나는 황제의 호사조차 우스꽝스러운 것으로 만들 수 있다. 새벽이 내 아시리아이고 일몰과 월출은 내 파포스(아프로디테 여신이 태어났다고 하는 키프로스의 옛 도시)이며 상상 속 요정의 왕국이다. 밝은 대낮은 감각과 이해로 충만한 영국이 되고 밤은 신비로운 철학과 꿈이 가득한 독일이 된다.

오후에는 감수성이 좀 떨어지지만, 어제저녁 1월의 일몰이 주는 매력은 너무도 훌륭했다. 서쪽 하늘의 구름은 분홍빛 조각으로 나눠지고 쪼개져 말할 수 없이 부드러운 색조로 변하고, 공기에는 생명력과 달콤함이 가득해 집 안으로 들어가기가 고통스러울 정도였다. 자연은 나에게 무슨 말을 전하고 싶었던 것일까? 방앗간 뒤 계곡의 생생한 고요에는 어떤 의미도 없었던 것일까? 나에게 그 고요함은 호메로스나 셰익스피어의 표현으로는 전해지지 않는 어떤 것이었다. 잎이 다 떨어진 겨울나무들이 석양 속에서는 불꽃의 첨탑처럼 보였고, 그 배경으로는 푸른 동녘 하늘이 깔려 있었다. 시든 꽃봉오리 같은 별과 서리로 덮인 마른 가지와 그루터기 하나하나가 이 '말 없는 음악'에 뭔가를 더했다.

도시 사람들은 시골 풍경이 한 해 중 반 정도만 보기 좋을 거라고 짐작한다. 하지만 나는 시골 겨울 경치의 우아함을 즐긴다. 그리고 겨울의 우아함 역시 여름의 온화함만큼 우리를 감동시킬 수 있다고 믿는다. 주의 깊게 바라보면 자연은 일 년 중 모든 순간에 고유한 아름다움이 있고, 똑같은 들판에서도 매시간마다 한 번도 보지 못했고 앞으로도 보지 못할 풍경으로 바뀐다. 하늘은 매 순간 바뀌며 그 영광이나 어둠을 대지 위에 펼쳐놓는다. 주변 농장의 작물이 매주마다 땅의 표정을 바꾼다. 목초지와 길가에 피어나는 들풀과 야생화의 변화는 여름의 시간을 알려주는 조용한 시계다. 예리한 관찰자라면 하루의 시간 구분조차 그 흐름 속에서 느낄 수 있다. 새와 곤충 무리는 식물들처럼 정해진 시기에 어김없이 나타나 서로를 뒤따르고, 일 년이라는 시간은 그 모든 존재들을 담기에 넉넉하다. 물줄기를 따라가면 더 다양한 변화를 볼 수 있다. 7월이 되면 꼬치고기풀이라고도 하는 파란 폰테

데리아가 얕은 물가에서 군락을 이뤄 피어나고, 그 위를 노란 나비 떼가 끊임없이 날아다닌다. 예술은 이 보랏빛과 금빛 장관을 흉내조차 낼 수 없다. 강은 달이 바뀔 때마다 새로운 장식을 뽐내는 끝없는 축제의 장이다.

그러나 우리가 아름다움으로 받아들이는 이 자연의 미美는 사실 거대한 자연에서 가장 작은 부분에 불과하다. 찬란한 한낮의 풍경, 이슬 맺힌 아침, 무지개, 꽃이 활짝 핀 과수원, 별, 달빛, 고요한 물그림자도 너무 맹렬히 쫓으면 단지 볼거리로 전락해 허상이 되어 우리를 조롱한다. 달을 보기 위해 집 밖으로 나가면, 그건 그저 밤하늘에 떠 있는 반짝이는 장식물에 지나지 않는다. 하지만 방황하는 여행길에 달빛이 비출 때 그것은 참된 기쁨이 된다. 10월의 황금빛 오후에 희미하게 빛나는 아름다움을 누가 붙잡을 수 있을까? 일부러 그것을 찾아 나서면 어느새 사라져 있다. 마치 달리는 마차의 창에 비친 신기루와도 같다.

❷ 아름다움을 완성하기 위해서는 더 높은 차원, 즉 영적인 요소가 반드시 필요하다. 자연이 인간의 의지와 결합할 때 감상에 빠지지 않고 사랑할 수 있는 고귀하고 신성한 아름다움이 나타난다. 신은 가치 위에 아름다움을 표식으로 세웠다.

모든 자연의 행위는 우아하다. 모든 영웅적 행위는 품격 또한 갖추고 있어 그 장소와 주변 사람들까지 빛나게 한다. 위대한 행동을 볼 때 우리는 우주가 그 안에 존재하는 사람들의 재산임을 배운다. 이성을 지닌 모든 존재는 자연 전체를 지참금이자 유산으로 물려받는다. 누구나 의지만 있다면 가질 수 있다. 한편으로 누구나 그 유산에서 벗어날 수 있고, 구석으로 기어들어가 자신의 왕국을 포기할 수도 있다. 실제로 사람들 대다수가 그런 선택을 내린다. 그러나 인간은 그 존재 자체로 세상에 대한 권리를 안고 태어났다.

인간은 생각하는 힘과 의지에 비례해 세계를 내면으로 받아들인다. "인간이 밭을 갈고, 집을 짓고, 배를 띄우는 모든 일은 덕을 따르기 때문이다"라고 살루스티우스는 말했다. 에드워드 기번Edward Gibbon은 "바람과 파도는 언제나 가장 유능한 항해사의 편이다"라고 말했다. 하늘의 해와 달을 비롯해 모든 별 역시 마찬가지다. 이를테면 장엄한 자연을 배경으로 위대한 행위가 일어날 때 그 행동은 자연의 아름다움과 결합해 더 숭고해진다. 스파르타의 레오니다스와 그의 순교자 300명이 죽어가는 동안 해와 달이 차례로 찾아와 테르모필레(스파르타의 레오니다스 왕이 페르시아 군대와 벌인 싸움인 제2차 페르시아 전쟁이 일어난 곳)의 가파른 협곡에서 이들을 내려다볼 때, 또한 알프스의 눈사태 그림자 아래서 아르놀트 빙켈리트가 오스트리아 군대의 전열을 흩트리기 위해 날아오는 창을 옆구리로 받아낼 때, 이 영웅들은 장엄한 자연을 자신의 업적에 더한 것이다.

우리는 콜럼버스의 배가 아메리카 해안에 접근했을 때의 모습을 주변의 풍경과 분리해 생각할 수 있을까? 우리의 머릿속에는 사탕수수로 지은 움막에서 나온 원주민들이 해변을 따라 늘어서 있고, 그 너머로는 서인도 제도의 보랏빛 산들이 병풍처럼 둘러싼 바다 풍경이 자연스럽게 떠오른다. 우리는 콜럼버스를 이 '살아 있는 풍경'과 분리할 수 없다. 신세계는 콜럼버스에게 야자나무숲과 대초원을 휘장처럼 둘러주며 말 없는 찬사를 보낸다. 자연의 아름다움은 언제나 공기처럼 스며들어 위대한 행적을 감싼다. 헨리 베인Henry Vane이 영국 법의 수호자로서 타워힐로 끌려가 처형당할 때 군중 가운데 한 사람이 외쳤다. "그렇게 영광스러운 자리에 앉아보기는 처음일 거요." 찰스 2세는 런던 시민들을 위협하기 위해 애국자 러셀 경William Russell을 마차에 매달고 시내의 주요 거리를 지나 교수대로 향하도록 명령했다. 러셀 경의 전기 작가는 그 사건을 이렇게 저술했다. "그러나 군중은 자유와 가치가 그의 편에 앉아 있다고 상상했다." 추악한 사람들이 모이는 비밀스러운 장소에서도 진실하고 영웅적인 행위는 하늘을 사원으로 삼고 태양을 촛불처럼 다룬다.

  자연은 팔을 벌려 위대한 생각을 품은 인간을 끌어안는다. 그 걸음마다 장미와 제비꽃을 뿌리며 대자연의 장엄함과 우아함으로 사랑하는 아들딸을 단장하는 것이다. 인간의 사상이 자연만큼 위대해질 때, 비로소 자연은 그에 걸맞은 그릇이 된다. 덕 있는 인간은 자연의 섭리와 조화를 이루며 눈에 보이는 세계의 중심인물이 된다. 호메로스, 핀다로스, 소크라테스, 포키온은 그리스의 지리 및 기후와 함께 기억되고 하늘과 땅은 예수의 존재에 공명한다. 일상생활에서도 강인한 성격과 행복한 천성을 지닌 사람을 보면 그 사람이 얼마나 쉽게 모든 것을 자기 쪽으로 끌어당기는지 알아차릴 것이다. 사람은 물론이고 의견, 시간, 자연마저도 그의 조력자가 된다.

  ❸ 자연에서 세상의 아름다움을 볼 수 있는 또 다른 측면이 있는데, 바로 지성의 대상이 될 때다. 만물이 미덕과 관계를 맺는 것처럼 '사유'와도 관계를 맺는다. 지성은 신의 마음 안에서 감정적 색채 없이 사물의 절대적 질서를 탐색한다. 지적 능력과 행동력은 서로를 교대로 따르는 듯 보인다. 한쪽이 독자적으로 활약하면 곧이어 다른 쪽도 독자적으로 활약하기 시작한다. 이 두

능력은 서로에게 다소 비우호적이지만 마치 동물에게 먹는 때와 움직이는 때가 번갈아 있듯 이 둘도 하나가 다른 하나를 준비시키고, 하나가 움직인 다음에는 다른 하나가 반드시 따라온다.

그렇기에 우리가 앞서 살펴본 것처럼 행동과 관련된 아름다움은 그것을 일부러 추구하지 않았을 때 찾아와 더욱 값진 것이라면, 지성에게는 그 아름다움을 인식하고 추구할 수 있는 역할이 주어진다. 그리고 그 지성으로 인식한 아름다움이 다시 행동의 차원으로 되돌아간다. 신성한 것은 결코 사라지지 않는다. 모든 선善은 끊임없이 새로운 것을 낳는다. 자연의 아름다움은 단지 감상하기 위한 것이 아니라 새로운 창조를 위해 마음속에서 다시 태어난다.

사람은 모두 세상의 면면에서 감동한다. 일부는 단순한 감명을 넘어 희열을 느끼기도 한다. 미에 대한 이런 사랑을 취향이라고 한다. 어떤 사람들은 이런 애정이 넘쳐 감탄에 만족하지 않고 아름다움을 새로운 형태로 구현하려 한다. 아름다움을 창조하는 것, 그것이 바로 예술이다.

예술 작품의 창조는 인간 존재의 신비를 밝혀주는 빛을 비춘다. 예술 작품은 세계의 요약이자 축소판이고 자연이 응축되어 표현된 결과물이다. 자연의 창조물은 무수히 많고 모두 다르지만 그 결론이나 표정은 모두 비슷하고 단일하다. 자연은 근본적으로 서로 닮았고 동시에 유일한 형태들로 가득한 바다다. 나뭇잎, 햇빛, 풍경, 바다, 이 모든 것들은 마음에 유사한 인상을 남기며 이 모든 요소들에 예외 없이 포함된 완벽함과 조화가 바로 아름다움이다. 자연적인 형태들의 전체적인 순환, 즉 자연의 총체성이 아름다움의 기준을 이룬다.

이탈리아에서는 아름다움을 '한 가지 안의 가장 큰 것'이라고 정의한다. 어떤 것도 단독으로 완전한 아름다움을 지니지 못한다. 전체에 속해 있을 때만이 진정으로 아름다울 수 있다. 홀로 있는 대상은 오직 이 보편적인 기품, 우주적 조화를 보여줄 때만이 아름답다. 시인, 화가, 조각가, 음악가, 건축가는 세상이 내뿜는 이 아름다움을 한곳에 응축시키고자 한다. 그들은 자신을 창작으로 이끈 아름다움에 대한 사랑을 충족하기 위해 작품을 만든다. 이렇듯 예술이란 인간이라는 증류기를 통과한 자연이다. 예술의 영역에서 자연은 자신의 작품에 감동한 인간의 의지를 거쳐 그 아름다움을 작동시킨다.

세상은 이처럼 아름다움을 좇는 영혼의 갈망을 충족시키기 위해 존재한다. 나는 이 요소를 '궁극적 목적'이라 칭하겠다. 영혼이 아름다움을 추구하는 이유는 물어볼 수도, 답할 수도 없다. 아름다움은 지극히 크고 심오한 관점에서 볼 때 우주를 표현하는 한 가지 방식이다. 신은 완전한 아름다움 그 자체다. 진리, 선, 아름다움은 모두 하나이며 그 전체의 서로 다른 얼굴들일 뿐이다. 하지만 자연의 아름다움이 궁극적인 것은 아니다. 그것은 독자적으로 완전하고 만족스러운 선善이 아니며 내면에 존재하는 영원한 아름다움의 전조일 뿐이다. 자연 속의 아름다움은 전체의 일부로 존재해야 하며, 자연이 지닌 궁극적인 목적도 되지 못한다.

언어

언어는 자연이 인간에게 제공하는 세 번째 쓰임이다. 자연은 그 매개체로서 총 세 단계로 나뉜다.

① 말은 자연적 사실을 나타내는 기호다.
② 특정한 자연적 사실은 특정한 정신적 사실을 상징한다.
③ 자연은 정신의 상징이다.

❶ 말은 자연적 사실을 나타내는 기호다. 자연사의 목적은 초자연적인 역사를 이해하는 데 도움을 주는 것이다. 외적 창조물은 내적 창조물의 존재와 변화에 대해 표현할 언어를 우리에게 제공한다. 도덕적이거나 지적인 사실을 표현하는 데 사용되는 모든 언어는 뿌리를 거슬러 올라가면 물질의 외형에서 빌려온 것들이다. '바르다right'는 원래 '곧다straight'는 의미였고, '틀리다wrong'는 '꼬였다twisted'는 뜻이었다. '정신spirit'은 원래 '바람wind'을 의미하고 '위반transgression'은 선을 넘는 것에서 '거만함supercilious'은 눈썹을 치켜올리는 것에서 유래되었다. 우리는 감정을 표현할 때 심장을 거론하고, 생각을 말할 때 머리를 가리킨다. 또 '생각'과 '감정'이라는 단어 역시 우리가 인지 가능한 사물에서 빌려온 말이며 이제는 정신적 본성을 말할 때 사용된다. 이러한 언어의 변화는 아득히 오래전 그 틀이 잡히기 시작한 탓에 우리로선 구체적인 과정을 알 수 없다. 하지만 아이들을 관찰하면 그 변화의 과정과 동일한 흐름을 확인할 수 있다. 아이들과 원시인은 말할 때 사물의 이름 같은 명사만 사용하다가 이를 동사로 바꿔 유사한 정신 활동에 적용한다.

❷ 언어의 역사에서 매우 두드러지는 사실로서 이런 영적인 의미를 전달하는 단어들의 기원은 우리가 자연에 진 가장 작은 빚에 불과하다. 상징적인 것은 언어만이 아니다. 사물 자체가 상징적이다. 자연의 모든 현상은 인간의 정신 상태와 대응한다.

자연의 외형은 모두 인간의 특정한 심리에 부합하고 그 심리는 자연적 현상을 하나의 그림으로 제시함으로써 설명될 수 있다. 분노한 사람은 사자, 교활한 사람은 여우, 결연한 사람은 바위, 박식한 사람은 횃불로 비유된다. 어린 양은 순수함, 뱀은 교묘한 악의, 꽃은 섬세한 애정을 표현한다. 빛과 어둠은 우리가 흔히 쓰는 비유로 지식과 무지를 나타내고, 뜨거운 열기는 사랑을 의미한다. 또한 우리는 등 뒤의 먼 풍경을 과거의 기억으로 눈앞에 멀리 보이는 풍경을 미래의 희망으로 비유한다.

깊은 생각에 잠겨 강을 바라볼 때 감정이 왈칵 밀려오지 않는 사람이 있을까? 개울에 던진 돌이 잔잔하게 퍼뜨리는 파문은 아름다운 영향력의 형태를 보여준다. 인간은 삶의 내면이나 그 뒤에 있는 보편적 영혼을 의식하며, 인간의 내면에는 하늘에 떠 있는 별처럼 정의, 진실, 사랑, 자유의 본성이 높이 걸린 채 반짝인다. 우리는 이 보편적 영혼을 '이성'이라고 부른다. 이성은 나의 것도 당신의 것도, 다른 누구의 것도 아니며 오히려 우리가 그에 속해 있다. 우리는 이성의 소유물이며 이성으로 사람이 된다. 개개인의 삶을 품고 있는 푸른 하늘, 끝없는 고요와 영원토록 반짝이는 천체를 품은 하늘은 '이성'의 상징이다. 끝없는 하늘과 별의 질서를 지적으로 생각하면 '이성'이 되고 자연과 연결해 생각하면 '정신'이 된다. 정신은 창조자다. 정신은 자체적으로 생명을 지닌다. 그리고 인간은 시대와 국가를 불문하고 창조자인 정신을 언어에 담아 '아버지'라 불렀다.

이런 비유가 운이나 변덕에 전혀 좌우되지 않고 늘 변함없이 자연에 스며 있음을 쉽게 알 수 있다. 시인 몇 명이 여기저기에서 말하는 꿈이 아니다. 인간은 본래 비유를 이해하는 존재이며 모든 사물에서 관계를 연구한다. 인간은 존재의 중심에 있으며 관계의 빛이 모든 존재에서 나와 그를 통과한다. 이런 사물 없이 인간을 이해하기란 불가능하고 사물 역시 인간이 없다면 이해될 수 없다. 자연사의 모든 사실은 개별적으로 아무런 가치가 없고 한 가지 성밖에 없는 듯 열매가 열리지 않는다. 하지만 자연사가 인간의 역사와 결합하면 생명으로 가득 차오른다. 모든 식물군, 린네Carl von Linné와 뷔퐁Georges-Louis Leclerc, Comte de Buffon의 모든 책은 사실을 모아놓은 건조한 목록이지만 식물의 습관, 기관, 작용, 혹은 곤충의 소리처럼 이 중에서도 가장 사소한 사실들이 지성적인 철학에서 사실을 설명하는 데 쓰이거나 인간의 본성과 관련이 되면 우리에게 가장 생동감 있고 유쾌한 방식으로 영향을 미친다. 인간의 본성을 설명할 때 식물의 씨앗은 얼마나 자주 애정 넘치는 비유로 쓰이는가? 이 작은 결실은 모든 사람의 담론에 사용된다. 심지어 바울은 인간의 시체를 씨앗에 비유하며 "자연의 육신으로 심어져 영적인 육신으로 자란다"고 말했다.

지구가 자전축을 중심으로 도는 운동은 하루를, 태양 주위를 도는 운동은 한 해를 만든다. 자전과 공전은 일정한 양의 빛과 열에 불과하다. 그러나 인간의 삶과 계절 사이에 자연스러운 비유가 생겨나지 않는가? 그리고 계절은 이 비유를 거쳐 어떤 웅장함과 감동을 얻지 않는가? 개미에게는 개미의 본능이 별로 중요하지 않다. 하지만 그 본능이 인간의 본능으로 확장되어 관계의 빛이 비치는 순간, 개미의 단조롭고 고된 노동은 우리에게 교훈을 주고 자그마한 몸에 강력한 마음을 지닌 존재로 탈바꿈된다. 이를테면 최근 관찰된 연구 결과와 같이 절대 잠을 자지 않는 개미의 습관은 몹시 숭고해 보인다.

이처럼 가시적 사물과 인간의 생각 사이에는 근본적인 유사성이 있기 때문에 꼭 필요한 것만 가진 원시인들은 비유적 표현으로 의사소통을 나눈다. 역사를 거슬러 올라갈수록 언어는 그림을 그리듯 표현되며 언어가 막 탄생한 무렵에는 모든 표현이 한 편의 시와 같았다. 다시 말해 모든 영적 사실은 전부 자연적 상징으로 표현되었다. 이런 자연적 상징들은 모든 언어의 기본 요소를 이루는 것으로 보인다. 더욱이 모든 언어의 관용구 중 가장 웅변적이고 힘이 담긴 구절에서는 국가를 초월한 유사점을 확인할 수 있다. 이는 최초의 언어에서도 그랬고 최후의 언어에서도 그렇다. 이렇듯 언어가 자연에 직접 의존하는 관계, 외부적인 자연 현상이 인간 생활의 유형으로 전환되는 이 과정으로 인해 자연이 우리에게 미치는 힘은 절대 줄어들지 않는다. 괴팍한 농부나 시골 사람들과의 대화가 독특한 매력을 띠고 그 대화를 모두가 즐기는 이유도 그 때문이다.

생각을 적절한 상징과 연결해 발언하는 능력은 그 사람이 얼마나 소박한가에 따라, 즉 진실을 사랑하고 그 진실을 온전히 전하고자 하는 욕망이 얼마나 큰가에 따라 달라진다. 인간의 타락은 언어의 타락으로 이어진다. 소박한 성격과 자주적인 생각이 부수적인 욕망, 이를테면 부, 즐거움, 권력, 칭송에 대한 욕망으로 뒤덮여 부서졌을 때, 다시 말해 이중성과 거짓말이 소박함과 진실을 대체하는 순간, 인간은 의지의 해석자로서 자연을 다루는 힘을 잃어버린다. 새로운 이미지가 더 이상 창조되지 않고 옛 언어가 왜곡되어 사실과 다른 것을 나타낸다. 금고에 금괴가 없을 때 어음을 쓰는 것과 마찬가지다. 시간이 지나면 그 사기 행위는 곧 명백히 드러나고 언어는 이해나 감정을 자극할 힘을 모두 잃는다. 오래된 문명국가에는 잠깐은 진리를 보고 말한다며 스스로 믿고 남들도 믿게 하지만, 사실은 자기 힘으로 생각 하나 자연스럽게 표현하지 못하고 무의식중에 그 나라의 주요 작가들, 주로 자연을 고수하는 작가들이 창조한 언어로 먹고사는 작가들이 수없이 많다.

하지만 현명한 사람들은 썩은 어휘를 간파하고 다시금 언어를 가시적 사물과 결합한다. 그렇기에 그림처럼 생생하고 아름다운 언어는 그것을 사용하는 사람이 진리와 신성한 동맹을 맺었음을 보여주는 강력한 증거가 된다. 우리의 대화가 익숙한 사실들로 이루어진 기반을 뚫고 올라와 열정으로 타오르고 생각으로 승격하는 순간, 언어는 이미지를 입는다. 열정적으로 대화하는 사람이 자신의 지적 과정을 직접 지켜보면 마음속에서 타오르듯 물질적인 이미지가 떠올라 생각에 제의祭衣를 입히는 것을 발견할 수 있다. 그래서 좋은 글과 멋진 대화는 끊임없이 비유를 쓴다. 이런 이미지는 자발적이다. 마음의 움직임이 경험과 만나 빚어낸 비유야말로 진정한 창조다. 그것은 이미 만들어진 도구를 사용해 창조의 근원을 작동시키는 방식이다.

이런 사실은 강력한 마음을 지닌 사람에게 도시의 인위적이고 제한된 생활보다 시골 생활이 더 낫다는 점을 보여준다. 우리는 사람들 사이에 있을 때보다 자연과 함께할 때 더 많은 것을 배운다. 자연의 빛은 언제나 마음속으로 흐르지만 우리는 그 존재를 잊고 살아간다. 오랜 시간 자연에서 감각을 길러온 시인이나 정치인은 해마다 무심코 받아들여온 숲의 아름답고도 평화로운 변화에서 얻은 교훈을 도시의 소음이나 정치의 혼란 속에서도 완전히 잃어버리지 않는다. 오랜 시간이 흐른 뒤 국회의 동요와 공포, 혁명의 한가운데에서 이 엄숙한 이미지들이 아침의 광채를 받으며 다시 나타나고, 지나가는 사건들이 그에 딱 맞는 상징과 생각을 일깨울 것이다. 고귀한 감정의 부름에 응답해 유년 시절에 보고 들은 듯이 다시 숲이 파도치고, 소나무는 속삭이며, 강은 물비늘을 이룬 채 흐르고, 산에서는 가축이 울어댈 것이다. 그리고 설득의 주문과 권력의 열쇠는 이러한 형상과 함께 자연의 가르침을 잊지 않은 시인과 정치인의 손에 들어올 것이다.

❸ 우리는 이처럼 자연물의 도움을 받아 특정한 의미를 표현한다. 그러나 후추알처럼 사소한 정보를 전달하기에 언어란 얼마나 위대한가! 시정 연설을 위해 이런 고귀한 생명체들과 무수한 형상들을 비롯한 수많은 천체가 필요했을까? 우리는 이 위대한 암호를 냄비와 주전자가 필요한 일 따위에 사용하면서 정작 암호가 반드시 필요한 일에는 사용하지 못하는 것 같다. 우리는 화산의 잉걸불로 달걀을 익히는 여행자처럼 엄청난 잠재력이 숨어 있는 것을 아주 하찮게 쓰고 있는 셈이다.

자연은 언제든 우리의 뜻에 옷을 입혀주기 위해 기다리고 있지만 우리는 옷이 그 자체로 의미를 지니지 않았는지 의문을 품는다. 산과 파도와 하늘은 우리가 생각을 나타내는 상징이라 의미를 부여하고 그렇게 사용할 때가 아니면 아무 의미가 없는 걸까? 세계는 상징적이고 언어는 은유다. 자연 전체가 인간의 마음에 대한 은유이기 때문이다. 도덕적 본성의 법칙은 물질의 법칙과 거울 속 얼굴처럼 서로를 반영한다. "눈에 보이는 세계와 그 부분들의 관계는 보이지 않는 세계의 계기판과 같다." 물리학의 공리는 윤리의 법칙을 해석한다. 따라서 "전체가 부분보다 크다", "작용과 반작용은 같다", "아주 작은 무게도 충분한 시간이 주어지면 아주 큰 것을 들어올릴 수 있다"와 같은 비슷한 많은 명제들은 물리적인 동시에 윤리적 의미를 지닌다. 이런 명제는 기술적으로만 사용할 때보다 인간의 삶에 적용할 때 더 넓고 보편적인 의미를 띤다.

마찬가지로 역사에 남은 명언이나 각 나라의 속담들 또한 자연적 사실 하나를 도덕적 진실의 그림이나 우화로 표현한 것이다. "구르는 돌에는 이끼가 끼지 않는다", "손안의 새 한 마리가 수풀에 있는 두 마리보다 낫다", "올바른 길을 걷는 절름발이가 잘못된 길을 달리는 선수를 이긴다", "해가 비칠 때 건초를 말려라", "물이 가득 찬 컵은 제대로 옮기기 어렵다", "식초는 포도주의 아들이다", "마지막 지푸라기가 낙타의 등을 부러뜨린다", "오래 사는 나무는 먼저 뿌리를 뻗는다" 같은 수많은 관용구들이 탄생한 것도 그래서다. 이런 말들은 본래의 의미로 보면 하찮은 자연의 사실이지만, 우리는 이런 말들이 담고 있는 비유적 의미 때문에 그 말들을 되풀이해 말한다. 속담에 해당하는 진실은 모든 우화, 비유, 상징 이야기에도 그대로 적용된다.

이처럼 마음과 물질 사이에 존재하는 관계는 어떤 시인 몇 명이 상상해낸 것이 아니라 신의 의지 안에 속한 것이며 따라서 모든 사람이 이해할 수 있도록 열려 있다. 어떤 사람에게는 이 관계가 분명히 드러나지만 또 어떤 사람의 눈에는 전혀 보이지 않는다. 내면이 맑고 깨어 있는 어떤 순간, 우리가 이 경이로운 자연과 정신의 관계를 곰곰이 되새길 때 특별히 현명한 사람은 이런 의문을 품는다. 어쩌면 이 진리를 보지 못했던 다른 모든 순간의 나는 눈멀고 귀먹은 채 살아온 건 아닐까?

> 이 모든 일이 정말로 일어난단 말인가,
> 그리고 여름 구름처럼 우리를 덮치면서도,
> 우리는 아무런 놀라움도 느끼지 못한단 말인가?

왜냐하면 우주는 투명해지고 그보다 더 높은 법칙의 빛이 우주를 통과해 빛나기 때문이다. 이는 세계가 시작된 이래 이집트인과 브라만의 시대부터 피타고라스, 플라톤, 베이컨, 라이프니츠, 스베덴보리까지 모든 천재들이 경이로움을 품고 연구한 오랜 문제다. 각 시대의 예언자들은 길목을 지키고 있는 스핑크스를 찾아와 자신의 운명을 걸고 이 수수께끼를 풀기 위해 도전해왔다.

정신은 물질적 형상으로 자신을 드러내야 하는 필연적인 성질이 있는 것 같다. 낮과 밤, 강과 폭풍, 짐승과 새, 산성과 알칼리는 신의 마음에 필연적 관념으로 이전부터 존재했다. 이런 관념들이 그 자체로 존재하는 이유는 영적 세계에서 일어난 감정들 덕분이다. 현실은 곧 정신의 최종 결과다. 보이는 창조물은 보이지 않는 세계의 끝이나 외곽에 해당한다. 한 프랑스 철학자는 이렇게 말했다. "물질적 사물들은 창조주의 본질적인 생각에서 떨어져나온 일종의 화산 분출물과도 같아서 첫 기원과의 정확한 관계를 유지한다. 다시 말해 보이는 자연은 반드시 영적이며 도덕적인 면을 지니고 있다."

이 이론은 난해하다. "제의", "화산 분출물", "거울" 같은 이미지가 상상력을 자극하지만 우리는 좀 더 예리하고 활기 넘치는 해설가의 도움이 필요하다. "모든 경전은 그것을 창조한 정신과 똑같은 정신으로 해석되어야 한다"는 것이 비평의 기본 법칙이다. 자연과 조화를 이루는 삶, 진리와 미덕에 대한 사랑이 우리가 그 경전을 이해할 수 있도록 눈을 밝힐 것이다. 우리는 점차 영원한 자연물의 원초적 감각을 알게 된다. 세상은 열린 책이 되고 모든 형태는 그 숨겨진 생명과 궁극적인 목적을 드러내는 상징이 될 것이다.

이제까지 설명한 관점에 따라 광범위한 사물의 범위와 다양함을 숙고하면 놀라울 정도로 새로운 흥미가 생길 것이다. "무엇이든 바르게 보면 영혼의 새로운 능력을 여는 열쇠"이기 때문이다. 무의식적인 진리는 사물로 해석되고 정의되었을 때 지식의 영역에 속하게 되고, 그 진실은 새로운 무기가 되어 권력의 무기고를 채운다.

규율

자연의 중요성을 고려하면 우리는 곧바로 자연이 규율이라는 새로운 사실을 깨닫는다. 세계를 이렇게 이용하는 데는 앞서 말한 용도도 포함된다.

공간, 시간, 사회, 노동, 기후, 음식, 운동, 동물, 기계적 힘 등은 매일 우리에게 무한한 의미를 지닌 진실한 교훈을 선사한다. 이 교훈은 오성悟性(대상의 개념을 파악하는 인간의 능력. 감성 및 이성과 구별된다)과 이성을 모두 교육한다. 견고함, 저항성, 타성, 넓이, 모양, 분할 가능성 등 물질의 모든 속성이 오성을 위한 학교가 되는 것이다. 오성은 이 가치 있는 장소에서 더하고 나누고 결합하고 측정하며, 양분을 얻고 활동할 장소를 찾아낸다. 한편, 이성은 물질과 정신을 결합시키는 유추를 지각해 이 모든 교훈을 고유의 사고 세계로 전달한다.

❶ 자연은 지적 진리에서 이해력을 훈련시키는 규율이다. 우리가 감각적인 사물과 관계를 맺는 것은 차이, 유사성, 질서, 존재와 외양, 점진적 배열, 특수성에서 일반성을 향한 상승, 다양한 힘을 하나의 목적으로 조합하기 등의 필수적인 교훈을 지속적으로 배우는 과정이다. 형성해야 할 기관의 중요도에 비례해 그 훈련이 제공되는 세심함도 극단적으로 중요하다. 양식을 쌓기 위해서는 하루도 빠짐없이 긴 세월 동안 지루한 훈련을 받아야 하고, 짜증, 불편, 딜레마를 반복적으로 겪어야 하며, 하찮은 사람들의 비웃음을 사야 하고, 가격을 다투고 이해관계를 계산해야 한다. 이 모든 것이 마음에 손을 달아주기 위해서이자 "좋은 생각도 실행하지 않으면 좋은 꿈보다 나을 게 없다"는 걸 배우기 위해서다.

재산과 그에 따른 부채 및 신용 체계에서도 훌륭한 교육이 똑같이 이루어진다. 과부, 고아, 천재의 아들들이 그 가혹한 빚의 냉혹한 얼굴을 두려워하고 증오한다. 부채는 많은 시간을 소모하게 하며 아주 하찮은 걱정으로 위대한 정신을 불구로 만들고 낙담하게 한다. 그러나 이 빚은 결코 피할 수 없으며 가장 고통받는 사람에게 가장 필요한 가르침을 준다. 더욱이 눈과 비교되곤 하는 재산은("오늘은 눈이 평평하게 내리지만 내일은 휘몰아치는 바람에 날려 푹신히 쌓일 것이다") 시계의 눈금처럼 내부 기계의 움직임을 보여준다. 지금은 오성이 훈련하는 듯 보이지만 실은 정신적 통찰력과 더 깊은 법칙을 경험하는 것이다.

오성을 기르는 데 있어 개인의 전체적인 성격과 운명은 가장 작은 차이에도 영향을 받는다. 예를 들어 차이에 대한 인식이 그렇다. 따라서 공간과 시간이 존재하는 이유는 사물들이 무작위로 엉켜 있는 것이 아니라, 각기 분리되어 있고 개별적인 특성을 지닌다는 것을 알 수 있게 해주기 위함이다. 종과 쟁기는 저마다의 용도가 있고 서로의 역할을 대신할 수 없다. 물은 마시기에 좋고 석탄은 태우기 좋고 양모는 입기 좋다. 하지만 양모는 마실 수 없고 물로 실을 낼 수 없으며 석탄은 먹을 수 없다. 현명한 사람은 분리와 등급을 잘 알고 자연만큼 광범위한 저울로 생명체와 그 공로를 측정한다. 어리석은 사람은 척도랄 게 없고 모든 사람이 서로 비슷하다고 가정한다. 좋지 않으면 최악이라고 칭하고 혐오스럽지 않으면 최고라 추켜세운다.

마찬가지로 자연은 우리에게 얼마나 주의를 기울이는가! 자연은 실수를 용납하지 않는다. 그렇다면 그런 것이고 아니라면 아닌 것이다.

농부, 사냥꾼, 선원이 처음으로 밟는 단계를 살펴보면 자연의 주사위는 늘 불공평하며, 확실하고 유용한 결과는 쓰레기와 누더기 속에 숨겨져 있음을 배운다.

마음은 물리학 법칙을 얼마나 고요하고 온화하게 하나하나 파악하는가? 인간이 창조의 근본적인 원리를 이해하고, 그 원리를 통해 자신이 존재한다는 특권을 느끼는 순간, 얼마나 고귀한 감정이 그를 확장하는가! 통찰이 그를 정제시킨다. 자연의 아름다움이 그의 가슴속에서 빛난다. 인간은 이것을 볼 수 있다는 점에서 더 위대하고, 우주는 법칙이 알려짐으로써 시간과 공간의 관계가 사라지기 때문에 그렇지 않다.

여기서 다시 우리는 탐험해야 할 방대한 우주에 압도당해 두려움마저 느낀다. "우리가 아는 것은 우리가 모르는 것에 비하면 한 점에 지나지 않는다." 과학 잡지 최신간을 아무거나 펼쳐 빛, 열, 전기, 자성, 생리학, 지질학에 관해 제기된 문제들을 곰곰이 생각해보고 자연과학에 대한 흥미가 곧 고갈될 것 같은지 판단해보라.

자연의 규율 중 여러 상세한 사항을 살펴볼 때 두 가지는 절대 빼놓아선 안 된다.

모든 사건에서 의지를 훈련하고 힘의 교훈을 얻을 수 있다. 아이는 여러 감각이 하나씩 발달해가는 과정에서부터 결국 "주의 뜻대로 이루어지이다!"라고 말하게 되는 순간까지 중요한 비밀을 하나씩 배우고 있다. 그 비밀은 특정 사건뿐 아니라 더 큰 범주, 나아가 일련의 모든 사건을 자기 의지로 압축할 수 있고, 그 사실들을 자신의 성격에 맞출 수 있다는 것이다.

자연은 철저한 중개자로서 봉사하기 위해 생겨났다. 자연은 구세주가 타던 당나귀처럼 얌전하게 인간의 지배를 받아들인다. 자연이 자신의 왕국을 재료 삼아 쓸모 있는 것을 빚을 수 있도록 인간에게 그 전부를 제공하는 한편에서, 인간은 지치지 않고 이 작업을 수행한다. 인간은 섬세하고 미묘한 공기, 즉 아무런 형태가 없는 말이나 생각을 지혜롭고 아름다운 말로 변형시킨다. 그 말들이 마치 설득하거나 명령하는 천사들처럼 사람들의 마음을 움직이고, 원하는 대로 세상을 이끌어 간다. 인간은 자신이 의도한 대로 세상을 변화시킬 수 있는 강력하고 효과적인 생각을 하나씩 실현하며, 모든 것을 포용하고 변화시킨다. 마침내 세상은 그 사람의 의지를 완전히 구현한 모습이 되며, 그 사람의 내면이 세상 속에 그대로 나타나게 된다.

❷ 감각적 사물은 이성의 예감에 맞춰 변하고 양심을 반영한다. 모든 것은 도덕적이며, 무한한 변화 속에서 끊임없이 연관된다. 자연은 그렇게 형상, 색채, 움직임, 먼 하늘의 모든 천체에

서 영광을 얻는다. 거친 결정부터 삶의 법칙에 이르는 모든 화학 변화, 잎눈의 첫 성장 원리부터 열대우림과 옛 탄광에 이르는 모든 초목의 변화, 해면동물부터 헤라클레스에 이르는 모든 동물의 기능이 인간에게 옳고 그름과 십계명의 메아리를 넌지시 혹은 벼락 치듯 전달한다. 그러므로 자연은 언제나 종교와 동맹을 맺고 화려함과 부유함을 모두 종교적 정서에 전달한다. 선지자와 사제, 다윗과 이사야와 예수는 이 원천으로부터 많은 것을 얻었다.

이 윤리적 특성이 자연의 뼈와 골수까지 스며들어 자연이 마치 이런 목적을 위해 만들어진 것처럼 보인다. 자연의 일원이나 일부가 어떤 개별적인 목적이 있는 것처럼 보여도 이는 모두 보편적인 기능이며 절대 제외되지 않는다. 자연의 어떤 것도 한 번 사용한다고 사라지지 않는다. 한 가지 사물이 용도에 맞게 사용되면 이후에는 새로운 목적을 위한 것으로 바뀐다. 신 안에서는 모든 목적이 새로운 수단으로 변환된다. 따라서 자연의 산물을 이용하는 것이 그 자체로 보면 잔인하고 끔찍할 수 있다. 그러나 사물은 목적에 맞게 쓰일 때만 선한 것이다. 사물은 목적에 맞도록 부분과 노력을 합치는 것이 모든 존재에 필수적이라는 가르침을 우리에게 선사한다. 이 진리는 곡식과 고기를 다루는 과정에서 마주하는 불가피한 가치 판단과 훈련을 통해 가장 먼저 거칠게 모습을 드러낸다.

모든 자연적 과정이 도덕적 판단의 한 형태임은 이미 설명했다. 도덕률은 자연의 한가운데에서 주변 경계로 퍼져나간다. 이는 모든 물질, 모든 관계, 모든 과정의 핵심이자 골수다. 우리가 다루는 모든 사물들이 우리를 가르친다. 농장이란 말 없는 복음이 아니고 무엇이겠는가. 여물과 밀, 잡초와 작물, 병충해, 비, 곤충, 태양, 봄의 첫 고랑부터 눈이 덮이는 겨울 들판의 마지막 건초 더미까지 모든 것이 신성한 상징이다. 그러나 선원, 목자, 광부, 상인 역시 자신들의 장소에서 이와 동등한 경험을 하며 똑같은 결론을 내린다. 왜냐하면 모든 조직이 근본적으로 비슷하기 때문이다. 또한 이 도덕적 감성은 공기의 냄새가 되어 곡물에서 자라고, 세상의 물에 스며들어 인간의 손에 들어가고, 그의 영혼 속에 가라앉는다.

자연이 개인에 미치는 도덕적 영향은 그에게 보여주는 진리의 양과 같다. 이것을 어떻게 측정할 수 있겠는가? 바닷물에 부딪히는 바위가 어부에게 어떤 결의를 가르치는지 누가 알 수 있을까? 깨끗한 심연 위로 폭풍우를 뿌리던 구름이 주름과 얼룩도 남기지 않고 바람에 밀려나 마침내 푸른 하늘이 펼쳐질 때, 인간이 얼마나 깊은 고요함을 느끼는지 누가 말할 수 있을까? 동물의 몸짓에서 우리가 얼마나 많은 성실함과 신의 섭리와 애정을 배우는지 누가 가늠할 수 있을까? 건강이라는 변화무쌍한 현상이 얼마나 강력하게 자기 절제를 가르치는지 보라!

여기에서 특히 인식되는 것은 자연의 통일성, 즉 다양성 속의 통일성이다. 이는 우리가 어디에서나 마주하게 되는 것이다. 사물의 끝없는 다양성이 모두 동일한 인상을 자아낸다. 그리스의 시인 크세노파네스는 노년에 어디를 둘러봐도 모든 게 서둘러 통합된다고 불평했다. 그는 형상의 지루한 다양성 속에서 똑같은 개체를 보는 데 지쳤다. 프로테우스 우화는 진심 어린 진리가 담겨 있다. 나뭇잎, 물방울, 결정체, 시간의 한순간조차 전체와 연결되고 전체의 완성에 참여한다. 각 입자가 소우주이며 세상의 모습을 충실히 반영한다.

사람의 손과 고대 파충류의 지느러미 화석에서 비슷함을 발견할 수 있는 것처럼 유사성은 명백한 사물들 사이에서만 존재하지는 않는다. 겉보기에는 매우 달라 보이는 대상들 사이에서도 그런 유사성이 존재한다. 그래서 드 스탈Germaine de Staël과 괴테는 건축을 "얼어붙은 음악"이라고 했다. 고대 로마의 건축가 비트루비우스는 건축가가 음악가가 되어야 한다고 생각했고, 콜리지Samuel Coleridge는 "고딕 양식의 교회는 석화된 종교"라고 했다. 미켈란젤로는 건축가에게 해부학 지식이 필수적이라고 주장했다. 하이든의 오라토리오에서는 음표가 뱀, 수사슴, 코끼리의 움직임뿐 아니라 푸른 풀밭과 같은 색채까지도 상상하게끔 만든다. 조화로운 음의 법칙은 조화로운 색에서도 되풀이된다.

　　화강암은 이 돌을 훑고 지나가는 강물과 열기의 많고 적음의 원칙만 다를 뿐이다. 흐르는 강물은 그 위를 지나는 공기를 닮았고, 공기는 그 안을 더 미세하게 통과하는 빛과 닮았다. 빛은 함께 우주를 가로지르며 움직이는 열과 닮았다. 모든 피조물은 서로 다른 변형일 뿐이며 그 유사성은 차이점보다 더 본질적이고 그 근본적인 법칙은 모두 동일하다. 한 가지 예술의 법칙, 또는 한 가지 기관의 법칙은 자연 전반에 걸쳐 진리로 작용한다. 이 통일성은 너무도 친밀해서 쉽게 보이고 자연이 가장 속에 입은 옷을 통해 보편적 정신의 원천을 드러낸다.

　　이 통일성은 생각에도 스며 있다. 우리가 말로 표현하는 모든 보편적 진리는 다른 모든 진리를 암시하거나 전제한다. 모든 진리는 다른 진리와 조화를 이룬다. 마치 구체에서 그릴 수 있는 가장 큰 원이 다른 모든 원을 포함하는 것과 같으며, 그 큰 원역시 다른 모든 원에 포함될 수 있다. 이처럼 모든 진리는 하나의 절대 존재를 각기 다른 방향에서 바라본 것일 뿐이며 그 방향이 무수히 많을 따름이다.

중추적 조화는 행동에서 더 뚜렷하게 나타난다. 언어는 무한한 정신의 유한한 기관이다. 언어는 진리 안에 있는 것을 모두 담지 못한다. 오히려 진리를 부수고 자르며 빈약하게 한다. 행동은 생각의 완성이자 결과다. 올바른 행동은 눈에 흡족하고 모든 자연과 이어진다. "지혜로운 사람은 한 가지 일을 함으로써 모든 일을 행한다. 즉, 한 가지 옳은 일을 실행하며 모든 옳은 일의 유사성을 본다."

말과 행동은 단순한 자연의 속성이 아니다. 이 두 가지는 우리를 인간의 형상으로 이끌면서 다른 존재의 형태는 모두 하찮은 것으로 보이도록 할 만큼 고귀하다. 인간이라는 형상이 주변의 수많은 존재 사이에 나타나면 정신은 다른 모든 것보다 이 형상을 선호한다. 정신은 이렇게 말한다. '나는 이런 존재들로부터 즐거움과 지식을 얻는다. 이 존재 안에서 나를 찾고 나를 본다. 내가 이 형상에게 말하면 그것이 다시 말할 수 있다. 이 형상은 이미 형성되었고 살아 있는 생각을 나에게 전달할 수 있다.' 사실 눈, 즉 마음은 늘 이런 남성과 여성의 형상과 함께하고, 남성과 여성은 사물의 중심에 놓인 힘과 질서를 전하는 가장 풍부한 정보다. 그러나 안타깝게도 인간이라는 형상은 태생적으로 불완전하기에 마치 어떤 상처를 입은 듯 모두가 손상되었고 피상적인 결함을 보인다. 그럼에도 주변의 귀 멀고 어리석은 자연과 매우 다르게, 인간은 헤아릴 수 없는 생각과 덕의 바다를 향해 샘물의 수로처럼 누워 있으며, 모든 존재 가운데 오직 인간만이 그 심연으로 들어가는 입구가 된다.

우리를 교육하는 이들의 임무를 상세히 탐구하는 것도 좋지만 어디에서 멈춰야 할까? 청소년기에서 성인기로 이어지는 시기, 우리는 닮은 생각을 지닌 친구들과 자연스럽게 어울린다. 친구들은 영혼 깊은 애정에 응답하며 우리의 욕구를 채워준다. 그렇게 서로 너무 가까워진 나머지, 단점을 고치거나 들여다보려는 생각조차 하지 않는다. 우리는 이들을 사랑할 수밖에 없다. 친구들과 활발하게 교류하며 탁월함의 기준을 배우다 보면, 신이 우리의 이상을 뛰어넘는 인물을 보냈다는 사실에 경외심이 들 때가 있다. 그럴수록 우리는 점점 친구들을 더 자주 떠올리게 되고, 그들의 성품은 어느새 마음속에서 단단하고 달콤한 지혜로 자리 잡는다. 그러나 바로 그 순간이야말로 친구들이 곧 우리의 곁에서 멀어질 때가 왔다는 신호다.

관념론

말할 수 없지만 이해할 수 있고 실행할 수 있는 세상의 의미가 감각으로 인식되는 모든 사물을 거쳐 불멸의 학생인 인간에게 전달된다. 자연의 모든 요소는 이 하나의 목적을 위해 함께 공모한다.

이 목적이 과연 우주의 궁극적 원인이 아닌가 하는 고귀한 의심이 끊임없이 떠오르며, 이때 자연이 외부에 실재하는 것인지에 대한 물음도 함께 제기된다. 어쩌면 우리가 '세상'이라고 부르는 이 외형은 신이 인간의 마음을 가르치기 위해, 그 마음이 조화로운 감각들을 받아들이도록 만든 결과일 뿐일지도 모른다. 우리가 그것을 해와 달, 남자와 여자, 집과 생업이라 부르는 것처럼 말이다.

나는 감각이 나에게 전달해주는 인상의 진위를 판단할 아무런 능력이 없다. 감각이 남기는 인상은 외부의 실제 사물과 일치하는지 알 수 없지만, 하늘의 오리온자리가 실제로 떠 있든지 혹은 어떤 신이 내 영혼의 창공에 그려넣고 있든지 무슨 차이가 있을까? 감각들 사이에 맺어진 관계가 유지되고, 부분과 전체가 같은 목적을 지닌다면, 이런 차이는 무의미하다. 실제로 땅과 바다가 소통하고, 세상은 어떤 목적이나 정해진 횟수 없이 무한히 돌고 섞여 한없이 깊어지며, 은하수가 그런 우주를 가로질러 균형을 이룬다고 할 때, 시간과 공간에 관계없이 이런 동일한 형상이 인간의 깊은 믿음 속에 새겨진다면 어떤 차이가 있을까? 자연이 실질적으로 존재하든 마음의 계시로만 존재하든, 나에게 전달되는 유용함과 존엄함은 동일하다. 내 감각의 정확성을 시험할 수 없는 한 자연이 무엇이든 나에게는 관념적인 것이다.

경솔한 사람들은 관념론을 비웃으면서 우스운 결론이 자연의 안정성에 악영향이라도 가는 듯 군다. 그러나 결코 그렇지 않다. 신은 결코 우리에게 장난을 치지 않고 부조화를 허용해 자연의 목적을 타협하지도 않는다. 법칙의 영속성을 조금이라도 신뢰하지 않는다면 인간의 능력은 마비될 것이다. 법칙의 영속성은 신성하게 존중되며 그에 대한 인간의 믿음 또한 완전하다. 인간이 발명한 모든 기계장치와 부품들은 모두 자연의 영속성이라는 가설에 맞춰져 있다. 우리는 배처럼 흔들리는 게 아니라 집처럼 서 있도록 만들어졌다. 이 구조의 자연스러운 결과는 능동적인 힘이 성찰하는 힘보다 우세할 때, 자연이 정신보다 더 수명이 짧고 변덕스럽다는 암시를 받으면 격렬하게 저항한다는 것이다. 중개인, 기계공, 목수, 통행료 징수원은 이 암시를 특히 불쾌하게 받아들인다.

그러나 우리가 자연법칙의 영속성을 완전히 받아들인다고 해도 자연이 절대적 존재인가 하는 의문은 여전히 풀리지 않는다. 문화가 인간의 마음에 미치는 일관된 효과는 열, 물, 질소 같은 개별 현상의 안정성에 대한 우리의 믿음을 흔들기보다 오히려 자연을 물질이 아닌 현상으로 바라보게 만든다. 문화는 우리에게 실재하는 것은 정신이며, 자연은 우연적인 것이자 결과에 불과하다고 여기게 한다.

감각과 아직 깨닫지 못한 오성은 자연의 절대적 실존을 본능적으로 믿고, 그런 관점에서 인간과 자연은 밀접한 관계를 맺는다. 세상에 존재하는 사물들은 그 형태가 궁극적인 실체이며 결코 그 저편을 볼 일은 없다. 그러나 이성이 움직이면 이런 믿음은 흔들리기 시작한다. 처음으로 사유가 발생하는 순간부터 우리를 자연의 일부인 것처럼 얽매어두려던 감각의 지배력은 느슨해진다. 사유는 우리에게 자연을 인간과 분리된 존재로, 마치 저 먼 곳에 있는 무언가로 인식하게 한다. 동물의 눈은 선명한 윤곽과 다채로운 표면을 놀라울 정도로 정확하게 보지만 이런 고차원적 주체가 개입하면 달라진다. 이성이 눈을 뜨면 그 윤곽과 표면에 즉시 우아함, 생기, 표현이 더해진다. 이러한 특징들은 상상과 애정에서 비롯되며 그 결과 사물의 모서리나 경계는 조금씩 부드러워지고 덜 뚜렷해진다. 만약 이성이 더욱 진지한 통찰의 자극을 받으면 우리는 더 이상 윤곽과 표면을 보는 것이 아니라 그 너머의 원인과 정신을 들여다보게 된다. 이처럼 더 높은 힘에 대한 유쾌한 깨달음을 얻고 자연이 신 앞에서 경건하게 물러날 때가 인생 최고의 순간이다.

문화의 효과를 말해보자.

❶ 관념론에서 처음 배우는 것은 자연 자체에서 오는 암시다.

자연은 인간을 해방시키기 위해 정신과 협력하도록 만들어졌다. 아주 작은 물리적 변화나 위치가 조금만 바뀌어도 우리는 이 세계에 이중성이 있다는 것을 깨닫는다. 항해하는 배에서 바다를 보거나, 열기구 안에서 지상을 내려다보거나, 또는 심상치 않은 빛을 띠는 하늘 아래에 서 있을 때, 우리는 묘한 감동을 받는다. 관점을 조금만 바꿔도 온 세상이 한 편의 그림처럼 느껴진다. 말을 거의 타지 않는 사람이 마차를 타고 마을을 가로지르기만 해도 거리가 마치 인형극 무대처럼 흥미로워질 것이다. 떠들고 달리고 거래하고 싸우는 남자와 여자, 성실한 기계공, 빈둥거리는 한량, 거지, 아이들, 개들조차 현실감이 사라지거나 적어도 나와 동떨어져 중요하지 않은 피상적인 존재로 보인다. 기차를 타고 아주 익숙한 시골 풍경을 빠르게 지나갈 때, 얼마나 새로운 생각이 떠오르는가! 아니, 오히려 가장 익숙한 물체가 관점에 아주 작은 변화를 줌으로써 우리에게 더 큰 기쁨을 주는 것이다. 카메라 오브 스쿠라(라틴어로 '어두운 방'이라는 뜻의 기기로 카메라의 전신이 된다)로 보면 평범한 정육점 수레나 같이 사는 가족 얼굴조차 흥미롭게 다가온다. 잘 알려진 사람의 초상화를 보는 게 즐거운 이유도 같은 원리다. 허리를 깊이 숙여 다리 사이로 세상을 거꾸로 보면 몇십 년 동안 늘 보던 풍경이도 얼마나 보기 좋은가!

이런 경우 기계적 장치나 방식들을 통해 관찰자와 대상 사이, 즉 인간과 자연 사이에 차이가 생기고 여기에서 경외 섞인 기쁨이 나타난다. 다르게 표현하자면 이런 경외 섞인 기쁨은 미약한 숭고함의 감정이며 아마도 그 이유는 세상이 하나의 장관이라는 사실을 깨닫는 동시에 자기 내면의 안정적인 어떤 것이 있다는 사실을 자각하기 때문이라고 생각한다.

❷ 시인은 좀 더 높은 차원에서 똑같은 기쁨을 전달한다. 그는 몇 번 펜을 휘둘러 태양, 산, 천막, 도시, 영웅, 여인 등을 묘사한다. 그 모습들은 우리가 아는 것과 다르지 않지만 땅에서 살짝 떠오른 듯 눈앞에서 부유한다. 시인은 땅과 바다를 떼어내 자신의 주제라는 축으로 돌려 새롭게 만든다. 영웅적 열정에 사로잡혀 물질을 상징으로 이용한다. 감각적인 사람은 생각을 사물에 맞추고 시인은 사물을 자기 생각에 맞춘다. 감각적인 사람은 자연을 뿌리내린 고정된 존재로 간주하지만 시인은 자연이 유동적이라 보고 자신의 존재를 그 위에 새긴다. 다루기 힘든 이 세계가 시인에게는 마음껏 늘리고 구부릴 수 있는 곳이다. 그는 먼지와 돌멩이에도 인간성을 부여해 이성의 언어로 바꾼다. 상상력이란 이성이 물질세계를 이용하는 방식이라 정의할 수 있다.

셰익스피어는 자연을 표현의 도구로 복속시키는 힘이 다른 어떤 시인보다 뛰어났다. 위풍당당한 그의 뮤즈는 장신구를 던지며 놀 듯 창의성을 발휘해 마음속에서 가장 중요한 변덕을 구체화한다. 시인은 시라는 미묘한 정신적 교감으로 가장 외진 자연 공간을 방문하고, 가장 멀리 떨어진 사물을 하나로 엮는다. 우리는 물질의 크기란 상대적이며 모든 사물은 시인의 열정에 따라 줄어들거나 늘어난다는 사실을 깨닫는다. 따라서 셰익스피어의 소네트에서는 새의 노랫소리나 꽃의 향기와 색조조차 사랑하는 이의 그림자이고, 그 여인과 자신을 떼어놓는 시간은 마치 그녀를 가둔 궤짝이며, 그녀가 불러일으킨 의심마저 그녀를 치장하는 장식품으로 바뀐다.

아름다움의 장식품은 의심이니
하늘의 감미로운 공기를 나는 까마귀와 같도다.

그의 열정은 우연의 결과가 아니다. 그가 말할 때 열정이 점점 부풀어 도시가 되고 국가로 확장된다.

아니다, 그것은 우연히 지어지지 않았다.
미소 띤 화려함에 고통받지 않고
불만족스러운 눈썹 밑으로 추락하지도 않는다.
이 반역자는 규칙을 두려워하지 않는다.
짧은 시간 단기로 작동하지만
홀로 현명하게 서 있다.

지속성의 힘을 지닌 피라미드가 새롭고 덧없어 보인다. 젊음과 사랑의 생생함이 아침처럼 그를 매혹한다.

그 입술을 치워라.
그토록 달콤하게 맹세했던 입술을.
그리고 그 눈, 하루를 열며
아침을 잘못된 길로 이끄는 빛이여.

이 과장법의 거친 아름다움은 감히 말하건대 비교할 만한 문학이 없을 것이다.
이렇듯 시인의 열정을 따라 모든 사물이 겪는 변화, 위대한 것을 왜소하게 만들고 작은 것을 증폭시키는 이 힘은 희곡에서도 수많은 예시를 찾을 수 있다. 내 앞에 놓인 『템페스트』 몇 구절을 인용하려고 한다.

> 에어리얼: 탄탄하게 받쳐진 벼랑을
> 내가 흔들었지, 소나무와 삼나무를 툭 쳐서
> 뿌리째 뽑아버렸어.

프로스페로는 미친 듯 날뛰는 알론소와 그의 동행을 달래주기 위해 음악을 요청한다.

> 큰 위안을 주는 엄숙한 공기가
> 불안한 마음을 달래고 그대의 뇌를 치유하리.
> 지금은 머리뼈 속에서 끓어올라 소용도 없거든.

또 프로스페로는 이렇게 말한다.

> 주술이 빠르게 풀리고 있다.
> 아침이 슬금슬금 밤을 가져가듯
> 어둠을 녹이고, 자라나는 감각은
> 명징한 이성을 덮는
> 무지한 열기를 쫓기 시작한다.
> 그들의 이해는
> 부풀기 시작하고 밀물이 다가와
> 곧 사리에 맞는 해안을 채울 것이다.
> 지금은 더러운 진창이지만.

사건들 사이의 진정한 유사성, 다시 말해 유일한 진실인 이상적인 유사성을 인식한 시인은 세상에서 가장 인상적인 형태와 현상을 마음껏 이용해 영혼의 우위를 주장할 수 있다.

　❸ 시인은 이렇게 자신의 생각으로 자연에 생기를 불어넣지만, 오직 한 가지 면에서는 철학자와 다르다. 시인의 궁극적인 목적이 아름다움이라면 철학자는 진리를 목표로 삼는다. 철학자가 시인보다 못하다는 건 아니지만 이들은 눈에 보이는 질서와 사물의 연관성보다 생각의 왕국을 우선한다.

　　플라톤에 따르면 "철학의 문제는 조건에 따라 존재하는 모든 것에서 무조건적이고 절대적인 기반을 찾는 것이다". 이는 한 가지 법칙이 모든 현상을 결정하고 이 법칙을 알면 현상을 예측할 수 있다는 믿음에서 출발한다. 이 법칙이 마음속에 있을 때, 그것은 관념이 되고 그 아름다움은 무한하다.

　　진정한 철학자와 진정한 시인은 하나다. 진리가 곧 아름다움이 되고, 아름다움이 바로 진리가 되는 것이야말로 이 두 사람의 궁극적인 목표다. 플라톤이나 아리스토텔레스의 정의가 주는 매력은 소포클레스의 『안티고네』가 주는 매력과 똑같지 않은가? 양쪽 다 정신적인 삶을 자연에 전달하고 단단해 보이는 물질 덩어리를 생각으로 용해한다. 이 허약한 인간이 유익한 영혼으로 광대한 자연에 침투해 그 조화 속에서 자신을 인식하고 자연의 법칙을 장악하는 것이다. 이런 일이 물리학에서 일어나면 세세하고 번거로운 목록을 기억할 필요 없이 수 세기 동안 관찰한 내용을 한 가지 공식으로 해결할 수 있다.

　　따라서 물리학에서조차 물질은 정신 앞에서 작아진다. 천문학자와 기하학자는 반박할 수 없는 확실한 분석에 의존하면서 관찰의 결과를 경시한다. 오일러Leonhard Euler는 아치의 법칙에서 "이것은 모든 경험에 어긋나겠지만 그래도 사실이다"라는 장엄한 발언을 함으로써 자연은 진작 마음으로 옮겨놓고 물질은 마치 버려진 시체를 남겨두었음을 나타낸다.

❹ 지적 과학은 언제나 물질의 존재에 대한 의심을 낳는 것으로 관찰되었다. 튀르고Anne Robert Jacques Turgot는 이렇게 말했다. "물질의 존재를 한 번도 의심해보지 않은 사람은 형이상학적 탐구에 소질이 없다고 생각해도 좋다." 형이상학은 불멸의 필수적이고 창조되지 않은 본질, 즉 이데아에 주의를 고정한다. 우리는 이런 이데아가 존재할 때 외부 환경은 꿈이자 그림자에 불과하다고 느낀다. 신들의 올림포스산에서 기다리다 보면 우리는 자연이 영혼의 부속물이라 생각된다. 우리는 신들의 영역으로 올라가 이데아가 최고 존재의 생각임을 안다. "이것들은 처음부터, 혹은 지구가 생긴 이래로 변치 않고 늘 있었다. 신이 하늘을 준비할 때, 하늘에 구름을 만들 때, 깊은 샘을 튼튼히 할 때에 그곳에 있었다. 마치 신과 함께 자란 것처럼 신 곁에 머물렀고 신은 여기서 조언을 얻었다."

이데아의 영향력은 비례해서 나타난다. 과학의 대상으로서 이데아에 접근할 수 있는 사람은 거의 없다. 하지만 경건함과 열정이 있다면 모든 사람은 이 영역까지 올라갈 수 있다. 그리고 그 어떤 사람도 이러한 신성한 본질에 접촉하면 조금이라도 신성해지지 않는 사람이 없다. 이데아는 마치 새로운 영혼처럼 그들의 몸을 새롭게 한다. 우리는 신체가 날렵하고 민첩해지며 하늘을 걷는 듯한 느낌을 받는다. 삶은 더 이상 고통스럽지 않고, 앞으로도 마찬가지일 거라 여겨진다. 이데아의 고요한 친구가 되면 변화 구역을 빠져나오므로 나이, 불운, 죽음을 두려워하지 않게 된다. 우리는 정의와 진리의 본성이 드러나는 것을 목격할 때, 절대적인 것과 상대적인 것의 차이를 깨닫는다. 그렇게 우리는 마치 처음으로 존재하게 된 것처럼 절대성을 파악한다. 불사의 존재가 되는 것이다. 우리는 시간과 공간이 물질 사이의 관계에 지나지 않다는 것을 배운다. 진리에 대한 인식이나 고결한 의지가 함께할 때 시간과 공간이 서로 연관 없다는 것을 알게 되기 때문이다.

❺ 마지막으로 이데아의 실행 또는 적용이라고 할 수 있는 종교와 윤리는 모든 하위문화에 유사한 효과를 미쳐 자연의 가치를 낮추고 정신에 대한 의존을 주장한다. 여기에서 윤리학과 종교가 달라진다. 윤리학은 사람에서 출발해 인간의 의무를 다루고, 종교는 신에게서 출발한다. 종교는 신의 특성을 포함하지만, 윤리학은 그렇지 않다. 그러나 현 논의에서는 둘이 같은 것으로 볼 수 있다. 둘 다 자연을 발아래 두기 때문이다.

종교의 처음과 마지막 가르침은 모두 "보이는 것들은 잠깐이고 보이지 않는 것들은 영원하다"는 것이다. 종교는 자연을 모욕한다. 종교는 버클리George Berkeley와 비야사(힌두 경전 『마하바라타』를 저술한 것으로 알려진 인도의 전설적인 철학자)가 철학에서 그렇게 했듯 배우지 않은 사람들을 위해 자연을 모욕한다. 가장 무지한 종파의 교회에서 공통으로 하는 말은 이런 것들이다. "세상에서 보이는 것들은 일시적이다. 그런 것들은 모두 허위, 꿈, 그림자, 비현실이다. 종교의 진리를 구하라." 이에 열광적인 신자는 자연을 업신여긴다. 일부 신지학(우주와 자연의 불가사의한 비밀과 본질을 인식하려고 하는 종교적 학문)을 믿는 사람들은 마니교 신자나 플로티노스처럼 물질을 향해 적개심과 분노를 품는다. 이들은 이집트의 고기 냄비를 돌아보는 것을 경계했다.(출애굽기 16장 3절에는 이스라엘 백성들이 이집트에서 노예 생활을 하며 배불리 먹던 때가 차라리 나았다고 불평하는 장면이 나온다) 플로티노스는 자기 몸을 부끄러워했다. 요컨대 이들은 모두 물질에 대해 미켈란젤로가 외적인 아름다움에 대해 남긴 말을 똑같이 한 셈이다. "그것은 하느님이 시간 속으로 부르신 영혼을 입히는 연약하고 시든 잡초다."

움직임, 시, 물리학과 지적 과학, 종교 모두 외부 세계의 실재에 대한 믿음을 강화하는 것 같다. 하지만 모든 문화가 우리에게 관념론을 주입한다는 일반 명제를 너무 강하게 밀어붙이는 것은 좀 배은망덕해 보인다. 나는 자연에 적대감이 없으며 오히려 아이처럼 자연을 사랑한다. 따뜻한 날이면 옥수수나 멜론처럼 마음이 자라고 활력이 생긴다. 자연을 공정하게 이야기해보자. 나는 아름다운 어머니나 평온한 둥지라고 할 자연에 돌을 던지려는 게 아니라 인간과 관련한 자연의 진정한 위치를 이야기하고 싶을 뿐이다. 인간이 자연에서 제대로 자리 잡으려면 올바른 교육이 필요하다. 우리 인간이 살아가는 목적은 자연에 단단한 토대를 다지는 것이다. 문화는 자연에 대한 저속한 관점을 뒤집어 전에는 진짜라고 생각했던 것을 피상적인 것으로, 환상이라고 생각했던 것을 진짜라고 생각하도록 한다. 사실 아이들은 외적인 세상을 믿는다. 그렇게 보일 뿐이라는 믿음은 나중에 생겨나는 생각이지만 문화가 형성되면 이 믿음은 처음 생각과 마찬가지로 마음에 확실히 자리 잡을 것이다.

사람들이 좋아하는 믿음이 아닌 관념론을 택하면 마음이

가장 원하는 관점을 세상에 보여준다는 이점이 있다. 사실 이는 이론적 이성과 실천적 이성, 즉 철학과 덕의 관점이다. 생각의 빛을 비추면 세상은 언제나 현상이고 덕은 세상을 마음에 종속시키기 때문이다.

관념론에서는 신 안에서 세상을 본다. 사람과 사물, 행위와 사건, 국가와 종교를 아우르는 전체 순환을 원자에서 원자로, 행위에서 행위로 고통스럽게 흐르는 축적이 아니라, 신이 영혼의 사색을 위해 영원한 순간에 그리는 거대한 그림으로 본다. 따라서 영혼은 우주의 서판을 너무 상세하게 사소한 것까지 연구하지 않는다. 목표를 너무 중요하게 생각해서 수단에 빠지지 않는 것이다. 그렇기에 관념론은 기독교에서 역사적 추문이나 세세한 비판보다 더 중요한 것을 보게 한다. 또한 사람이나 기적에 대해서는 호기심을 보이지 않으며, 역사적 증거의 간극에 전혀 동요하지 않고, 신이 보낸 현상을 그대로 순수하고 황공한 종교 형태로 받아들인다. 행운이나 불운이라고들 하는 것이나 다른 사람들의 조화나 반목에 대해서도 큰 관심을 보이지 않는다. 누구도 적이 아니며 어떤 일이 닥쳐도 교훈으로 받아들이는 것이다. 영혼은 행위자보다는 관찰자이며 관찰을 더 잘할 수 있을 때만 행동한다.

정신

자연과 인간에 대한 진실한 이론에는 반드시 진보적인 내용이 포함되어야 한다. 사람들이 무한한 능력을 펼치는 자연이라는 이 멋진 거주지가 이미 소진되었거나 곧 소진될 용도, 또는 진술에 그치는 사실로만 채워져 있을 수는 없다. 자연의 쓰임은 모두 하나로 집약될 수 있으며 여기에서 인간의 무한한 활동이 펼쳐진다. 자연의 모든 왕국은 사물의 주변과 한계까지 그것이 유래한 원인에 충실하다. 자연은 언제나 정신을 이야기하고 절대성을 주장한다. 이는 끝없이 계속되는 효과이며 언제나 우리 뒤의 태양을 가리키는 위대한 그림자다.

자연의 모습은 경건하다. 예수의 형상처럼 자연은 고개를 숙이고 두 손은 가슴 위에 모은 채 서 있다. 자연에서 경배를 배우는 사람은 가장 행복한 사람이다.

우리가 정신이라고 말하는 이 형언할 수 없는 본질은 이에 대해 가장 깊이 생각하는 사람일수록 가장 적게 말한다. 우리는 거칠고 먼 물질 현상에서 신의 존재를 예감할 수 있다. 하지만 신을 정의하고 묘사하려 하면 언어와 사유, 양쪽 모두 우리를 떠나버려서 우리는 바보나 원시인처럼 무력해진다. 이 본질은 논리적 명제로는 기록될 수 없다. 하지만 인간이 이성적으로 신을 경배할 때 자연의 가장 고귀한 사명은 신을 드러내는 것이다. 보편적 정신은 자연이라는 기관을 이용해 사람에게 말하고, 사람을 다시 정신으로 되돌리려고 노력한다.

우리가 정신에 대해 생각할 때 앞서 제시된 관점들만으로는 인간 전체를 둘러싼 모든 범위를 포괄하지 못한다. 그러니 관련된 생각을 몇 개 더해보자.

자연은 인간의 정신에 세 가지 질문을 던진다. 물질이란 무엇인가? 그것은 어디에서 왔는가? 그리고 어디를 향해 가는가? 관념론은 이 중 첫 번째 질문에만 답한다. 관념론은 물질이 실체가 아닌 현상이라고 말한다. 그리고 우리의 존재 증거와 세계의 존재 증거는 완전히 다르다고 말한다. 우리 인간은 확실히 존재하지만 세계의 존재는 어떤 것도 확신할 수 없다는 것이다.

정신은 사물로 이루어진 자연의 일부다. 그러나 세계는 신성한 꿈이고 우리는 곧 이 꿈에서 깨어나 환한 영광과 확실함의 세계로 갈 수도 있다. 관념론은 목공과 화학이 아닌 다른 원리로 자연을 설명하려는 가설이다. 그러나 관념론이 그저 물질의 실재를 부정하는 것에 지나지 않다면 그것은 정신의 요구를 충족할 수 없다. 관념론은 신과 나를 분리시키고, 나를 나 자신의 인식이라는 찬란한 미로에 남겨두어 끝없이 방황하게 만든다. 그렇기에 정신은 이를 거부한다. 왜냐하면 관념론은 남자와 여자의 실제 존재를 부정하며 애정을 방해할 것이기 때문이다. 자연은 인간의 삶에 매우 깊이 스며들어 있어서 전체는 당연하고 각 세부적인 부분 속에 인간적인 요소가 깃들어 있다. 하지만 관념론은 자연을 나와 무관한 이질적인 존재로 탈바꿈시키면서 우리가 자연과 공유하는 친밀함과 혈연적 유대감을 설명하지 못한다.

그러니 이 이론은 현재 우리의 지식수준에 맞게 영혼과 세상 사이의 영원한 차이를 알리는 유용한 가설 정도로 두자.

그러나 보이지 않는 사유의 발자취를 따라 물질이 어디에서 오는지, 어디로 가는지 질문하다 보면 우리의 깊은 의식 속에서는 많은 진실이 떠오른다. 우리는 인간의 영혼 속에 가장 높은 것이 실재한다는 사실을 깨닫는다. 그 본질은 두려우리만큼 보편적인 것으로 지혜도, 사랑도, 아름다움도, 권능도 아닌, 이 모든 것이 하나로 통합되어 그 하나가 앞서 말한 것들 전부를 온전히 담고 있는 것이다. 그 본질은 만물이 존재하는 이유이며, 만물을 존재하게 하는 힘이다. 정신은 창조하고, 자연의 이면에서 또는 자연 자체를 거쳐 현존한다. 그 본질은 다른 것과 섞이지 않은 단일한 것이다. 그것은 시공간 안에서 우리에게 작용하는 것이 아니라 영적인 방식으로 즉 우리 자신으로 작용한다. 따라서 그 본질, 다시 말해 최고의 존재는 우리 주변에서 자연을 건설하지 않고 나무가 낡은 구멍으로 새 가지와 잎을 뻗듯이 우리를 이용해 앞으로 나아간다. 식물이 땅에 뿌리를 내리듯 인간도 신의 가슴에서 쉬고, 멈추지 않는 샘에서 양분을 얻으며, 필요할 때 지치지 않는 힘을 끌어온다.

과연 누가 인간의 가능성에 한계를 지을 수 있을까? 한번 높은 공기를 들이마셔 정의와 진리의 절대적인 속성을 목격하면 우리는 인간이 창조주의 온 마음에 다가갈 수 있는 무한한 창조자임을 깨닫는다. 이 관점은 지혜와 힘의 원천이 어디에 있는지 알리며 이렇게 말한다.

영원의 성문을 여는
황금 열쇠

그리고 이러한 관점은 진리에 대한 가장 고귀한 증거를 담고 있다. 영혼을 정화해 나만의 세계를 창조하도록 나에게 생기를 불어넣기 때문이다.

세계는 인간의 신체와 똑같은 정신에서 기인한다. 다만 세계는 더 미미하고 열등한 신의 화신이며 무의식 속에 투사된 신의 한 형태다. 그러나 세계는 인간의 신체와 다른 중요한 차이점이 하나 더 있다. 바로 세계는 인간의 의지에 좌우되지 않는다는 것이다. 우리는 그 고요한 질서를 침범할 수 없다. 그래서 세계는 우리에게 신의 정신을 설명하는 현재의 해설자이자 우리가 신의 정신에서 얼마나 멀어졌는지를 측정할 수 있는 고정된 기준점이 된다. 우리가 퇴보할수록 우리와 우리가 사는 세계 사이의 대조가 더욱 분명해지니 말이다.

우리는 신과 동떨어져 있듯 자연 인에서도 이방인이다. 인간은 새들의 노래를 이해하지 못한다. 사람이 나타나면 여우와 사슴은 도망치고 곰과 사자는 갈가리 찢어버린다. 우리는 옥수수, 사과, 감자, 포도 등 몇 가지 외에 다른 식물의 용도를 모른다. 그러나 우리가 보는 풍경은 시선이 머무는 찰나의 순간조차 신의 얼굴을 하고 있지 않은가? 다만 이 사실은 사람과 자연이 얼마나 부조화하는지만 알려줄 뿐이다. 왜냐하면 우리가 풍경을 감상할 때 그 옆에서 힘들게 땅을 파고 있는 일꾼을 본다면 그저 자유롭게 감탄하기란 어려울 테니 말이다. 시인이라면 그 감탄 속에서조차 어딘가 이상한 감정을 느낄 것이다. 인간의 모습이 시야에서 사라지기 전까지.

전망

세상의 법칙과 사물의 틀을 관장하는 법칙을 탐구할 때, 가장 높은 이성이 언제나 가장 진실하다.

희미한 가능성이 보이는 것은 마음속 영원한 진실들 사이에서 깊숙이 자리 잡고 있기 때문에 매우 정제되어 있어 잘 보이지 않는다. 경험 과학은 오히려 우리의 시야를 흐리게 하기 쉽고, 기능과 과정에 대한 지식은 도리어 전체에 대한 인간다운 사색의 방해가 되기도 한다. 학자는 시의 감각을 잃기 쉽다. 하지만 진리에 온 주의를 기울이는 경건하고 박식한 자연주의자는 인간이 세계와의 관계에서 여전히 배워야 할 것이 많이 남아 있으며, 이는 알려진 지식에서 무언가를 더하거나 빼거나 비교해 얻을 수 있는 게 아니라 자연스럽게 뿜어져나오는 정신, 끊임없는 자기 회복, 전적인 겸손으로 얻을 수 있음을 알게 될 것이다. 그는 학문에서 정확성이나 확실성보다 더 뛰어난 자질이 있으며, 종종 추측이 확실한 단언보다 유익하고, 수백 번의 치밀한 실험보다 한 번의 꿈이 우리를 더 깊은 자연의 비밀로 이끌어준다는 사실을 깨닫는다.

생리학자도 자연주의자도 정작 우리가 풀어야 할 중요한 문제는 언급하지 않는다. 우리에게는 동물 왕국의 모든 개체를 일일이 다 아는 것보다 인간의 안에 자리한 폭압적인 통일성을 아는 것이 더 중요하다. 우리는 만물을 끊임없이 분리하고 분류하며 다양성을 한 가지 형태로 환원하려고 하는 이 체질적인 통일성이 어디에서 왔으며 어디로 향하는지를 알아야 한다.

풍요로운 풍경을 바라볼 때 내 목표는 지층의 순서와 위치를 정확하게 읊는 것이 아니라 고요한 조화로움 앞에서는 왜 수많은 생각이 사라지는지를 아는 것이다. 사물과 사유 사이의 관계를 설명할 단서가 없으면 세부 내용에 세세한 영광을 돌릴 수 없다. 패류학貝類學, 식물학, 예술의 형이상학에 빛이 비치지 않아 꽃, 조개, 동물, 건축의 형상과의 관계를 정신에 보여줄 수도 없고, 관념 위에 과학을 정립할 수도 없기 때문이다.

자연사박물관의 전시품을 관람할 때 우리는 종종 크고 기이한 형태의 짐승, 물고기, 곤충을 보며 신비로운 공감을 얻는다. 자국에서 외국 건물을 따라 설계한 건물들만 본 미국인이 영국의 요크대성당이나 로마의 성베드로대성당에 들어섰을 때, 그 웅장함에 놀라면서도 동시에 그 건물들 역시 보이지 않는 어떤 원형의 모방임을 느끼고 놀란다. 자연주의자가 인간과 자연 사이에 존재하는 놀라운 조화를 보지 못한다면 과학은 인간성을 제대로 갖추지 못한다. 인간이 세계의 주인인 것은 그가 가장 영리하기 때문이 아니라 그가 세계의 머리이자 심장이기 때문이다. 그는 모든 크고 작은 것, 모든 산맥의 지층, 모든 새로운 색채의 법칙, 천문학적 사실, 관찰이나 분석으로 드러나는 대기의 영향에서 자신을 찾아내기 때문이다. 이런 신비에 대한 인식은 17세기의 아름다운 시인 조지 허버트George Herbert의 묵상에 영감을 주었다. 다음은 그가 쓴 사람에 관한 시의 일부이다.

> 인간은 완전한 대칭을 이룬다네.
> 완벽한 균형이 한 팔에서 다른 팔로
> 그리고 세상 구석구석으로 뻗어나가네.
> 각 부위는 아무리 멀어도 서로를 형제라 부른다네.
> 머리가 발과 둘만의 친교를 나누고
> 달과 조수와도 가깝기 때문이지.
> 오직 인간만이
> 그 멀리에서 먹이를 찾고
> 그의 눈은 가장 높은 별도 딴다네.
> 그 작은 몸에 온 세계가 있지.
> 약초가 기꺼이 우리 몸을 치유하는 건
> 거기에서 친구를 찾기 때문이라네.
> 우리를 위해 바람이 불고
> 땅이 쉬고 하늘이 돌고 샘이 흐르네.
> 우리가 보는 모든 것이 우리를 좋아해서

기쁨이 되고 보물이 된다네.
모든 것이 우리의 음식을 담은 찬장
아니면 기쁨의 상자라네.
별들이 우리를 침대로 인도하고
밤은 커튼을 닫고 태양은 그 커튼을 걷는다네.
음악과 빛이 우리 머리를 돌보고
만물은 내려와 우리 마음에 머물 때도
올라가 원인이 될 때도
우리 육신에 친절하지.
너무 많은 하인이 그의 시중을 드니
그는 알아채지도 못하고 가는 길마다
병에 걸려 창백하고 여위었을 때
친구가 되던 이들을 밟고 지나가지.
오, 위대한 사랑이여! 사람은 한 세계이고
또 한 세계가 있어 그를 돌보는구나.

인간은 이런 진실을 인식하고 매력을 느껴 과학에 이끌리지만 수단에 집중하느라 목적을 망각한다. 과학의 이런 불완전한 통찰에서 우리는 "역사보다 시가 필수적인 진실에 더 가까이 간다"고 논한 플라톤의 말을 받아들인다. 마음속에 떠오르는 추측과 예언은 모두 일정한 존중을 받을 자격이 있다. 우리는 체계적으로 정리되어 있지만 가치 있는 통찰을 던지지 않는 이론보다 한 조각의 진리가 담긴 불완전한 이론과 문장을 선호한다는 걸 알게 된다. 현명한 작가라면 미지의 사유 영역을 밝혀냄으로써 무기력한 정신에 희망으로 새로운 활기를 불어넣을 때 연구와 창작의 목적을 달성한다는 사실을 알고 있을 것이다.

그래서 나는 어떤 시인이 들려준 인간과 자연의 전통으로 이 글을 마치려고 한다. 이 전통은 늘 존재했고 어쩌면 모든 시인의 머리에 다시 떠오를 수도 있으며 역사인 동시에 예언일 수도 있다.

"인간의 기반은 물질이 아닌 정신에 있다. 하지만 정신의 본질은 영원으로 이루어져 있다. 그러므로 아무리 오래된 사건과 아무리 오래된 역사도 정신의 관점에서 보면 여전히 새로운 최근 일이다. 우리가 아는 개개인의 기원인 보편적 인간의 주기에서는 수 세기의 세월조차 하나의 점에 지나지 않고 모든 역사는 그저 퇴락하는 한 시대일 뿐이다.

우리 내면은 자연과의 공감을 불신하고 부정한다. 자연과 관계를 인정했다가도 이내 언제 그랬냐는 듯이 끊어내기를 반복한다. 마치 폐위되어 이성을 잃고 황소처럼 풀을 뜯어 먹는 네부카드네자르와도 같다. 하지만 치유하는 정신의 힘에 과연 어떤 한계를 둔단 말인가? 인간은 폐허 속 신이다. 인간이 순수해진다면 삶은 더 길어지고 마치 꿈에서 조용히 깨어나듯 부드럽게 불멸로 넘어갈 것이다. 지금과 같은 무질서가 수백 년 동안 지속된다면 세상은 광란에 빠지고 만다. 그러나 죽음과 탄생이 이 세계의 광란을 저지한다. 갓난아이는 타락한 인간의 품에 찾아와 천국으로 돌아가라고 간청하는 영원한 메시아다.

인간은 자기의 축소판이다. 한때 인간은 정신으로 충만했고 그 정신에 녹아들어 그 넘치는 흐름으로 자연 전체를 채웠다. 태양과 달이 인간에게서 솟아나왔다. 태양은 남성에게서 달은 여성에게서 나왔다. 인간의 마음 법칙과 행동 주기가 낮과 밤, 한 해와 계절로 나타났다. 하지만 인간이 거대한 껍데기를 만들면서 자연에 넘쳐흐르던 정신은 매말라가기 시작했다. 정신은 이제 더 이상 크고 작은 자연의 혈관을 채울 수 없는 물방울이 되었다. 인간이 만든 껍데기의 구조는 여전히 잘 맞지만 처음에 비하면 훨씬 크다. 아니 한때는 딱 맞았으나 이제는 크고 높은 곳에 있다고 해야 할 것이다.

인간은 자신이 만들어낸 그 세계를 소심하게 숭배한다. 이제 남성은 해를 따르고 여성은 달을 따른다. 그러나 때때로 그는 잠결에 문득 깨어나 자신과 자기 집을 의아하게 바라보며, 그 사이에 존재하는 유사점에 대해 깊이 생각한다. 그는 자신의 본질이 여전히 가장 중심에 있고, 자신에게 원초적인 힘이 내재되어 있으며, 언어의 본성이 여전히 순수하다면, 이는 의식적인 힘이 아니고 의지보다 우월한 차원의 힘이라는 것을, 그 차원의 힘이 바로 본능이라는 것을 인식한다." 신비로운 시인은 이렇게 읊었다.

현재 인간은 자기 힘의 절반만을 자연에 쏟으며 오성만으로 세상을 살아가려고 한다. 그러나 대단치 않은 지혜로 세상을 터득하려고 최대한 노력하는 그는 반쪽 인간일 뿐이다. 튼튼한 팔과 뛰어난 소화력을 갖고 있다 한들 정신은 야수처럼 잔인한 이기적인 야만인일 뿐이다. 그는 오성으로 자연과 관계를 맺고 자연에 힘을 펼친다. 그렇게 거름을 쓰고, 불이나 바람, 물과 나침반의 바늘을 낭비 없이 이용하고, 증기나 석탄이나 화학 농법을 쓰고, 치과의사와 외과의사를 동원해 신체를 치료한다. 마치 폐위된 왕이 한 번에 왕좌를 손에 넣으려는 것이 아니라 자신의 영토를 한 평씩 사들이듯 권력을 회복하려고 한다. 하지만 이 짙은 어둠에서도 환한 빛이 비칠 때가 있다. 가끔씩 오성뿐 아니라 이

성까지 전력으로 이용해 자연을 대하는 사람이 가끔 나타나는 것이다.

아주 오래된 고대에 모든 나라에서 행해지던 기적의 전통, 예수 그리스도의 역사, 종교나 정치 혁명, 노예 매매 폐지에서 나타나는 것 같은 원칙의 성취, 스베덴보리, 독일의 호엔로헤 가문, 셰이커교도에 대해 전해지는 열광의 기적들, 모호하고 논란의 여지가 있지만 동물 자기 요법(18세기 프란츠 메스머가 생명체에 보이지 않는 힘을 이용해 병을 치유할 수 있다고 주장한 이론)이라는 이름으로 정리된 여러 사실, 기도, 웅변, 자기 치유, 아이들의 지혜 등이 이런 예다. 이런 힘은 시간이나 공간 속에 존재하지 않으며, 찰나에 흘러드는 에너지에서 나타난다. 인간의 실제 힘과 이상적인 능력 사이의 차이를 파악한 신학자들은 인간의 지식을 저녁의 지식, 신의 지식을 아침의 지식이라고 칭했다.

본래의 영원한 아름다움을 세상에 되살리는 문제는 영혼을 구원하는 것으로 해결할 수 있다. 우리가 자연을 바라볼 때 느끼는 황폐함이나 공허함은 사실 자연에 있는 것이 아니라 우리 눈에만 존재한다. 시력의 축은 사물의 축과 일치하지 않기 때문에 대상이 투명하지 않고 불투명하게 보인다. 세계가 하나의 통일체로 보이지 않고 아무렇게나 부서져 있는 것처럼 보이는 이유는 인간이 자기 자신과 분리되었기 때문이다.

인간은 자신의 정신이 요구하는 모든 것을 충족시키지 않는 한 자연주의자가 될 수 없다. 그 요구에는 인식도 있지만 사랑도 큰 부분을 차지한다. 사실 이 둘은 서로가 없으면 완벽할 수 없다. 언어의 가장 깊은 의미에서 사유는 신앙이고 신앙은 사유다. 한쪽이 깊어지면 다른 쪽도 깊어진다. 하지만 실생활에서 이 둘의 결합은 축복받지 못한다. 전통에 따라 신을 숭배하는 순수한 사람들이 있지만 이들의 의무감은 능력을 모두 사용하는 데까지 이르지는 못한다. 한편에선 인내심 있는 자연주의자들이 있지만 이들은 대상을 차가운 오성의 빛으로 얼려버린다. 그러나 기도는 진리를 탐구하는 하나의 길이며, 미지의 무한을 향한 영혼의 기습 공격이 아니던가? 누구나 진심으로 기도하면 무언가를 배울 수 있다. 만약 충실한 사색가가 단호하게 모든 대상에서 개인적 관계를 제거하고 사색의 불빛으로 대상을 바라보는 동시에 거룩한 애정의 불빛으로 과학을 비춘다면, 그때 신은 새로운 창조에 나설 것이다.

    마음이 탐구할 준비가 되어 있다면 굳이 대상을 찾아다닐 필요는 없다. 지혜의 변치 않는 특징은 평범함 속에서 기적을 보는 눈이다. 하루가 무엇인가? 일 년은 무엇인가? 여름은? 여자는? 아이는? 잠은? 우리의 눈이 가려져 있을 때 이런 것들은 아무 감흥을 주지 못한다. 우리는 이런 있는 그대로의 사실이 너무나도 적나라하다고 느껴 우화를 만들어내 사실의 단조로움을 숨기고 더 높은 마음의 법칙을 끌어온다. 하지만 어떤 사실이든 관념의 빛 아래에서 바라보면 그 화려했던 우화는 빛을 잃어버린다. 진정으로 높은 법칙이 보이기 때문이다. 그러므로 지혜로운 사람에게는 사실 자체가 진정한 시이며 가장 아름다운 우화다.

    이 경이로움이 바로 우리 내면의 문 앞까지 찾아온다. 당신 또한 한 사람의 인간이다. 남자와 여자, 사회관계, 가난, 노동, 잠, 두려움, 운명, 이 모든 것들은 당신에게도 익숙한 것이다. 이제는 깨우쳐야 한다. 이들 중 그 어느 것도 피상적이지 않으며 모든 현상은 마음의 능력과 감정에 뿌리를 두고 있음을 알라. 추상적인 질문이 당신의 지성을 점령하더라도 자연은 그것을 구체적인 삶의 모습으로 드러내 당신이 두 손으로 직접 해결하도록 한다. 삶의 특별한 전환점마다 우리의 일상 속에서 일어난 일들과 마음속에서 사상이 형성되고 전개된 과정을 하나하나 짚어가며 비교해보는 일은 서재에서 할 수 있는 현명한 탐구일 것이다.

그리하여 우리는 새로운 눈으로 세상을 보게 된다. 세상은 훈련된 의지에 굴복해 '진리란 무엇인가?', '선은 무엇인가?' 같은 지성과 감성의 끝없는 질문에 답할 것이다. 그러면 나의 시인이 남긴 말은 실현될 수 있다.

> 자연은 고정되지 않고 흐른다. 정신이 자연을 바꾸고 틀을 빚고 창조한다. 자연이 움직이지 않고 거칠다면 정신이 부재하기 때문이다. 순수한 정신이 있다면 자연은 유연하고 쾌활하게 순종한다. 모든 정신은 스스로 집을 짓고, 그 집 너머에 세계를 지으며, 그 세계 너머에 천국을 짓는다. 그 세계는 당신을 위해 존재함을 알라. 당신은 완벽한 현상이기 때문이다.
> 우리가 어떤 사람이냐에 따라 우리가 보는 세계도 달라진다. 아담이 가진 모든 것, 카이사르가 할 수 있었던 모든 것을 당신 또한 가지고 있으며 이루어낼 수 있다. 아담은 그의 집을 하늘과 땅이라 불렀고 카이사르는 그의 집을 로마라 불렀다. 당신은 집을 구둣방, 드넓은 경작지, 학자의 다락방이라고 부를 수 있다. 하지만 멋진 이름이 없어도 당신의 집 역시 아담이나 카이사르의 집만큼 위대하다. 그러니 자신의 세계를 지어라. 당신의 삶을 마음속의 순수한 이상에 맞추어갈수록 위대한 조화는 점점 더 형태를 드러낼 것이다. 흘러드는 정신에

맞춰 만물에 혁명이 일어날 것이다. 돼지, 거미, 뱀, 해충, 정신병원, 감옥, 적 같은 불쾌한 모습들은 빠르게 사라질 것이다. 이들은 일시적일 뿐이며 더 이상 보이지 않게 될 것이다. 자연의 추하고 더러운 것들은 태양에 마르고 바람에 날아갈 것이다. 남쪽에서 여름이 찾아오면 쌓인 눈이 녹고 대지가 푸르게 변하듯 앞서 나가는 정신은 그 길을 따라 장식물을 창조하고 곳곳의 아름다움과 매혹적인 노래를 가져올 것이다. 그 길에는 아름다운 얼굴, 따뜻한 마음, 지혜로운 말, 영웅적인 행위가 가득할 것이며, 더 이상 악은 보이지 않을 것이다.

인간이 자연 위에 세우는 왕국은 관찰로 얻을 수 없다. 이 같은 지배력은 신에 대한 꿈을 넘어서지만, 인간은 눈먼 사람이 점차 완전한 시력을 회복하듯 놀라지 않고 이 왕국에 들어설 것이다.

자연과 조화를 이루는 삶, 진리와 미덕에 대한 사랑이
우리가 그 경전을 이해할 수 있도록 눈을 밝힐 것이다.

9장

역사

HISTORY

한 개인 안에 인간의 역사가 들어 있다

　모든 인간에게 똑같이 존재하는 한 가지 정신이 있다. 사람은 모두 이 정신으로 들어가는 통로가 된다. 이성을 사용할 권리를 얻은 사람은 온 세상을 자유롭게 누빈다. 그 사람은 플라톤이 했던 생각을 스스로 생각하고 성자의 마음을 직접 느끼며 어느 시대 어느 누구에게 일어났던 일이든 이해할 수 있다. 이 보편적 정신에 접근한 사람은 현재 일어나는 일과 앞으로 일어날 모든 일에 참여할 수 있다. 이 정신이야말로 절대적이고 유일한 힘이기 때문이다.

　이 정신의 작용을 기록한 것이 바로 역사다. 이 비범한 능력은 하루도 빼놓지 않고 분명히 나타난다. 한 인간을 설명할 수 있는 것은 오직 그의 전체 인생사뿐이다. 인간의 정신은 처음부터 서두르지 않되 쉬지 않고 내면의 모든 능력과 생각과 감정을 적절한 때에 드러내며 앞으로 나아간다. 하지만 늘 생각이 사실보다 앞선다. 모든 역사적 사실은 보편적 정신 속에 법칙으로서 먼저 존재한다. 그러나 각 법칙은 그때그때 지배적인 상황에 따라 만들어지고 자연의 한계는 한 번에 단 하나의 법칙에만 힘을 부여한다. 한 사람은 모든 사실이 담긴 백과사전과도 같다. 도토리 하나가 자라 천 개의 숲이 되고 이집트, 그리스, 로마, 갈리아, 영국, 미국이 태초의 인간 안에 이미 들어 있었다. 부족부터 시작해 왕국, 제국, 공화국, 그리고 민주주의까지 변화하는 각 시대는 단지 인간의 다채로운 정신이 세계에 드러난 결과일 뿐이다.

이런 인간의 정신이 역사를 썼고 우리는 그것을 읽어야만 한다.

우리는 자신이 낸 수수께끼를 풀어야 하는 스핑크스와 같다. 전체 역사가 한 사람 안에 있다면 한 사람의 경험으로 모든 역사를 설명할 수 있다. 우리 삶의 시간과 지나간 세기는 서로 이어져 있다. 내가 들이쉬는 공기는 위대한 자연의 보고寶庫에서 나오고, 내 책을 밝히는 불빛이 수억 킬로미터 떨어진 별에서 오며, 내 몸의 균형이 원심력과 구심력의 평형에 의존하듯이 우리가 살아가는 이 시간은 지난 시대로부터 배워야 하고 또한 그 시대를 설명할 수 있어야 한다.

보편적 정신이 한 번 더 실현된 것이 한 사람이다. 보편적 정신의 모든 특성이 한 개인 속에 자리한다. 한 사람이 개별적으로 경험하는 새로운 사건은 인간의 위대한 업적에 의미를 더하고, 그의 삶에 닥친 위기는 곧 인류 전체의 위기가 된다. 모든 혁명은 한 사람의 사유에서 시작되었다. 같은 생각을 하는 사람이 한 명 더 나타나는 순간, 그 사유는 시대를 여는 열쇠가 된다.

누군가가 이야기한 진실은 내 안의 무언가와 일치할 때만

이 믿을 수 있고 이해할 수 있다. 우리는 글을 읽을 때 그리스인, 로마인, 터키인, 신부, 왕, 순교자, 사형 집행인이 되어 그 이미지를 우리가 비밀스레 경험한 현실에 적용한다. 그렇지 않으면 어떤 것도 제대로 배울 수 없다. 하스드루발 장군이나 체사레 보르자에게 닥친 일은 우리에게 닥친 일만큼이나 정신의 힘과 타락을 보여준다.

새로운 법과 정치적 운동은 모두 당신에게 의미가 있다. 각 서판 앞에 서서 말하라. '이 가면 아래 내 프로테우스적 본성이 숨어 있다.' 이렇게 하면 자기 자신의 내면에만 매몰하는 결점을 고칠 수 있고, 우리 자신의 행동을 넓은 관점으로 볼 수 있다. 게, 염소, 전갈, 천칭, 물병이 궁도에 걸려 별자리가 되면 하찮음이 사라지듯 나 또한 솔로몬이나 알키비아데스(고대 그리스의 정치가로 망명, 추방 등 여러 불운을 겪었다), 혹은 카틸리나(로마 공화정 말기의 정치인. 국가 전복을 시도하다 실패해 살해당했다)처럼 멀리 떨어진 인물들을 통해 내 악덕을 냉정하게 바라볼 수 있다.

삶은 역사를 재현하는 무대다

특정한 사람과 사물에 가치를 부여하는 것은 보편적 본성이다. 이 같은 본성이 담긴 인간의 삶은 신비롭고 신성하며 우리는 이러한 삶을 보호하기 위해 처벌과 법률로 울타리를 친다. 모든 법의 궁극적인 근거가 여기에 있다. 모든 법이 어떻게든 이 위대하고 무한한 본질의 명령을 분명히 표현한다. 우리의 재산 같은 소유물에도 영혼과 위대한 정신적 진실이 들어 있기에 우리는 본능적으로 칼과 법만이 아닌 폭넓고 복합적인 조치까지 동원해 보호한다. 이 사실에 대한 어렴풋한 지각이 우리의 하루를 비추는 빛이 되어 가장 강력한 주장으로 변하고, 자기 신뢰에 필요한 교육, 정의, 자선을 요구하고 우정과 사랑, 영웅적 행위와 위대함의 기반을 닦는다.

  우리는 무의식중에 항상 자신을 더 우월한 존재로 해석하려고 한다. 우리는 세계사나 시와 소설 속에 등장하는 제사장과 황궁, 또는 의지나 천재성이 승리하는 위대한 장면에 늘 관심을 기울인다. 우리보다 나은 사람들의 이야기일 뿐이라고 거부하지 않고 오히려 가장 웅장한 업적에서 편안함을 느낀다. 셰익스피어가 왕에 대해 하는 모든 이야기는 저 구석에서 책 읽는 소년의 마음에도 동질감을 일으킨다. 우리는 역사 속 위대한 순간과 위대한 발견과 위대한 저항과 위대한 인류의 번영에 공감한다. 법을 제정하고 바다를 탐험하고 땅을 발견한 사람들을 보며 우리가 그 자리에 있었다면 똑같이 그렇게 했거나 박수를 보냈을 거라는 강렬한 깨달음을 얻기 때문이다.

  우리는 상태와 특성에 대한 동일한 관심을 지니고 있다. 우리가 부유한 자들을 존경하는 이유는 이들이 인간, 즉 우리가 누려야 할 자유, 권력, 우아함을 드러내기 때문이다. 따라서 스토아학파나 동양 혹은 현대의 수필가들이 현자에 대해 하는 말은 그것을 읽는 독자 자신의 이상을 기술한 것이다. 이루지 못했지만 이룰 수 있는 자기 자신에 대한 묘사인 것이다. 모든 문학 작품은 현명한 사람의 특징을 기술한다. 책, 기념비, 그림, 대화는 현명한 사람이 이루어가는 특성을 발견하는 초상화다. 과묵한 사람이든 달변가이든 모두 이런 현자를 칭송하고 그에게 다가가 말을 건다. 그는 어디를 가든지 자신만의 암시를 통한 자극을 받는다.

따라서 진정한 열망을 품은 사람은 다른 사람과의 대화에서 자신에 대한 칭찬을 애써 찾으려 할 필요가 없다. 그는 자신의 겉치레를 향한 칭찬이 아니라 그가 추구하는 특성에 대해 하는 모든 말에서, 더 멀리는 흐르는 강물이나 바스락거리는 옥수수 같은 모든 사실과 환경에서, 그 특성에 대한 더 달콤한 칭찬을 듣는다. 말 없는 자연, 산맥, 창공의 빛에서 찬사가 들리고 경의가 드러나고 사랑이 흐른다.

캄캄한 밤, 잠결에 떨어진 듯한 이런 징후가 환한 낮을 밝힌다. 학생은 역사를 수동적으로 읽지 않고 능동적으로 읽어야 한다. 자신의 삶은 본문으로, 책은 주석으로 여겨야 한다. 그럴 때 역사의 여신이 나타나 자신을 존중하지 않는 자들에게는 절대 들려주지 않는 신탁을 전할 것이다. 나는 이름이 알려진 사람들이 오래전에 이룩한 일을 현재 자신이 하는 일보다 더 유의미하다고 생각하는 사람이 역사를 제대로 읽을 수 있을 거라 기대하지 않는다.

세계는 각 사람을 가르치기 위해 존재한다.

역사상 어떤 시대나 사회나 행동 양식도 한 사람의 삶과 상응하는 것이 존재하지 않는 경우는 없었다. 모든 것이 놀라운 방식으로 축약되어 그 사람에게 고유의 가치를 전달한다. 그는 모든 역사를 직접 경험할 수 있다는 걸 알아야 한다. 그는 굳건하게 집에 머물러야 하고 왕이나 황제의 괴롭힘을 당할 게 아니라 세계의 모든 지리와 모든 정부보다 위대하다는 걸 알아야 한다. 그는 역사가 일반적으로 해석되는 관점을 로마, 아테네, 런던에서 자기 자신으로 가져와야 하고, 자기 자신이 곧 법정이라는 신념을 부정하지 않아야 한다. 영국이나 이집트가 그에게 할 말이 있다면 그가 직접 재판을 이끌 것이고 그렇지 않다면 모두 침묵할 것이다.

그는 사실이 비밀스러운 감각을 내뿜는 높은 경지에 도달해야 한다. 그래야 시와 연대기는 하나가 될 수 있다. 우리가 중요한 역사적 서술을 활용할 때 정신의 본능과 자연의 목적이 모습을 드러낸다. 시간이 흐르면서 단단하고 뾰족한 사실들은 빛나는 창공으로 흩어진다. 사실을 사실 그대로 묶어둘 닻, 밧줄, 울타리는 없다. 바빌론, 트로이, 티레(12세기 무렵 페니키아 지중해 무역의 중심지였던 레바논 남부 도시), 팔레스타인, 심지어 고대 로마까지 이미 허구의 일부가 되고 있다. 에덴동산, 여전히 태양이 멈춰 있는 기브온(성경에 등장하는 고대 도시. 가나안의 아모리 족속과 전쟁을 치를 때 여호와가 해와 달에 멈추라는 명령을 내린 덕에 전쟁에서 승리했다)은 이후로 모든 나라의 시가 되었다. 별자리로 만들어 불멸의 표식으로 하늘에 걸린 것들이 사실은 무엇이었는지 누가 상관하는가? 런던과 파리와 뉴욕도 똑같은 길을 갈 것이다. "역사는 합의된 우화가 아닌가?"라고 나폴레옹은 말했다. 우리의 이 삶은 이집트, 그리스, 갈리아, 영국, 전쟁, 식민지, 교회, 법정, 상업이라는 꽃과 장식품을 주렁주렁 단 채 꼼짝하지 못하고 있다. 이 이상의 가치 판단은 하지 않겠다. 영원을 믿는 나는 그리스, 아시아, 이탈리아, 스페인, 열도에 깃든 천재성과 각 시대의 창조적 원칙을 내 마음에서 찾을 수 있다.

우리는 언제나 중요한 역사적 사실을 사적 경험에서 마주하고 우리 삶에서 그것들을 입증한다. 모든 역사는 주관적이다. 다시 말해 본질적으로 역사란 없고 오직 개인의 삶인 전기만이 존재한다. 정신은 스스로 모든 교훈을 알아야 하고 전체적인 토대를 배워야 한다. 직접 보지 않고 살지 않으면 알 수 없다. 이전 세대가 편의를 위해 만든 공식이나 규칙은 오히려 나의 삶으로 직접 검증할 수 없게 막는 벽이 되어 그 안에 담긴 진정한 가치를 잃어버리고 만다. 그렇기에 우리는 언젠가 어느 곳에서 직접 체험하는 형태로 잃어버린 가치를 되찾을 것이다. 퍼거슨James Ferguson은 오래전에 이미 알려진 많은 천문학적 사실을 또 발견했다. 그것이 오히려 더 좋았다. 역사는 이래야 한다. 그렇지 않으면 아무것도 아니다.

국가가 제정하는 법은 모두 인간 본성의 사실을 밝힌다. 그게 전부다. 우리는 모든 사실의 필연적인 이유를 내면에서 찾아야 한다. 그것이 어떻게 가능했고 어때야 하는지 알아야 한다. 그러니 모든 공적이고 사적인 작용을 대면하라. 버크Edmund Burke의 연설 앞에, 나폴레옹의 승리 앞에, 토머스 모어, 시드니, 마마듀크 로빈슨의 순교 앞에, 프랑스의 공포 정치와 세일럼시의 마녀 처형 앞에, 광신적인 부흥 운동과 파리나 프로비던스에서 행해지던 동물 자기 요법을 대면하라. 우리는 과거를 돌아보면서 같은 영향을 받으면 비슷한 방식으로 반응했을 거라 가정하고 그들과 같은 성취를 이루었을 것이라 생각한다. 그리고 우리는 이전의 지적 단계를 똑같이 밟아 우리와 같은 인간들, 우리의 대리자들이 달성한 성취나 빠졌던 타락에 도달하려 한다.

고대에 대한 탐구, 피라미드, 유적지, 스톤헨지, 오하이오 서클(약 2000년 전 이 지역의 호프웰 문화가 남긴 토공사 유적), 멕시코, 멤피스(이집트 남쪽의 고대 이집트의 수도)에 대한 모든 호기심은 거칠고 야만적이고 비상식적인 '그때'와 '그곳'을 지워버리고 대신 그 자리에 '지금'과 '여기'를 도입하고 싶은 욕망에서 비롯된다. 벨조니Giovanni Battista Belzoni는 테베의 미라 구덩이와 피라미드를 파내고 측정하며 그 거대한 구조물과 자기 자신 사이의 차이가 보이지 않을 때까지 조사했다. 자신처럼 단단히 준비하고 의욕에 넘친 사람이 이 유적을 만들었고 자신도 그들의 목적에 헌신했을 거라는 생각에 만족했을 때 벨조니의 수수께끼는 해결됐다. 그의 생각은 신전, 스핑크스, 지하 묘지 전체를 따라 흡족하게 흘러가고 이 유적지와 유물 들은 그의 정신 속에서 다시 살아나 '지금'과 '여기'가 된다.

고딕 양식의 대성당은 우리 손으로 지었고 동시에 우리 손으로 짓지 않았다. 인간의 지은 것이지만 진정한 창조자는 인간이라 할 수 없다. 그렇기에 우리는 그 성당이 지어진 역사에 우리를 대입하고 건축가의 위치와 상태에 자신을 집어넣는다. 우리는 숲속에 살던 사람들, 최초로 지어진 고대의 사원들, 처음으로 나타난 건축 양식과 나라의 부가 증가하면서 장식이 더해진 과정을 기억한다. 나무를 조각해 가치가 더해지자 대성당에 쓰인 돌무더기 전체가 조각됐다. 이런 과정을 거치고 여기에 가톨릭 성당, 그곳의 십자가, 음악, 의식, 성자들의 기념일, 성상 숭배를 더하면 우리는 그 고딕 양식 대성당을 만든 사람과 다름없어진다. 성당이 어떻게 지어질 수 있고 어떻게 지어져야 하는지를 본 것이다. 이로써 우리는 충분한 이유를 갖추었다.

자연을 이해하는 유사성의 방식

사람들 사이의 차이는 분류 원칙에 있다.

어떤 사람들은 대상을 색과 크기, 그리고 우연한 외적 요소로 분류한다. 하지만 어떤 사람들은 고유한 유사점 또는 인과 관계에 따라 대상을 분류한다. 지성의 진보란 겉모습의 차이를 무시하고 명확하게 원인을 살피며 통찰로 나아가는 것을 뜻한다. 시인과 철학자와 성자에게는 모든 것이 친근하고 성스러우며, 모든 사건에 결실이 있고, 모든 날이 거룩하며, 모든 사람이 신성하다. 왜냐하면 그들은 삶에 시선을 고정하고 주변 환경은 중요하게 여기지 않기 때문이다. 모든 화학 물질, 자라나는 모든 식물과 동물이 원인의 통일성과 외양의 다양성을 가르친다.

　　　모든 것을 창조하는 이 자연이 구름이나 공기처럼 부드럽게 우리를 감싸고 있는데 우리는 왜 그런 딱딱한 규칙에만 얽매이며 몇 가지 형태만 과도하게 중요시하는가? 왜 시간이나 규모나 형태에 집착하는가? 영혼은 이런 규칙과 형태를 모르고, 천재는 자신의 법칙에 따라 마치 어린아이가 노인과 교회에서 놀듯이 규칙들을 가지고 논다. 천재는 인과적 사고를 연구하고 사물의 핵심보다 훨씬 안으로 들어가 빛이 한 구체에서 떨어져 나오고 무한한 지름으로 갈라지는 것을 관찰한다. 천재는 자연의 윤회를 수행하며 쓰는 모든 가면을 통해 모나드(무엇으로도 나눌 수 없는 궁극적 존재 단위)를 지켜본다. 천재는 파리가 애벌레, 유충, 알로 변하는 동안 그 속의 변함없는 개체를 본다. 또 수많은 개체에서 고정된 종을 보고, 여러 종에서 속屬을 보며, 모든 속을 통해 변함없는 형태를 보고, 모든 유기체의 왕국에서 영원한 단일성을 본다.

　　　자연은 늘 변하는 구름처럼 언제나 같고 절대 같지 않다. 자연은 시인이 한 가지 도덕으로 스무 가지 우화를 만들 듯 많은 형태에 같은 생각을 주입한다. 미묘한 정신이 물질의 야만성과 강인함을 통해 모든 것을 자신의 의지대로 구부린다. 그 앞에서는 가장 단단한 것도 부드럽지만 정확한 형태로 흐르고, 내가 보는 동안에도 윤곽과 질감이 다시 달라진다. 형상은 무엇보다 빠르게 변하지만 자기를 부정하지 않는다. 인간에게는 여전히 하위 종족의 표식으로 여겨지는 잔해나 단서가 있다. 하지만 이런 표식은 인간의 고귀함과 품위를 돋보이게 만든다. 아이스킬로스가 쓴 작품에서 이오는 소로 변해 불쾌한 상상을 남기지만, 이집트 신화에서는 이시스가 되어 오시리스를 만난다. 이 아름다운 여인에게 변신의 흔적이라고는 눈썹에 눈부시게 장식된 달 모양의 뿔밖에 없다!

역사의 동일성은 본질적으로 내재되어 있고, 다양성 또한 명확하다.

사물의 표면은 무한히 다양하지만, 중심에는 단순한 원인이 있다. 동일한 인물이 얼마나 많은 행동을 하는가! 그리스의 천재적 정신에 대한 우리의 지식이 어디에서 왔는지 보라. 우리는 헤로도토스, 투키디데스, 크세노폰, 플루타르코스가 전해준 덕에 그들의 역사, 생활 방식, 업적을 충분히 알 수 있다. 또한 서사시, 서정시, 연극, 철학 등의 완결성 높은 문학을 통해 그 나라의 심리를 파악한다. 그런가 하면 직선과 직각으로 절제된 아름다움을 보여주는 기학학으로서의 건축에서도 그들의 정신을 본다. 또 조각도 있다. "표현의 균형에 놓인 혀"라고 할 조각은 극도로 자유롭게 행동하면서도 관념적 고요함을 절대 뛰어넘지 않는다. 조각은 마치 발작적인 고통이나 치명적인 전투가 닥쳐와도 신에게 바치는 종교적 춤을 멈추지 않는 수행자 같다. 이렇듯 한 놀라운 민족의 정신은 네 가지 방식의 형태로 만날 수 있다. 감각에 비춰본다면 핀다로스의 시, 대리석으로 만든 켄타우로스, 파르테논신전의 주랑, 포키온의 마지막 행위만큼 서로 다른 것이 있을까?

비슷한 특징이 하나도 없는데 보는 사람에게 비슷한 인상을 주는 얼굴이나 형태를 본 일이 누구나 있을 것이다. 특정한 그림이나 시 구절을 감상할 때 거친 산을 거니는 것과 같은 감성이 일 수 있다. 그 유사성은 명확하게 감각되지는 않아 신비롭기도 하고 이해하기 어렵다. 자연은 몇 개 안 되는 법칙을 무한히 조합하고 반복한다. 오래되고 익숙한 공기를 수없이 변형해 흥얼거린다.

자연의 작용에는 숭고한 유사성이 가득하다. 자연은 예상하지 못한 곳에서 닮은 점을 찾고 놀라는 우리를 보며 기뻐한다. 나는 숲속의 나이 든 추장의 머리에서 민둥산의 정상을 떠올리고 이마의 주름을 보고 바위의 지층을 떠올린 일이 있다. 어떤 사람들의 태도는 파르테논신전의 띠 모양 장식에 새겨진 단순하고 장엄한 조각이나 초기 그리스 예술의 유물과 같은 본질적이면서도 엄숙한 품격을 지닌다. 그리고 그런 정신이 담긴 작품들을 모든 시대에서 찾을 수 있다. 귀도Guido Reni가 그린 〈오로라〉를 보면 그림 속 말들이 동터오는 하늘의 구름처럼 느껴지면서 아침에 했던 생각이 떠오르지 않는가? 만약 누군가가 특정한 마음 상태일 때 자신이 어떤 행동에 끌리고 끌리지 않는지 관찰해보면 이 유사성의 사슬이 얼마나 강한지 보일 것이다.

한 화가는 나에게 누구든 나무를 그리려면 조금이라도 나무가 되어야 한다고 말했다. 아이를 윤곽만 보고 그릴 수 있는 사람은 없다. 시간을 들여 아이의 움직임과 놀이를 바라보며 아이의 속성 안으로 들어가야 온갖 자세를 마음대로 그릴 수 있다. 그래서 루스Philipp Peter Roos는 "가장 깊은 양의 본성으로 들어갔다"라고 말한 것이다. 나는 공공 측량 사업에 투입된 제도 기사 한 명을 알았는데, 그는 지질학적 구조에 대한 설명을 먼저 듣지 않고서는 바위를 그릴 수 없다고 했다. 특정한 한 가지 사유의 상태가 다양한 작품의 공통된 기원이 되는 경우가 있다. 이때 동일한 것은 정신이지 사실이 아니다. 예술가는 힘들게 습득한 손재주가 아니라 깊은 이해를 통해 다른 영혼을 깨울 힘을 얻는다.

자연을 닮은 문명의 역사

"평범한 영혼은 하는 일로 값을 치르고 고귀한 영혼은 자신이 존재하는 그 자체로 값을 치른다"고 한다. 왜일까? 심오한 자연은 행동과 말, 존재 방식만으로 조각이나 그림을 전시한 미술관이 다루는 것과 똑같은 힘과 아름다움을 우리에게 일깨우기 때문이다.

사회와 자연의 역사, 예술과 문학의 역사는 개인의 관점에서 설명되지 않으면 단순한 말에 지나지 않는다. 세상에 우리와 관련 없는 것, 우리에게 흥미롭지 않은 것은 없다. 왕국, 대학, 나무, 말, 다리미 커버, 모든 것의 뿌리가 사람 안에 있다. 산타크로체성당과 성베드로대성당의 돔 지붕은 신성한 원형을 불완전하게 모방한 것에 불과하다. 스트라스부르대성당은 에르빈 폰 슈타인바흐Erwin of Steinbach의 영혼과 물질적 대응 관계를 이룬다. 진정한 시는 시인의 마음이고 진정한 배는 배를 만드는 사람이다.

사람을 열어서 볼 수 있다면 그 사람이 삶의 마지막에 어떤 성공과 번영을 누릴지 알 수 있을 것이다. 조개의 모든 돌기와 빛깔이 어류의 분비기관에 미리 존재하는 것과 마찬가지로 말이다. 문장학과 기사도 정신 역시 결국 공손한 태도에 모두 담겨 있는 것이다. 품격 있는 사람이라면 당신의 이름을 모든 귀족 작위를 더한 것보다 더 우아하게 불러줄 수 있다. 일상의 사소한 경험은 늘 오랜 예언을 입증하고, 우리가 주의 깊게 보거나 듣지 않은 말과 상징들을 실제 사물로 바꾸어 보여준다.

어느 날 말을 타고 숲속을 지나가더 중, 동행하던 한 숙녀가 나에게 숲에 사는 정령들은 항상 여행자가 지나갈 때까지 움직임을 멈추고 기다리는 것 같다고 말한 적이 있다. 이런 생각은 시에서도 인간의 발소리에 춤을 멈추는 요정들의 무도회라는 모습으로 묘사되곤 했다. 한밤중에 구름에서 떠오르는 달을 본 사람은 마치 대천사처럼 빛과 세계가 창조되는 순간을 함께한 것이다. 어느 여름날 들판에서 동행이 커다란 구름을 가리킨 일이 있다. 지평선을 따라 400미터 정도 뻗은 그 구름은 교회 천장에 그려진 천사의 모습과 똑같았다. 중앙의 둥근 덩어리는 눈과 입으로 살아날 것 같았고 양쪽으로 넓게 뻗은 날개는 대칭을 이루고 있었다. 하늘에 뜬 구름은 과거에도 이와 비슷한 형상을 취한 적이 있고 앞으로도 취할 것이다. 그 구름이 우리에게 익숙한 천사상의 원형이었다. 나는 어느 여름날 그리스인들이 제우스의 손에 든 벼락을 그릴 때 참고했을 게 분명한 번개 사슬을 본 일이 있다. 건축가들이 탑에 새기는 소용돌이 문양에 영감을 준 게 분명한 눈더미가 돌벽 한쪽에 쌓인 것도 보았다.

민족이 저마다 원시 거주지를 어떻게 꾸몄는지 살펴보면 우리가 건축의 질서를 세우고 장식을 결정할 때 주변 자연환경을 어떻게 이용하는지 알 수 있다. 도리스식 사원은 도리스 사람들이 살던 나무 오두막의 외관을 보존한다. 중국의 탑은 타타르족 천막과 비슷하다. 인도와 이집트의 사원은 여전히 조상들이 살던 언덕과 땅속 집들을 보여준다. 헤렌Erwin of Steinbach은 에티오피아인에 관한 연구에서 이렇게 적었다. "바위를 그대로 이용해 집과 무덤을 짓는 관습은 매우 자연스럽게 누비아 이집트에 거대한 형태라는 주요 특징을 부여했다. 에티오피아 사람들은 자연이 이미 준비해둔 동굴에 사는 동안 눈이 거대한 형태와 덩어리에 익숙해져서 자연을 보조하는 예술의 크기가 줄어들면 품위가 떨어질 정도였다. 오직 거상만이 파수꾼으로 앉거나 내부 기둥에 기댈 수 있는 거대한 홀에서 일반적인 크기의 동상이나 아담한 현관 또는 별실이 어떻게 어울리겠는가?"

고딕 양식의 교회는 숲의 나무와 가지를 축제나 종교 의식에 쓰던 회랑으로 투박하게 변형한 것이다. 갈라진 기둥을 두르는 띠 장식은 나무에 둘렀던 초록색 갈대를 나타낸다. 누구든지 소나무 숲에 난 길을 걸으면 건축물을 보는 기분을 경험한다. 특히 겨울에는 다른 나무들이 모두 앙상해 색슨족 특유의 낮은 아치를 보는 듯하다. 겨울 오후 숲속에 서 있으면, 서로 교차하는 헐벗은 가지 사이로 보이는 서쪽 하늘의 색에서 고딕 대성당에 장식된 스테인드글라스의 원형이 보일 것이다. 또 자연을 사랑하는 사람이라면 누구나 옥스퍼드의 건축물이나 영국의 대성당을 보면서 숲이 건축가의 마음을 사로잡았다는 사실을 알아차린다. 그의 끌과 톱, 대패는 숲의 양치식물, 꽃차례, 메뚜기나무, 느릅나무, 참나무, 소나무, 전나무, 가문비나무를 되살리고 있는 것이다.

고딕 대성당은 조화를 향한 인간의 만족할 줄 모르는 요구에 돌이 복종해 꽃을 피운 것이다. 화강암 산은 인간의 손에 영원한 꽃으로 피어나며. 그 안에는 식물의 아름다움이 지닌 가벼움과 섬세한 마무리 그리고 공중을 향한 비율과 원근감이 담겨 있다.

마찬가지로 모든 일반적인 사실은 개별화될 수 있고 모든 개별적 사실은 일반화될 수 있다. 그럴 때 비로소 역사는 유동적이고 진실해지며 전기는 깊고 숭고해진다. 페르시아인이 가느다란 기둥과 기둥머리로 연과 야자수의 줄기와 꽃을 모방했듯이 위대한 시기의 페르시아 궁정은 유목민의 유목 생활을 절대 중단시키지 않고 봄에는 엑바타나로, 여름에는 수사로, 겨울에는 바빌론으로 옮겨다녔다.

아시아와 아프리카의 초기 역사에서 유목 생활과 농업은 서로 적대적인 관계였다. 아시아와 아프리카의 지형은 유목 생활이 필요했다. 하지만 유목민은 토양이나 시장의 이점을 누리려고 마을을 지은 사람들에게는 공포의 대상이었다. 따라서 농업은 유목 생활로 인한 위험 때문에 나타난 종교적 명령이었다. 영국과 미국 같은 후기 문명국가에서는 이런 경향이 여전히 국가와 개인 내부에서 오랜 다툼을 벌이고 있다. 아프리카의 유목민은 소 떼를 괴롭히는 쇠파리 때문에 떠돌아다닐 수밖에 없어 우기가 되면 부족 전체가 이주하며 소들을 높은 모래 지역으로 이동시켰다. 아시아의 유목민은 매달 목초지를 바꿨다. 미국과 유럽에서는 유목성이 무역과 호기심이라는 형태로 나타난다. 아트바라강의 쇠파리가 아니라 보스턴만에 유행한 영국과 이탈리아 열풍은 확실한 진보라고 할 수 있다.

과거에는 주기적인 종교 순례 명령과 국가적 유대감을 활성화하기 위해 엄중한 법과 관습으로 방랑자들을 제지했다면, 오늘날은 한 곳에 거주할 때 나타나는 이점이 유목 생활을 멀리하게 만든다. 두 경향 사이의 대립은 개인 안에서도 여전히 활발하게 일어나서 모험에 대한 사랑과 휴식에 대한 사랑 중 어느 쪽이 더 강한가에 따라 달라진다. 아주 건강하고 활기찬 사람은 새로운 환경에 빨리 적응할 수 있는 능력을 지녀 마차를 집 삼아 칼미크족(카스피해 서북만 일대에 사는 서몽골 종족)처럼 쉽게 이곳저곳을 떠돈다. 그들은 바다든 숲이든 아니면 눈밭이든 자기 집처럼 따뜻하게 잠들고 맛있게 먹고 사람들과 어울린다. 어쩌면 그의 적응력은 더 깊은 차원에서 비롯된 것일지도 모른다. 세상을 보는 관찰력의 범위가 넓어졌기 때문에 새로운 대상이 눈에 들어올 때마다 관심이 생겨날 수도 있는 것이다. 그러나 역사적으로 목축 민족은 끊임없이 결핍과 기아에 시달렸다. 또한 이런 식의 지적 유목성은 지나칠 경우에 정신을 파산시킬 위험이 있었다. 너무 많은 대상에 에너지를 분산시키기 때문이다. 반대로 정착민들은 자족 혹은 절제의 지혜를 발휘해 자기 땅 안에서 삶의 모든 요소를 발견하고 만족하는 태도를 갖추고 있었다. 그러나 이런 삶도 외부의 새로운 자극이 없으면 권태와 침체의 위험이 있다.

한 사람이 외부에서 보는 모든 것은 그의 마음 상태와 일치하고 그럴 때 모든 것이 이해된다. 그의 생각이 그를 이끌어 사실이나 연속된 사건의 진리를 이해시키기 때문이다.

나는 지하 묘지, 도서관, 폐허가 된 주택의 깨진 돋을새김 장식과 토르소를 손으로 더듬어 찾는 것처럼 내 안으로 파고들어 원시 세계, 즉 독일인들이 말하는 태고의 세계를 발견할 수 있다.

고전은 우리 곁에 살아 숨쉰다

　　사람들이 영웅시대 또는 서사시 시대부터 4~5세기 이후 아테네와 스파르타의 생활까지 그리스의 역사, 서신, 예술, 시에 흥미를 보이는 이유는 무엇일까? 그것은 모든 인간이 한 번쯤 살면서 '그리스 시대'를 통과하기 때문이다.

　　고대 그리스는 신체적 본성을 중시해 감각이 완성된 시기였다. 신체의 엄격한 조화 속에 정신적 본성이 펼쳐졌다. 그 시기에는 조각가에게 헤라클레스, 포이보스, 제우스의 모형을 제공한 인간의 형상이 실제로 존재했다. 현대 도시의 거리에 넘쳐나는 사람들과는 달랐다. 현대인들은 표정이 흐릿해서 혼란스러움을 주지만 그리스인들의 얼굴에는 청렴함과 선명한 윤곽과 대칭이 있었다. 눈구멍의 형태상 눈을 가늘게 뜨고 엉큼하게 여기저기를 훔쳐보는 것이 불가능해 얼굴 전체를 들어야 했다. 그 시대 사람들의 태도는 단순하면서도 격렬했고, 예의범절은 투박했다. 용기, 기지, 자제심, 정의, 힘, 민첩함, 큰 목소리, 넓은 가슴 같은 개인적 자질을 높이 평가했다. 호화로움과 고상함은 알려진 바 없다.

　　적은 인구와 빈곤한 자원 탓에 모두가 자신의 시종, 요리사, 정육점 주인이 됐고 필요를 스스로 채우는 습관은 신체에 놀라운 성과를 가르치는 교육이 됐다. 이런 사람들이 호메로스가 쓴 아가멤논과 디오메데스의 모습이며, 만 명의 퇴각(페르시아 아르타크세르크세스 1세 왕의 동생 키루스가 왕권에 대항해 만 명의 그리스인 원정대를 끌고 전투에 나섰다가 도중에 전사하여 원정대는 퇴각해야 했다)에서 크세노폰과 동포들이 보인 모습도 이와 크게 다르지 않다. "군사들이 아르메니아의 텔레보아이강을 건넌

후 많은 눈이 내려 이들은 눈 덮인 들판에 비참하게 누워 있었다. 그러나 크세노폰이 발가벗고 일어나 도끼를 들고 나무를 쪼개기 시작했다. 그러자 다른 이들도 일어나 똑같이 했다." 그의 군대에는 무한한 연설의 자유가 있다. 군인들은 약탈한 물건을 두고 다투었고 명령이 새로 떨어질 때마다 장군과 언쟁을 벌였다. 크세노폰도 누구 못지않게 신랄한 동시에 누구보다도 신랄했다. 받은 대로 돌려주는 사람이었다. 이들이 위대한 남자들의 무리라는 것을, 위대하면서도 남자다운 예법과 느슨한 규율을 지녔다는 것을 모를 사람이 있을까?

고대 비극과 옛 문학 작품 속의 귀중한 매력은 인물들이 단순하게 말한다는 것이다.

이들은 의식하지 못하지만 매우 분별 있게 말하며 우리가 사색하는 습관에 젖은 것에 비해 아직 반성적 사고가 마음속을 지배하지 않는다. 우리가 고전을 높이 평가하는 것은 그저 오래된 것을 좋아해서가 아니라 자연스러움을 좋아하기 때문이다.

그리스인들은 사색적이지 않았다. 이들은 감각과 건강이 완벽했고 세계에서 가장 뛰어난 신체 기관을 갖추고 있었다. 성인의 행동에 아이의 단순함과 우아함이 있었다. 이들은 건강한 감각, 즉 뛰어난 취향으로 꽃병, 비극, 조각상을 만들었다. 이런 작업은 이후로도 전 시대에 걸쳐 이루어졌고 지금도 건강한 체형이 존재하는 곳에는 어디든 존재한다. 하지만 집단으로 보면 그리스의 뛰어난 조직력은 모두를 뛰어넘는다. 그들은 성인의 에너지를 어린 시절의 매력적인 무의식과 결합했다. 이런 태도가 매력적인 이유는 우리가 한때 모두 어린아이였기에 본능적으로 익숙하기 때문이다.

어린아이다운 천재성과 타고난 힘을 지닌 사람은 여전히 그리스인이며 우리에게 그리스의 뮤즈에 대한 사랑을 일깨운다. 나는 필록테테스(그리스 신화의 영웅 중 한 명으로 활의 명수였다)의 자연에 대한 사랑에 감탄한다. 잠, 별, 돌, 산, 파도를 향한 정제된 돈호법을 읽다 보면 시간이 썰물처럼 빠져나간다. 그의 영원성과 사유의 동일성을 느낀다. 그리스인들은 내 주변 사람들과 다르지 않았던 것 같다. 해와 달, 물과 불이 내 마음에 다가오는 것과 똑같이 그들의 마음에도 닿았다. 그래서 그리스와 영국 사이, 고전주의 학파와 낭만주의 학파 사이의 과장된 구분은 피상적이고 현학적으로 보인다.

플라톤의 생각이 내 생각이 될 때, 핀다로스의 영혼을 불태운 진실이 내 영혼을 태울 때, 더 이상 시간은 존재하지 않는다. 우리 둘의 통찰이 만난다고 느낄 때, 우리 두 영혼이 같은 빛깔로 얽혀 하나가 될 때, 왜 굳이 위도를 따지고 이집트 연도를 세어야 하나?

학생은 기사도의 시대를 자기 시대의 기사도로 이해하고 뱃사람의 모험과 항해를 자신의 작은 경험에 빗대어 이해한다. 세계의 신성한 역사도 같은 열쇠로 열려고 한다. 고대 예언자의 깊은 목소리가 유아 시절의 감상과 젊은이의 기도로 메아리칠 때 그는 전통의 모든 혼란과 제도의 왜곡을 뚫고 진실에 도달한다.

거룩한 정신은 되풀이된다

가끔씩 자연에 내재된 새로운 사실들을 우리에게 보여주는 드물고 비범한 영혼들이 등장한다. 나는 역사 속에서 신의 사람들이 때때로 사람들 사이를 걸어다니며 평범한 청중의 가슴과 영혼에 사명감을 불어넣는 것을 본다. 이런 비상한 사람들에게서 유래한 전통이 신전의 삼각 제단과 제사장, 신의 숨결을 받아 영감을 얻은 여사제다. 예수는 감각적인 사람들을 놀라게 하고 압도한다. 그들은 예수를 역사와 일치시키지 못하고 조화롭게 받아들이지도 못한다. 하지만 그들이 자신의 직감을 우러러보며 거룩한 삶을 열망하면 내면의 신심이 모든 사실과 말을 설명해준다.

모세, 조로아스터, 마누, 소크라테스를 향한 오랜 숭배가 내 마음에 얼마나 쉽게 깃드는지! 나는 그들이 고대의 인물 같지 않다. 그들의 사유와 깨달음은 내 것이기도 하다.

나는 바다를 건너거나 시간을 거스르지 않고도 최초의 수도승과 은둔자를 만난다. 19세기의 기둥 성자 시므온, 테베인, 초기 카푸친 형제들처럼 노동을 거부하고 거만한 사색에 빠진 수급자들이 신의 이름을 들먹이며 다가와 구걸하는 것을 한두 번 본 게 아니다.

동서양, 조로아스터교, 힌두교, 드루이드교, 잉카족 사제들의 생활이 한 사람의 삶에 세세히 펼쳐진다. 딱딱한 형식주의자가 어린아이의 정신과 용기를 억압하고 이해력을 파괴하며 분노는 제거한 채 다만 두려움과 복종, 심지어 독재자에 대한 연민만 심어주면서 억압적인 영향력을 행사하는 행태는 익숙한 것이다. 아이는 훗날 어른이 되었을 때야 비로소 자신의 어린 시절을 억눌렀던 그 억압자 역시 이름과 말, 형식에 지배당한 또 다른 아이이자 매개체였다는 깨달음을 얻는다. 이 깨달음은 우리에게 바빌로니아의 수호신 벨이 어떻게 숭배되었고 피라미드가 어떻게 지어졌는지를 샹폴리옹 Jacques Joseph Champollion이 발견한 일꾼들의 이름이나 타일 가격보다 더 자세히 알려준다. 이런 행태를 파악한 사람은 아시리아와 출룰라(멕시코의 고대 도시로 세계에서 가장 큰 피라미드가 있다)가 먼 곳이 아닐뿐더러 그 제단의 벽돌을 자기 손으로 직접 쌓은 것과 다름없다는 걸 알게 된다.

게다가 사려 깊은 사람 각자가 자기 시대의 미신에 저항할 때 그는 옛 개혁가들의 역할을 단계별로 반복하고, 진리를 탐구하는 과정에서 옛 개혁가들과 마찬가지로 미덕의 새로운 위험을 발견한다. 그리고 미신을 뒷받침하는 데 어떤 도덕적 활력이 필요한지도 알게 된다. 위대한 개혁 뒤편에는 늘 심각한 방탕함이 자리한다. 세계 역사에서 각 시대의 루터가 본인 가정의 신앙이 타락한 것을 한탄한 적이 얼마나 많았던가! 마르틴 루터의 아내가 어느 날 남편에게 이렇게 말했다고 한다. "박사님, 교황 치하에 있을 때는 우리가 그렇게 열렬하게 기도를 자주 올렸는데 왜 지금은 가끔 냉정한 기도만 올리나요?"

신화는 지금도 우리를 말한다

진보하는 인간은 모든 우화와 역사와 문학에서 자신의 자산을 발견한다. 진보하는 인간은 시인이 이상하고 불가능한 상황을 묘사하는 괴짜가 아니라 펜으로 자신과 모두에게 진실한 고백을 남기는 보편적인 인간임을 깨닫는다. 진실한 인간은 자신이 태어나기 전에 쓰인 글을 마치 비밀스러운 자서전이라도 되는 양 쉽게 읽는다. 모든 이솝 우화와 하피즈, 아리오스토, 초서, 스콧의 이야기에서 자기만의 모험을 차례차례 떠나며 머리와 손으로 이 이야기들을 입증한다.

그리스의 아름다운 이야기들은 단순한 허구가 아닌 훌륭

한 상상의 산물이며 보편적인 진실이다.

　　프로메테우스의 이야기는 얼마나 폭넓고 변치 않는 의미를 내포하는가! 이 신화는 유럽 역사의 첫 장이라는 중요한 가치, 즉 도구 사용 기술과 식민지 이동이라는 실제 사실을 담고 있을 뿐만 아니라 종교 역사상 후대의 신앙과도 밀접한 관계를 보여준다. 프로메테우스는 옛 신화의 예수와 같다. 그는 인간의 친구이고, 불사의 신과 죽을 수밖에 없는 인간이라는 불공정한 '정의' 사이에서 인간들을 위해 기꺼이 모든 고통을 감내한다. 하지만 프로메테우스를 제우스의 도전자이자 엄격한 개혁주의 기독교를 벗어나는 사람으로 보면 유신론 교리가 직설적이고 객관적인 형태로 전달될 때 나타나는 마음 상태를 보여준다. 이는 허위에 대한 자기방어, 즉 신의 존재를 믿는다는 사실에 대한 불만이며 숭배의 의무가 부담스럽다는 심리를 표현한다. 할 수만 있다면 창조주의 불을 훔치고 그에게서 멀리 떨어져 독립적으로 살려고 하는 마음을 보여준다.

　　『결박된 프로메테우스』는 회의주의에 대한 이야기다. 위풍당당한 교훈담의 세부 내용은 시대를 막론하는 진실에 가깝다. 시인들은 아폴론이 아드메토스의 가축을 쳤다고 말한다. 신이 사람들 틈으로 들어오면 우리는 신을 알아보지 못한다. 예수가 그랬고 소크라테스와 셰익스피어가 그랬다. 안타이오스는 헤라클레스에게 배를 눌려 질식해 죽었지만 어머니 대지에 손을 댈 때마다 강해졌다. 인간은 부서진 거인이다. 인간의 육체와 정신은 모두 약하지만 자연과의 교류로 힘을 얻는다. 결박을 푸는 음악과 시의 힘은 단단한 자연에 날개를 심어 오르페우스의 수수께끼를 해석한다.

끝없이 형태가 변하는 자신의 정체성을 철학적으로 인식하는 사람은 프로테우스를 이해한다. 어제 낮에는 웃거나 울었고 밤에는 죽은 듯이 잤고 오늘 아침에는 일어나서 달리는 나는 도대체 무엇인가? 어느 쪽으로 봐도 프로테우스의 변신이라고 할 수 있지 않은가? 나는 모든 생명체의 이름이나 사실에 내 생각을 비유할 수 있다. 왜냐하면 모든 존재가 능동적으로든 수동적으로든 인간과 교류하기 때문이다. 탄탈로스(제우스의 아들이자 펠롭스의 아버지. 오만한 죄로 호수에 잠겨 과일을 앞에 두고도 영원히 기아와 갈증으로 고통받는 벌을 받았다)는 단순한 이름이 아닌 당신과 나, 우리 존재를 상징한다.

탄탈로스는 언제나 영혼 앞에서 반짝이며 흐르지만 결코 마실 수 없는 사유의 물을 의미한다. 영혼의 윤회는 단순한 우화가 아니다. 나도 그것이 우화라면 좋겠지만 남성과 여성은 반쪽 인간일 뿐이다. 마당, 들판, 숲, 대지와 그 아래의 물에 사는 모든 동물은 똑바로 서서 하늘에 말하는 우리 인간들에게 어떻게든 발자국을 찍어 그 특징과 형태를 남기려고 한다. 아, 형제여! 영혼의 퇴락을 멈추어라! 그대는 여러 해 동안 퇴락을 거듭해 지금 같은 습관으로 빠져들었다!

길가에 앉아서 지나가는 모든 사람에게 수수께끼를 내던 옛 스핑크스 이야기 역시 우리에게 적절한 교훈을 준다. 스핑크스는 대답하지 못하는 사람은 산 채로 삼켰다. 그러나 수수께끼를 푸는 사람에게는 목이 잘렸다. 우리 삶은 날개 달린 사실과 사건의 끝없는 비행일 뿐이지 않은가! 눈부시게 변화하는 이 모든 것이 인간의 정신에 질문을 던진다. 시대의 사실이나 질문에 뛰어난 지혜로 답하지 못하는 사람은 그 질문에 종속된다. 사실들은 사람을 짓누르고 지배하며 습관적으로 사는 사람을 이성적인 존재로 보이게 한다. 그러나 이런 사람들은 사실에 문자 그대로 복종하며, 인간을 인간으로 존재하게 하는 불꽃을 모두 꺼트린 자들이다. 반면 뛰어난 본성과 정서에 진실한 사람은 사실의 지배를 거부하고, 뛰어난 종족이 그러하듯 영혼을 굳건히 지킨 채 원칙을 바라본다. 그러면 사실들이 적절히 떨어져 자기 자리로 순순히 돌아간다. 사실들은 자신의 주인을 알아보고, 가장 하찮은 사실조차 주인의 영광을 높인다는 걸 알기 때문이다.

괴테는 『파우스트』에서 모든 단어가 구체적인 사물이어야 한다는 욕망을 보였고, 그 욕망은 등장인물인 헬레네에게서도 찾을 수 있다. 괴테는 케이론, 그리핀, 포르키아스, 헬레네, 레다 같은 등장인물이 우리의 마음에 구체적으로 영향력을 행사한다고 말할 것이다. 이들은 지금까지도 영원한 존재이며 첫 올림피아드 때와 마찬가지로 지금도 실재한다. 괴테는 이들 주위를 돌며 상상을 구체화하고 자유롭게 유머를 써내려갔다. 이 시는 모호하고 꿈처럼 환상적이지만 그가 쓴 일반적인 희곡보다 더 매력적이다. 관습적인 이미지를 벗어나는 해방감을 주고 거칠고 자유로운 구성과 끝없는 놀라움이 독자의 창의력과 상상력을 일깨우기 때문이다.

보편적 자연은 시인의 작은 자아에 들어가기에는 너무 강력하다. 그래서 자연은 시인의 목에 앉아 그의 손으로 글을 쓴다. 마치 시인이 갑작스럽게 변덕을 부려 거친 이야기를 쏟아내는 것처럼 보일 때도 정확한 비유가 결과물로 나온다. 이 사실을 아는 플라톤은 "시인은 자신도 이해하지 못하는 위대하고 지혜로운 말을 내뱉는다"고 말했다. 중세의 이야기는 모두 그 시대의 정신이 성취하려 애썼던 것에 가면을 씌워 재미있게 표현한 것이다. 마법과 그에 부여된 모든 능력은 곧 과학의 힘에 대한 깊은 예감이다. 빠르게 달리는 신발, 무엇이든 벨 수 있을 듯한 날카로운 검, 원소를 제압하고 광물의 비밀스러운 가치를 활용하는 능력, 새들의 소리를 이해하는 힘은 모두 인간 정신이 올바른 방향으로 나아가기 위해 행하는 노력이다. 영웅의 초자연적인 기량, 영원한 젊음이라는 선물 등과 마찬가지로 "사물의 겉모습을 마음의 욕망에 맞추려는" 인간 정신의 노력이다.

『페르세포레스트Perceforest』(중세 시대의 기사도를 다룬 작자 미상의 궁정 작품)와 『갈리아의 아마디스Amadis de Gaul』(포르투갈 기원으로 알려진 중세 기사도 문학)에서는 정숙한 여자의 이마에 화환과 장미꽃이 올라가고 정숙하지 못한 사람의 이마에서는 사라진다는 것을 알려준다. 『소년과 망토Boy and the Mantle』(아서왕 전설 중 하나로 정숙한 여인만이 입을 수 있는 망토가 등장한다) 이야기에서는 성숙한 독자라도 친절한 제넬라스가 승리하며 고결한 기쁨으로 빛나는 것을 보면 감탄할 것이다. 또한 요정들의 연대기에서 언급되는 모든 설정들, 이를테면 사실 요정은 이름이 불리는 것을 좋아하지 않고 그들의 선물은 변덕스러워서 믿을 수 없으며 보물을 구하는 사람은 말을 해선 안 된다는 등의 이야기는 콘월이나 브르타뉴에서는 몰라도 콩코드에서는 사실인 것 같다.

최신 이야기에서는 그렇지 않은가? 나는 『레머무어의 신부Bride of Lammermoor』(스코틀랜드의 시인이자 소설가인 월터 스콧의 사랑 이야기)를 읽었다. 윌리엄 애슈턴 경은 천박한 유혹을 감추고 있고 라벤스우드성은 가난하지만 자부심이 있는 곳이며 국가의 임무는 사실 성실한 노동을 일컫는다. 우리는 누구나 선하고 아름다운 것을 짓밟으려는 사나운 황소를 불의와 감각적 유혹에 맞서 싸움으로 물리칠 수 있다. 루시 애슈턴은 정절의 또 다른 이름으로 언제나 아름답지만 언제든 이 세상의 불행과 맞닥뜨리기 쉬운 속성이다.

연대기는 양심에서 시작된다

그러나 인간의 문명사와 형이상학적 역사를 따라 또 한 가지 역사가 매일 함께 전진한다. 바로 외부 세계의 역사다. 이 역사에서도 인간은 중요한 존재다. 인간은 시간의 집약체이고 자연과도 밀접한 관계를 맺는다. 그의 힘은 수많은 연결성에서, 즉 삶이 유기적 존재와 무기적 존재의 전체 사슬과 얽혀 있다는 사실에서 나온다.

고대 로마에서는 포럼에서 출발한 공공 도로가 동서남북 제국의 각 중심지까지 뻗은 덕에 페르시아, 스페인, 브리튼 수도에 머무는 군인들은 시장이 서는 마을까지 들어갈 수 있었다. 이와 같이 인간의 심장도 자연 만물의 심장까지 이르는 길이 곧게 뻗어 있어 모든 것을 인간의 지배 아래 둔다.

인간은 관계의 묶음이자 얽힌 뿌리이며 세계는 그 꽃과 열매다. 인간의 능력은 그의 본성을 말하고 그가 살 세계를 예견한다. 마치 물고기의 지느러미가 물의 존재를 예견하고, 알 속에 든 새끼 독수리의 날개가 공기를 추정하는 것과 같다.

인간이 세계 없이 존재하기란 불가능하다. 나폴레옹을 섬에 가두고 능력을 발휘할 사람을 찾지 못하게 해보라. 올라갈 알프스산맥도 없고 싸울 목표도 없게 하라. 그러면 그는 그저 허공을 휘적거리는 바보가 될 것이다. 그러나 그를 드넓은 영토, 많은 인구, 복잡한 이해관계, 강력한 적이 있는 곳에 데려가면 외형의 한계를 벗어난 진짜 나폴레옹을 보게 될 것이다. 그의 외형이란 탤벗(셰익스피어의 희곡 『헨리6세』에서 비극적인 종말을 맞는 귀족)의 그림자일 뿐이다.

> 그의 실체는 이곳에 없소.
> 그대가 보는 것은 최소한일 뿐
> 인간의 아주 작은 부분일 뿐이지.
> 하지만 전체가 여기 있다면
> 아주 넓고 높아서
> 그대의 지붕으로는 담을 수 없을 것이오.
> ─『헨리6세』

콜럼버스는 자신의 항로를 설계할 수 있는 행성이 필요했고, 뉴턴과 라플라스Pierre-Simon Marquis de Laplace는 무수한 시대와 별이 두껍게 흩뿌려진 우주 공간이 필요했다. 어떤 사람은 인력이 작용하는 태양계가 이미 뉴턴의 마음속 본성에서 예견되었다고 말할 것이다. 데이비Humphry Davy나 게이뤼삭Joseph Louis Gay-Lussac의 뇌 역시 어린 시절부터 입자의 친화력과 반발력을 탐구하며 조직의 법칙을 예견했다고 할 수 있다. 인간 배아의 눈은 빛을 예견하지 않는가? 헨델의 귀는 조화로운 소리의 마법을 예측하지 않는가? 와트, 풀턴Robert Fulton, 휘트모어Amos Whittemore, 아크라이트Richard Arkwright의 건설적인 손가락은 쉽게 녹고, 단단하고, 열처리를 할 수 있는 금속의 성질, 돌과 물과 나무의 성질을 예견하지 않나? 어린 여자아이의 사랑스러운 정서는 시민 사회의 정교함과 즐거움을 예측하지 않는가?

이런 점에서 우리는 인간이 다른 인간에게 미치는 영향도 생각하게 된다. 정신이 수십 년간 사유를 거듭해도 깨닫지 못한 자기 인식을 사랑에 대한 열정이 하루 만에 해내기도 한다. 악행에 분노하며 전율하거나 유창한 웅변을 듣거나 수천 명이 하나되어 기쁨과 공포를 함께 느낀 국가적 순간을 겪고 나서야 자기 자신을 알게 될 때도 있다. 누구도 내일 처음 만날 사람의 얼굴을 오늘 그릴 수 없듯이 미래의 경험을 미리 알거나 새로운 대상이 어떤 능력이나 감정을 가져올지 추측할 수 있는 사람은 없다.

지금 이런 조화의 이유를 탐색하기 위해 더 깊은 탐색을 하지는 않을 것이다. 다만 정신은 하나이고, 자연은 마음과 상관관계를 맺는다는 이 두 가지 사실에 비추어 역사를 읽고 쓸 수 있는 것으로 충분하다. 이처럼 영혼은 각 학생을 위해 보물을 모으고 재생산한다. 그 학생 역시 전체적인 경험의 순환을 통과하며 자연의 빛들을 한곳으로 모을 것이다. 역사는 더 이상 지루한 책이 아니라 정의롭고 현명한 인간 안에서 화하여 그의 삶과 함께 행진할 것이다.

지금까지 읽은 책들의 목록을 나에게 말하지 말라. 당신이 어느 시대를 살아냈는지 내가 느끼게 하라. 한 인간은 명예의 신전이 되어야 한다. 그는 시인이 여신을 묘사하듯 놀라운 사건과 경험이 가득 그려진 가운을 입고 걸을 것이다. 높은 지성을 따르는 그의 형상과 특징이 다채로운 옷에 무늬를 그릴 것이다. 나는 그에게서 태고의 세계를 볼 것이고 그의 어린 시절에서 황금시대, 지식의 결실, 아르고호의 탐험, 아브라함의 부름, 신전의 전설, 그리스도의 출현, 암흑시대, 문예부흥, 종교개혁, 신대륙 발견, 새로운 과학의 시작, 인간 내면의 새로운 영역을 발견할 것이다. 그는 판Pan의 사제가 되어 하늘과 땅에 기록된 모든 혜택과 샛별의 축복을 초라한 오두막에 가져올 것이다.

이 주장에 자만한 구석이 있나? 만일 그렇다면 내가 쓴 모든 글을 거부하겠다. 모르는 것을 아는 척하는 게 무슨 소용이 있겠는가? 하지만 다른 사실을 거짓인 듯 말하지 않으면 한 가지 사실을 강하게 주장할 수 없다는 것이 우리 수사학의 한계다.

나는 우리의 실제 지식이 매우 간단하다고 생각한다. 벽 속의 쥐 소리를 듣고, 울타리 위의 도마뱀, 발밑의 곰팡이, 통나무에 낀 이끼를 보라. 내가 그들의 세상에 대해 심적으로, 또 도덕적으로 무엇을 아는가? 백인의 역사만큼 오래된, 혹은 더 오래된 이 생명체들은 인간 곁에서 자기들만의 비밀을 지켜왔고 서로 어떤 말도 전달하지 않았다. 50~60개의 화학 원소와 인간 역사 시대들 사이의 연결을 보여주는 것이 있는가? 그렇지 않다. 역사는 지금까지 인간에 대한 어떤 형이상학적 연대기를 기록했는가? 우리가 죽음과 불멸이라는 이름하에 숨기는 미스터리에 어떤 빛을 비추는가? 모든 역사는 우리의 유대 관계를 꿰뚫어 볼 뿐만 아니라 사실을 상징으로 보는 지혜 아래 쓰여야 한다.

나는 우리 역사가 실은 얄팍한 도시 이야기라는 데에 부끄러움을 느낀다. 우리는 몇 번이나 로마, 파리, 콘스탄티노플을 불러야 하는가! 로마가 쥐나 도마뱀에 대해 무엇을 알까? 올림피아드나 집정관 제도가 이웃 나라의 체계에 어떤 의미가 있을까? 아니, 이들이 에스키모의 물개 사냥꾼, 카나카 원주민의 카누, 부두 노동자, 짐꾼에게 어떤 양식이나 경험이나 도움을 주는가?

오랫동안 목을 빼고 바라보던 이기적이고 오만한 연대기 대신 우리 가운데에서 우리와 폭넓게 관계 맺는 자연을 더 진실하게 표현하고 싶다면, 도덕적 개혁과 새롭고 건강한 양심을 유입하는 것에서부터 시작해야 한다. 더 넓고 깊은 우리만의 연대기를 써야 한다. 이미 그런 날이 우리가 의식하지 못하는 사이에 빛처럼 찾아와 스며들고 있지만, 과학과 문자로 덮인 길은 자연으로 향하지 않는다는 사실을 알아두어야 한다. 오히려 자연을 비추는 빛 곁에는 바보, 원주민, 어린아이, 배우지 못한 농부의 아들이 더 가까이에 가 있다. 해부학자나 고고학자보다도 훨씬 더 가깝게.

당신이 어느 시대를 살아냈는지 내가 느끼게 하라.
한 인간은 명예의 신전이 되어야 한다.

10장

초영혼

THE OVER-SOUL

진정한 개혁은 영혼에 길을 내는 일이다

　인생의 한 시간 한 시간은 권한과 영향이 저마다 다르다. 악습은 습관적으로 반복되지만 믿음은 순간적으로 찾아온다. 그러나 그 짧은 순간에 너무도 깊은 무언가가 있어 다른 모든 경험보다 더 진실되다고 믿는다. 이런 이유로 인간에게 비범한 희망을 품는 자들을 늘 침묵하게 하는 주장, 즉 우리가 저지른 과거의 만행을 보라는 경험에 대한 호소는 무효하고 헛되다. 과거에 대해서는 이 반대론자들에게 항복하지만 그럼에도 우리는 여전히 인간에게 희망을 품는다. 이 희망이 헛된 망상일지 혹은 인간의 본질인지를 밝혀내야 하는 쪽은 반대론자들이다.

　우리는 인간의 삶이 비참하다는 데 동의하지만 그 비참함을 어떻게 알았는가? 우리의 이런 불안과 오랜 불만의 근거는 무엇인가? 결핍과 무지에 대한 보편적인 감각은 영혼의 거대한 요구를 보여주는 섬세한 암시 아닐까? 왜 사람들은 인간의 자연스러운 역사가 한 번도 쓰인 적이 없다고 느끼는가? 왜 인간에 대해 하는 말은 늘 시간이 지나면 낡고 무가치한 형이상학이 되는가? 6000년 동안 내려온 철학은 영혼의 방과 창고를 샅샅이 탐색하지 못했다. 그 모든 실험에도 결국 풀 수 없는 잔여물이 남아 있다. 인간은 그 근원이 감춰진 하나의 흐름이다. 우리 존재는 우리가 알지 못하는 곳에서 우리에게 흘러내려온다. 아무리 정확하게 계산하는 사람이라도 다음 순간 계산할 수 없는 어떤 요인이 모든 것을 어그러뜨릴 수 있다는 사실을 예상치 못한다. 나는 매 순간 일어나는 사건이 내 의지보다 더 높은 곳에 있음을 인정할 수밖에 없다.

사건들이 그러하듯 생각도 마찬가지다. 내가 보지 못하는 곳에서부터 흘러들어온 강물이 잠시 내 마음을 적실 때 나는 수혜자이지 원인이나 주체가 아니며, 놀란 눈으로 천상의 물줄기를 바라보는 구경꾼일 뿐임을 깨닫는다. 나는 그 물줄기를 갈망하고 우러러보며 받아들일 자세를 갖추지만 깨달음은 내가 아닌 알 수 없는 힘에서 찾아온다. 대기가 부드러운 팔로 지구를 껴안듯 우리를 품는 위대한 자연은 과거와 현재의 잘못에 대한 최고의 비평가이자 미래를 말하는 유일한 예언자다.

이 조화, 즉 초영혼 안에서 모든 개별적 인간 존재는 하나가 되고, 진지한 대화를 나누는 공통의 마음은 경배가 되며, 모든 올바른 행동은 복종이 된다. 그 강력한 실재는 우리의 속임수와 재주를 무력화시키고, 모두가 자기 모습 그대로 살아가게 하며, 혀가 아닌 인격으로 말하게 한다.

또한 초영혼은 언제든 우리 생각과 행동에 스며들어와 지혜와 덕과 힘과 아름다움으로 드러난다. 우리는 시간을 따라 분열 속에서 조각난 모습으로 살아간다. 그러나 인간 내면에는 전체의 영혼이 있고 지혜로운 침묵과 보편적 아름다움이 존재한다. 모든 부분과 입자는 초영혼과 동등하게 연결되어 있고, 그것이 바로 영원한 하나다. 그리고 우리가 존재하며 모든 복을 얻을 수 있는 이 깊은 힘은 항상 자족적이고 완벽할 뿐 아니라 보는 행위, 보이는 사물, 보는 사람과 볼거리, 주체와 객체를 하나로 만든다. 우리는 해, 달, 동물, 나무처럼 세상을 조각조각 바라보지만 빛나는 부분들의 전체는 영혼이다.

우리는 지혜의 통찰에 의해서만 시대의 별자리를 읽을 수 있고, 더 나은 생각으로 물러나 모든 인간에 내재한 계시에 굴복할 때만이 지혜의 말을 알 수 있다. 그렇게 초영혼의 말을 전하는 사람의 목소리는 그렇지 않은 사람에게는 헛되이 들린다. 나는 감히 그런 말을 하지 못한다. 내 말은 부족하고 냉담해서 초영혼의 위엄 있는 감각을 전하지 못한다. 오직 영혼 그 자체만이 듣고자 하는 사람에게 영감을 줄 수 있다. 보라! 영혼의 연설은 서정시 같고 달콤하며 바람이 일듯 온 세상에 퍼질 것이다. 하지만 나는 신성한 언어를 쓸 수 없다면 세속적인 언어라도 사용해 신의 천국을 가리키고, 초월적인 단순함과 고귀한 법칙의 에너지에 대해 수집한 암시를 전하고 싶다.

대화를 나눌 때, 몽상할 때, 후회할 때, 열정에 불탈 때, 깜짝 놀랄 때, 꿈에서 계시를 받을 때 우리는 종종 가면을 쓴다. 오히려 실제 요소를 확대하고 강화해서 더 잘 보이게 하는 이 우스꽝스러운 변장에서 무슨 일이 일어나는지 생각해보면 자연의 비밀에 대한 지식을 확장하고 밝혀줄 많은 암시를 얻을 수 있다. 이 암시들은 인간 내면의 영혼이 단순한 기관이 아니라는 사실을 증명한다. 영혼은 기억력, 계산, 비교 같은 기능이 아니라 이런 기능을 손발처럼 활용하는 존재다. 영혼은 능력이 아니라 빛이며, 지성이나 의지가 아니라 그 둘을 지배하는 주인이다.

영혼은 우리 존재의 배경에 누구도 소유하지 않고 소유할 수도 없는 광대함이 있다는 것을 보여준다. 내면이나 뒤에서 우리를 통과해 만물을 비추는 빛은 우리가 아무것도 아닐뿐더러 모든 것이 빛임을 인식시킨다. 인간은 모든 지혜와 선이 깃들어 있는 성전의 외벽에 지나지 않는다.

우리가 보통 인간이라고 말하는 먹고 마시고 심고 세는 존재는 우리가 아는 바와 달리 인간을 대표하지 않고 왜곡되게 표현한다. 우리는 그 사람을 존경하지 않는다. 하지만 그가 자신의 행동으로 영혼을 드러낸다면 우리는 그 앞에 무릎을 꿇을 것이다. 영혼이 지성으로 호흡할 때 그것은 천재성이고, 영혼이 의지로 호흡할 때 그것은 덕이며, 정서를 타고 흐를 때 그것은 사랑이다. 그러나 지성이 스스로 뭔가가 되려고 하는 순간 무지가 시작되고, 의지가 스스로 뭔가가 되려고 하는 순간 쇠약해지기 시작한다. 모든 개혁의 목적은 어떤 방식으로라도 한 사람 안에 영혼의 길을 내는 것, 즉 우리가 영혼에 순종하도록 유도하는 것이다.

영혼은 시간을 가지고 논다

모두 언젠가는 이 순수한 본성을 의식한다. 그러나 사람의 언어로는 너무나 미묘해 정의하거나 측정할 수 없는 이 본성을 그려낼 수 없다. 다만 우리는 이 본성이 우리 안에 구석구석 스며들어 있다는 것을 안다. 오래된 속담 중에 "신은 종을 울리지 않고 찾아온다"는 말이 있다. 즉, 우리 머리와 무한한 하늘 사이에 장막이나 천장이 없듯이, 영혼에는 사람이라는 결과와 신이라는 원인 사이에 끝과 시작을 알리는 막대나 벽이 없다는 뜻이다. 그 벽은 철거되었고 우리는 깊은 정신적 본성과 신의 특성에 한 발을 깊이 담근 채 정의, 사랑, 자유, 힘을 인식한다. 인간은 이런 본성 위에 있을 수 없고 반대로 이 본성이 인간 위에 있다. 우리의 흥미가 이 본성을 해치려 하는 순간에 그것들은 가장 강하게 드러난다.

  이 본성의 지배는 우리를 사방에서 제한하는 제약들에게서 독립적이라는 사실을 드러낸다. 영혼은 만물을 포괄한다. 이미 이야기했듯이 영혼은 모든 경험을 반박한다. 또한 시간과 공간 역시 파괴시킨다. 사람들 대다수는 감각의 영향에 마음을 압도당해 시간과 공간의 벽이 실제로 존재하며 극복할 수 없다고 여긴다. 이런 시간과 공간의 한계를 경솔하게 이야기하면 세상은 그를 미쳤다고 할 것이다. 그러나 사실 시간과 공간은 영혼의 힘을 반비례로 측정하는 척도일 뿐이며 영혼은 시간을 가지고 논다. 즉,

  영원을 한 시간 안에 넣기도 하고
  한 시간을 영원으로 늘리기도 한다.

  우리는 종종 실제 태어난 해와 다른 방식으로 세는 젊음과 노년이 있다고 느낀다. 어떤 생각은 우리를 젊게 만들고 그 젊음을 유지시킨다. 보편적이고 영원한 아름다움에 대한 사랑이 바로 그런 생각이다. 모두 이런 사색은 유한한 인간보다는 세월의 일이라는 생각에 이 사랑을 멀리한다. 하지만 지성의 힘이 최소

한만 작용해도 시간의 제약은 어느 정도 줄어든다. 아프고 피곤할 때 시 한 줄이나 심오한 문장을 읽으면 우리는 활기를 되찾는다. 혹은 플라톤이나 셰익스피어의 책을 꺼내거나 그들의 이름을 떠올리기만 해도 우리는 곧장 불멸을 인식한다. 심오하고 신성한 사상은 몇백 년, 몇천 년을 뛰어넘어 모든 시대에 현재성을 가지며 시간을 압축시킨다. 예수의 가르침은 그가 처음 말할 때보다 효과가 떨어졌는가? 내 머릿속에서 사실과 인물의 중요성은 시간과 아무 관계가 없다. 그러므로 영혼의 척도는 하나이며 감각과 이해의 척도는 또 다른 것이다.

영혼의 계시 앞에서는 시간과 공간과 자연이 한없이 작아진다. 일상적인 대화에서는 모든 것을 시간에 의지해 표현하고, 멀리 떨어진 별들을 하나의 구체로 인식한다. 우리는 심판의 날이 멀다거나 가깝다거나, 천년왕국이 다가온다거나, 정치적, 도덕적, 사회적 개혁의 날이 다가온다거나 하고 말한다. 하지만 이러한 표현들이 진정으로 의미하는 바는, 우리가 마주하는 사실들 중에서 겉으로 드러나는 덧없는 것이 있는가 하면, 영속적이며 영혼과 본질에 깊이 연결된 것도 있다는 점이다. 우리가 지금 불변이라 여기는 것들도 잘 익은 과일이 떨어지듯 우리 경험에서 하나씩 떨어져나가 결국 사라질 것이다. 그렇게 떨어진 것들은 바람을 따라 아무도 모르는 곳으로 날아간다.

풍경도 사람들도 보스턴이나 런던 같은 도시들도 이미 사라진 제도나, 안개, 연기처럼 덧없는 것이다. 사회도 그러하고 이 세계도 마찬가지다. 영혼은 끝없이 앞을 바라보며 또 다른 세계를 만들어내는 동시에 등 뒤에는 지나간 세계를 남겨둔다. 영혼은 특정한 기념일도, 의식儀式도, 사람도, 전문성도, 인간관계도 알지 못한다. 영혼은 오직 영혼만 알 뿐이다. 사건의 그물은 영혼이 입은 가운이 되어 흘러내린다.

영혼은 사람을 통해 드러난다

그 진보의 속도는 산술이 아닌 고유의 법칙에 따라 측정되어야 한다. 영혼의 진보는 직선을 따라 점진적으로 나타나지 않고 알에서 애벌레, 애벌레에서 날벌레로 변하는 변태와 비슷한 상승 과정이다. 천재성의 성장에는 일정한 전체적 성격이 있으며, 특별한 개인이 존, 애덤, 리처드를 차근차근 제쳐 열등감을 안겨주는 방식이 아니다. 오히려 심장이 뛰는 매 순간 존재하는 그곳에서 다양한 계급과 인구를 지나며 극심한 고통을 견디고 자신을 확장한다. 마음은 갑작스러운 충동으로 가시적이고 유한한 얇은 껍질을 찢고 영원으로 나가 그 공기를 들이마시고 내뱉는다. 그는 세상이 늘 입에 올리는 진리와 대화하고 주변 사람들보다 제논이나 아리아노스와 더 공감한다.

이것이 도덕적, 지적 성장의 법칙이다. 순수한 사람은 특정한 하나의 미덕이 아닌 모든 미덕이 존재하는 영역으로 가볍게 상승한다. 그들은 모든 미덕을 품고 있는 영혼의 상태에 존재한다. 영혼은 순수함을 요구하지만 순수함이 곧 영혼의 본질은 아니다. 정의를 요구하지만 정의 역시 영혼은 아니다. 자비를 요구하지만 영혼은 이보다 더 높은 무언가다. 그래서 도덕적 본성에 대한 이야기는 빼놓고 그것이 명하는 어떤 미덕을 강조하려 할 때, 우리는 오히려 낙하와 타협을 느낀다. 고귀한 아이는 모든 미덕을 자연스럽게 느끼고 습득하는 것도 힘들어하지 않는다. 그 아이의 마음과 대화하는 사람은 순식간에 유덕한 사람이 된다.

이와 똑같은 감정 안에는 지적 성장의 씨앗도 들어 있으며 그 역시 덕과 같은 성장 법칙을 지닌다. 겸손, 정의, 사랑, 열망이 가능한 사람은 이미 과학과 예술, 말과 시, 행동과 품위까지 포괄하는 높은 차원의 토대 위에 서 있다. 이런 도덕적 행복을 누리는 사람들은 이미 사람들이 높이 평가하는 특별한 힘을 갖추고 있기 때문이다. 한 남자를 사랑하는 여인은 자신에게 비슷한 능력이 없더라도 연인의 재능과 기술을 신경 쓰지 않는다. 자신의 마음을 최고의 지성에게 온전히 맡긴 사람은 그 지성의 모든 작품들과 연결되며 개별적인 지식과 능력에 이르는 왕도王道를 걷는다. 이 근원적이고 원초적인 정서로 상승할 때 우리는 멀리 변두리 무대에서 즉시 세계의 중심으로 들어온다. 그곳에서 마치 신의 작은 방에 들어간 듯이 존재의 인과를 보고, 천천히 나타나는 결과에 불과한 우주를 미리 예측한다.

어떤 형태 속에서 정신이 살아나는 것은 신성한 가르침 중 하나이고 나 역시 그런 형태 중 하나다. 나는 내 마음속 생각에 답하거나 내가 고수하는 위대한 본능에 대한 확실한 순종을 표현하는 사람들과 함께 사회를 살아간다. 나는 그들에게서 영혼의 존재를 보며 나와 공통의 본성이 있다고 확신한다. 그 안의 영혼들, 이 분리된 자아들이 나를 강하게 끌어당긴다. 그들은 내 안에서 열정이라는 새 감정을 불러일으키고 사랑, 증오, 두려움, 감탄, 연민도 불러일으킨다. 여기에서 대화, 경쟁, 설득, 도시, 전쟁이 생겨난다.

사람들은 영혼의 근원적인 가르침을 보완해주는 존재다. 젊은 시절 우리는 사람들을 좋아한다. 어린아이와 젊은이는 이 세계의 모든 것을 사람들을 통해 본다. 하지만 경험이 늘어날수록 사람들 안에 공통적인 본성이 나타남을 발견한다. 타인은 사람을 넘어선 것과 나를 연결시켜주는 존재다. 두 사람 사이의 모든 대화에 무의식적으로 제3의 대상, 즉 공통의 본성이 언급된다.

제3의 존재, 다시 말해 공통 본성은 사회적이지 않고 비인격적인 것으로 다시 말해 신이다. 따라서 진지한 토론이 벌어지는 모임, 즉 수준 높은 문제에 대해 논의할 때 사람들은 한 가지 사실을 인식하며 말하는 사람뿐 아니라 듣는 사람도 그 말에 대한 영적 자산을 소유했음을 깨닫는다. 모두가 전보다 더 현명해진다. 생각의 조화가 신전처럼 이들 위로 아치를 그린다. 그 조화 속에서 심장은 더 고귀한 힘과 의무로 고동치고 엄숙해진다. 모두가 더 높은 자기 인식에 도달한 것을 자각한다. 이 능력은 모두에게서 빛난다.

위대한 사람이나 비천한 사람이나 공통으로 인간적인 지혜를 가지고 있다. 평범한 교육은 종종 이 지혜의 입을 막고 방해하려 든다. 마음은 하나다. 오직 진실 자체를 사랑하는 최고의 마음을 지닌 사람들은 진리를 소유하려 하지 않는다. 그들은 어디에서나 감사한 마음으로 진리를 받아들이지 거기에 누구의 이름을 붙이거나 도장을 찍지 않는다. 왜냐하면 진리는 이미 영원 이전의 아득한 옛날부터 그들의 것이었기 때문이다.

학문을 탐구하고 사유에 몰두하는 이들이 지혜를 독점하진 않는다. 그들은 지나치게 한 방향에 몰두한 나머지 오히려 참된 사고 능력을 잃기도 한다. 역으로 그다지 예리하거나 심오하지 않은 사람들이 귀중한 통찰을 얻는 경우가 많다. 이들은 우리가 오랫동안 찾아헤맸지만 얻지 못하던 말을 어려움 없이 해낸다. 영혼의 활동은 말로 할 때보다 말하지 않고 그저 느낄 때 더 알 수 있다.

이 영혼은 모든 사회에 퍼져 있고, 사람들은 무의식중에 서로에게서 영혼을 찾는다. 우리는 우리가 실제로 행하는 행동보다 더 많은 것을 알고 있다. 우리는 아직 스스로를 완전히 소유하지 못했지만, 그럼에도 우리가 훨씬 더 큰 존재임을 안다. 나는 이웃과 사소한 대화를 나눌 때마다 이 진리를 느낀다. 각자의 내면에 존재하는 더 높은 존재가 우리를 내려다보는 것 같다. 마치 우리 뒤에 각자의 제우스가 서 있고 서로를 향해 고개를 끄덕이는 듯하다.

사람들은 다른 사람들을 만나기 위해 자신을 낮춘다. 세상에 나올 때 타고난 고귀함을 버리고 짐짓 미천한 척을 하고 있다. 총독의 탐욕을 피해 허름한 집에 살면서 겉으로는 가난한 척하지만 사실은 재산을 모두 밀실에 전시하고 경비를 세워 지키는 아라비아 족장과 비슷하다.

이 영혼은 모든 사람 안에 존재하듯 인생의 각 시기에도 나타난다. 유아기의 인간 안에도 이미 성인의 영혼이 들어 있는 것이다. 아이를 대할 때는 나의 라틴어나 그리스어 실력도, 내가 쌓은 소양이나 재산도 아무 소용이 없다. 오직 내가 가진 영혼만이 도움이 된다. 내가 고집을 부리면 아이도 내게 똑같이 고집을 부리며 저항하고, 그러면 나는 우월한 힘을 이용해 아이를 때리는 저급한 행동을 하게 된다. 하지만 내가 고집을 버리고 영혼을 기준으로 행동한다면 아이도 똑같은 영혼을 보고 나와 함께 그 영혼을 숭배하며 사랑한다.

영혼은 진리를 인식하고 드러낸다. 회의론자나 영혼의 존재를 비웃는 자들이 뭐라고 말하든 우리는 진리를 보면 그것을 안다. 우리가 어리석은 사람들에게 달갑지 않은 말을 하면 그들은 이렇게 묻는다. "그게 당신의 착각이 아니라 진리라는 것을 어떻게 압니까?" 그러나 우리가 깨어 있을 때 깨어 있다는 걸 알듯이 우리는 진리를 볼 때 곧바로 알아차린다. 에마누엘 스베덴보리가 남긴 이 장엄한 문장은 그의 통찰력이 얼마나 위대한지를 단적으로 보여준다. "인간의 오성에 대한 증거는 원하는 대로 확신하는 능력은 아니라, 사실이 사실이고 거짓이 거짓임을 알아보는 능력이다. 이것이 지능의 표식이자 특징이다." 내가 책을 읽을 때 좋은 생각을 발견하면 모든 진리가 그렇듯 온전한 영혼의 이미지로 변해 나에게 되돌아온다. 그 책에서 발견한 나쁜 생각은 파악하고 분별하는 영혼의 칼에 잘려나간다. 우리는 우리가 아는 것보다 현명하다. 생각에 방해받지 않고 한결같이 행동하거나, 사물이 신 앞에서 존재하는 방식을 알게 되면, 우리는 개별적인 사물뿐 아니라 모든 존재를 이해할 수 있다. 왜냐하면 만물과 만인의 창조주가 우리 뒤에서 우리를 통해 세상 위에 전지전능함을 행사하기 때문이다.

  그러나 영혼은 개인의 경험 속 특정한 변화에서 자신을 인식하는 것을 넘어 진리를 드러낸다. 이제 우리는 이 영혼으로 우리를 강화하고, 영혼의 강림에 대해 더 고귀한 어조로 말해야 한다. 영혼이 진리를 전달하는 것은 자연 속에서 일어나는 가장 고귀한 사건이다. 이는 영혼이 깨우치려는 사람에게 자신의 일부만을 전하는 것이 아니라, 전부를 주거나 아예 그 사람 안으로 들어가 그 사람이 되기 때문이다. 다시 말해 영혼은 상대가 받아들이는 만큼 그를 자기 쪽으로 끌어들인다.

영혼은 인간의 언어로 말하지 않는다

우리는 영혼의 공표, 그 본성의 발현을 계시라는 용어로 칭한다. 이 말은 늘 숭고함을 부른다. 왜냐하면 이 소통은 신의 지성이 우리의 지성으로 흘러들어오는 것이기 때문이다. 개울의 물줄기가 삶의 바다에서 굽이치는 파도를 보고 뒤로 물러나는 것과 같다. 이 중심 계명을 또렷하게 파악할 때 사람들은 경외심과 기쁨으로 흥분한다. 새로운 진실을 영접하거나 자연의 심장에서 나오는 위대한 행위를 관람하면 누구나 전율을 느낀다. 이 소통에서 보는 힘과 행동하는 의지는 분리되지 않으며 통찰은 복종에서 나오고 복종은 기분 좋은 인식에서 비롯된다. 그 전율이 느껴지는 순간은 그 사람에게 잊지 못할 기억이 된다.

신의 현존을 의식하는 사람에게 필연적으로 어떤 열광이 찾아온다. 이 열광의 성격과 지속성은 개인의 상태에 따라 다르다. 드물게는 황홀경이나 무아지경에 빠지거나 예언자적 영감을 보이기도 하고, 일상적으로는 집 안을 데우는 화로처럼 은은한 도덕으로 가족과 주변 공동체를 따뜻하게 하거나 사회를 돌아가게 하기도 한다. 사람들에게 종교적 감각이 열릴 때면 마치 "과도한 빛의 폭풍을 만난 듯" 언제나 특정한 광기가 찾아온다. 소크라테스의 최면, 플로티노스의 "합일", 포르피리오스의 환영, 바울의 개종, 뵈메Jakob Böhme의 극광極光, 조지 폭스와 퀘이커교도들의 떨림, 스베덴보리의 계시가 이런 종류에 속한다. 주목할 만한 이런 인물들에게는 환희로 나타났지만 보통 사람들의 평범한 삶에서도 수없이 많은 사례들이 덜 극적인 방식으로 드러나곤 했다.

어디에서든 종교의 역사는 열광으로 치닫는 경향을 보인

다. 모라비아 교회(18세기 보헤미아에서 생겨난 기독교의 한 종파)와 정적주의(인간의 능동적인 의지를 억제하고 신의 힘에 전적으로 의지하는 가톨릭 사조)의 환희, 새예루살렘 교회가 말하는 성경에 대한 내적 감각의 열림, 칼뱅주의 교회의 부활, 감리교 신자의 체험은 개인의 영혼이 언제나 보편적 영혼과 섞인다는 데서 오는 경외심과 기쁨의 전율이 다양하게 변주된 것이다.

이 같은 계시의 속성은 모두 같다. 바로 절대적인 법칙을 지각하는 것이다. 이것은 영혼이 직접 던지는 질문에 대한 해답이지 오성의 질문에 대한 답이 아니다. 영혼은 절대 언어로 답하지 않는다. 질문한 대상 그 자체로 답할 뿐이다.

계시는 영혼의 폭로다. 사람들은 흔히 계시를 일종의 점괘, 즉 미래를 알려주는 것이라고 여긴다. 과거에는 신탁을 통해 세속적 질문에 대한 답을 구했다. 얼마나 오래 살지, 제 손으로 무엇을 하고 누구와 편을 지어야 할지 이름과 날짜와 장소까지 더해서 신에게 말해달라고 했다. 하지만 자물쇠를 비틀어 따서는 안 된다. 이런 수준 낮은 호기심을 억제해야 한다. 말로 돌아오는 대답은 기만적이며 질문에 대한 진정한 답이 될 수 없다. 당신이 곧 도착하게 될 세계에 대한 설명을 요구하지 말라. 그 설명은 결코 진정한 세계의 모습을 보여주지 못한다. 내일이 되면 직접 그곳에 도착해 살면서 직접 알게 될 것이다.

사람들은 영혼의 불멸성, 천국에 들어갈 가능성, 죄인의 상태 등을 궁금해한다. 심지어 예수가 이 질문들의 답을 정확히 남겨놨다는 꿈도 꾼다. 그러나 단 한순간도 숭고한 정신은 우리의 언어로 말하지 않는다. 진리, 정의, 사랑과 같은 영혼의 속성에는 본질적으로 불변성의 개념이 합쳐져 있다. 예수는 이런 도덕적 감정 속에 살면서 세속적인 운명은 신경 쓰지 않고 도덕성이 나타나는 징후에만 주의를 기울였다. 그리고 이런 속성들의 본질에서 '지속성'이라는 개념을 절대 분리하지 않았고, 영혼의 지속성에 대해 한마디도 하지 않았다. 영혼의 불멸을 하나의 교리로 가르치며 그에 대한 증거를 대려고 한 것은 그의 제자들이었다. 그러나 불멸을 독립적인 교리로 가르치는 순간, 인간은 이미 타락한 셈이다.

사랑을 전달하고 인간성을 숭상할 때는 영혼의 불멸, 즉 지속성에 대한 의문이 들지 않는다. 영감을 얻은 인간은 절대 이런 질문을 하지 않고 관련 증거를 가지고 거들먹거리지도 않는다. 왜냐하면 영혼은 자신에게 진실하기 때문이다. 영혼이 충만한 사람은 무한한 현재에서 유한한 미래로 떠나려 하지 않는다.

우리가 미래를 알려고 질문하는 것은 죄를 고백하는 것과 마찬가지다. 신은 이런 질문에 답하지 않는다. 말로 된 대답은 만물에 대한 질문에 답할 수 없다. 단순히 독단적인 "신의 명령" 때문이 아니라 인간의 본성에 그러한 베일이 쳐져 있기 때문이다. 내일의 사실이 막으로 가려진 이유는 우리가 인과관계라는 암호 외에 그 어떤 방식으로도 세계를 읽는 것을 영혼이 금지하기 때문이다.

영혼은 사건들을 가리는 이 막으로 인간에게 오늘을 살아가라고 가르친다. 감각이 묻는 이런 질문에 답을 얻는 유일한 방식은 저속한 호기심을 버리고 우리를 자연의 비밀로 이끄는 존재의 흐름을 받아들이며 일하고 살아가는 것이다. 그러면 어느새 우리도 모르는 사이에 자기 힘으로 새로운 조건을 만들고 단련해온 영혼이 질문과 답을 하나로 만들 것이다.

빛의 바다에서 솟구치는 파도로 만물을 녹일 때까지 타

오르는 생생하고 신성한 천상의 불 덕분에 우리는 서로를 알아볼 수 있고 서로의 영혼을 알 수 있다. 우리는 친구들의 제각기 성품을 어떻게 알게 되었는지를 설명할 수 없다. 그런데도 친구들의 말과 행동은 우리를 실망시키지 않는다. 나쁜 소문 하나 들어본 적 없는 사람임에도 신뢰를 갖지 못할 때가 있고, 몇 번 마주친 적밖에 없는데도 그가 인격을 중요하게 여기는 사람이라는 신호를 받기도 한다. 우리는 상대가 자신에게 정직한지, 말하고 행동하는 것이 단지 열망에 불과한지 아니면 정직한 노력의 결과인지 명확히 알 수 있다.

우리는 모두 영혼의 판별자들이다. 이 판단은 우리의 삶 또는 무의식적인 힘 위에 높이 걸려 있다. 사회에서 일어나는 교류, 거래, 종교, 우정, 다툼은 성격에 대한 광범위한 사법 조사와 같다. 원고와 피고는 거대한 법정이나 소규모 위원회에서, 또는 일대일로 만나서 자신에 대한 판결을 구한다. 원하든 원치 않든 성격을 파악할 수 있는 결정적인 단서들을 내놓는다. 하지만 누가 무엇을 판결하나? 오성은 아니다. 배우거나 기술을 연마한다고 판결 능력이 생기지 않는다. 현명한 사람의 지혜는 이런 순간에 빛을 발한다. 그는 사람들을 판단하지 않는다. 그는 그들이 스스로 판단하게 내버려둔 채 그저 그들이 내린 판결문을 읽고 기록할 뿐이다.

진정한 천재는 자기 안에서 나온다

이런 필연적인 본성에 개인의 의지가 압도되고, 우리의 노력이나 불완전함에도 상관없이 당신의 천재성은 당신에게서, 내 천재성은 나에게서 드러난다. 우리는 원치 않아도 우리가 누구인지 알린다. 어떤 생각은 우리가 절대 열어두지 않은 길을 통해 우리 마음에 들어오고, 또 어떤 생각은 우리 손으로 연 적 없는 길을 통해 빠져나간다. 성격은 우리가 이해하지 못하는 것을 가르친다. 진정한 진보의 확실한 지표는 그 사람의 태도에서 드러난다. 나이, 예절, 친구, 책, 행동, 재능, 아니 이 모든 걸 다 더해도 더 높은 정신에 대한 그의 경의를 막지 못한다. 만약 그가 신의 품에서 편안함을 느끼지 못하면 그가 아무리 숨기려 해도 예절, 말투, 문장의 전개, 체격, 그리고 무엇보다 그의 모든 의견이 무의식적으로 그것을 고백할 것이다. 그가 중심을 찾는다면 무지의 가면과 불친절한 기질과 불리한 환경을 뚫고 신성이 그를 통해 빛날 것이다. 구하는 사람과 이미 소유한 사람은 태도가 다르다.

  신성한 교사와 문학적인 교사 사이에는 커다란 차이가 있다. 이를테면 허버트 같은 시인과 포프Alexander Pope 같은 시인 사이, 스피노자, 칸트, 콜리지Samuel Taylor Coleridge 같은 철학자와 로크, 페일리William Paley, 매킨토시James Mackintosh, 스튜어트John Stuart Mill 같은 철학자 사이, 세상의 뛰어난 연사라고 여겨지는 사람과 끊임없는 생각으로 신비로운 예언을 쏟아내는 반미치광이 사이의 큰 차이는 한 쪽이 사실의 당사자로서 자신의 경험이나 내면에서 나온 말을 하는 사람들이라면 다른 쪽은 단순한 구경꾼이거나 제3자의 증거 덕에 사실을 알게 된 사람이라는 데 있다. 밖에서 얻은 것으로 나에게 설교해봐야 소용없다. 그런 건 나도 쉽게 할 수 있다. 예수는 늘 내면의 말을 했고 그 말의 깊이는 다른 모두를 초월한다. 예수의 말에는 기적이 있었다. 나는 그런 기적이 일어날 것을 믿고 모두가 그런 스승이 나타나기를 기대하며 살아간다. 하지만 말과 내면이 일치하지 않는 사람이라면 겸손하게 자신의 부족함을 인정해야 한다.

똑같은 전지전능함이 지능으로 흘러들어 우리가 천재성이라고 하는 정신이 된다. 세상의 지혜 대부분은 진짜 지혜가 아니고 진정으로 깨달은 사람들은 문학적 명성에 얽매이지 않으며 글을 쓰지도 않는다. 수많은 학자와 작가들 사이에서 우리는 신의 현존을 느끼지 못하고, 영감을 얻기보다는 이들의 재주와 기술을 감지할 뿐이다. 그들은 빛을 받았으면서도 그것이 어디에서 오는지 모르는 채로 자기 것이라 말한다. 그들의 재능은 특정 능력이 과도하게 커진 상태로 마치 병에 걸린 신체와 마찬가지라 오히려 진리에 다가가는 데 방해가 되기도 한다. 이런 경우 지적 재능은 미덕이 아니라 거의 결함처럼 보인다. 우리는 오히려 그 사람의 재능이 그를 진리에서 더 멀어지게 한다고 느낀다. 하지만 천재는 본질적으로 종교적이다. 그것은 인간의 보편적인 마음을 더 깊이 더 넓게 받아들이는 능력이다. 천재는 특이하거나 이상한 존재가 아니라 오히려 더 보편적이고 더 인간적인 존재다.

모든 위대한 시인에게는 이들이 지닌 어떤 재능도 뛰어넘는 인류의 지혜가 있다. 작가, 팔방미인, 당파적인 인물, 훌륭한 신사라는 지위가 한 사람의 본질을 대체하지 않는다. 호메로스, 초서, 스펜서, 셰익스피어, 밀턴의 글에서는 인간 그 자체가 빛난다. 그들은 진리에 만족하고 과장 없이 진실을 그대로 드러낸다. 그래서 감정의 과잉과 화려한 색채에 익숙해진 독자들에게는 이런 작가들이 차갑고 무뚝뚝하게 느껴질 수 있다. 하지만 이 작가들은 유익한 영혼에 자유로운 흐름을 허락해 자신이 만든 만물을 다시 바라보고 축복함으로써 진정한 시인이 됐다.

영혼은 지식보다 위대하고 이 세상의 어떤 작품보다 지혜롭다. 위대한 시인은 우리가 가진 부를 느끼게 해주고 이로 인해 우리는 그 작품의 중요성을 잊어버린다. 시인이 우리 마음에 전달하는 최고의 가르침은 우리가 그의 작품을 넘어서게 만드는 것이다. 셰익스피어는 우리의 정신을 너무 높은 수준으로 끌어올려 결국 그 자신조차 우스워 보이게끔 만든다. 한때 독보적인 시라고 칭송하던 작품이 바위 위를 지나가는 여행자의 그림자보다도 자연을 포착하지 못한다고 느끼는 순간이 찾아오는 것이다. 햄릿과 리어왕을 통해 나타난 영감은 다른 곳에서도 매일같이 좋은 말을 내뱉을 수 있다. 그렇다면 왜 햄릿과 리어왕을 그토록 중요히 여겨야 하는가? 그 작품들이 셰익스피어의 입에서 흘러나온 음절들이라면, 그 음절을 가능케 한 그의 영혼을 지금 나 역시 갖고 있지 않은가?

이 에너지는 전체를 소유하지 않고는 절대 개인의 삶으로 내려오지 않는다. 그것은 겸손하고 소박한 사람들에게, 외부의 것과 오만한 것을 밀어내는 사람에게 통찰, 고요함, 장엄함으로 찾아온다. 이 에너지가 내재하는 사람을 만나면 우리는 새로운 차원의 위대함을 감지한다. 그런 영감을 받은 사람은 이전과 달라진 어조와 태도를 보인다. 대화할 때 그는 더 이상 상대의 의견을 의식하지 않되 상대를 시험한다. 이런 태도는 우리에게 솔직함과 진실함을 요구한다.

허영심 많은 여행자는 삶을 꾸며내기 위해 귀족, 왕자, 백작 부인에게 이런 말을 듣고 저런 대접을 받았다며 떠들기 바쁘다. 속물적인 야망을 지닌 사람은 숟가락, 브로치, 반지를 자랑하고 남들에게 받은 카드와 칭송을 소중히 간직한다. 좀 더 교양 있는 사람들은 자신의 경험 중에서 시적이고 아름다운 순간만을 골라 말한다. 로마 여행, 그들이 본 위대한 천재, 그들이 아는 명석한 친구, 그리고 더 나아가서 전날 즐긴 대단한 풍광, 산에서 본 불빛, 산을 보고 떠오른 사색 등을 이야기하면서 삶에 낭만적인 색채를 더하려고 한다. 하지만 위대한 신을 찬양하러 올라가는 영혼은 꾸밈없고 진실하다. 그의 삶은 장밋빛이 아니고 훌륭한 친구들도 없으며 기사도 정신이나 모험도 모른다. 존경을 바라지 않고 현재에 머물며 평범한 날들을 진지하게 살아간다. 현재의 순간과 사소한 일들이 깊은 사색이 되고 진리의 바다로 흐르기 때문이다.

위대하면서도 단순한 정신과 대화를 나누면 문학은 단지 단어 놀이처럼 보인다. 가장 단순한 표현이야말로 가장 귀한 글이 되지만, 그것들은 너무 흔하고 익숙해서, 온 우주를 품고 있으면서도 땅에서 조약돌 몇 개를 줍거나 작은 병에 공기를 담는 것처럼 느껴진다. 그 경지에 이르기 위해서는 자신을 치장한 모든 것을 벗어던지고, 인간 대 인간으로서 꾸밈없는 진실, 솔직한 고백, 전지적 확신으로 마주해야 한다.

이런 영혼은 신이 인간을 대하듯 우리를 대한다. 그는 신처럼 위엄 있게 땅 위를 걷고 우리의 재주와 자비심, 심지어 미덕까지도 무심하게 받아들이며 오히려 그 미덕도 단지 인간으로서의 의무를 다하고 있는 것으로 여긴다. 이는 그들의 혈관에 우리의 미덕이 흐르고 그들 자신에게 신들의 아버지와 같은 초월적인 고귀함이 있기 때문이다. 이들의 솔직한 형제애는 작가들이 서로 아첨하고 위로함으로써 자신의 영혼에 해를 입히는 행위를 날카롭게 질책한다. 이들은 아첨하지 않는다.

나는 이런 사람들이 크롬웰과 크리스티나와 찰스 2세와 제임스 1세와 터키 황제를 알현하러 간다고 해도 전혀 이상하게 여기지 않을 것이다. 그들은 자신의 고귀한 정신이 왕과 동등하다고 생각하며, 세상의 대화에 흐르는 굽실거리는 말투를 민감하게 느낀다. 오히려 위대하고 단순한 영혼을 지닌 사람들은 군주에게 축복같은 존재다. 그들은 왕 앞에서 몸을 숙이거나 양보하지 않는다. 서로를 왕 대 왕으로 마주하며, 신선한 긴장감과 만족감을 주는 저항, 솔직한 인간미, 고귀한 본성을 드러낼 뿐 아니라, 평등한 우정과 새로운 아이디어까지 나누게 되기 때문이다. 덕분에 군주들은 더 현명하고 고귀한 사람으로 변화한다. 이런 영혼은 진실함이 아첨보다 훌륭함을 알려준다. 남녀를 불문하고 누구에게든 솔직하게 대하라. 그리하여 그들이 전적으로 진실만을 말하게 하고, 당신과 가벼운 농담이나 주고받을 수 있으리란 기대마저 산산이 부서지게 하라. 이 말이야말로 극한의 순수한 영혼의 소유자들에게 줄 수 있는 최고의 찬사다. 밀턴도 "최고의 칭송은 아첨이 아니며 가장 솔직한 조언이 일종의 칭찬이다"라고 말하지 않았나!

행복은 존재의 핵심이다

영혼의 모든 행위에 형언할 수 없는 인간과 신의 결합이 있다. 가장 단순한 사람이라 할지라도 진심으로 신을 경배할 때, 그는 신이 된다. 그럼에도 끝없이 들어오는 더 뛰어나고 보편적인 자아는 늘 새롭고 불가사의하며 경외심과 경탄을 부른다. 외로움이 깃든 공간을 채우며 우리의 실수와 좌절을 지워주는 신이라는 개념에서 우리는 얼마나 소중한 위안을 얻는가! 우리가 전통의 신을 파괴하고 수사학의 신에 대한 의존을 멈출 때 비로소 진정한 신은 자신의 모습을 드러내며 우리 마음에 불을 피운다. 이는 마음이 두 배로 늘어나는 것, 아니 무한히 사방으로 뻗어나가는 힘으로 마음이 끝없이 자라는 것이다.

이 마음이 인간에게 절대적인 신뢰를 불어넣는다. 그는 진실함이 곧 최고의 선이라는 확신이 아닌 통찰을 얻고 그 생각으로 모든 불확실성과 두려움을 손쉽게 떨칠 것이다. 은밀한 수수께끼는 시간이 지나면서 답이 밝혀진다. 인간은 자신의 행복이 존재의 핵심임을 확신한다. 마음에 절대적인 법칙이 있는 사람은 보편적인 신뢰에 휩싸이고 유한한 삶에서 소중하게 여기던 희망과 안정적인 계획을 모두 버린다. 그는 자신이 선에서 벗어나지 않는다고 믿는다.

진정으로 당신을 위한 것은 결국 당신을 찾아온다. 친구를 찾으러 뛰어다닌다면 발은 뛰어도 마음은 그러지 않아도 된다. 만일 친구를 찾지 못하더라도 그를 찾지 못하는 것이 오히려 가장 최선의 결과임을 기꺼이 받아들이기를 권한다. 왜냐하면 당신 안에 있는 힘이 친구에게도 있어서, 두 사람이 함께하는 것이 최선이었다면, 그 힘이 두 사람을 반드시 만나게 했을 것이기 때문이다.

당신은 재능과 취향을 펼칠 수 있는 곳에서 봉사해 사람들의 사랑을 받고 명성을 얻고자 간절하게 준비하고 있다. 갈 수 없다는 것도 받아들여야만 갈 권리가 생긴다는 걸 아직 알지 못하는가? 오, 살아 있는 그대로 믿어라. 당신이 들어야 할 모든 말은 이 세상 어디에서든 반드시 당신의 귀에 닿을 것이다. 모든 속담,

모든 책, 모든 어구들이 당신을 돕고 위로해줄 수 있는 것이라면, 구불구불한 길을 따라 반드시 당신에게 닿을 것이다. 환상을 좇는 의지가 아닌 당신의 위대하고 부드러운 심장이 간절히 바라는 친구라면, 그는 언젠가 반드시 당신을 꽉 껴안을 것이다. 당신의 마음이 모두의 마음이기 때문이다. 자연 어디에도 밸브, 벽, 교차로는 없다. 지구의 물이 하나의 바다를 이루고, 진정으로 보면 모든 파도가 하나의 물결이다. 하나의 피가 모든 사람을 쉬지 않고 순환한다.

그러므로 인간은 자연의 모든 사상이 자신의 마음을 향해 계시된다는 것을 배워야 한다. 가장 고귀한 존재는 그의 내면에 산다. 의무감이 그의 마음에 있다면 자연의 근원도 그곳에 있다. 하지만 위대한 신이 무슨 말을 하는지 안다면 예수가 말한 대로 "방에 들어가 문을 닫아야 한다". 겁쟁이에게 신은 모습을 드러내지 않는다. 다른 이들의 신앙 고백과 외부에서 들려오는 소리를 차단하고 자기 말에 귀를 기울여야 한다. 직접 기도를 마치기 전까지는 사람들의 기도조차도 해가 될 뿐이다.

우리의 종교는 저속하게도 신도 숫자에 의지한다. 그러나 아무리 간접적이라도 숫자에 호소한다면 그 자리에서 종교는 없다고 선언하는 것과 같다. 신을 달콤하게 감싸는 사유로 여기는 사람은 절대 신도들의 숫자를 세지 않는다. 내가 신과 함께 있을 때 누가 감히 들어오겠는가? 내가 완벽한 겸허함 속에서 휴식하며 순수한 사랑으로 불탈 때 칼뱅이나 스베덴보리의 말이 무슨 의미가 있을까?

숫자에 호소하든 한 사람에게 호소하든 차이는 없다. 권위에 기대는 신앙은 참된 신앙이 아니다. 권위에 의존하는 것은 종교의 쇠퇴와 영혼의 퇴락을 의미한다. 사람들은 몇 세기에 걸쳐 예수에게 권위적인 지위를 부여했다. 그러나 이는 영원한 진실을 바꾸지 못한다.

영혼은 위대하고 단순하다. 아첨하지 않고 추종하지 않고 자신 외에 다른 것으로 설득하려고 하지 않는다. 영혼은 자신을 믿는다. 경험이나 과거의 일대기는 아무리 무결하고 신성하더라도 인간의 무한한 가능성 앞에서 사그라든다. 우리의 예감이 보여주는 천국 앞에서는 지금까지 보거나 읽은 어떤 생명의 형상도 쉽게 칭송할 수 없다. 위대한 인간은 거의 없을 뿐 아니라 절대적으로 말하면 전혀 없다고 할 수 있고, 우리에게 전적으로 만족스러운 역사나 성격이나 삶의 방식도 기록된 바 없다. 역사적으로 칭송받는 성인과 반신반인 역시 일부분을 감안하며 받아들일 따름이다. 외로울 때는 그들을 기억하며 새로운 힘을 얻지만 이들에 대한 관습적인 관심이 지나치면 우리는 피로감과 침해를 느낀다.

영혼은 고유하고 순수한 자기 자신을 고독하고 독창적이며 자신과 마찬가지로 순수한 존재에게 기꺼이 내어준다. 신은 그런 조건이 갖춰진 상태에서 영혼에 머물고, 영혼을 이끌며, 영혼을 이용해 말한다. 그런 영혼은 즐겁고 젊고 민첩하다. 지혜롭지는 않지만 모든 것을 꿰뚫어 보고, 종교라고 부르지 않지만 순수하다. 그의 본성은 빛을 자기 것으로 삼으며, 풀이 자라고 돌이 떨어지는 일이 자기보다 열등하고, 의존적임을 느낀다. 영혼은 말한다. "보라, 나는 위대하고 보편적인 정신에서 태어났도다. 나는 불완전하지만 나의 완전한 자아를 찬양한다. 나는 어떻게든 이 위대한 영혼을 받아들일 수 있고, 그 덕분에 나는 해와 별을 대수롭지 않게 보며, 그것들이 변하고 사라지는 아름다운 우연과 결과일 뿐이라고 느낀다."

영원한 자연의 물결이 점점 내 안으로 밀려올수록, 나는 나 자신을 넘어 인간적인 관점과 태도를 지닌 불멸의 에너지로 살아가게 된다. 이렇게 영혼을 경외하고, "그 아름다움은 한이 없다"고 말했던 옛 지혜를 배운 사람은 세상이 곧 영혼의 손에서 창조된 끊임없는 기적임을 본다. 그래서 더는 특별한 기적 앞에서도 놀라지 않는다. 또한 그는 이제 이 세상에 불경한 역사란 없고 모든 역사가 신성하다는 것을 알아차리며, 우주가 하나의 원자와 찰나 속에 담겨 있다는 사실을 배운다.

그는 더 이상 조각조각 덧대는 누더기 같은 삶을 살지 않고 신성한 조화 속에서 살아갈 것이다. 그는 자신의 삶에서 천박하고 하찮은 것들을 몰아내고 자신에게 주어지는 모든 장소와 혜택에 만족하게 될 것이다. 그는 신의 신뢰를 안고 미래를 이미 마음속에 담은 채 고요하게 내일을 맞이할 것이다.

진정으로 당신을 위한 것은 결국 당신을 찾아온다.

11장

순환

CIRCLES

모든 원 바깥에는 또 다른 원이 있다

눈은 첫 번째 원이고 그 눈이 만들어내는 지평선은 두 번째 원이다. 자연 전체에서 이 태고의 형태가 끝없이 반복된다. 원은 세상의 암호에서 가장 고귀한 상징이다. 성 아우구스티누스는 중심은 어디에나 있고 둘레는 어디에도 없는 원이 신의 본성이라고 묘사했다. 우리는 평생 이 첫 형태의 방대한 의미를 읽는다. 우리는 이미 인간의 모든 행동이 원형적이거나 서로를 보완하는 특성을 지닌다는 가르침을 얻었다. 또 다른 유추를 찾아보자면 모든 행동 뒤에는 더 뛰어난 행동이 따를 수 있다. 우리 삶은 그 진리를 배워가는 수련 과정이다. 그 진리란 모든 원 바깥에 또 다른 원이 그려질 수 있고, 자연에는 절대적인 끝이 없으며, 모든 끝은 새로운 시작이라는 것을 뜻한다. 자정이 지나면 늘 새벽이 다시 찾아오고 가장 깊은 곳 아래에서 더 깊은 세계가 열린다.

이 사실은 사람이 결코 붙잡을 수 없을 만큼 멀리 날아다니며 모든 성공을 북돋우는 동시에, 그것을 비판하는 완벽함이라는 도덕적 진리를 상징한다. 그리고 이러한 상징은 인간의 능력이 다양한 분야에서 어떻게 발휘되는지를 보여주는 적절한 설명이 된다.

자연에는 고정된 것이 없다. 우주는 유동적이고 변덕스럽다. 영속성이란 정도의 차이를 나타내는 말일 뿐이다. 신이 바라보는 지구는 단지 수많은 사실들의 집합이 아니라 투명한 법칙이다. 법칙은 모든 사실을 녹여 유연하게 유지한다.

우리 문명은 하나의 사상이 주도하는 흐름 속에서 발전한 것이며 그 사상이 도시와 제도라는 행렬을 이끈다. 그러다 새로운 사상으로 나아가면 그 모든 것들은 어느새 사라진다. 그리스 조각들은 한여름의 서늘한 산골짜기나 그늘진 바위틈에 녹지 않고 남아 있는 눈처럼 겨우 몇 개의 외로운 형상이나 조각이 남아 있을 뿐이다. 조각을 창조한 천재성이 이제 다른 것을 창조하기 때문이다. 그리스 글자는 조금 더 오래 남았지만 이미 같은 선고를 받고 새 생각이 창조되면 낡은 생각을 위해 열리는 구덩이로 굴러떨어지고 있다. 옛 행성의 폐허에서 새로운 대륙이 생겨나고 분해된 폐허를 양분 삼아 새 종족이 태어난다. 새로운 예술은 옛것을 파괴한다. 수로에 투자한 자본이 수력학으로 인해 쓸모없어지고 성벽은 화약으로, 도로와 운하는 철도로, 증기는 다시 전기로 무력화된다.

당신은 오랜 세월의 상처를 견디고 있는 화강암 탑을 보며 감탄한다. 하지만 이 거대한 벽도 결국 작은 손으로 쌓아올린 것이며 무언가를 쌓는 손은 그 창조물보다 위대하다. 벽을 쌓은 손은 훨씬 빠르게 벽을 무너뜨릴 수 있다. 손보다 더 위대하고 민첩한 것은 벽을 쌓도록 한 생각이다. 그러므로 거친 결과 뒤에는 정교한 원인이 있고 더 깊게 들여다보면 이 원인 역시 더 섬세한 원인의 결과다.

　모든 것은 그 뒤의 비밀이 밝혀지기 전까지는 영원해 보인다. 예를 들어 상업에 나서지 않는 여성에게는 막대한 재산이 탄탄하고 변치 않는 기반처럼 보이겠지만 상인에게는 어떤 재료든 써서 쉽게 만들고 쉽게 사라지는 것으로 보인다. 도시 사람에게는 과수원, 넓은 경작지, 좋은 토양이 금광이나 강처럼 고정된 자산처럼 보이지만 큰 땅을 소유한 농부가 보기에는 그해 작황 상태에 따라 불안정한 것으로 여겨진다. 자연은 놀라우리만치 견고하고 영원해 보이지만 사실 다른 만물과 마찬가지로 원인을 지닌 존재일 뿐이다. 내가 그 원인을 이해하게 되는 순간, 이 들판이 지금처럼 흔들림 없이 넓게 펼쳐져 있을까? 나무에 달린 나뭇잎들은 여전히 하나하나 특별해 보일까? 영원함은 단지 정도의 차이를 나타내는 말이다. 만물은 어떤 것을 향하는 중간 상태다. 달이 공보다 더 영적인 힘을 담고 있지는 않다.

　모든 인간을 이해하는 열쇠는 그의 생각이다. 아무리 강인하고 반항적으로 보이는 사람도 내면에는 방향키가 있다. 그 방향키는 바로 모든 사실들을 분류하는 중심 사상이다. 인간은 그의 기존 생각을 넘어서는 새로운 사상을 만났을 때만 변화할 수 있다. 인간의 삶은 스스로 진화하는 원이다. 감지할 수 없을 정도로 작은 원이 끝없이 사방으로 뻗어나가 더 크고 새로운 원이 된다. 이 과정은 끝없이 계속된다. 이런 원, 바퀴 없는 바퀴가 얼마나 커질지는 개인의 영혼이 지닌 힘이나 진리의 깊이에 달려 있다. 왜냐하면 모든 사상은 일단 형성되면 주어진 현실에서 굳어버리는 경향이 있기 때문이다. 거대한 제국, 예술 규칙, 지역의 관습, 종교 의식 등은 원래 모두 하나의 사상에서 나왔지만, 시간이 지나면 고정된 구조가 되어 우리의 삶을 틀에 가두려 한다. 그러다 영혼이 빠르고 강해지면 다시 사방의 경계를 부수며 궤도를 더 깊이 확장하고, 또 달음질쳐 높은 파도가 되었다가 멈춘 다음 다시 뭉칠 시도를 한다. 하지만 심장은 갇히기를 거부한다. 미미한 최초의 맥박이 뛰는 순간부터 이미 강력한 힘으로 뻗어나가 거대하고 무수한 확장을 이루려고 한다.

     모든 궁극적인 사실은 새로운 연속적 사실의 시작일 뿐이다. 모든 일반 법칙은 머지않아 드러날 더 보편적인 법칙의 구체적인 한 가지 사실에 불과하다. 우리에게는 외부도 에워싼 담도 경계도 없다. 한 사람이 자기 이야기를 끝낸다. 얼마나 훌륭한가! 얼마나 완전한가! 그 이야기는 만물에 새로운 의미를 부여했다. 그 사람이 하늘을 채운다. 그러나 보라, 반대쪽에서도 한 사람이 일어나 우리가 방금 구의 외곽이라고 선언한 원 주위에 새 원을 그린다. 그럼 우리의 첫 화자는 대단한 인간이 아닌 그저 첫 화자가 된다. 그가 대응할 수 있는 유일한 방법은 즉시 상대방이 그린 원 바깥에 또 다른 원을 그리는 것뿐이다. 그래서 사람들은 스스로 그렇게 한다. 오늘의 결과는 마음속 깊이 남아 벗어날 수 없을 것처럼 보이지만 머지않아 단어 하나로 요약되어 자연을 설명하는 듯한 원칙은 곧 더 대담한 일반화의 한 예가 될 것이다. 내일의 생각에는 당신의 모든 신념, 모든 교리, 모든 민족의 문학을 뒤흔들어 당신을 어떤 웅장한 꿈도 그리지 못한 천상으로 데리고 갈 힘이 있다. 인간은 세상의 일꾼이 아닌, 그가 되어야 할 모습에 대한 암시다. 인간은 다음 시대를 예언하는 예언자처럼 살아간다.

우리는 이 신비한 사다리를 한 발씩 오른다. 그 발판은 행동이고 새로운 전망은 힘이다. 모든 결과는 다음에 오는 결과에 위협받으며 판결의 대상이 된다. 모든 것은 다음 오는 것으로 부정되는 듯 보이지만 사실은 단지 그것에 의해 한정될 뿐이다. 항상 옛 진술에게서 미움을 받는 새로운 진술은 옛 진술 위에 사는 사람들에게 깊은 의심을 던진다. 하지만 곧 눈이 익숙해진다. 눈과 새로운 진술은 둘 다 하나의 원인에서 나온 결과이기 때문이다. 그러면 순수함과 유익함이 나타났다가 곧 에너지가 소진되고 새로운 시간의 계시 앞에 흐릿하게 사그라든다.

진리는 고정되지 않는다

새로운 일반화를 두려워하지 말라. 새로운 사실이 거칠고 물질적이어서 당신의 정신적 이론을 위협하는 것 같은가? 저항하지 말라. 새로운 사실은 물질에 대한 당신의 이론을 개선하고 정제해주기 위해 존재한다.

인간의 의식은 고정되어 있지 않다. 모든 인간은 자신이 완전히 이해받지 못할 거라고 생각한다. 하지만 그 사람의 내면에 진실함이 있고 결국 신의 영혼에 의지한다면 이해받지 못할 이유가 없다. 인간의 마음속 깊은 곳에는 절대 열리지 않을 것 같은 마지막 방, 마지막 벽장이 있다. 자연에 언제든 알려지지 않고 분석할 수 없는 어떤 것이 있듯이 인간의 마음도 마찬가지다. 그리고 그 분석할 수 없는 어떤 것이야말로 모든 사람이 믿는 위대한 가능성이다.

우리 기분은 서로를 믿지 않는다. 오늘 나는 생각이 가득하고 원하는 대로 쓸 수 있다. 내일도 똑같은 생각을 하면서 똑같은 표현력이 생기지 않을 이유가 없다. 글을 쓰는 동안 내가 쓰는 글은 세상에서 가장 자연스러워 보인다. 하지만 오늘 이토록 충만함을 느끼는 방향에서 어제는 따분할 정도의 황량함과 공허함만을 느꼈다. 아마도 한 달이 지나면 나는 분명 이 많은 종이를 채운 사람이 누구인지 궁금해할 것이다. 아아, 이 병약한 믿음이여, 이 활력을 잃은 의지여, 거대한 물결이 빠져나간 거대한 썰물이여! 나는 자연 속의 신이기도 하지만 담벼락 옆에 자라난 잡초이기도 하다.

  자신을 뛰어넘어 성장하고 이전보다 더 높은 경지에 이르려는 노력은 그 사람의 관계에서 드러난다. 우리는 인정을 갈망하면서도 막상 인정해주는 사람을 용서하지 못한다. 사랑은 달콤한 본성이지만 친구가 있으면 오히려 나 자신의 불완전함에 괴로워진다. 나에 대한 사랑이 상대를 비난한다. 만일 친구가 나를 가벼이 여길 만큼 위대하다면 나는 그를 사랑하고 애정을 키워 더 위대한 사람이 될 수 있을 것이다. 한 사람이 성장하는 모습은 그의 친구들이 시간에 따라 어떻게 바뀌었는지를 보면 알 수 있다.

  우리는 진리를 위해 친구를 잃을 때마다 더 나은 친구를 얻는다. 숲속을 걸으며 친구들을 떠올리다가 문득 머릿속에는 이런 생각이 떠오를 것이다. 왜 이런 우상숭배 놀이를 해야 할까? 내가 일부러 눈을 감지 않으면 이른바 위대하고 존경받을 만한 사람들의 한계가 너무 훤히 보인다. 그들은 후하게 말하자면 부유하고 고귀하고 위대하다고 할 수 있지만 진실은 처량하다. 오, 복된 영혼이여, 나는 이 사람들을 위해 너를 버렸으나 그들은 너와 다르구나! 인간적인 생각을 허락할 때마다 우리는 천상의 지위를 잃는다. 우리는 짧고 요란스러운 즐거움을 위해 천사의 왕좌를 팔아버린다.

우리는 이 교훈을 얼마나 자주 다시 복습해야 할까? 어떤 사람의 한계를 알게 되면 그는 더 이상 흥미롭지 않다. 한계는 유일한 죄다. 한번이라도 한계를 알아차리는 순간, 그 사람과의 관계는 끝나버린다. 그에게 재능이 있든 추진력이 있든 지식이 있든 아무 소용 없다. 어제까지만 해도 그는 무한한 매혹과 매력을 품은 사람으로 보였다. 그때는 그가 큰 희망이었고 헤엄치고 싶은 바다였다. 하지만 그의 해안을 발견한 순간 그가 한갓 연못임을 알게 됐고 이제 두 번 다시 보지 못해도 상관없는 것이다.

우리가 기존의 생각에서 한 걸음 더 나아갈 때마다, 서로 모순되어 보였던 스무 가지 사실들이 하나의 법칙을 표현한 듯 조화롭게 연결된다. 아리스토텔레스와 플라톤은 각각 두 학파의 우두머리로 여겨진다. 그러나 현명한 사람은 아리스토텔레스도 결국 플라톤을 신봉한다는 사실을 알아차린다. 생각을 한 단계 거슬러 올라가면 모순되는 의견들은 한 가지 원칙의 양극단임을 드러내며 조화를 이룬다. 그리고 우리가 가장 높은 단계에 도달한 듯 보여도 언제든 그보다 높이 올라가 더 높은 통찰을 만날 수 있다.

위대한 신이 세상에 사상가를 풀어놓을 때는 조심하라. 그때 모든 것이 위험해진다. 이는 마치 큰 도시에 대화재가 일어났는데 아무도 어떻게 해야 안전한지 모르고 불이 언제 꺼질지 모르는 상황과 같다. 어떤 과학적 사실도 내일 뒤집힐 수 있고 어떤 문학적 명성도 이른바 영원의 이름조차 언제 재평가받고 부정될 수 있다. 인간의 희망, 그 마음에 떠오르는 생각, 사람들의 종교, 인류의 풍습과 도덕까지 모두 새로운 일반화에 따라 달라질 수 있다. 일반화란 언제나 신성이 마음속으로 새롭게 흘러들어오는 것이다. 그래서 새로운 일반화를 접할 때마다 우리는 전율이 느낀다.

용맹함은 스스로 회복하는 힘에서 나온다. 용맹한 사람은 약점을 드러내거나 술책에 빠지지 않는다. 그는 어디서든 굳건히 일어설 것이다. 그럴 수 있는 이유는 언제나 과거에 이해했던 진리보다 진리 그 자체를 우선시하기 때문이며, 어디에 있든 진리를 기민하게 받아들이려는 태도 덕분이다. 그에게는 자신의 법칙, 사회와의 관계, 기독교, 그의 세계가 언제든 대체되고 사라질 수 있다는 대담한 확신이 있다.

관념론에는 정도 차이가 있다. 자석이 처음에는 장난감이었듯 우리도 처음에는 관념론을 학문적으로 다룬다. 그러다 한창 젊을 때, 혹은 시를 보면서, 관념론이 희미하게나마 진실이라고 느낀다. 다음에는 관념론에 엄숙하고 위엄 있는 광택이 흐르는 걸 보고 그것이 분명 진실이라고 생각한다. 이제 관념론이 윤리적이고 실용적으로 보인다. 신이 존재하고, 그 신이 내 안에 있으며, 모든 것은 신의 그림자라고 여긴다. 버클리의 관념론은 예수의 관념론을 거칠게 말한 것이고, 예수의 관념론 또한 모든 자연은 선의 빠른 흐름이며 선이 스스로 실행하고 체계화한다는 사실을 거칠게 표현한 것이다.

역사와 세계의 상태는 당시 사람들의 마음에 존재하는 지적 범주화에 직접적인 영향을 받는다. 현재 사람들이 소중하게 생각하는 것은 그들의 정신적 지평에 떠오른 관념에 따른 것이다. 이 관념은 사과나무에 사과가 열리듯 만물의 질서를 만들어 낸다. 새로운 수준의 문화가 도래하면 인간의 모든 활동 체계는 즉시 대변혁을 가져온다.

대화는 원들의 놀이다. 우리는 대화하면서 공통의 침묵을 둘러싼 사방의 경계를 없앤다. 대화의 당사자들은 그 순간 드러나는 정신만으로 평가되어서는 안 된다. 내일이 되면 이들이 최고 수준에서 내려와 무거운 삶의 짐을 지기 위해 몸을 숙이고 있을 것이기 때문이다. 그러나 지금은 우리의 벽을 비추며 갈래갈래 타오르는 이 불꽃을 즐기자. 새로운 화자가 등장해 새로운 불을 밝히면 우리는 이전 화자가 주던 압박에서 벗어난다. 하지만 새로운 화자는 곧장 자기만의 위대하고 독점적인 생각으로 우리를 압박한다. 그러다 또 새로운 구원자가 등장하면 구시대의 구원자는 물러가고 우리는 우리의 권리를 되찾아 참된 인간이 될지도 모른다. 아, 진리가 선포될 때마다 그 안에는 얼마나 오랜 세월이 있어야 이룰 수 있는 심오한 진리가 들어 있는가!

평범한 시간에 사람들은 차가운 조각상처럼 앉아 있다. 우리는 공허한 마음으로 강력한 상징에 둘러싸여 충만함을 느끼기를 기다리지만 정작 이런 상징을 산문이나 하찮은 장난감 정도로 대한다. 그러다 신이 찾아와 동상을 맹렬한 인간으로 바꾼다. 그의 눈짓 한번이 만물을 덮던 베일을 불태워 가구, 컵과 컵 받침, 의자, 시계, 캐노피를 비롯한 모든 사물의 의미를 드러낸다. 어제의 안개 속에 그토록 커 보이던 재산, 기후, 혈통, 외모 등이 이상할 정도로 중요도가 달라진다. 안정적이라고 생각한 모든 것이 덜컹거리며 요동친다. 문학, 도시, 기후, 종교가 기반을 잃고 우리 눈앞에서 춤을 춘다. 그러나 우리는 다시 한번 빠르게 자각한다.

침묵은 대화보다 나으며 대화의 부끄러움을 알려준다. 대화의 길이는 말하는 이와 듣는 이 사이에 벌어진 생각의 거리다. 두 사람이 어떤 부분에서 서로 완전히 이해하고 있다면, 그 주제에 대해 말을 나눌 필요가 없다. 만약 모든 부분이 하나가 된다면 그 어떤 말도 필요 없을 것이다.

모든 미덕은 시작일 뿐이다

문학은 현재 우리가 속한 일상의 원 밖에 있는 지점이며 우리는 문학으로 새로운 원을 그릴 수 있다. 문학은 우리에게 현재 삶을 자유자재로 조망할 수 있게 하는 전망대와 새로운 관점을 얻어 이동할 수 있게 하는 지렛대를 제공한다. 우리는 고대의 지식으로 우리를 채우고 그리스, 카르타고, 로마의 집을 참고해 프랑스, 영국, 미국의 주택과 생활 방식을 더 현명하게 바라본다. 마찬가지로 우리는 거친 자연의 한가운데에 있거나 일상의 소음에 파묻혔을 때 혹은 고귀한 종교에 빠져들었을 때 더욱 문학을 잘 이해할 수 있다. 들판 가운데 있으면 오히려 들판 풍경이 잘 보이지 않는다. 천문학자가 어느 별의 시차視差를 구하려면, 지구 궤도의 지름만큼 떨어진 기준선이 필요하다.

그렇기에 우리는 시인을 귀중히 여긴다. 모든 논증과 지혜는 백과사전이나 형이상학 논문이나 신학서에만 있는 것이 아니라 오히려 소네트나 희곡에 깃들어 있기도 한다. 나는 일상생활에서 똑같은 일을 되풀이하는 편이고, 변화나 개혁의 힘, 회복 가능성을 믿지 않는다. 하지만 페트라르카나 아리오스토 비슷한 사람들이 새로운 상상력의 술에 취해 과감한 생각과 행위를 가득 채운 송시나 경쾌한 낭만 소설을 나에게 써 보낸다. 그들이 날카로운 어투로 나를 때리고 자극해 내 습관의 고리를 부수면 나는 나만의 상상력에 눈을 뜬다. 그들이 세상의 낡고 무거운 것들에 날개를 달면 나는 한 번 더 이론과 실천에서 올바른 길을 선택할 수 있게 된다.

우리는 세상의 종교 역시 조망해야 한다. 교리 문답서에서는 절대 신앙을 찾을 수 없다. 신앙은 목초지에, 연못에 뜬 배에, 산새들의 노래 속에 있다. 소박한 빛과 바람에 마음을 씻고 들판이 우리에게 전하는 아름다운 형상의 바다에 발을 담그면 신의 일대기를 제대로 돌아볼 기회가 생긴다. 뛰어난 인류는 당연히 기독교를 소중히 여긴다. 기독교 문화권에서 자란 젊은 철학자라면 누구나 바울의 용감한 말을 귀히 여긴다. "그러므로 만물을 그 아래 두신 분은 아들도 그 아래 두실 것이니 하느님은 만물 안에 존재하는 만물이니라." 어떤 인물의 주장과 미덕이 아무리 위대하고 명성이 높더라도 인간의 본능은 끊임없이 개인적 존재를 넘어선 비인격적이며 무한한 것을 향해 나아가려 한다. 그리고 그 본능은 편협한 광신도의 교리에 대항해 성경 자체에서 나온 이 관대한 언어로 자신을 무장한다.

자연 세계는 동심원들이 모인 하나의 체계라고 생각할 수 있으며 우리는 때로 자연에서 약간의 균열을 감지하곤 한다. 그 균열은 지금 서 있는 이 표면이 고정된 것이 아니라 미끄러지고 있음을 알려준다. 이 다양하고 지속적인 특성, 이런 화학적 변화, 초목, 금속, 동물은 스스로 존재하는 것 같지만 이들은 단지 수단과 방법일 뿐이다. 이것들은 신의 말씀이며 다른 말과 마찬가지로 덧없이 사라진다. 자연학자나 화학자가 원자의 중력과 친화력을 연구하면서도, 결국 내 것이면 내게 온다는 더 깊은 법칙을 이해하지 못한다면, 그를 진정한 전문가라 할 수 있을까? 하지만 그 주장도 대략적일 뿐 최종적인 것은 아니다. 신의 편재는 더 차원 높은 진실이다. 친구와 진실은 비밀스러운 지하통로에서 상대를 찾지 않는다. 올바르게 바라본다면 이 모든 것은 영원한 영혼의 생성에서 비롯된다. 원인과 결과는 한 가지 사실의 양면이다.

  영원한 생성의 법칙은 우리가 덕목이라 부르는 모든 것에도 동일하게 작용하며, 각 덕목은 더 나은 덕목의 빛 앞에서 소멸된다. 위대한 인간의 신중함은 평범한 사람들이 말하는 신중함과 다르다. 그의 신중함은 위대함을 덜어내는 것일 뿐이다. 하지만 각자 자신의 신중함을 희생할 때 그것을 어떤 신에게 바치는지 분명히 알아야 한다. 만일 편안함과 즐거움을 위한 것이라면 계속 신중한 편이 낫고, 위대한 믿음을 위한 것이라면 날개 달린 마차를 손에 넣은 사람이 노새와 짐꾸러미를 기꺼이 버리듯이 신중함을 내려놓을 수 있다. 제프리는 숲을 지날 때 뱀에게 발을 물리지 않으려고 장화를 신는다. 에런은 그런 위험을 전혀 생각하지 않는다. 몇 년이 지나도록 둘 다 뱀에게 물리지 않는다. 하지만 내가 볼 때 그런 나쁜 일이 일어나지 않도록 늘 대비하는 것은 악의 손아귀에 들어가는 것과 같다.

  가장 신중한 것은 가장 신중하지 않은 것과 같다. 궤도의 한가운데에서 너무 갑작스럽게 가장자리로 달려가는 것과도 같지 않은가? 위대한 감정을 느끼고 지금의 한계를 새로운 중심으로 만들 수 있는데 한심한 계산으로 후퇴할 때가 얼마나 많은지 생각해보라. 게다가 당신은 용기를 낸다고 하지만 변변치 않은 사람들도 그렇게 한다. 가난하고 교양이 부족한 사람들도 당신과 마찬가지로 궁극적인 철학적 진리를 표현한다. "복되게 여길 것은 아무것도 없다"와 "나쁠수록 더 낫다" 같은 속담이 평범한 삶의 초월주의를 표현한다.

한 사람의 정의는 다른 사람의 불의다. 한 사람의 아름다움은 다른 사람의 추함이고 한 사람의 지혜는 다른 사람의 어리석음이다. 이는 각자가 같은 사물을 보더라도 더 높은 지점에서 바라보는가 아닌가에 따라 달라지기 때문이다. 누군가는 빚을 갚는 것이 정의라고 생각한다. 그래서 의무를 게을리하고 채권자를 오래도록 기다리게 하는 사람을 극도로 싫어한다. 하지만 이 빚쟁이도 자신만의 관점이 있다. 그는 이렇게 생각한다. '어떤 빚을 먼저 갚아야 하는가? 부자에게 진 빚인가? 아니면 가난한 자에게 진 빚인가? 돈의 빚인가? 아니면 인류에게 받은 생각이라는 빚이나 자연에게 받은 천재성을 먼저 갚아야 하나?' 오, 이 글을 읽고 있을 중개인이여, 당신에게는 산술 외에 다른 원칙은 없을 것이다. 하지만 나에게 상업은 사소한 의미일 뿐 신성한 것은 사랑, 신뢰, 진실한 성품, 인간적 열망이다. 당신처럼 다른 모든 의무에서 한 가지 의무만 떼어 모든 힘을 기계적으로 돈 갚는 데만 쓸 수도 없다.

나는 계속 앞으로 나아가고자 한다. 시간이 좀 더 걸릴 수 있지만 내 인격의 성장하는 과정에서 나는 더 높은 정의를 어기지 않고도 이 모든 부채를 청산하는 날이 올 것이다. 만일 누군가가 오직 돈을 갚는 일에만 자신을 바쳐야 한다면 그것이야말로 불의가 아닐까? 그 사람의 빚은 돈뿐인가? 그에게 부과된 모든 의무는 임대주나 은행으로 미뤄야 하는가?

최종적인 미덕은 없다. 모든 미덕은 시작일 뿐이다. 사회의 미덕은 성자에게 악덕이다. 개혁의 공포는 우리가 미덕, 또는 지금껏 미덕이라 여겨온 것들을 악덕을 삼킨 구덩이에 똑같이 버려야 한다는 데서 온다.

> 그의 범죄를 용서하고 그의 미덕도 용서하라.
> 올바름을 향하긴 했으나 절반만 개심한 그 작은 결점들까지도.

새로 다가오는 것만이 신성하다

신성한 순간이 주는 가장 강력한 힘은 우리를 자책에서 해방시킨다는 점이다. 나는 하루하루 내 게으름과 무익함을 비난하지만 신의 파도가 나를 덮치면 더 이상 그 시간을 버렸다고 생각하지 않는다. 더 이상 한 달이나 한 해 중 남은 시간을 기준으로 내 가능성을 따져보지 않는다. 이런 순간은 어디에나 존재하고 강력하며 지속을 요구하지 않는다. 그리고 이런 마음의 힘이 시간의 제약 없이 내가 해야 할 일을 할 수 있게 돕는다.

어떤 독자가 외치는 소리가 들린다. "그렇다면 순환을 주장하는 철학자여, 당신은 모든 행위가 동등하고 무관하다는 멋진 회의주의에 빠졌군요! 우리가 진실하기만 하다면 범죄도 진실한 신의 성전을 짓는 탄탄한 돌이 될 거라고 가르치려 하네요!" 나는 굳이 나를 정당화할 생각이 없다. 자연의 식물 속에서 기분 좋은 원칙이 우위를 점하는 것을 보면 유쾌해진다. 마찬가지로, 이기심의 틈과 구멍을 비집고 스며드는 선하고 기쁜 도덕의 흐름을 보는 것도 즐겁다. 그렇다, 이기심과 죄에는 항상 도덕성이 침투한다. 그래서 어떤 악도 순수하게 악이 아니고 지옥에도 최고의 만족이 없지 않다. 하지만 내가 내 생각에 따라 변덕을 부릴 때 독자들을 오도하지 않도록 나는 다만 실험자일 뿐이라 말해두고 싶다. 내가 하는 일에 아무런 가치를 두지 말고 내가 하지 않는 일에 어떤 비난도 하지 마시기를. 나는 모든 것을 불안정하게 만든다. 내 앞에서는 어떤 사실도 신성하거나 불경하지 않다. 나는 실험만 할 뿐, 과거에 얽매이지 않는 영원한 탐구자다.

그러나 만물이 참여하는 이 쉼 없는 움직임과 행진은 영혼의 불변함과 안정성 원칙에 대비해 이해할 수밖에 없다. 원의 영원한 생성이 계속되는 동안, 그 영원한 생산자는 변하지 않고 머무른다. 그 중심의 생명은 창조보다 우월하고 지식과 사고보다 뛰어나며 모든 원을 포함한다. 그 생명은 자신과 똑같이 뛰어난 생명과 생각을 창조하려고 쉼없이 노력하지만 불가능하다. 만들어진 것은 언제나 불완전하다. 다만 이전보다 더 나은 것을 만들 수 있는 방법을 가르쳐준다.

그러므로 잠도, 멈춤도, 보존도 없다. 모든 것이 새로워지고 싹 트고 솟아오른다. 왜 새로운 시간에 누더기와 유물을 가져오나? 낡은 것을 혐오하는 자연에서 늙음은 유일한 질병으로 보인다. 다른 질병 전부가 이 한 가지로 설명된다. 열병, 방종, 정신이상, 어리석음, 범죄 이 모두가 늙음이라는 병의 다른 이름이자 다른 형태다. 휴식, 보수성, 소유, 무력함, 진부함, 관성도 마찬가지다.

우리는 매일 푸념하지만 나는 그래야 할 이유를 모르겠다. 우리는 우리보다 위대한 존재와 대화하면 늙지 않고 젊어진다. 수용하고 열망하는 젊은 청년은 종교적인 눈으로 위를 바라보며 스스로를 아무것도 아닌 존재로 여긴 채 무엇에도 기대지 않고 사방에서 흐르는 지침에 자신을 맡긴다. 하지만 일흔 먹은 노인은 모든 것을 안다고 여기며 모든 희망이 사라졌다고 생각해 열망을 버리고 필요한 현실을 받아들여 젊은이들을 깔본다. 그러니 이들이 성령의 기관이 되게 하라. 사랑하게 하라. 진리를 보게 하라. 그러면 노인들은 눈을 들어 주름을 부드럽게 펴고 희망과 힘의 향기를 풍기리라.

노년기가 사람의 마음에 기어다녀서는 안 된다. 자연에서는 모든 순간이 새롭다. 과거는 늘 가라앉고 잊힌다. 새로 다가오는 것만이 신성하다. 생명, 변화, 활기를 북돋우는 정신 외에는 무엇도 안전하지 않다. 어떤 사랑도 맹세나 약속에 묶여 보다 높은 사랑을 가로막을 수 없다. 어떤 숭고한 진리도 내일의 새로운 생각이라는 빛 아래에서는 하찮아진다. 사람들은 안정을 바라지만, 오직 불안정할 때만 희망이 있다.

삶은 놀라움의 연속이다. 존재를 높이 쌓을 때 우리는 내일의 기분과 즐거움과 힘을 오늘 추측하지 않는다. 우리는 단조로운 상태와 일상적이고 감각적인 행위에 대해서는 어느 정도 예측할 수 있다. 하지만 신의 걸작품, 즉 영혼의 전체적인 성장과 보편적인 움직임은 숨겨져 있어서 도무지 계산할 수 없다. 나는 진리가 신성하고 도움이 된다는 건 알고 있지만 나를 어떻게 도울지는 추측할 수 없다. 그 도움은 실제로 이루어졌을 때만 알 수 있기 때문이다. 전진하는 사람의 새 지위는 옛 힘을 모두 가진 동시에 완전히 새롭다. 그는 가슴에 과거의 모든 에너지를 품고 있지만 그의 존재 자체는 아침의 숨결처럼 신기롭다. 나는 이 새로운 순간에 한때 비축한 지식을 모두 헛된 것인 양 비워버린다. 이제야 비로소 처음으로 모든 걸 제대로 알 것 같다. 평소에 아무렇지 않게 쓰는 가장 단순한 말조차 우리가 사랑하고 염원할 때만 그 의미를 진정으로 알 수 있다.

재능과 인격의 차이는 재능이 오랫동안 걸어온 길을 계속 잘 걸어나가는 능숙함이라면 인격은 새로운 길을 만들어 더 나은 목표로 나아가는 힘과 용기다. 인격은 강력한 현재를 만든다. 이 현재는 생각하지 못했던 많은 가능성과 탁월함을 보여주어 사람들을 강하게 만드는 활기차고 단호한 시간이다. 인격은 특정 사건들의 인상을 누그러뜨린다.

우리가 어떤 정복자를 볼 때 우리는 한 가지 전투나 성공을 그다지 생각하지 않는다. 우리는 그 일이 생각보다 어렵지 않았다고, 그에게는 쉬운 일이었다고 생각한다. 위대한 사람은 부들부들 떨거나 괴로워하지 않는다. 지나가는 사건들을 크게 느끼지 않는다. 사람들은 때로 이렇게 말한다. "내가 어떤 걸 극복했는지 알아? 내가 얼마나 원기 왕성한지 봐, 내가 이런 어두운 사건들을 얼마나 완벽하게 이겨냈는지 보라고." 하지만 그들이 고난의 과거를 아직 기억할 수 있다면 그것은 극복한 게 아니다. 진정한 정복 앞에서는 전진하는 거대한 역사의 흐름에서 이른 아침 나타났다가 사라지는 구름처럼 재앙이 희미해지다가 사라진다.

우리가 채워지지 않는 갈망으로 추구하는 것은 결국 자기 자신을 잊고자 하는 열망이다. 체면에서 벗어나 놀라고, 끊임없이 반복되는 자아의 기억을 잃고, 어떻게 왜 그렇게 하는지도 모른 채 어떤 일을 해내는 것. 요컨대 새로운 원을 그리는 것이다. 열정 없이는 어떤 위대함도 이루어지지 않았다.

삶이라는 길은 경이롭다. 버려야만 얻을 수 있기 때문이다. 역사의 위대한 순간들은 천재성이나 종교가 그렇듯 생각의 힘으로 이룬 성과들이다. 올리버 크롬웰은 "사람은 어디로 가는지 모를 때 가장 높이 뛸 수 있다"고 말했다. 꿈과 취기, 아편이나 술은 신탁과도 같은 이런 천재성의 흉내이자 가면이다. 그래서 사람들은 이런 것들에 위험한 매력을 느낀다. 사람들은 같은 이유로 도박이나 전쟁 같은 거친 열정의 도움을 구하며 어떤 방식으로든 마음속 불꽃과 관대함을 흉내 내려 한다.

어떤 숭고한 진리도 내일의 새로운 생각이라는 빛
아래에서는 하찮아진다. 사람들은 안정을 바라지만,
오직 불안정할 때만 희망이 있다.

12장

시인

THE POET

우리는 불로 만들어진 불의 자식이다

  심미안이 뛰어나다고 하는 이들은 찬사를 받는 그림이나 조각에 대한 지식을 지닌 채 우아함에 끌리는 사람들이다. 하지만 그들이 아름다운 영혼인지, 또 귀한 그림처럼 행동하는지를 살펴보면 이기적이고 방종하다는 사실을 알게 된다. 이들의 교양은 편협해서 마른 장작의 한 지점을 비벼 불을 피울 때처럼 나머지 부분은 여전히 차갑다. 이들의 미술 지식은 일부 규칙과 특징, 색깔과 형태에 대한 제한된 판단력을 재미나 과시를 위해 머릿속에 집어넣은 것이다. 이는 우리 시대의 미에 대한 이해가 얼마나 얄팍한지를 보여주며 형태가 즉각적으로 영혼에 의존한다는 개념을 잃어버렸다는 증거다.

  우리 철학에는 형태에 대한 이론이 없다. 우리는 열기가 냄비 안에 담긴 채 옮겨지듯 우리 몸 안에 넣어졌다. 하지만 정신과 신체 기관은 서로 정밀하게 맞춰지지 않았고 더욱이 신체 기관은 정신에서 발아하지도 않았다. 따라서 지적인 사람들은 다른 형태에서도 물질세계가 본질적으로 생각과 자유의지에 의존하지 않는다고 믿는다.

신학자들은 배와 구름, 도시나 계약의 정신적 의미를 이야기하는 것이 몽상에 지나지 않는다고 여기며 역사적 증거라는 단단한 토대로 돌아가길 선호한다. 또 시인들도 문명화되고 순응적인 생활 방식에 만족하며 직접적인 경험과 안전하게 거리를 둔 채 공상을 바탕으로 시를 쓴다. 하지만 위대한 정신을 지닌 사람들은 모든 감각적인 사실의 이중적인 의미, 아니 네 가지나 백 가지, 아니 더 많은 의미를 쉬지 않고 탐색한다.

오르페우스, 엠페도클레스, 헤라클레이토스, 플라톤, 플루타르코스, 단테, 스베덴보리가 그랬고, 조각과 그림과 시의 거장들이 모두 그랬다. 우리는 불씨를 옮기는 냄비나 수레가 아니고 불을 나르거나 횃불을 드는 사람도 아니다. 우리는 불의 자식이며 불로 만들어졌다. 우리는 그 신성한 불이 변형된 존재로 그 신성함에서 두세 단계 떨어져 있을 뿐이지만, 이 사실에 대해 가장 알지 못하는 시점에 있다. 시간과 그 창조물의 흐름은 강물처럼 이어지지만, 그 발원지는 본질적으로 이상적이고 아름답다. 이 숨겨진 진리는 우리가 시인의 본성과 역할, 그가 사용하는 수단과 재료, 그리고 오늘날 예술 전반에 대해 고찰하게 만든다.

시인은 대표하는 사람이므로 이 문제는 아주 폭이 넓다. 시인은 불완전한 사람들 사이에서 완전한 사람을 나타내고, 우리에게 자신의 부가 아닌 공동의 부를 일깨워준다. 청년이 천재들을 존경하는 이유는 사실 천재들이 청년보다 더 청년 자신의 본질에 가깝기 때문이다. 천재들도 청년처럼 영혼을 받아들이지만 더 많이 받아들인다. 자연은 사랑의 눈빛으로 바라보는 사람 앞에서 더 아름다워지고 동시에 시인이 그 모습을 바라보고 있다고 믿는다.

　　시인은 진실과 예술로 인해 동시대인들 사이에서 고립되지만, 자신이 추구하는 바가 언젠가는 모든 사람을 끌어당기리라는 위안을 얻는다. 왜냐하면 사람들은 모두 진리에 따라 살고 그것을 표현해야 한다고 느끼기 때문이다. 우리는 사랑, 예술, 탐욕, 정치, 노동, 오락을 통해 우리의 고통스러운 비밀을 공표할 방법을 연구한다. 인간은 반만 자기 자신일 뿐 나머지 반은 표현의 몫이다. 이렇듯 우리는 우리 자신이 표현되어야 한다는 필요를 느끼지만 적절한 표현은 드물다. 나는 왜 해설사가 필요한지 알 수 없지만 사람들 대다수는 아직 자기 몫을 소유하지 못한 미성년자이거나 말을 할 줄 몰라서 자연과 나눈 대화를 알리지 못하는 것 같다.

　　해, 별, 땅, 물에서는 누구나 감각을 초월하는 어떤 유용성을 느낄 수 있다. 이들 역시 사람을 도와주려고 기다린다. 하지만 우리는 체질에 어떤 문제가 있거나 지나친 냉담함이 끼어 있어 자연에서 적절한 효과를 뽑아내지 못한다. 우리는 자연이 우리에게 내려주는 인상이 너무 약한 탓에 예술가가 되지 못하는 것이다.

　　모든 접촉이 전율을 일으켜야 한다. 모든 사람이 예술가가 되어서 그에게 들이닥친 존재와 대화를 나누고 이를 알려야 한다. 하지만 우리가 경험하는 광선이나 충돌은 감지할 정도는 되지만 핵심을 찔러 언어로 재생될 정도의 설득력은 없다. 시인은 이런 힘이 균형을 이룬 사람이고, 장애물에 걸리지 않는 사람이며, 다른 사람이 꾸는 꿈을 보고 다루면서 경험의 전 범위를 가로지르는 사람이자, 자연에게 영감을 받고 인간에게 전달하는 힘이 가장 큰 덕에 우리를 대표하는 사람이다.

시인은 군림하는 황제다

우주에는 같은 시각에 태어나 전체 사고 체계에서 각자 다른 이름으로 표현되는 자식이 셋 있다. 이들은 원인, 작용, 결과라고 불리거나, 좀 더 시적으로는 제우스, 하데스, 포세이돈이라 불리고, 신학적으로는 성부, 성자, 성령이라고도 하는데 우리는 여기서 아는 자, 행하는 자, 말하는 자라고 할 것이다. 이들은 각각 진리에 대한 사랑, 선에 대한 사랑, 미에 대한 사랑을 상징한다. 이 셋은 동등하다. 각각이 본질적으로 존재하므로 다른 것에 우위를 뺏기거나 분석될 수 없고 셋 각각에 나머지의 잠재된 힘과 자기만의 특징이 있다.

시인은 말하는 자이자 이름을 짓는 자이며 아름다움을 대표한다. 그는 군주이며 중심에 서 있는 존재다. 왜냐하면 세계는 채색이나 장식으로 꾸민 게 아니라 태초부터 아름다웠으며 신이 일부 사물을 아름답게 만든 것이 아니라 아름다움 자체가 우주의 창조자다. 그러므로 시인은 권력을 위임받은 섭정이 아니라 아니라 권리를 타고나 군림하는 황제다.

비평은 물질주의적 위선으로 가득 차 있어서, 손기술과 활동이 인간의 첫 번째 미덕이라 가정하며, 시인이 말만 하고 행동하지 않는 사람이라 깎아내린다. 그러나 이는 시인들이 원래 말하는 사람이어서 말하기 위해 세상에 보내졌다는 걸 간과하고, 행동의 영역에 속한 자들이 자신의 본분에서 벗어나 말하는 자를 흉내 내는 것에서 오는 혼동이다.

호메로스가 자신의 말을 여기는 마음은 아가멤논이 자신의 승리를 귀하게 여기는 마음과 다르지 않다. 시인은 영웅이나 현자를 기다리지 않고 그들이 행동하고 생각하는 것처럼 결국 말해질 수밖에 없는 것들을 말한다. 영웅이나 현자 또한 '근본적인' 존재라 할 수 있지만 시인에게 그들은 이차적 존재이자 종속된 자들이다. 마치 화가의 화실에 앉아 있는 모델이나 건축가에게 건축 재료를 가져다주는 조수 같은 존재인 것이다.

시는 모두 시간보다 이전에 쓰였으며 우리는 정밀하게 조직되어 음악처럼 울리는 저 세계에 닿을 수 있을 때, 그 태초의 노래를 듣고 시로 적어보려 한다. 그러나 우리는 자주 어떤 단어나 구절을 놓쳐버려서 그 일부를 우리 자신의 말로 대체하려다가 시를 망친다. 귀가 예민한 이들은 더 충실하게 이 리듬을 받아적는데, 이렇게 옮긴 글은 완벽하지 않더라도 결국 인간의 노래가 된다.

자연은 선한 만큼 참으로 아름답고 또 합리적이어서 실천과 지식의 대상이어야 하고 또 그만큼 알려져야 한다. 말과 행동은 신적 에너지의 서로 다른 표현 방식일 뿐이다. 말은 행동이기도 하고 행동 역시 일종의 말이다.

시인의 증표이자 자격은 아무도 예언하지 못한 것을 그가 선포한다는 데 있다. 그는 참되고 유일한 의사다. 그는 알고 말하는 자이며, 세상에 새로운 소식을 전하는 유일한 전달자다. 시인은 자신이 묘사하는 현현의 순간 그 자리에 있었고 그 비밀을 들었기 때문이다. 그는 관념을 목격하고 필연과 원인을 말하는 사람이다. 우리는 지금 단순히 시적 재능을 지닌 사람이나 운율에 능한 기술자가 아니라 진정한 시인에 대해 이야기하고 있다.

나는 얼마전 섬세한 마음을 지니고 머리에 정교한 곡조와 운율이 가득하며 기술과 언어 구사 능력이 이루 말할 수 없이 뛰어난 동시대의 서정 시인에 대해 친구들과 이야기를 나눈 적이 있다. 하지만 그가 단순한 서정시 작가인지, 아니면 시인인지를 논하게 되었을 때, 우리는 그가 단순한 동시대인이지 영원한 시인은 아니라고 고백할 수밖에 없었다. 그는 적도 아래에서 솟아올라 지구의 모든 기후대를 통과하며 온갖 위도의 식물대가 띠를 이루는 산, 예컨대 침보라소산처럼 우리의 낮은 상상력을 뚫고 솟아오른 존재가 아니었다. 오히려 그는 분수와 동상으로 장식되고 말쑥한 남녀가 정원길과 테라스를 거니는 현대식 저택의 조경된 정원 같은 존재였다. 그가 구사하는 다양하고 아름다운 음악 속에서도 우리는 관습적인 삶의 밑바탕 음조를 들었다.

오늘날의 시인들은 노래하는 재능 있는 사람일 뿐, 음악의 자식들이 아니다. 이들의 주된 관심사는 시구의 완성도와 정교함이며 사상의 깊이는 부차적인 것이다. 하지만 시는 운율로 만들어지는 것이 아니라, 운율을 탄생시키는 생생한 사상에서 시작된다. 그 사상은 식물이나 동물의 영혼처럼 자신만의 구조를 지니며 자연에 새로운 구조를 장식한다. 시간의 순서에서 사상과 형식은 동등하지만 기원에서는 사상이 형식보다 앞선다.

시인은 처음 보는 세상을 노래한다

시인은 새로운 사상을 가지고 있으며 완전히 새로운 체험을 경험한다. 그는 자신의 경험을 우리에게 들려줌으로써 인간을 더 풍요롭게 한다. 새로운 시대의 경험은 언제나 새로운 고백을 요구하고 세계는 언제나 그 고백을 말해줄 시인을 기다린다.

나는 젊은 시절 어느 날 아침, 내 옆자리에 앉은 한 젊은이에게 '천재성이 나타났다'는 소식을 듣고 얼마나 감동했던가. 그는 일을 그만둔 뒤 중얼거리며 아무도 모르는 곳으로 가서 수백 줄의 시를 썼다. 그러나 그 시들이 자신의 내면에 있던 것을 제대로 담고 있는지는 알 수 없다고 그는 말했다. 그저 사람, 동물, 하늘, 땅, 바다, 모든 것이 변했다는 것만 확신할 수 있었다. 우리는 그 시를 얼마나 즐겁게 들었는가! 얼마나 믿었는가! 사회가 뒤흔들리는 것 같았다. 우리는 모든 별을 몰아내는 일출의 여명 속에 앉아 있었다. 보스턴이 전날 밤보다 두 배, 아니 훨씬 더 멀어진 것 같았다. 로마? 로마가 다 뭐란 말인가? 플루타르코스와 셰익스피어는 누렇게 바랬고 호메로스도 더 들을 필요가 없을 것 같았다. 바로 그날 그 집 지붕 밑, 내 바로 옆에서 시가 쓰였다는 것이 더 중요했다. 세상에! 그 경이로운 정신이 아직 살아 있었다니! 이 단단한 기억은 아직도 반짝이며 살아 있다! 신탁은 모두 침묵에 빠졌고 자연은 불을 모두 소진했다고 생각했다. 그러나 보라! 이 아름다운 빛이 밤새 모든 구멍에서 흘러나오고 있었다.

모두가 시인의 출현에 조금씩 관심을 두지만 그의 등장이 얼마나 중요한지는 아무도 모른다. 우리는 세상의 진실이 심오하다는 건 알지만 누구 혹은 무엇이 우리의 해설사가 될지는 모른다. 산책, 새로운 얼굴, 새로운 사람이 우리 손에 열쇠를 쥐여줄 수도 있다. 물론 천재의 가치는 그 기록의 진실성에 있다. 재능은 장난치거나 속일 수 있지만 천재는 그것을 실현하고 더해주는 존재다. 인류는 지금까지 성실하게 자신과 자신의 일에 대해 이해하려고 노력해왔고, 정상에 선 파수꾼이 맨 앞에서 소식을 전했다. 이는 지금껏 전해진 가장 진실한 말이며 그 시구는 그 시대를 위한 가장 적합하고 음악적인 표현이자, 가장 확실한 목소리일 것이다.

우리가 성스러운 역사라고 부르는 모든 기록은 시인의 탄생이 연대기에서 가장 중요한 사건임을 증명한다. 인간은 늘 속아왔지만 여전히 진리를 자기 것으로 만들 때까지 옆에서 도와줄 동료를 기다린다.

나는 영감을 받은 것이라 믿고 신뢰할 수 있는 시를 읽을 때 지고의 기쁨을 느낀다. 왜냐하면 이제 내 사슬이 끊어질 것이기 때문이다. 나는 나를 감싸고 있는 이 흐리고 탁한 공기를 뚫고 올라가, 맑은 하늘에서 비로소 내 관계를 제대로 바라보고 이해하게 될 것이다. 그럼 나는 조화로운 삶을 살고, 자연을 새롭게 보며, 사소한 일들도 취향에 따라 생생하게 느낄 뿐 아니라 내가 어떤 사람인지 알게 되리라. 그때 삶은 더 이상 소음이 아니게 된다. 이제 나는 남자와 여자를 제대로 보며 그들이 어리석은 자와 악한 자들과 어떻게 다른지 구분할 수 있는 표식을 깨우칠 것이다. 이 날은 내 생일보다 더 기쁜 날이 될 것이다. 생일은 내가 동물이 된 날이지만 이제는 진실한 과학이 나를 초대한다. 하지만 내가 그런 희망을 품을 때마다 현실은 자꾸만 멀어진다. 보통은 날개를 단 사람이 천국으로 데려간다며 나를 빙빙 돌려 안개 속으로 끌고 가 구름 사이를 뛰어오르듯 솟구치고 달리면서 여전히 천국을 향하는 척한다. 나는 아직 경험이 없는 탓에 그가 천국으로 가는 길을 모른다는 걸 서서히 깨닫는다. 그는 그저 땅이나 물에서 새나 날치처럼 날아오르는 자신의 기술에 내가 감탄하기를 바랄 뿐이다. 하지만 그는 모든 것을 꿰뚫고 모두를 기르며 모든 것을 보는 하늘의 공기를 마시면서 사는 사람이 아니다. 나는 다시 내가 있던 곳으로 굴러떨어져 전처럼 과장된 삶을 살아가며 나를 하늘 위로 데려다줄 안내자가 있을 거라는 믿음을 버린다.

하지만 우리는 이런 허영의 희생자들은 제쳐두고, 새로운 희망 속에서 자연이 어떻게 더 고귀한 충동으로 시인에게 자신의 선포자이자 증언자라는 소명을 지키도록 했는지 살펴보자.

그것은 바로 사물의 아름다움이며, 이 아름다움은 표현될 때 새롭고 더 높은 차원의 아름다움으로 승화된다. 자연은 시인에게 모든 생명을 그림 언어로 제공한다. 사물이 유형으로 이용되면 그 대상에는 원래의 가치보다 훨씬 뛰어난 두 번째 경이로운 가치가 나타난다. 목수가 팽팽하게 당긴 줄이 바람에 흔들릴 때, 귀를 가까이 가져가면 음악처럼 들리는 것과 같은 원리다. 이암블리코스는 "사물은 모든 이미지보다 뛰어나지만 이 역시 이미지를 통해 표현된다"고 말했다.

자연이 전체적으로나 부분적으로나 상징이기 때문에 만물은 상징으로 이용되는 것을 받아들인다. 우리가 모래에 그리는 모든 선은 어떤 의미를 갖고 있으며, 정신이나 천재성이 깃들지 않은 형체란 없다. 모든 형태는 성격의 결과이고 모든 상태는 삶의 질이란 결과에 따라 달라지며, 모든 조화는 건강의 영향을 받는다. 이런 이유로 아름다움에 대한 지각은 공감이어야 하며 오직 선한 사람에게만 적합하다. 아름다운 사람은 필연성의 기반 위에서 쉰다. 영혼이 신체를 만든다. 그래서 현명한 시인 스펜서는 다음과 같이 가르쳤다.

> 모든 영혼은 그 자체로 순결하고
> 천상의 빛을 더 많이 가질수록
> 더 아름다운 육신을 얻으며
> 그 육신 또한 더 아름답게 꾸며지니,

밝은 은혜와 사랑스러운 모습으로 빛난다.
육체는 영혼에게서 형상을 얻고
영혼이 곧 형상이 되어 육체를 만드는 것이니라.

이 시를 읽으면 우리가 갑자기 비판적인 토론장이 아니라 신성한 장소에 와 있는 듯한 느낌을 받는다. 그렇기에 우리는 매우 조심하고 경건한 태도로 나아가야 한다. 우리는 세상의 비밀 앞에 서 있다. 이곳에서는 존재가 현상으로, 통일성이 다양성으로 전환된다.

우주는 영혼의 외적 표현이다. 어디에 생명이 있든 그 주위에서 영혼은 터져나온다. 우리의 과학은 감각을 따르고 그렇기에 본질에 이르지 못해 피상적이다. 우리는 지구와 천체, 물리학과 화학이 자체로 존재하는 듯 그것들을 감각적으로 다루지만 이들은 우리 존재의 수행원들이다. 프로클로스는 이렇게 말했다. "위대한 하늘은 변형을 통해 지적 인식의 경이로움을 선명한 이미지로 보여주고 보이지 않는 지적 본성의 주기와 함께 움직인다." 그러므로 과학은 언제나 인간의 공정한 상승을 함께하며 종교와 형이상학과도 발을 맞춘다. 즉, 과학의 상태는 우리의 자기 인식을 보여주는 지표다. 자연의 모든 것은 도덕적 힘에 대응하므로 어떤 현상이 아직 거칠고 어두워 보인다면 관찰자의 대응 능력이 아직 활성화되지 않았기 때문이다.

그러니 물이 이토록 깊다면 우리가 그 위를 경건한 마음으로 맴도는 것은 당연한 일이다. 우화의 아름다움은 그 의미의 중요성을 증명한다. 시인만이 아닌 다른 모든 사람에게도 마찬가지다. 다시 말해 자연의 마법에 감응할 수 있는 사람이라면 누구나 그만큼 시인이라고 할 수 있다. 왜냐하면 모든 사람 안에는 우주가 찬미하고 기리는 생각이 존재하기 때문이다.

나는 상징에 매혹이 머문다고 생각한다. 누가 자연을 사랑하는가? 아니, 누가 감히 사랑하지 않겠는가? 자연은 시인이나 여유 있는 교양인, 한량의 전유물이 아니다. 사냥꾼, 농부, 마부, 정육업자 역시 자연과 함께 살아간다. 이들은 단지 말이 아닌 다른 방식으로 애정을 표현할 뿐이다.

작가는 마부나 사냥꾼이 말이나 개에서 어떤 걸 중요하게 보는지 궁금해한다. 그들은 외형적인 자질을 중시하지 않는다. 이야기를 나눠보면 외형적 자질을 당신만큼이나 가볍게 여기는 걸 알 것이다. 자연에 대한 그들의 경외심은 공감에서 나온다. 비록 이들이 그 공감을 언어로 정의내리지 못하지만, 자연의 힘이 존재함을 느끼고 자연의 지배를 받는다. 그들은 이 짐승들을 흉내 내거나 장난스럽게 다루면 좋아하지 않는다. 그들은 북풍, 비, 돌, 나무, 쇠의 진지함을 사랑한다.

우리가 끝까지 전부 설명할 수 없는 아름다움은 우리가 볼 수 있는 아름다움보다 더 소중하다. 그들이 숭배하는 것은 상징으로서의 자연이며, 초자연적인 힘을 증명하는 자연이다. 그 자연은 생명으로 가득 차 넘쳐나는 육체이며, 그들은 그런 자연을 투박하지만 진실한 의식으로 경배한다.

모든 인간 안에는 우주가 있다

이런 애착의 내면성과 신비가 모든 계층을 상징의 세계로 이끈다. 시인과 철학자가 그들의 상징에 도취되는 것 이상으로,

대중 역시 자신들의 상징에 깊이 빠져 있다. 정당에서 배지와 상징물이 어떤 힘을 가지는지 생각해보라. 위대한 공이 볼티모어에서 벙커힐(미국 독립전쟁 초기의 전투지)까지 굴러가는 걸 보라! 정치적 행진에서 로웰은 방직기와, 린은 신발과, 세일럼은 배와 함께 걷는다(각각 그 지역의 주요 산업을 일컫는다). 사과주 통, 통나무집, 히커리 가지, 야자나무 등 정당들의 휘장을 보라. 국장國章의 권력을 보라. 별, 표범, 초승달, 사자, 독수리 등 누가 어떻게 쓰기 시작했는지도 모를 형상들이 낡은 깃발에 그려진 채 요새에서 바람에 나부끼고 있는 것만으로도 가장 단순한 사람은 물론이고 가장 격식 있는 사람의 피까지 들끓게 한다. 사람들은 시를 싫어한다고 하지만 모두 시인이고 신비주의자다!

　　상징 언어의 이런 보편성 너머에 만물을 우월하게 사용할 때 나타나는 신성함이 있다. 이곳에서 세계는 신전이다. 벽이 상징, 그림, 신의 계명으로 뒤덮여 있고 자연 속의 어떤 사실도 자연 전체의 의미를 담고 있다. 자연이 상징으로 사용될 때 우리가 사건과 사건 사이, 고상함과 저속함, 정직함과 비열함에 매기는 구분은 사라진다. 생각을 통해 모든 것이 용도에 적합해진다.

　　모든 것을 아는 자의 어휘는 예의 바른 대화에서 배제되는 단어와 이미지까지 포함할 것이다. 저속한 사람에게는 천하고 외설적으로 보이는 말도 새롭게 엮은 생각을 통해 언급되면 훌륭해진다. 히브리 예언가의 경건함이 히브리 사람들의 상스러움을 몰아낸다. 할례는 저급하고 불쾌한 사람들을 끌어올리는 시의 힘을 보여준다. 작고 보잘것없는 것들 역시 위대한 상징으로 쓰인다. 어떤 법칙은 그 상징이 작고 하찮을수록 더 날카롭고 더 오래도록 사람들의 기억에 남는다. 필요한 도구를 넣을 상자나 용기를 가장 작은 것으로 고르는 것과 마찬가지다. 단순한 어휘 목록도 상상력이 풍부한 사람에게는 많은 것을 암시할 수 있다. 의회 연설을 준비할 때 늘 영어사전을 읽었다는 채텀 경의 사례처럼 말이다.

아무리 보잘것없는 경험이라도 생각을 표현하겠다는 목적은 충분히 이룰 수 있다. 왜 새로운 사실에 대한 지식을 탐내야 하는가? 밤과 낮, 집과 정원, 책 몇 권, 몇 가지 행동만 있으면 모든 구경거리만큼이나 충분히 우리를 채워줄 수 있다. 우리가 사용하는 몇 가지 상징들도 아직 그 의미를 다 소진하지 않았다. 우리는 언젠가 그것들을 무시무시할 정도로 단순하게 사용할 수 있을 것이다.

시는 길지 않아도 된다. 모든 단어가 한때는 시였다. 모든 새로운 관계는 새로운 단어가 된다. 또한 우리는 결함과 기형까지도 신성한 목적에 따라 사용함으로써 세상의 악이란 결국 그것을 바라보는 악한 눈에만 그렇게 보인다는 우리의 인식을 표현한다. 옛 신화를 연구하는 신화학자들은 헤파이스토스가 다리를 절고 큐피드가 눈이 먼 것처럼 신들에게 결함이 부여된 것이 넘침을 상징한다고 지적한다.

신의 삶에서 벗어나고 그 삶과 거리를 두는 것이 사물을 추하게 하므로 시인은 만물을 자연과 전체에 다시 결합한다. 심지어 인공적인 것, 자연을 위반한 것들조차 더 깊은 통찰로 자연과 결합시키고 불쾌한 사실도 아주 쉽게 제자리에 돌려놓는다.

시를 읽는 사람들은 공장 지대나 철길을 보고 풍경의 시가 이런 것들 때문에 파괴된다고 생각한다. 이런 기술은 그들의 독서에서 아직 축복받지 못했기 때문이다. 하지만 시인은 이런 것들조차 벌집이나 거미의 기하학적 그물처럼 위대한 질서 안에 속한다고 생각한다. 자연은 그런 것들을 아주 빠르게 자기의 생명적 순환 속으로 받아들이며, 미끄러지듯 달리는 기다란 기차마저도 자신의 일부인 듯 사랑한다. 또한 마음은 얼마나 많은 기계가 발명되든 중요하게 여기지 않는다. 수백만 가지 발명이 더해지고 아무리 놀라운 일이 일어나더라도 기계라는 사실 자체는 티끌만큼의 무게도 더해지지 않는다. 영적 사실은 입자가 많든 적든 바뀌지 않는다. 산이 아무리 높더라도 지구의 곡선을 파괴하지 않는 것과 마찬가지다. 영리한 시골 소년이 처음으로 도시에 가면 익숙한 도시인은 소년이 느끼는 소소한 경이로움에 만족하지 않는다. 하지만 그 소년은 단지 멋진 건물들을 처음 보았다는 것에서 그치지 않는다. 소년은 시인이 철도를 자신의 시 속에 담아내듯 아주 자연스럽게 받아들인다. 이런 건축물들의 본질을 파악한 것이다. 새로운 사실의 가장 중요한 가치는 인생에서 위대하고 변치 않는 사실을 돋보이게 하는 것이다. 이 삶 앞에서는 어떤 환경이든 모두 왜소해지며, 원주민의 거래나 미국의 상업이 똑같아진다.

그러므로 세상은 동사와 명사의 마음 밑에 있고 시인은 그것을 분명하게 표현하는 자다. 삶은 위대하고 매혹적이며 사람을 깊이 사로잡지만, 모든 사람이 삶을 가리키는 상징들을 본능적으로 이해한다 해도, 그것을 창조적으로 표현할 수 있는 것은 아니다.

우리는 곧 상징이고 상징 안에 산다. 노동자, 일, 도구, 말과 사물, 태어남과 죽음, 모든 것이 상징이다. 하지만 우리는 상징에 감응하면서도 실질적인 사용에 집중하는 탓에 이런 상징이 사유라는 사실을 모른다. 시인은 더 깊은 지적 통찰에 따라 이러한 사물들에 새로운 힘을 부여하고, 그 이전의 용도를 잊게 만들며, 말 못하는 무생물에게 눈과 혀를 부여한다. 시인은 생각이 상징과 독립적으로 존재한다는 것과 생각은 안정적이지만 상징은 우연적이며 덧없다는 사실을 인식한다. 그리스 신화 속의 린케우스는 눈으로 땅속을 꿰뚫어 본다고 하는데, 시인은 세상을 유리처럼 투명하게 바꿔 만물의 순서와 행렬을 보여준다. 그런 뛰어난 지각력으로 그는 사물에 한 발 더 가까이 다가가 흐름과 변화를 보며, 생각의 다양한 형태를 감지하고, 모든 창조물의 형태 안에 더 높이 올라가려는 추진력이 있음을 깨닫는다. 또한 그는 생명의 흐름을 따라가며 그 삶을 표현하는 형식을 사용하므로 그의 언어는 자연과 함께 흐른다.

성, 양분, 잉태, 탄생, 성장 등 동물의 생리학에서 나타나는 모든 사실은 세계가 인간의 영혼으로 들어가 변화를 겪은 뒤 더 새롭고 고귀한 사실로 재현되는 상징들이다. 그는 형식을 따라 사물을 표현하지 않고, 생명을 따라 형식을 선택한다. 이것이 진정한 과학이다. 시인만이 참된 천문학, 화학, 식물학, 생명학을 아는 사람이다. 왜냐하면 시인은 사실에서 멈추지 않고 그것을 기호로 사용하기 때문이다. 그는 우주의 평원과 목초지에 왜 우리가 해와 달과 별이라는 부르는 꽃이 뿌려져 있는지, 왜 위대하고 깊은 세계가 동물과 사람과 신으로 장식되어 있는지 알고 있다. 그는 내뱉는 모든 말을 마치 생각의 말馬인 듯 타고다닌다.

언어는 시의 화석이다

이러한 통찰의 힘으로 시인은 사물에 이름을 붙이는 사람, 즉 언어의 창조자가 된다. 때로는 외양을 따라 때로는 본질을 따라 사물에 이름을 붙이되 모든 것에 그 고유의 이름을 붙여 독립과 경계를 즐기는 지성을 기쁘게 한다. 시인들이 모든 말을 만들었기에 언어는 역사의 기록보관소이자 어떻게 보면 뮤즈들의 무덤이라고도 할 수 있다.

    우리가 쓰는 단어의 기원은 이제 대부분 잊혔지만 처음에는 모두 천재적인 발상에서 나왔고 그 순간에는 말하는 사람과 듣는 사람에게 세계를 상징했기 때문에 통용되었다. 어원학자들은 완전히 죽은 단어도 한때는 빛나는 그림이었다고 말한다. 언어는 시의 화석이다. 마치 대륙의 석회암이 수많은 미세 생물의 껍데기로 이루어진 것처럼, 언어 또한 이미지와 비유로 구성되어 있으며, 그것들은 이제 2차적 용도로 사용되면서 더 이상 시적인 기원을 떠올리게 하지 않는다. 하지만 시인은 그것을 보고 다른 사람들보다 한 발 더 가까이 가므로 여기에 이름을 붙인다. 이런 표현, 이런 이름 짓기는 예술이 아니라 나무에서 잎사귀가 나오듯 첫 번째 본성에서 자란 두 번째 본성일 뿐이다. 우리가 자연이라고 부르는 것은 자동적인 움직임과 변화이다. 자연은 스스로 모든 것을 행하고, 다른 이에게 명명을 맡기지 않고 자신에게 스스로 명명하며, 다시 이를 통해 변화한다. 이것에 대해 한 시인이 이렇게 묘사한 바 있다.

    천재성이란 물질적이고 유한한 사물의 쇠퇴를 전체적 혹은 부분적으로 복구하는 활동이다. 자연은 자신의 모든 영역에서 스스로를 보호한다. 아무도 하찮은 곰팡이를 일부러 심지 않지만, 자연은 버섯 주름에서 무수한 포자를 흔들어 떨어뜨린다. 그중 하나만 살아남으면 내일 혹은 모레 수십억 개의 새로운 포자가 날아갈 것이다. 이렇게 자라는 새 버섯은 이전의 버섯이 갖지 못한 기회를 얻는다. 이 작은 씨앗은 두어 걸음 떨어진 곳에서 밟혀버린 부모 버섯과는 다른 장소에 뿌려진다. 자연은 한 인간을 만들어내고 그를 성숙한 나이까지 기른 후 더 이상 바람에 잃을 위험이 없어지면 이제는 단 한 번의 사고로 이 놀라운 존재를 잃을 위험을 감수하지 않기 위해 그에게서 또 다른 자아를 분리해 낸다. 그 존재가 겪을 수 있는 불운으로부터 인류 전체를 보호하기 위한 조치이다. 이와 마찬가지로 시인의 영혼은 성숙한 생각을 키운 후 시나 노래를 떼어내 세상으로 내보낸다. 두려움과 잠과 죽음을 모르는 이 자손은 지친 시간의 왕국에서 사고를 당하지 않는다.

　　시인의 자손들은 자신을 낳은 영혼의 덕성 덕분에 날개를 지니고 있어, 멀리 빠르게 날아가 사람들의 가슴속에 영원히 박힌다. 이 날개야말로 시인의 영혼이 지닌 아름다움이다. 필멸의 부모에게서 나와 불멸의 모습으로 날아오른 이 노래들은 수많은 비난의 외침에게 쫓기지만, 이런 비난의 외침에는 날개가 없다. 그들은 아주 짧은 도약 후 땅에 곤두박질쳐 썩어버리는데, 이는 그들이 태어난 영혼에게서 아름다운 날개를 물려받지 못했기 때문이다. 하지만 시인의 선율은 끊임없이 치솟고 도약해 무한한 시간 깊은 곳까지 꿰뚫고 들어간다.

　　지금까지 시인은 자유로운 언어로 내게 가르쳐주었다. 하지만 자연은 새로운 개체들을 만들 때 안전보다 더 높은 목표를 세운다. 그것은 바로 상승, 즉 영혼이 더 높은 형태로 옮겨가는 것이다. 나는 젊은 시절, 지금 공원에 서 있는 청년 조각상을 만든 조각가를 알고 있었다. 내가 기억하기로 그는 자신이 왜 행복하거나 불행한지 직접 말하지 못했지만 간접적으로는 멋지게 표현할 수 있었다. 어느 날 그는 습관적으로 새벽이 오기 전에 일어나 위대한 영원에서 밝아오는 아침을 본 뒤 며칠 동안 이 고요함을 표현하려고 애썼다. 그러자 그의 끌은 대리석으로 아름다운 청년의 형상을 조각해냈다. 그 청년은 '포스포로스'라는 이름을 지닌 존재로, 그 모습은 보는 이들로 하여금 말문을 닫게 만든다고 전해진다.

시인 또한 자신의 기분을 따라 그를 뒤흔든 생각을 표현하지만 완전히 새로운 방식이다. 시인의 표현은 유기적이다. 즉, 사물이 해방되면서 스스로 취하게 되는 새로운 형태다. 태양 아래서 사물이 망막 위에 상을 맺듯, 우주 전체의 열망을 공유하는 사물들은 자신의 본질을 더 섬세하게 시인의 정신에 새기려 한다. 사물들이 더 높은 유기적 형태로 변화하듯, 그것들이 선율로 바뀌는 것도 같은 원리다. 모든 사물에는 그것의 정령 또는 영혼이 존재하고 사물의 형태가 눈에 반영되듯이 사물의 영혼은 선율로 반영된다.

바다, 산의 능선, 나이아가라폭포, 꽃밭 하나하나까지도 이미 존재하거나 초월적으로 존재하는 전(前)선율을 지니고 있으며, 그것들은 마치 공기 중을 떠도는 향기처럼 흘러다닌다. 그리하여 예민한 귀를 가진 사람이 그곳을 지나며 이 노래를 들으면 희석하거나 훼손하는 일 없이 받아적으려고 한다. 그리고 이 점에서 비평의 정당성이 발생한다.

시는 자연 속 어떤 본문의 부패된 버전이며, 우리는 그것이 그 본문과 맞아떨어지게 해야 한다는 믿음을 마음속에 지니고 있기 때문이다. 소네트의 운율은 조개의 반복된 무늬나 꽃 한 무더기의 비슷한 듯 다른 차이보다는 즐거워야 한다. 새들의 짝짓기는 일종의 서정시이며 우리의 지루한 서정시들과 다르게 따분하지 않다. 폭풍은 거짓말과 고함이 없는 거친 송가이며 씨 뿌리고 거두고 저장하는 여름은 얼마나 훌륭하게 연주되었는지에 따라 달라지는 서사시다. 왜 이것들을 조절하는 대칭성과 진실이 우리 정신에 스며들지 않는가! 그리고 우리는 왜 자연의 발명에 참여할 수 없는가?

소위 상상력이라 불리는 이 통찰은 아주 수준 높은 형태의 보는 방식이며 공부한다고 해서 생기는 게 아니라 지성이 보이는 것과 하나가 되고 형태를 통한 사물의 통로나 회로를 다른 사람들이 투명하게 보도록 공유할 때 생긴다. 사물의 통로는 고요하다. 이 사물들은 화자가 함께하도록 허용할까? 사물들은 염탐꾼을 허락하지 않는다. 그러나 사랑하는 연인이나 사물들의 본성을 초월적으로 드러내는 존재인 시인은 허락한다. 시인이 진정한 이름 붙이기를 할 수 있는 조건은 형태에서 불어오는 신성한 기운에 자신을 온전히 내맡기고, 그 기운과 함께 걸어가는 것이다.

지적인 사람이라면 누구나 곧 깨닫게 되는 비밀이 하나 있다. 우리가 지성의 한계를 넘어 사물의 본성에 자신을 맡길 때, 지성은 스스로를 확장하며 전보다 더 큰 에너지를 발휘할 수 있게 된다. 또한 우리는 위험을 감수하고 인간적인 문을 열어 천상의 조수가 내면을 흐르게 할 때, 개인의 힘을 넘어선 위대한 공적 에너지를 불러올 수 있다는 것도 알게 된다. 그럴 때 시인은 우주의 생명에 휩싸여 천둥 같은 말을 내뱉고, 그의 생각은 법이 되며, 그의 언어는 식물과 동물처럼 보편적으로 이해할 수 있는 것이 된다.

시인은 자신이 다소 거칠게 말할 때나, '마음의 꽃'으로 말할 때, 또 지성을 도구로 삼지 않고 모든 행위에서 벗어나 천상의 삶에 따라 방향을 잡을 때, 혹은 고대인들의 표현처럼 지성만이 아니라 넥타르에 취해 말할 때에만 비로소 올바르게 말하고 있다는 것을 안다. 길 잃은 여행자가 말의 목에서 고삐를 풀어 말이 동물적 본능으로 길을 찾게 하듯이 우리도 우리를 등에 업고 이 세상을 헤쳐나가는 신성한 동물을 믿어야 한다. 만일 어떤 방식으로든 이 본능을 자극할 수 있다면, 우리는 자연 속으로 이어지는 새로운 길들을 발견한다. 그러면 마음은 가장 단단하고 가장 높은 곳으로 흘러 변화와 변형이 가능해진다.

이것이 바로 시인들이 포도주, 벌꿀주, 마약, 커피, 차, 아편, 백단향과 담배 연기 등 동물적 고양 상태를 불러오는 물질을 좋아하는 이유다. 인간은 모두 늘 그런 수단을 구해 평범한 힘에 특별한 힘을 더하려고 한다. 그리고 이런 이유로 대화, 음악, 그림, 조각, 춤, 연극, 여행, 전쟁, 군중, 화재, 도박, 정치, 사랑, 과학, 육체적 도취를 중요하게 생각한다. 하지만 이 모든 것이 진리에 더 가까이 가 황홀경을 느끼게 하는 진정한 넥타르가 아니라 더 조잡하거나 섬세한 기술적 대체물에 지나지 않는다. 이런 것들은 자유로운 공간으로 나가려는 인간의 원심적 성향을 보조하고, 그를 육체라는 감옥과 개인적 관계라는 울타리에서 벗어나도록 돕는다. 따라서 전문적으로 아름다움을 표현하는 화가, 시인, 음악가, 배우 등은 참된 넥타르를 받은 극소수를 제외하고는 다른 사람들보다 쾌락과 방종에 더 쉽게 빠진다. 자유를 얻은 것처럼 보이는 이 거짓된 방식, 즉 천상이 아니라 더 낮은 곳을 향한 해방은 결국 방탕과 타락이라는 대가를 치르게 만든다.

하지만 자연의 혜택은 절대 속임수로 얻을 수 없다. 세계의 정신, 창조주의 위대하고 고요한 현존은 아편이나 포도주의 마법에서 오지 않는다. 숭고한 통찰은 깨끗하고 순결한 몸에 깃든 순수하고 단순한 영혼에게만 찾아온다. 마약으로 얻는 흥분과 광란은 영감이 아닌 가짜일 뿐이다. 밀턴은 서정시를 쓰는 시인이라면 포도주를 마시며 흥청망청 살아도 되지만 신과 신의 강림을 노래하는 서사시 시인이라면 나무 그릇에 담긴 물을 마셔야 한다고 했다. 서사시는 악마의 포도주가 아닌 신의 술이기 때문이다. 아이들의 장난감과 마찬가지인 셈이다. 우리는 아이들의 손과 놀이방을 온갖 인형, 북, 목마로 채워, 아이들의 눈이 자연의 순수하고 충분한 대상들, 이를테면 해, 달, 동물, 물, 돌과 같은 진짜 장난감에서 멀어지게 만든다.

시인의 생활 또한 평범한 영향도 기쁘게 받아들일 수 있는 낮은 곳에 있어야 한다. 그는 햇볕에서 활력을 얻고 공기에서 충분한 영감을 받아야 하며 물만으로도 취할 줄 알아야 한다. 고요한 마음을 지닌 이들에게 충분한 그 정신은 시든 풀이 자라는 마른 언덕, 반쯤 땅에 묻힌 소나무 그루터기, 흐릿한 3월의 햇빛이 비치는 돌에서 솟아난다. 또한 그 정신은 가난하고 배고픈 사람, 소박한 취향을 가진 사람에게 찾아오는 듯하다. 만일 당신이 머릿속을 보스턴과 뉴욕, 유행과 탐욕으로 채우고, 지친 감각을 포도주와 프랑스 커피로 자극하려 한다면, 황폐하고 외로운 소나무 숲에서 어떤 지혜의 광휘도 찾지 못할 것이다.

시인이 상상력으로 취한다면 다른 사람도 마찬가지일 것이다. 변신은 보는 사람을 즐겁게 한다. 상징은 모두에게 해방과 희열을 전달하는 힘이 있다. 마치 마법 지팡이가 톡 건드린 듯 우리의 정신은 아이처럼 행복하게 춤추고 뛰어다니는 듯한 느낌을 받는다. 마치 동굴이나 감옥에서 나와 탁 트인 공기를 마신 사람들 같다. 이것이 비유, 우화, 신탁 등 모든 시적 형태가 우리에게 주는 효과다. 그러므로 시인은 해방의 신이다. 사람들은 진실로 새로운 감각을 얻고 자신이 속한 세계 안에서 또 다른 세계 혹은 여러 세계의 둥지를 발견하게 된다.

한번 형상의 변형을 목격하고 나면, 우리는 그것이 결코 멈추지 않으리라는 것을 직감한다. 지금은 상징이 수학의 매력을 얼마나 높이는지는 이야기하지 않겠다. 수학적 정의에도 비유가 있으며 상징은 모든 정의에 있다. 아리스토텔레스는 우주를 "사물이 담긴 움직일 수 없는 그릇"이라고 정의했고 플라톤은 선을 "흐르는 점"으로, 도형을 "고체의 경계"라고 칭했다. "해부학을 모르면 어떤 집도 잘 지을 수 없다"는 비트루비우스의 예술관을 듣고 우리는 얼마나 기쁨 어린 자유로움을 느끼는가! 소크라테스가 『카르미데스』에서 "영혼의 병은 특정한 주문을 통해 고칠 수 있고 이 주문은 아름다운 이성理性이며 여기에서 영혼의 절제가 나타난다"고 말했을 때, 플라톤이 세계를 동물이라고 하자 티마이오스가 식물 또한 동물이고 인간을 "하늘로 뿌리를 뻗는 천상의 나무"라 말할 때, 조지 채프먼이 그를 따라

그러니 우리 인간 나무에서는 신경 뿌리가
꼭대기에서 솟아난다네.

라고 했을 때, 오르페우스가 백발이 "늙음의 극단을 나타내는 흰 꽃"이라 하고, 그리스의 철학자 프로클로스가 우주를 "지성의 조각상"이라고 할 때, 초서가 '고귀함'을 찬미하면서 미천한 처지 속의 고귀한 혈통을 "캅카스산과 이곳 사이 가장 어두운 집에 가져다놔도, 여전히 자신 본연의 불꽃을 태울 불"에 비유할 때,

요한이 묵시록에서 세상의 타락과 별들이 하늘에서 떨어지는 모습을 "무화과나무가 이른 열매를 떨어뜨리는 것처럼"이라 기록할 때, 이솝이 평범한 일상의 관계를 새와 동물의 가장행렬을 통해 보여줄 때, 우리는 우리에게 불멸하는 본질과 변화에 적응하고 탈출하는 재능이 있다는 경쾌한 단서를 얻는다. 집시들이 "그들을 교수형에 처해봐야 헛된 일이야. 그들은 죽을 수 없어"라고 말한 것과 마찬가지다.

그러므로 시인은 해방의 신이다. 고대 영국의 시인들은 자신들을 "세계에서 가장 자유로운 사람들"이라고 불렀다. 실제로 그들은 자유로웠고 자유를 만들었다. 상상력이 풍부한 책은 처음에는 그 비유들을 통해 우리를 자극함으로써 더 큰 도움을 준다. 저자의 정확한 뜻을 이해하게 되었을 때보다 오히려 그렇다.

나는 초월적이고 비상한 책만이 가치가 있다고 생각한다. 만일 어떤 사람이 자기 생각에 빠져 저자와 대중을 잊고 광기에 사로잡힌 듯 하나의 꿈에만 몰두한다면 나는 그의 글을 읽고 싶다. 그 글만 읽을 수 있다면 그 외의 모든 논증, 역사, 비평은 다른 사람에게 주어도 좋다. 피타고라스, 파라켈수스, 코르넬리우스 아그리파, 카르다노, 케플러, 스베덴보리, 셸링Friedrich Schelling, 오켄Lorenz Oken, 또는 우주 생성론에 천사, 악마, 점성술, 손금 보기, 최면술 등 의문스러운 사실을 소개하는 모든 사람은 우리가 일상을 벗어날 수 있고 그걸 증명할 증인도 있다는 증서다.

대화에서도 최고의 성과란 바로 이런 자유의 마법, 세계를 공처럼 우리 손안에 쥐는 힘이다. 자연을 무너뜨리고 뒤흔드는 힘을 감정이 지성에게 전달할 때, 자유조차 하찮게 느껴지고 학문은 초라해진다. 이것은 얼마나 위대한 관점인가! 국가, 시간, 제도가 거대하고 다채로운 태피스트리의 실처럼 들어가서 사라진다. 꿈이 우리를 다른 꿈으로 데려가고, 풍요로움의 취기가 지속되는 동안 우리는 철학도 종교도 심지어 안락한 침대마저도 팔아버린다.

우리가 이 해방을 귀하게 여겨야 하는 이유가 있다. 앞이 안 보일 정도로 거센 눈보라에 길을 잃어 자기 집 문을 코앞에 두고 숨을 거두는 불쌍한 양치기의 운명은 인간 존재의 상태를 상징한다. 우리는 삶과 진실의 오아시스를 바로 앞에 두고 비참하게 죽어간다. 지금 우리가 하고 있는 생각 외의 어떤 생각에도 도달할 수 없다는 사실은 참으로 놀라운 일이다. 그 생각에 아무리 가까이 간다고 해도 아주 멀리 있을 때와 똑같이 아득하다. 모든 생각은 일종의 감옥이고 모든 천국 또한 감옥이다. 그래서 우리는 어떤 형태로든 노래나 행동, 표정이나 태도로 우리에게 새로운 사고를 안겨주는 시인과 발명가를 사랑한다. 그들은 우리의 사슬을 풀어주고 우리를 새로운 장면으로 이끈다.

이 해방은 모든 사람에게 소중한 것이며, 그것을 전달할 수 있는 능력은 더 깊고 넓은 사고에서 비롯되어야 하기에 지성의 척도가 된다. 그러므로 상상력이 풍부한 모든 책은 오랫동안 살아남는다. 그런 책은 작가가 자연을 자기 밑에 두고 자연을 자기 표현의 도구로 삼는 진리에 도달했기 때문이다. 이러한 가치를 담은 모든 시구와 문장은 내면의 불멸성을 책임질 것이다. 세상의 모든 종교는 풍부한 상상력을 지닌 몇 명의 외침이다.

하지만 우수한 상상력은 얼어붙지 않고 흐른다. 시인은 색채나 형태 앞에 멈추지 않고 그 의미를 읽는다. 그러나 시인은 그 의미에 안주하지 않고, 같은 대상을 그가 생각해낸 새로운 사상의 표현 수단으로 삼는다. 여기에 시인과 신비주의자의 차이가 있다. 신비주의자는 하나의 상징을 하나의 의미에 고정시킨다. 그 의미는 잠시간 진실하지만 곧 낡은 거짓이 된다. 모든 상징은 유동적이고 모든 언어는 과도적이면서 수단이기에 연락선이나 말처럼 운송용으로나 쓸모가 있지 농장이나 집처럼 정착의 수단으로는 적절치 않기 때문이다. 신비주의는 우연적이고 개별적인 상징을 보편적인 상징으로 오해하는 실수를 저지른다.

아침의 붉은빛은 야코프 뵈메가 가장 좋아하는 현상이었고 그에게 진리와 믿음을 상징했다. 그는 이 빛이 모든 독자에게 똑같은 실재를 의미해야 한다고 믿었다. 하지만 그의 의견을 읽은 독자들은 어머니와 아들 또는 정원사와 구근 또는 보석을 닦는 보석상이라는 상징을 더 좋아했다. 이 예시들, 아니, 그와 비슷한 수많은 상징들 또한 그것을 중요하다고 여기는 사람에게는 똑같이 훌륭하다. 다만 이런 상징은 가볍게 받아들여져야 하며 다른 사람들의 상징으로 쉽게 바뀔 수 있어야 한다. 그래서 신비주의자는 이런 말을 계속 들을 것이다. "당신이 하는 말은 그런 지루한 상징 없어도 진실해요. 진부한 수사학 대신 추상적으로 생각해봅시다. 이런 협소한 상징 대신 보편적인 기호를 써보자고요. 그래야 우리 모두 얻는 게 있을 겁니다." 종교 질서의 역사를 살펴보면 모든 종교적 오류는 상징을 지나치게 단단하고 고정된 것으로 만드는 데서 비롯되었음을 알 수 있다. 결국 그런 상징은 언어라는 기관을 남용한 것에 지나지 않다.

최근 사람들 가운데에는 스베덴보리가 가장 탁월하게 자연을 생각으로 변환한 사람이다. 나는 역사상 그토록 사물을 통일된 말로 나타낸 사람을 본 적이 없다. 스베덴보리의 세계에서는 변형이 끊임없이 일어난다. 그러나 그의 눈이 머물렀던 모든 것은 도덕적 본성이라는 충동에 복종한다. 무화과는 그가 먹으면 포도가 된다. 그의 천사들 몇몇이 진리를 말하면 듣고 있던 월계수 가지가 손안에서 꽃을 피운다. 멀리서 들을 때는 고함과 주먹질 같던 소음이 가까이 오면 지적인 논쟁이 된다. 그의 환상 중 하나에서는 천상의 빛을 받으면 사악한 용의 본모습이 드러나는 사람들이 등장한다. 그들끼리는 서로를 평범한 인간으로 보았는데 그들이 지내는 오두막 안으로 하늘의 빛이 비치자, 그들은 그 빛을 오히려 어둡다고 불평했고, 앞을 보기 위해 창문을 닫아야만 했다.

    스베덴보리는 시인이나 선각자를 경외심이나 두려움의 대상으로 만드는 통찰력이 있었다. 즉, 같은 사람이나 같은 집단이라도 자신과 동료들이 보는 모습과 더 높은 지성을 갖춘 사람들이 보는 모습이 다를 수 있다는 것이다. 그는 어떤 성직자들이 매우 박식하게 대화하는 모습을 묘사하면서, 아이들이 멀리서 그들을 볼 때는 꼭 죽은 말들 같아 보였다고 표현한다. 스베덴보리의 글에는 이와 비슷한 '잘못 보임misappearance'이 여러 번 나타난다. 그리고 즉시 마음속에는 이런 의문이 떠오른다. 다리 밑의 물고기, 저 먼 풀밭의 황소, 마당의 개가 확실히 물고기, 황소, 개가 맞을까? 아니면 나의 눈에만 그렇게 보이는 것일까? 어쩌면 그것들은 자기 자신을 꼿꼿이 선 인간으로 보고 있을지도 모른다. 그렇다면 나는 과연 모든 존재에게 사람처럼 보일까? 브라만과 피타고라스 역시 스베덴보리와 같은 질문을 던졌다. 만약 어느 시인이 그런 변형을 목격했다면, 그는 아마 그것이 다양한 체험들과 조화를 이루고 있음을 알았을 것이다. 우리는 누구나 밀과 애벌레의 극적인 변화를 본 적이 있다.

시인은 거울을 싣고 길을 달린다

　　나는 내가 묘사한 시인을 찾아보지만 헛수고다. 아무도 솔직하고 심오하게 삶에 다가가지 않고 우리만의 시대와 환경을 찬양하지도 않는다. 용감하게 하루를 보냈다면 그것을 축하하는 데 주저하지 않아야 한다. 시간과 자연은 우리에게 많은 선물을 주었지만 아직 우리에겐 시의적절한 인간, 새로운 종교, 만물의 조화로운 조정자가 나타나지 않았다.

　　단테의 위대함은 그가 자신의 자서전을 거대한 암호로, 즉 보편성으로 썼다는 용기를 가졌다는 것이다. 우리가 가진 뛰어난 자원의 가치를 이해하고, 호메로스의 글과 중세, 종교 개혁에서 발견한 신들의 또 다른 축제를 이 야만과 물질주의의 시대 속에서도 꿰뚫어 보는 압도적인 통찰을 지닌 천재는 아직 미국에 나타나지 않았다. 은행과 관세, 신문과 전당 대회, 감리교파와 유니테리언파는 둔한 사람들에게는 밋밋하고 지루하게 보이지만 트로이나 델포이 신전과 똑같은 경이로운 기원 위에 세워졌으며 마찬가지로 빠르게 사라져가고 있다.

　　우리의 정치적 협력, 연단에서 일어나는 정치, 어업, 흑인과 원주민, 우리의 선박과 거부행위, 분노와 범죄, 정직한 사람들의 무기력, 북부의 상업, 남부의 농업, 서부의 개척지, 오리건주와 텍사스주는 아직 노래로 불리지 않았다. 하지만 우리 눈에 미국은 한 편의 시다. 이 풍요로운 지형이 눈부신 상상력을 부르니 음악으로 불릴 날을 오래 기다리지 않아도 될 것이다. 내가 찾는 뛰어난 재능의 조합을 내 동포들에게서 아직 발견하지 못했고, 차머스Alexander Chalmers가 엮은 다섯 세기의 영국 시 모음집에서도 시인에 대한 개념을 구체화하는 데 도움을 받지 못했다. 이 모음집에는 시인도 있기는 하지만 오히려 재주꾼들이 대부분이다. 하지만 우리가 시인에게 이상을 고집하면 밀턴이나 호메로스도 시인이 되기 어렵다. 밀턴은 너무 문학적이고 호메로스는 너무 직설적이며 역사적이다.

하지만 나는 국가를 비판할 만큼 현명하지 못하므로 과거의 위대함을 조금 더 이용해 시인의 예술에 대해 뮤즈에게서 받은 임무를 수행하려고 한다.

예술은 창조자가 자신의 작업으로 나아가는 길이다. 이 길 혹은 방법은 이상적이며 영원하지만 보는 사람이 거의 없고 예술가 자신도 조건이 맞지 않으면 몇 년 혹은 평생 보지 못한다. 화가, 조각가, 작곡가, 서사시 낭송가, 웅변가 모두 한 가지 욕망, 즉, 초라하고 단편적인 방식이 아니라 조화롭고 풍성하게 자신을 표현하려는 욕망이 있다. 이들은 특정한 조건 속에 자신을 둔다.

화가와 조각가는 인상적인 인간의 형상을 만나고, 웅변가는 군중 앞에 서고, 다른 이들은 각각 자신의 지성을 흥분하게 하는 곳에서 새로운 욕망을 느낀다. 어떤 사람은 목소리를 듣고 어떤 사람은 손짓을 본다. 그리고 자신을 둘러싼 수호신들을 보며 경이로움을 느낀다. 시인은 더 이상 가만히 있을 수 없어서 옛 화가처럼 이렇게 말한다. "신이시여, 그것은 내 안에 있으며 반드시 나에게서 나와야 합니다." 그는 어렴풋이 모습을 드러낸 채 달아나는 아름다움을 좇으며 앞으로 나아간다. 그리고 외로움 속에서 시를 쏟아낸다. 대부분 상투적인 글이지만 마침내 독창적이고 아름다운 시를 완성하기도 한다. 그런 시가 시인을 매혹한다. 이제 그는 그런 시 외에 아무것도 말하고 싶지 않다.

우리는 보통 '저건 네 것, 이건 내 것'이라고 말하지만 시인은 그것이 자기 것이 아님을 잘 안다. 그에게 낯설고 아름다워 보이는 것은 다른 사람에게도 그럴 것이기 때문이다. 그래서 그런 진리를 오래오래 들을 수 있기를 기대한다. 한번이라도 이 불멸의 영액靈液을 맛보고 나면 끝없이 원하게 되는 것이다. 이런 지적 활동 속에 뛰어난 창조력이 존재하므로 이를 말로 표현하는 것은 가장 중요하다.

우리가 아는 것 중 말로 전달되는 것은 얼마나 적은가! 학문이라는 바다에서 우리가 퍼올리는 물은 고작 몇 방울뿐이다. 자연에 수많은 비밀이 잠들어 있는데 왜 하필 이 몇 방울의 비밀만이 드러난 것일까? 그래서 우리에게는 말과 노래가 필요하다. 그리하여 웅변가가 군중 앞에 설 때, 그의 심장이 격렬하게 뛰는 것이다. 그 모든 이유는 단 하나 생각을 로고스, 즉 '말씀'으로 뽑아내기 위해서다.

오, 시인이여, 의심하지 말고 끈질기게 붙들어라. "그것은 내 안에 있고, 반드시 밖으로 나올지라"라고 선언하라. 방해받고, 말문이 막히고, 더듬고, 버벅이며, 야유와 조롱을 받더라도 그 자리에 서서 고통스럽게 노력하라. 마침내 당신의 깊은 내면에서 분노가 치솟아, 매일 밤 꿈속에서 그것이 당신의 것임을 증명하는 그 '꿈의 힘'을 끌어낼 때까지.

그 힘은 모든 한계와 고립을 초월하는 것이며, 그 힘 덕분에 인간은 모든 우주의 전류를 이끄는 도체가 된다. 걷고 기고 자라고 존재하는 모든 것은 결국 일어나서 자신의 의미를 대변한다. 시인이 그 힘에 도달하면 그의 천재성은 더 이상 고갈되지 않는다. 모든 생명체가 짝을 짓고 집단을 이루어 노아의 방주로 들어가듯 그의 마음에 몰려 들어가고 다시 사람들에게 새로운 세상을 전해준다. 이는 호흡을 위해 또는 벽난로에서 연소시키려고 공기를 축적하는 것과 같다. 시인은 갤런 단위로 공기를 쓰는 게 아니라 원한다면 전체 대기를 쓸 수 있다. 그러므로 부유한 시인은 호메로스, 초서, 셰익스피어, 라파엘처럼 수명 외에는 작업에 한계가 없고 거울을 싣고 길을 달리는 듯 창조된 모든 이미지를 만들어낼 준비가 돼 있다.

오, 시인이여! 새로운 고귀함은 이제 성채와 칼날이 아닌 숲과 목초지에 있다. 그 고귀함을 얻는 것이 쉽지 않지만 이 조건은 모든 시인에게 동일하다. 당신은 세상을 떠나 오직 뮤즈만 알아야 한다. 당신은 이제 시대의 흐름, 관습, 품위, 정치, 대중의 의견을 몰라야 하고 모든 것을 뮤즈에게서만 얻어야 한다.

도시의 시간은 장송곡처럼 세상에서 종을 울리며 끝나지만, 자연에서는 보편적인 시간이 동물과 식물의 세대를 통해 흐르고, 기쁨 위에 기쁨이 자라남으로써 계측된다. 신의 뜻 또한 겹겹의 이중생활에서 물러나 다른 사람이 대신 말하는 데 만족하라고 말한다. 다른 사람들이 대신 신사가 되어 모든 예의와 세속적인 삶을 대리할 것이고 위대하고 박수받는 행동 또한 대리할 것이다. 당신은 자연에 숨어 의회나 주식 거래소를 신경 쓰지 않아야 한다. 당신의 길은 세상을 포기하고 수련하는 것이다. 그러니 오랫동안 바보나 상스러운 사람으로 지내야 한다.

이 시간은 목신이 사랑하는 꽃을 보호하려고 씌운 덮개와 같아서 당신이라는 꽃은 가까운 몇 명에게만 보일 것이고 그들이 따뜻한 사랑으로 당신을 위로할 것이다. 또 당신은 신성한 이상 앞에서 느끼는 오랜 수치심 때문에 친구들의 이름을 시에 넣지 않으려고 할 것이다. 그 수치심이 바로 보상이다. 이상은 당신의 현실이 될 것이고 현실 세상의 인상이 여름비처럼 엄청나게, 하지만 아무 문제 없이 당신의 강력한 본질 위로 쏟아질 것이다. 당신은 온 땅을 자신의 공원과 영지로 삼을 것이고 바다는 당신의 목욕탕이자 항해지가 되어 세금도 시샘도 없이 소유하게 될 것이다.

숲과 강도 당신의 것이다. 다른 사람들은 세입자, 투숙객으로만 머물 수 있는 곳이 당신의 소유다. 당신이 진정한 땅의 주인, 바다의 주인, 공기의 주인이다! 눈이 내리고 물이 흐르고 새가 나는 곳, 낮과 밤이 여명 속에서 만나는 곳, 파란 하늘이 구름에 걸리고 별이 뿌려진 곳, 형체들의 경계가 투명한 곳, 천상의 공간으로 가는 출구가 있는 곳, 위험과 경외심과 사랑이 있는 곳이면 어디든 아름다움이 당신 위로 비처럼 흠뻑 내릴 것이다. 그리고 당신이 세상을 끝까지 걸어다닐지라도, 결코 부적절하거나 천박한 상태를 발견하지 못하리라.

창조주의 위대하고 고요한 현존은 아편이나
포도주의 마법에서 오지 않는다.
숭고한 통찰은 깨끗하고 순결한 몸에 깃든 순수하고
단순한 영혼에게만 찾아온다.

옮긴이 이초희

고려대학교 철학과를 졸업하고 출판사에서 근무했다. 글밥 아카데미에서 출판 번역가 과정을 이수한 뒤 바른번역 소속 번역가로 활발하게 활동하고 있다. 옮긴 책으로는 『세상에서 가장 이상한 비밀』 『천 개의 우주』 『소울 서핑』 『디 앰비션』 『카인드니스』 『그 많던 나비는 어디로 갔을까』 『비정상체중』 등이 있다.

굿라이프 클래식 4

자기 신뢰

펴낸날 초판 1쇄 2025년 7월 18일
지은이 랠프 월도 에머슨
옮긴이 이초희
펴낸이 이주애, 홍영완
편집장 최혜리
편집 3팀 이소연, 강민우, 안형욱
편집 박효주, 홍은비, 한수정, 김혜원, 최서영, 송현근, 이은일
디자인 박정원, 김주연, 기조숙, 윤소정, 박소현
홍보마케팅 김준영, 김태윤, 백지혜, 박영채
콘텐츠 양혜영, 이태은, 조유진
해외기획 정미현, 정수림
경영지원 박소현
도움교정 김유라
펴낸곳 (주)윌북 출판등록 제 2006-000017호
주소 서울특별시 마포구 동교로19길 28 (서교동)
홈페이지 willbookspub.com
블로그 blog.naver.com/willbooks 포스트 post.naver.com/willbooks
트위터 onwillbooks 인스타그램 willbooks_pub
ISBN 979-11-5581-834-3 (04190) 979-11-5581-838-1 (세트)

◦ 책값은 뒤표지에 있습니다.
◦ 잘못 만들어진 책은 구입하신 서점에서 바꿔드립니다.
◦ 이 책의 내용은 저작권자의 허락 없이 AI 트레이닝에 사용할 수 없습니다.